대관재난고

한국고전번역원 한국문집번역총서

대관재난고 1

大觀齋亂稿

심의 지음
沈義

이상현 옮김

일러두기

1. 이 책의 번역 대본은 한국고전번역원에서 간행한 한국문집총간 19집 소재《대관재난고(大觀齋亂稿)》로 하였다. 번역 대본의 원문 텍스트와 원문 이미지는 한국고전종합DB(http://db.itkc.or.kr)에서 확인할 수 있다.
2. 역주는 내용이 간단하면 간주(間註)로, 길면 각주(脚註)로 처리하였다.
3. 한자는 필요한 경우 이해를 돕기 위하여 넣었으며, 운문(韻文)은 원문을 병기하였다.
4. 원문의 오류를 수정하였거나 오류가 의심되는 경우, 교감자료와 중요한 자구(字句)에서 차이가 있는 경우에는 그 내용을 각주로 밝혔다.
5. '한글 맞춤법'의 용법과 다르거나 새로 만든 문장 부호는 다음과 같다.

   「 」: ' ' 안의 재인용을 나타낼 때 사용한다.

   『 』: 「 」 안의 재인용을 나타낼 때 사용한다.

   …… : 원문의 '云云'을 처리할 때, 각주에서 긴 인용문을 처리할 때, 각주의 표제어가 네 어절 이상일 경우 생략되는 말을 처리할 때 사용한다.

   - - : 본문에서 소자(小字) 원문 주(註)의 처음과 끝에 사용한다.

   □ : 원문의 글자가 빠진 빈 난을 표기하거나 '결락과 판독 불가 글자에 대한 지침'에 따라 번역할 때 사용한다.

   ▨ : 훼손 등으로 인해 판독이 불가능한 원문을 표기할 때 사용한다.

차례

대관재난고 제1권

부 賦

사 辭

사언시 四言詩

오언장편 五言長篇

칠언장편 七言長篇

대관재난고 제2권

칠언단편 七言短篇

오언율시 五言律詩

배율 排律

칠언율시 七言律詩

배율 排律

해제

대관재 심의의 생애와 시문학 연구

심경호 | 고려대학교 명예교수

1. 머리말

심의(沈義, 1475~?)는 조선 중종, 인종, 명종조에 병조 정랑과 개성 교수 등을 지내면서 불만과 불안의 감정을 이기려고 분방한 사유를 개성적 시문에 담아내는 데 주력한 인물이다. 중종반정의 4등 공신이자 기묘사화를 주도하고 1531년(중종26) 정쟁의 결과 사사된 심정(沈貞)의 아우이기에 그의 정치적 불운은 역사 서술에서 특별히 관심의 대상이 될 수 있다. 문학적으로는 〈기몽(記夢)〉이 몽유록 계열 작품들 가운데서도 특히 높은 위상을 차지한다고 평가되어 왔다. 하지만 심의에 대해서는 행장도 비지문도 전하지 않을 뿐 아니라 졸년조차 알려져 있지 않다.

본관은 풍산(豐山), 자는 의지(義之), 재호는 대관재(大觀齋), 호는 대관자(大觀子)이다. 심귀령(沈龜怜)의 증손으로, 조부는 심치(沈寘), 부친은 심응(沈膺)이다. 심응은 이시애의 난을 진압한 공로로 적개 공신(敵愾功臣) 2등에 참렬했고 성종 때 풍산군(豐山君)에 봉작되었다. 어머니는 서문한(徐文翰)의 딸이다. 4남 가운데 막내로, 위로 원(元), 형(亨), 정(貞)이 확인된다.[1] 심원(沈元)은 창수(倉守), 심형

1 형으로 심리(沈利)도 있었던 듯하지만, 문헌에서 확인되지 않는다.

(沈亨)은 풍창군(豊昌君)·병사(兵使), 심정은 좌의정을 지냈다. 조카는 심정의 아들 심사공(沈思恭), 심사순(沈思順), 심사손(沈思遜) 등이고, 종손은 심수경(沈守慶)이다. 사위는 윤황(尹滉), 외손은 윤대승(尹大承)이다.

대관재라는 재호에 대해 심의는 1529년 말 〈대관재에 제한 글을 사순에게 주다〔題大觀齋贈思順〕〉 칠언절구 2수를 지어 조카 심사순에게 주었다. 이상현의 번역을 곁들여 소개하면 다음과 같다.

이제 알았네, 인간 세상 하나의 빈 그릇에	始識人間一罄器
날파리 조석으로 날다 곧장 텅 비는 것을	醯鷄朝暮旋成空
빈집 툭 터진 곳 걸리는 데가 없이	虛齋闢處無疆界
나는 천지 사이에 홀로 선 늙은이	我是乾坤獨立翁

노오를 불러 한만의 놀이 기약해 볼까	欲喚盧敖汗漫期
일생의 형적을 아는 이가 아무도 없네	一生形埒沒人知
그대 만나 진인의 의취를 말해 주려고	逢君說與眞人趣
말없이 앉아 오늘 처음 시를 지었다네	默坐今朝始有詩

심의는 소식(蘇軾)이 〈적벽부(赤壁賦)〉에서 "표표히 세상을 떠나 홀로 서서 우화등선하는 것 같다.〔飄飄乎, 如遺世獨立, 羽化而登仙.〕"라고 했듯이, 세상을 떠나 홀로 선 늙은이로 자신을 규정했다. 그리고 방사 노오(盧敖)처럼 광대무변의 공간에서 한만(汗漫)의 놀이를 하고자 꿈꾸었다. 그런데 심의의 '대관'은 한(漢)나라 가의(賈誼)가 장사(長沙)로 쫓겨나서는 불평을 이기지 못하던 차에 부엉이가 방에 들어

온 것을 보고 지었다는 〈복조부(鵩鳥賦)〉의 "통달한 사람은 대관하여 누구에게든 불가할 게 없다네.〔達人大觀兮, 物無不可.〕"라고 했던 원념(怨念)의 뉘앙스를 지닌다. 그렇기에 조카 심사순은 이 시에 차운하여 다음과 같이 설파했던 것이다.

왁자지껄 개구리들 하나의 우물 속에서	亂聒群蛙一井中
하늘 보고 이러쿵저러쿵 결국은 허튼소리	談天頭緖竟成空
위에서 홀로 내려다보는 청량한 경계여	高齋獨壓淸涼境
크든 작든 이 어른에게 필경 여쭤보아야	大小終須質此翁

심사순은 심의의 시에 차운했을 뿐 아니라 1530년 정월 초하루에 《대관재난고》에 대한 찬문(贊文)을 작성하기까지 했다. 심의가 대관재라는 재호를 사용한 시기는 이 무렵인 듯하다.

심의는 1495년(연산군1) 을묘 증광 사마시의 진사시에 2등 2위로, 생원시에 3등 14위로 합격했다. 하지만 연산군 때 음직 하나 얻지 못했다. 29세 되던 1503년 4월 모친 서씨에게 자신의 관작을 구하는 상언을 하게 했는데, 이 일로 승정원의 탄핵을 받았다. 중종반정 이후 1507년(중종2) 증광 문과에 병과로 급제한 후 예문관 검열이 되었으며 1509년 사가독서(賜暇讀書)를 했다. 이후 이조 좌랑으로서 윤대(輪對)에서 '군약신강(君弱臣强)'을 진언했다가 봉상시 주부로 강등되고 여주부 교수로 나갔다. 이때 〈십의잠(十宜箴)〉을 중종에게 올려 신임을 받고 사헌부 감찰이 되었다. 이후 공조 좌랑이 되었으나 관물 절취죄로 탄핵을 받아 파직되었다. 봉상시의 일을 맡아보다가, 성균관 전적으로 있었다. 64세 되던 1538년 개성부 교수(開城府敎授)로 나가서 1542년(중종

37) 초까지 재직했다. 그 직책은 문과에 병과로 급제한 사람이 나가는 종6품의 말직이었다. 이후 종5품의 소격서 영(昭格署令)을 지냈다. 심의의 관력은 형 심정의 정치적 위상에 따라 반대파의 탄핵을 받은 결과이기도 하고, 심의 자신의 처신에 기인한 것이기도 하다.

심의는 조신들 사이의 권력 다툼이 치열했던 시기를 살면서 처신의 방책이 궁했다. 기묘사화 직전에 남곤(南袞)을 탄핵하는 상소를 올려[2] 남곤이 사장(辭狀)을 올리게 한 것은 나름대로 정치적 소신을 피력했다고 볼 수도 있다. 형의 정치적 행보를 마땅치 않게 여겨 박순(朴淳)을 사주하여 형을 탄핵하는 상소를 올리게 했다고 하지만 사실 여부는 알 수 없다. 심정은 기묘사화를 일으키고 정적(政敵) 김안로(金安老)를 귀양 보내고 좌의정에 올랐으나, 1529년의 작서(灼鼠) 사건에 연루되고 1531년 종루(鐘樓) 방문(榜文) 사건에 연루되어 사사(賜死)되고 말았다. 심의가 형의 말로가 이렇게 비참할 것으로 예상하여 풍간했으나 끝내 되돌리지 못해 회한을 안고 살았다는 이야기도 《기재잡기(寄齋雜記)》와 《자해필담(紫海筆談)》에 있다. 하지만 심정은 4년 아래의 아우 심의를 극진히 보살폈고, 심의 또한 형을 진심으로 따랐으며 형이 죽은 뒤에는 절절하게 추모했으므로 야담을 그대로 믿기는 어렵다.

《대관재난고》의 시문을 통독하면, 심의라는 개인의 정치적 행보를 선명하게 그려 보이기 쉽지 않다. 정세의 추이와 상관없이 별도의 세계를 추구했다는 생각이 든다.

심의는 남곤을 탄핵한 일로 그 일파의 참소를 받아 신변의 위협까지 느꼈다고 전한다. 하지만 도학이나 성리학을 공부한 관료층의 정치적

2 《中宗實錄》 14年 8月 15日.

성향과는 달랐다. 그러한 부류의 인물들은 심의를 '오직 대의에 입각해서 행동한〔義之與比〕' 인물로 인정하지 않았다. 동방삭(東方朔)처럼 완세(玩世)했다고 보거나 왕연(王椽)같이 우몽(愚蒙)을 자처했다고 여겼다.[3] 이런 평가는 그나마 우호적이다. 대개 그의 시적 재능은 인정했지만 심술(心術)이 바르지 못하다고 비판했다. 1519년 9월 2일 조정에서 유담년(柳聃年)은 그를 '성세(聖世)의 귀역(鬼蜮)'이라고 지칭했다.[4] 《중종실록》의 사평(史評)은 더 혹심하다. 심의를 두고 탐오(貪汚), 주구(誅求), 탐치(貪痴), 광패(狂悖) 등의 평어를 붙였다. 논자들은 "성품이 슬기롭지 못해 침체되었다."라든가 "시론을 탐지하고 부회(附會)하여 작록을 구했다."라는 등등으로 비판하기까지 했다. 《대관재난고》 간행에 맞춰 1577년(선조10) 제발을 쓴 김극일(金克一)은 "짐짓 광인인 척 세상을 희롱한 분, 행적이 인륜을 혼란케 한 듯도 보이지만, 원래 흰 눈처럼 밝은 안목이 아니라면, 진짜인지 가짜인지 누가 엿보기나 할까.〔淸狂玩世人, 名跡混常倫. 自非靑雪明, 誰能窺實賓?〕"라고 했다.

심의의 시문과 관련하여 조카 심사순은 1530년 심의 자편고(自編稿)의 《대관재난고》에 서문을 작성하여, "시(詩)는 독보(獨步)로 일컬어지고 문(文)은 웅위(雄偉)를 겸했다. 도연명(陶淵明)은 공자 문하의 백이(伯夷)요, 매성유(梅聖兪 매요신(梅堯臣))는 심산유곡의 한 떨기 난초라고 할 것인데, 대관재는 두 분의 정수(精髓)를 흡수하여 일가(一家)의 법도를 이루었다."라고 했다.[5] 또 찬문에서는 "학문은 연원에 나

3 金時讓, 《紫海筆談》, "沈斯文義, 貞之弟也. 文章浩汗, 性不曉事, 有土椽之譏. 然亦以癡自處, 能沈晦以免禍, 故人以爲其愚不可及."

4 《中宗實錄》 14年 9月 2日.

아가고 문장은 공교하게 발휘되어 우주를 환히 꿰뚫고 은미한 영역까지 들어갔다. 말씀은 온화하고 문장은 빛나니 한유(韓愈)를 뒤좇을 만하고 구양수(歐陽脩)와 나란히 할 만하다."라고 했다.[6] 조선 후기 평양의 문사 이시항(李時恒)은 심의의 시문에 대해 '방일불기(放逸不羈)'라고 논평했다.[7] 또한 이시항은 같은 글에서 심의가 군주 및 후학에 대한 권면의 뜻을 담은 여러 작품을 남겨 교화에 공을 세웠다고 평가했다.

근대 이전의 시문 저술은 대개 정치적으로 해석되었다. 심의가 내면의 탐사에 주력한 것도 정치적으로 해석될 수밖에 없었다. 문학이나 학문이 정치와 독립하여 그 자체의 규범을 형성하는 시기는 아직 도래하지 않았다. 문학이나 학문이 정치와 깊은 관련을 가질 수밖에 없던 시대에 내면의 탐사를 지향한 문학은 어떻게 평가될 수 있었던가, 그리고 현대의 관점에서는 또 어떻게 평가될 수 있을 것인가, 이것이 심의의 《대관재난고》를 접할 때 갖게 되는 의문이다.

5 《大觀齋亂稿》, 〈大觀齋亂稿序〉(沈思順), "詩稱獨步, 文兼雄偉. 陶淵明爲孔門伯夷, 梅聖兪爲幽谷叢蘭, 嗽二子之髓, 而成一家之法."

6 《大觀齋亂稿》, 〈大觀齋亂稿序〉(沈思順), "學造淵源, 文巧發揮, 洞視宇宙, 細入幽幾. 溫溫其詞, 曄曄其章, 追逐山斗, 竝駕歐陽."

7 李時恒, 《和隱集》〈記聞錄〉, "大觀齋沈斯文義, 文章放逸不羈, 如〈十宜箴〉、〈五始箴〉, 規諷懇切, 多有補益於君德處, 而其〈記夢〉一書, 誠有可疑者.……花潭徐先生作序送大觀, 而以艮卦中正字勉其暮年工夫, 而以詩不必苦唫, 仕不必馳騖, 形不必抖擻煩動爲戒, 則其人物亦可知矣. 又有〈夢謝自然志〉, 而誕謾褻淫, 尤不足觀."

2. 《대관재난고》의 간행 경위와 내용

《대관재난고》는 1577년에 4권 2책의 목판본으로 간행되었다. 권수제는 '대관재난고(大觀齋亂稿)'이지만 판심제는 '대관집(大觀集)'으로 되어 있다. '10행 17자, 규격 22.3×16㎝, 상하이엽화문어미(上下二葉花紋魚尾)'의 판식인데, 어미의 형태는 16세기 임진왜란 이전의 목판본으로는 매우 이례적이다. 이것이 초간본인데, 중간되지는 않았다. 계명대학교 동산도서관(권3-4 잔본)과 일본 봉좌문고(4권 2책 완본)에 수장되어 있고, 한국고전번역원의 한국문집총간 19집에 이 간본이 표점 영인되어 있다.[8]

심의는 생전에 적어도 두 차례에 걸쳐 시문을 자편(自編)했다. 첫 번째로 1530년경에 한 차례 자편고(自編稿)를 이루었다. 당시 심사순이 〈대관재난고서(大觀齋亂稿序)〉와 찬문을 작성하고, 안처성(安處誠)이 〈대관재찬(大觀齋贊)〉을 지었다. 자편고는 1541년경에 두 번째로 이루어졌다. 1541년에 홍언필(洪彦弼)이 〈서대관재집고풍(書大觀齋集古風)〉을 짓고, 1542년경 문인(門人) 박민헌(朴民獻)이 〈대관재난고서(大觀齋亂稿序)〉를 지었다. 심의의 사후에 외손 윤대승(尹大承)은 심의의 자편고를 바탕으로, 약간 편의 시문을 모았다. 그리고 권응인(權應仁)이 선사(繕寫)하고 편차했다. 이것을 1577년 윤대승이 성주(星州)의 자기 집에서 4권 2책의 목판본으로 간행했다.[9]

8 계명대학교 중앙도서관 (귀) 이811, 081; 日本蓬左文庫 104-2-1; 한국문집총간 19.

9 민족문화추진회, 《韓國文集叢刊解題》 1, 경인문화사, 1991, 306~308쪽; 임준철, 〈《大觀齋亂稿》 解題〉, 《(계명대학교 동산도서관 소장)善本 古書 해제집》 1, 계명대학

권수에는 대개 1차 자편고에 대한 심사순의 서문과 2차 자편고에 대한 박민헌의 서문 등을 실었고, 권말에는 김극일과 권응인이 1577년 목판 간행 때 작성한 2편의 〈서대관재집후(書大觀齋集後)〉를 수록했다. 또 권말에는 김극일과 권응인의 발문 앞에, 3년간 개경 교수로 있다가 떠날 때 서경덕(徐敬德)이 지어 준 〈대관자를 전송하는 글〔送大觀子序〕〉과 서경덕의 시 3편을 첨부했다. 편찬자가 심의와 서경덕의 관계를 부각하려고 한 결과이다.

《대관재난고》의 간행은 자편고를 바탕으로 이루어졌지만, 편집 과정에서 착오가 없지 않았다. 이 점에 대해서는 《대관재난고》의 역자 이상현이 역주에서 밝혀 둔 예들이 있다. 몇 가지 사례만 들면 다음과 같다.

〈화이우부(畫二牛賦)〉와 〈의월부(擬月賦)〉는 심의의 작이 아닌 듯하다. 권응인이 《송계만록(松溪漫錄)》에서 "《대관집》 중의 〈화이우부〉로 말하면, 실은 그의 중씨(仲氏)인 정승(政丞 심정)이 지은 것이기 때문에 그의 문집에 실렸다. 그리고 〈의월부〉란 작품은 그의 조카 승지 심사순이 지은 것이다. 그런데 이 두 편이 함께 《대관집》에 실렸으니, 이것은 잘못이다. 이는 그의 종손 청천(聽天 심수경(沈守慶)) 상공이 말해 준 것이다."라고 했다.[10] 권응인의 이 발언을 보면, 그가 《대관재난고》의 편차에 어느 정도 실질적인 간여를 한 것인지 의심하게 된다.

교 출판부, 2008.

10 權應仁, 《松溪漫錄》 上. "《大觀集》中, 〈畫二牛賦〉, 實則其仲氏政丞所作, 故載於其文集. 〈擬月賦〉, 其侄承旨思順公所製, 而此二篇竝載於《大觀集》中者謬矣. 其從孫聽天相公言之."

〈회암사에서 묵으며〔宿檜巖寺〕〉는 김정(金淨)의 문집 《충암집(冲庵集)》 권2에 〈차서당운(次書堂韻)〉이라는 제목으로 실려 있다. 이 시에 앞서 심의가 진(晉)나라 부휴혁(傅休奕)의 잡시(雜詩)를 소재로 지은 시에 "정덕(正德) 무진년(1508, 중종3)에 김정 등과 함께 정업원(淨業院)에서 사가독서(賜暇讀書)를 했다."라는 자주(自註)가 붙어 있어 김정의 시가 섞여 들어갔을 가능성이 있다. 〈우연히 시상이 떠올라서〔偶吟〕〉 2수는 김정의 《충암집》 권2에 〈차의지운(次義之韻)〉으로 실려 있으므로 김정의 차운이 심의의 작으로 잘못 알려졌을 가능성이 있다.

또한 〈뜻을 부치다〔寓志〕〉는 정희량(鄭希良)의 《허암선생유집(虛庵先生遺集)》 권1에 〈취가(醉歌)〉라는 제목으로 실려 있다. 심의는 정희량을 흠모하여 〈정순부의 시에 차운하다〔次鄭淳夫韻〕〉라는 시를 남겼는데, 정희량의 시가 그의 시고에 섞여 들었을 가능성이 있다. 〈영지 문서와 헤어지며 주다〔贈別英之文瑞〕〉에는 "홍치(弘治) 기축년에 처음으로 영남(嶺南)에 갔다가 서울로 돌아왔다."라는 주가 있으나, 홍치 연간에 기축년은 존재하지 않으므로 을축년의 잘못인 듯하다. 홍치 을축년(1505, 연산군11)에 심의의 나이는 31세인데, 영지와 문서는 누구인지 알 수 없다.

한편 《대관재난고》에는 심의가 기묘사화 직전인 1519년(중종14) 8월 15일에 남곤을 탄핵하면서 올린 칠사조(七事條)의 상소문을 수록하지 않았고, 77세 되던 1551년(명종6) 3월 15일 소격서 영(昭格署令)으로 있으면서 불교 양종(兩宗)의 설치에 반대한 상전문(上箋文)도 수습하지 않았다.[11] 이 두 글은 심의의 상행 문자(上行文字)로서 현전하는 몇 안 되는 예들이다.

《대관재난고》는 본문이 네 권으로 이루어져 있다. 우선 시문의 문체를 부(賦), 사(辭), 시(詩), 잡저(雜著) 등으로 분류했다. 부와 사를 시와 독립시켜 맨 앞에 둔 것은 조선 시대 문집 편찬의 통례에서 벗어나지 않는다. 시는 사언시, 오언장편, 칠언장편, 오언단편, 칠언단편, 오언율시, 오언배율, 칠언율시, 칠언배율, 오언절구, 육언절구, 칠언절구의 양식별로 나누었다. 장편은 장편고시를, 단편은 단편 고시를 말한다.[12] 시 가운데서는 칠언절구 197제, 칠언율시 59제, 오언절구 38제, 오언율시 29제, 오언단편 23제, 칠언단편 18제로 이어진다. 한편 잡저는 흔히 산문으로 분류되는 기(記), 해(解), 제문(祭文), 잠(箴), 명(銘)을 양식별로 나누었다.

그런데 《대관재난고》에서 각 문체와 양식에 시문을 배속시킨 편찬 원칙은 명료하지 않다. 조선 시대의 문집은 시와 문의 2대 분류를 하고, 시와 문에 대해 각각 양식별 분류를 하여 각 양식 아래에 편년식으로 시문을 배열하는 것이 일반적이었다. 그런데 《대관재난고》는 각 양식마다 편년의 규칙을 일관되게 적용하지 않았다. 부분적으로는 작성 시기가 같은 시문을 모아 두었으나, 부분과 부분 사이의 연계가 명확하지 않다. 이를테면 권1의 부(賦)에 14편을 수록하면서 〈대관부(大觀賦)〉, 〈소관부(小觀賦)〉, 〈달관부(達觀賦)〉를 맨 앞에 두었는데, 이것은 이들 작품이 심의의 대표작임을 보여 주려는 의도인 듯하다. 이하에

11 《明宗實錄》 6年 3月 15日.

12 《대관재난고》는 고시를 오언・칠언으로 나누고, 다시 장편・단편으로 나누어 사언시와 함께 고시를 5개 부류로 분류했다. 이러한 편차 방법은 《고문진보(古文眞寶)》 등의 선집 편찬과 유사하다.

수록한 부의 창작 시기는 확인되지 않는다. 심의는 본래 자신의 경력과 행사에 따라 시문을 묶어 두었던 듯한데, 목판으로 간행할 때 문체·양식별로 재편성하면서 양식 내부의 편년화 규칙을 지키지 않았을 가능성이 있다.

《대관재난고》는 시를 정리하여 실을 때 심의의 차운(次韻)에 대해 원운(原韻)을 함께 실어 두고자 했다. 또 다른 사람이 심의의 시에 차운한 시가 있으면 시고(詩稿)의 자료를 토대로 함께 실어 두려고 했다. 다만 《대관재난고》에 교유인의 차운이나 원운이 있더라도 그 인물의 현전 문집에 해당 시가 실리지 않은 경우도 있다. 차운, 화운과 증시는 이행(李荇)에게 준 시, 1508년 김정(金淨)·성세창(成世昌) 등 10인이 함께 사가독서할 때 지은 시, 1517년 전염병이 창궐할 때 황해도 문화현(文化縣) 전산(錢山)의 여제단(厲祭壇)에 향사(香使)로 나가 지방 관리들과 주고받은 시,[13] 파주에 별업을 두어 가까이 교류하던 성세창과 수창한 시, 1529년 무렵 이행에게 증정한 시, 1541년 무렵 개성 교수로 있을 때 서경덕과 수창한 시, 박상(朴祥)의 아우 박우(朴祐) 등 신구 개성 유수들에게 준 시 등이 큰 비중을 차지한다. 한편 심의는 조카 심사순과 오랜 기간 수창해서, 심사순은 심의의 초편 자편고에 서문을 쓰기도 했다. 심사순이 1531년 종루(鐘樓) 방문(榜文)의 작성자라는 혐의로 국문을 받다가 36세로 옥사하였기 때문에 심사순과의 창화는 1531년이 마지막이다.

《대관재난고》의 권4 잡저에는 기(記), 해(解), 제문(祭文), 잠(箴),

13 오언배율 〈문화 동헌에 써서 현령 안직지에게 봉정하다[書文化東軒奉主倅安直之]〉 1편이 있다.

명(銘)의 양식만을 실었다. 조선 시대 문인, 관료, 학자들의 문집이라면 반드시 실었을 주차장계(奏箚狀啓), 서찰간독(書札簡牘), 장전비지(狀傳碑誌), 논설경해(論說經解), 송서제서(送序題序), 유기일기(遊記日記)의 부류가 한 편도 없다. 관문(關文)도 없는가 하면 상량문(上梁文)도 없다. 심의가 일생 종6품, 정6품의 하위직에 머물렀지만 주차장계의 글이 없었다고는 볼 수 없다. 《명종실록》에 소격서 영으로서 불교의 폐단을 논한 상전문이 채록되어 있는 것으로 보아 관리로서 상행 문자를 작성하지 않았을 리가 없다. 다만 정치적으로 중요한 사안을 다룬 글을 작성하지 않아 《중종실록》에 수록되지 않았을 가능성은 있다. 논설경해의 글이 없는 것은 심의가 경학이나 성리론을 깊이 연찬하지 않았던 사실을 어느 정도 반영하겠지만, 전혀 작성하지 않았다고는 생각되지 않는다. 그런데 서찰간독과 장전비지는 조선 시대 문인, 관료, 학자들이 일상생활에서 가장 많이 사용하던 문체인데 《대관재난고》에는 한 편도 들어 있지 않다. 심의의 사후에 수습하지 못했으리라 생각되지만, 두 차례의 자편 때에도 이러한 양식의 글들을 의도적으로 수습하지 않았을 가능성이 있다. 송서제서와 유기일기가 없는 것은 심의가 문우들 사이의 교류에서 산문의 저술에 그리 관심을 두지 않은 때문일 것이다. 대책(對策)이나 의전(擬箋)이 없는 것은 중종의 뜻을 따른 문형(文衡)이나 관장(館長)이 반제(泮製), 월과(月課), 과시(課試) 등에 배율이나 단율을 주로 부과했고, 중종이 문신에게 대책이나 의전의 제술을 요구하지 않았기 때문일 것이다.

심의는 자신의 비지문이 없을 뿐 아니라, 《대관재난고》에 다른 사람을 위해 작성한 비지문을 한 편도 남기지 않았다. 오직 만사(挽詞)와 제문(祭文)만 조금 남아 있다. 그것도 관료로서 왕과 왕후의 승하 때의례적으로 작성하는 만사를 제외한다면 안처성(安處誠), 임유겸(任由謙), 정광필(鄭光弼), 김정국(金正國)을 위한 만사・제문이 있을 뿐 관료나 문인들을 위한 만사가 적극적으로 수습되어 있지 않다. 이 분포 사실은 그가 정치적으로 소외되어 인사(人事)를 차릴 기회가 없었다는 사실을 말해 주는 듯하다.

《대관재난고》는 인물이나 저작 동기 등에 대해 간단한 주를 붙이기도 했다. 소자 주는 자주(自註)가 많지만 반드시 자주인 것만은 아니다. 자주의 뒤에 붙은 세주는 후인의 주인데, 간행에 대비한 편차 때에 추가된 듯하다. 그런데 후인의 주는 시문 창작 시기의 사실을 제시하는 것이 아닌 경우가 많다. 이를테면 칠언율시 〈홍우암에게 선물로 주다〔投贈洪寓菴〕〉에는 "이름은 언충(彦忠)이다. 문장 실력이 탁월했는데 일찍 세상을 떠났다."라고 되어 있다. 이 시를 주던 때는 홍언충이 '일찍 세상을 떠난' 상태가 아니었다. 이는 시문의 저술 시기를 추론할 때 염두에 두어야 할 사안이다.

심의는 초학자들을 위한 권면시와 향교가요를 작성했다. 즉 초기에 여주 교수로 재직할 때나 성균관 전적으로 있을 때, 만년에 개성 교수로 재직할 때, 여러 편의 권학시(勸學詩)를 지었다. 이것은 당시의 풍조와 밀접한 관계가 있다. 이를테면 김안국(金安國)은 경상도 관찰사로 있던 1517년, 전라도 관찰사로 있던 1519년에 향교 유생들에게 《소학(小學)》의 학습을 권면하기 위한 목적으로 66편에 달하는 권면시를 제작했다. 심의와 교분이 있었던 김정국(金正國)은 연안(延安)의 교생들에게 《소학》과 《근사록(近思錄)》을 주면서 권계시를 지었다.[14] 그런

14 金正國, 《思齋集》 卷1 〈海州刊印小學延安校生爲來求得幷書卷尾與之〉, "孩提已有

데 심의는 교생들을 대신하여 관찰사의 권학 정책을 송축하는 가요를 지었다. 조선 시대에는 이러한 향교가요가 많이 나왔다. 향교가요는 관료들이 향교의 진작을 위해 분발하는 과정에서 산출된 것으로,[15] 기능상 불망비와 유사하다.

한편 《대관재난고》에는 심의의 생원시, 진사시, 문과 시험과 관련한 과체 시문은 수록되지 않았으나, 사가독서나 관료 생활 때 작성한 월과와 과시가 많다. 목판본에는 권1의 사부(辭賦)에도 월과의 작이 있을 듯하지만, 초간본에는 월과라는 주기(注記)가 없다. 칠언배율은 5편이 남아 있는데, 그 가운데 〈군자는 도를 걱정할 뿐 가난은 걱정하지 않는다〔君子憂道不憂貧〕〉는 '월과', 〈문무를 병용하는 장구한 대책에 대하여〔文武竝用長久術〕〉는 '문신 정시(文臣廷試)', 〈주금당(晝錦堂)〉은 '과시'라 주기되어 있다. 문신 정시는 1533년 3월 27일에 있었다. 〈경회루(慶會樓)〉에는 주기가 없으나 월과일 가능성이 있다. 월과나 과시의 작품은 어느 때의 제술인지 분명하지 않다. 월과나 과시의 작품인데도 그 사실을 주기하지 않은 예가 상당할 것으로 추정된다. 임진왜란 이전에 간행된 문집에서 '응제록(應製錄)'을 별도로 설정한 예로는 정사룡(鄭士龍)의 《호음잡고(湖陰雜稿)》(1577년경 간행 활자본)가 있다. 《대관재난고》의 편차·간행자는 그 체제를 고려하지 않았다. 한편 《호음잡고》의 '응제록'에는 심의가 작성한 시문과 제목이 유사한 사례가 보이지만 시문의 양식은 다르다. 같은 제목으로 양식을 자유롭게

敎, 爲學自孝悌. 萬古啓群蒙, 訓示昭昭揭."

15 안세현, 〈조선전기 향교가요의 창작 양상과 그 배경〉, 《Journal of Korean Culture》 31, 한국어문학국제학술포럼, 2015.

선택하게 두었다고는 생각되지 않으므로 동일 제목이 거듭 게시되었을 가능성이 있다. 앞으로 과거나 월과의 역사적 변천과 문체 및 제목의 변화 사실을 종합적으로 정리할 때 심의의 여러 시문들도 주요 자료로 활용할 필요가 있다.

심의의 시문은 역사적 인물을 소재로 삼은 것이 적지 않다. 사(辭)는 모두 3편이 수록되어 있는데, 그 가운데 한나라 선제(宣帝) 때 태자태부(太子太傅) 소광(疏廣)과 조카인 태자소부(太子少傅) 소수(疏受)가 사직하고 동해(東海)로 귀향한 고사를 소재로 한 〈향리에 돌아가는 이소를 전송하는 글〔送二疏歸鄕里辭〕〉, 백제사를 읽고 의자왕 때 흥수(興首)의 충분(忠憤)을 추상(追想)하여 작성한 〈사미인사(思美人辭)〉는 역사를 소재로 하면서 그 중심인물의 심리를 추상하고 자신의 심적 태도를 가탁하는 방식을 택했다. 또 중국의 두헌(竇憲), 최호(崔浩), 저수량(褚遂良), 임경희(林景熙), 허형(許衡) 등 5인을 대상으로 지은 〈영사(詠史)〉 5수는 심의의 역사 학습 범위와 역사 비평의 관점을 잘 드러낸다. 뒤에서 보듯, 심의는 1519년 8월 15일 상소하여 연산군과 남곤의 죄를 논하고 일곱 가지 일에 대하여 아뢰며, 자신이 6년간 재야에 있으면서 우리나라 역사를 《통감(通鑑)》의 체제로 편찬한 것이 있으므로 사국(史局)에서 참조하면 좋겠다는 건의를 했다. 이를 보면 심의가 역사를 소재로 비판 의식을 담아내는 영사(詠史)의 방식을 선호했으리라 추측할 수 있다. 본래 영사시는 흥회(興懷)에 그치지 않고 춘추지의(春秋之意)를 우탁(寓托)하는 양식이다.

하지만 심의가 남긴 역사 소재의 시문이 모두 순수하게 개인적인 창작 의식에서 산출된 것은 아니었다. 젊은 날의 한신(韓信)에게 밥을 제공했던 표모(漂母)의 고사를 소재로 한 칠언장편 〈표모의 사당〔漂母

廟〕〉 1수, 대규(戴逵)의 고사를 소재로 한 오언장편 〈눈 내린 밤에 대안도를 찾아가다〔雪夜訪戴安道〕〉, 왕소군(王昭君)의 고사를 소재로 한 칠언절구 〈명비원(明妃怨)〉 2수 등은 현실을 풍간하는 뜻보다 고사의 정황을 넓게 파악하고 역사 사실을 흥미롭게 재구성해서 제시하는 기법을 겨루는 의도가 있는 듯하다.

심의는 《문선(文選)》 소재 작품을 의작(擬作)했고, 당시(唐詩)에 대한 지향을 드러냈으며, 송시(宋詩)의 시체(詩體)를 모의(模擬)했다. 《문선》의 수용은 중종 연간에 《오신주문선(五臣注文選)》이 간행된 사실과 관련이 있을 것이다. 당시의 수용은 금나라 원호문(元好問)의 《당시고취(唐詩鼓吹)》가 중시된 사정과 관련이 있을 듯하다. 송시의 수용은 중종 대 매요신(梅堯臣), 왕안석(王安石), 소식(蘇軾), 황정견(黃庭堅), 진사도(陳師道), 진여의(陳與義) 등의 시문집이 널리 유행하고, 유희령(柳希齡)이 《송시정운(宋詩正韻)》, 《조종시율(祖宗詩律)》, 《소시초(蘇詩抄)》 등의 선집을 편찬한 풍조와 관련이 있을 것이다. 심의는 소식의 〈사시사(四時詞)〉에 차운하여 〈소동파 사시사 시에 차운하다〔次東坡四時詞韻〕〉를, 구양수(歐陽脩)의 〈취옹정기(醉翁亭記)〉에서 착상하여 〈취옹정부(醉翁亭賦)〉를 지었다. 〈취옹정부〉는 과시(課試)의 제술이었을 가능성이 있다. 또 김정국을 위한 〈김국필의 죽음을 애도하며 매 도관의 시체를 본떠서 짓다〔挽金國弼效梅都官體〕〉와 나식(羅湜)과 수창한 〈매성유의 시체를 본떠 나정원에게 수답하다〔酬羅正源效梅聖兪體〕〉는 매요신의 시체를 본떴다. 박민헌과는 소옹(邵雍)의 '월로풍화미품제(月露風花未品題)'를 두고 〈풍화에 대한 변〔風花辨〕〉과 〈또 풍화에 대한 변을 반박하는 시를 지어 주다〔又贈反風花辨〕〉를 주고받았다.[16] 그런데 심의가 당시와 함께 송시를 중시했다는 사실은 〈기몽〉에서 당시를 추숭하는 문인들을 일급으로 설정하고 '송시를 추숭한' 김시습(金時習)을 반역자로 처단한 것과 모순되는 듯하다. 김시습을 송시를 추숭했다고 규정하는 것은 문제가 있지만, 〈기몽〉의 시관은 그 글의 창작 시기에 지녔던 태도였을 가능성도 있다. 심의는 당시 사람들이 경학을 연찬하지 않고 관각문인으로 활동하지 않는 시인을 두고 경박하다고 보는 통념에 대해 〈경박해(輕薄解)〉를 지어, 자신의 시인으로서의 위상을 깊이 반추했다. 이 글은 〈기몽〉 직후에 작성한 글이거나 그 글의 사유 방식을 계승하고 있는 듯하다.

〈기몽〉의 창작 시기와 관련하여 〈소관부〉 뒤에 이행(李荇)의 시를 부기하였는데, 이 시는 《용재집(容齋集)》에서 〈심의지에게 장난삼아 주다〔戲贈沈義之〕〉라는 제목으로 실려 있고, "의지가 꿈을 기록하여 안동백이 되었다.〔義之記夢爲安東伯〕"라는 자주가 있다.[17] 이행은 1530년 12월 6일 좌의정이 되었다가 다음 해 10월 판중추부사로 강등되었으므로 〈소관부〉는 그 무렵 지은 것으로 간주하기 쉽다. 하지만 이행은 시에서 "반식 삼 년에 생활이 청빈터니〔伴食三年活計淸〕"라고 했는데,

16 《大觀齋亂稿》 卷3 〈又贈反風花辨〉〔邵堯夫詩. 月露風花未品題. 朴君非之. 而作辨. 故余詩以反之.〕, "皇王四府道參差, 品絶淸虛一樣奇. 邵翁寓意無人解, 枉把雲斤琢異辭."

17 《용재집》은 시를 각 양식마다 편년식으로 정리했고, 이행의 〈심의지에게 장난삼아 주다〔戲贈沈義之〕〉는 칠언절구이며, 그 시는 〈洪州設壽筵次觀察使孫公韻〉과 〈謁宋相公座上口號〉, 〈重九與叔達誠之君美仲擧會于沈百源家次百源韻〉 사이에 놓여 있다. 이를 보면 이행이 〈기몽〉을 보고 감상을 시로 적은 것은 1506년 말에서 다음 해 8월 사이인 듯이 여길 수 있다. 1506년 9월, 29세의 이행은 곧바로 홍문관 교리로 부름을 받았고, 그 후로 성균관, 홍문관 등의 청요직을 역임했다. 하지만 이는 《용재집》의 편찬 잘못인 듯하다.

'반식'은 '반식재상(伴食宰相)'의 뜻으로, 재상의 반열에 올라 건백(建白) 없이 3년을 보냈다는 겸어이다. 그 시기는 심의가 1529년 말 〈대관재에 제하다〔題大觀齋〕〉 칠언절구 2수를 조카 심사순에게 준 시기와 비슷하다. 이행의 독후시는 〈기몽〉에 대한 것이며, 그 시에서 "대소의 시부 읊음에 기괴함 맘껏 뽐내니〔賦成大小誇奇怪〕"라고 하여 〈대관부〉·〈소관부〉가 같은 시기에 이루어졌음을 암시했다.

심의의 문인으로서의 위상을 논하고 각 편에 담긴 주제 의식을 검출하기 위해서는 《대관재난고》의 시문들을 제작 연도별로 정리하여 시문의 변화상을 면밀히 추적할 필요가 있다.

3. 심의의 생애와 시문

심의의 생애와 시문에 대해서는 기왕의 연보[18]를 보완하면서 살펴보기로 한다.

심의의 본관인 풍산은 경상북도 안동시에 속한 지명으로 신라의 하지현(下枝縣)이며 현재의 풍산읍이다. 선산은 감암(嵌嵒)에 있었다. 감암은 경기도 광주시 남종면 검천리를 말하는 듯하다. 하지만 심정의 묘를 비롯하여, 그의 아들 심사손·심사순, 손자 심수경 등 풍산 심씨 가문의 풍산 심씨 문정공파(文靖公派) 묘역은 서울시 강서구 방화동 산 152-5 일대에 있다. 심의의 묘는 김포에 있다.

심의는 젊은 시절 삼각산(三角山)에서 유순원(柳順源)과 함께 글을

18 김기빈(金圻彬), 〈대관재난고 해제〉, 《한국문집총간해제》, 한국고전번역원, 1991.

읽었다. 뒷날 〈유자진이 찾아온 것이 고마워서〔謝柳子晉來訪〕〉 2수의 제2수에서 "풍설 속에 같은 절간에 기거하며, 등잔불 아래 함께 고서를 뒤적였지. 꿈을 꾸면 지금도 옥 같은 자태, 일천 겹 포갠 삼각산 푸른 봉우리.〔風雪同蕭寺, 陳編共一燈. 夢魂今尙玉, 三角碧千層.〕"라고 회상했다. 과거 공부를 하는 한편으로 제자백가(諸子百家)와 병서(兵書)에 빠져 지내기도 했다.

1495년(연산군1) 을묘 증광 사마시에서 진사시와 생원시에 모두 합격하였고 5년 동안 성균관에서 수학했다.

1501년에 좌의정 이극균(李克均)이 진한(秦漢)의 고사를 근거로 들며 양계(兩界)에 장성(長城)을 쌓아 외적을 마을 것을 건의하자 사간원 등의 반대가 심했다. 심의는 〈축장성부(築長城賦)〉를 지어 올려 이극균의 주장을 누그러뜨리면서 이극균을 위로했다.

심의는 29세 되던 1503년 4월 5일에 모친 서씨에게 자신의 관작을 구하는 상언을 하게 했다. 이 일로 승정원의 탄핵을 받았다.

1504년 10월, 부친상을 당했다.

1507년(중종2) 봄, 증광시 문과에 합격했다. 이때 동년 합격을 한 인물은 장원을 차지한 김정(金淨)을 비롯하여 홍언필, 성세창, 권벌(權橃) 등이었다. 김정과는 이후 사가독서도 같이 하여 교분이 깊었다.[19] 또한 홍언필, 성세창과도 지우가 되었다.

중종반정 이후 반정에 가담하거나 발신한 문인들은 문치 중흥을 기

19 金淨의 《冲庵集》에 〈次友人以志士惜日短愁人知夜長爲韻賦十首韻〉, 〈次義之冬至韻〉, 〈次義之雪夜漫興韻〉, 〈次義之庚申夜韻〉, 〈次義之韻〉이 있고, 沈義의 《大觀齋亂稿》에 〈寓意呈金元冲〉이 있다.

대하는 한편, 지난 시기를 부정하는 글들을 작성했다. 남곤은 〈유자광전(柳子光傳)〉에서 무오사화의 빌미를 제공한 유자광의 실상을 폭로했다.[20] 이자(李耔)는 〈기갑자사화(記甲子士禍)〉에서 연산군의 악행을 고발했다.[21] 그러나 심의는 이 시기에 문치 중흥을 선불리 예찬하지도 않았고 지난 시기를 극명하게 부정하는 시문도 남기지 않았다.

심의는 34세 되던 1508년에 홍문관 대제학 신용개(申用漑)의 선발에 뽑혀 사가독서를 했다. 조선 전기에는 사가독서를 거쳐야 홍문관의 직을 맡게 되고 문형(文衡)을 잡을 수 있었으므로 사가독서는 관료 문인의 일생에서 매우 중요한 의미를 지닌다. 이때 신용개, 강혼(姜渾), 김일손(金馹孫)에게 수학하였는데, 뒷날 독서당에서 이들과 함께 했던 추억을 회상하면서 그들을 한유(韓愈)에, 자신을 장적(張籍)에 견주었다.[22]

1508년 가을, 심의는 김정과 함께 사가독서를 하면서 《문선》에 있는 부현(傅玄)의 잡시(雜詩) 가운데 '志士惜日短, 愁人知夜長' 구절로 분운(分韻)하여 10수의 시를 지었다.[23] 이 무렵 월과(月課)에서 〈춘대부(春臺賦)〉와 〈납전삼백부(臘前三白賦)〉 등을 지었다. 〈춘대부〉는 《노자》의 "사람들 화락한 모양이, 흡사 진수성찬을 먹은 듯도 하고 봄

20 許筠, 《海東野言》, "南袞此傳, 書子光罪惡, 極盡無餘, 及己卯, 踵子光之事, 夜開北門, 使一時清流一網打盡, 迹其所爲, 有甚於戊午, 是袞自作此傳, 自書己惡. 小人情狀, 暴露於後日, 令人一讀, 不覺扼腕, 然欲知戊午起禍之源, 不可無此傳, 故今姑沒其名而錄其傳, 以爲小人之戒云."

21 李耔, 《陰崖集》 卷3 〈記甲子士禍〉.

22 《大觀齋亂稿》 卷3 〈追記書堂舊事呈姜判相〉.

23 《大觀齋亂稿》 卷2 〈讀文選傅休奕雜詩……以勉其志〉.

누대에 오른 듯도 하네.〔衆人熙熙, 如享太牢, 如登春臺.〕"에 근거하여 태평성대를 구가한 것이다. 〈납전삼백부〉는 납향(臘享) 전에 세 차례 눈이 내리면 풍년이 든다는 이른바 납전삼백의 속설을 주제로 하여 임금의 선정을 칭송한 것이다.

1509년(중종4) 여름에 가뭄이 계속되자 중종이 구언하는 하교를 내렸는데,[24] 심의는 한발(旱魃)을 죽여 가뭄을 극복했다는 《신이경(神異經)》의 고사를 근거로 〈축한발문(逐旱魃文)〉을 지어 올렸다. 이를 계기로 이조 좌랑에 임명되었다. 그런데 10월의 윤대에서 '임금은 약하고 신하는 강하다.'라는 말을 하여 지탄을 받았다.[25] 당시 낮에 세성(歲星)이 나타나는 변고가 있어 심의가 이렇게 풀이한 듯하다.

1511년(중종6) 5월에 봉상시 주부가 되었다. 오언절구 〈내가 헌관의 신분으로 강화 참성대에서 비를 빌다〔余以獻官祈雨于江華塹城臺〕〉를 지었다. 이 무렵 박은(朴誾)을 추도했다.[26] 심의는 박은과 1495년 진사시 동년이었다. 유망한 문사였으나 사화로 인해 뜻하지 않게 죽음을 맞이한 벗들에 대한 추모의 감정을 시에 담았다.

1513년(중종8) 4월, 여주 교수(驪州教授)로 있으면서 중종의 구언에 응하여 임금을 권면하기 위한 목적으로 〈십의잠(十宜箴)〉을 지어 올렸다. 각 조목마다 태조, 태종, 세종, 문종, 성종 등의 고사를 모범으

24 金安國, 《慕齋集》 卷9 〈因旱求言傳旨〉, 〈下議政府求言傳旨〉.

25 《中宗實錄》 4年 10月 5日, "持平許遲曰: '沈義於輪對, 以「君弱臣强」之語啓之, 下人甚疑懼. 義心術本乖險, 無可取, 在六曹郎官, 豈不知事理而啓之? 請推之.' 獻納趙邦彦曰: '沈義輪對之言, 果大失矣. 然旣使人言之, 雖或狂悖, 亦當優容, 而不可治罪. 今若治罪, 恐妨事體也.'"

26 《大觀齋亂稿》 卷3 〈追悼朴仲說〉.

로 예시했다. 중종은 "고사를 끌어와 규간(規諫)한 것이 매우 간절하다."라는 비답을 내렸다. 이로 인하여 사헌부 감찰이 되었다. 이에 대한 사신(史臣)의 평은 "심의가 형제와 불화하고 또 탐오(貪汚)한 성품을 지녀 한없이 주구(誅求)하므로 봉상시 주부로 있다가 좌천되어 교수가 되었는데, 이와 같이 소장을 올려 벼슬을 얻게 되었으나, 사림에서는 이것을 영화롭게 여기지 않고 도리어 비루하게 보았다."라고 했다.[27]

심의는 여주 교수로서 유생들을 권면하는 잠이나 시를 여럿 지었다. 다만 후에 성균관 전적이나 개성 교수로 있으면서 지은 권면의 시와 잠도 많기 때문에 창작 시기를 비정하기 어렵다. 다만 이러한 권계의 잠이나 시는 성성법(惺惺法)을 강조한다는 점에서[28] 성리학을 전문으로 하는 학자들의 그것과 내용상 큰 차이가 없다. 또 개인적으로 지은 듯한 〈이상잠(履霜箴)〉, 〈계구잠(戒懼箴)〉, 〈형제잠(兄弟箴)〉 등의 주제도 유생을 교도하는 잠이나 시의 내용과 큰 차이가 없다. 그리고 잠을 이용해 남을 교도하거나 스스로를 다잡는 방식은 조광조 일파의 잠류와 기능상 그다지 차이가 없는 듯하다. 〈사물잠을 지어서 학생들에게 보여 주다〔四勿箴示諸生〕〉에서는 부모, 스승, 벗, 마음을 속여서는 안 된다고 강조하고, 〈충효잠을 지어서 제생에게 보여 주다〔忠孝箴示諸生〕〉에서는 충심과 효심을 동일하게 유지해야 한다고 충고했으며, 〈몽잠(蒙箴)〉은 운자로 '몽(蒙)' 한 글자를 처음부터 끝까지 사용한

27 《中宗實錄》8年 3月 26日.

28 《大觀齋亂稿》卷3 〈直宿中學示諸生〉, "狂瀾末世苦難回, 長抱塵編泣道灰. 欲識寸心歸宿處, 殘燈一點暗中開."; "楊柳收風人寂寂, 梧桐無月夜沈沈. 勸君須學惺惺法, 腔子分明有一心."

기이한 형식인데, 학문의 올바른 자세를 제시했다. 특히 〈몽잠〉에서는 방달지재(放達之才), 청허지도(淸虛之徒), 비둔(肥遯), 공명(功名), 상고(商賈), 호협(豪俠)의 무리를 경계하도록 당부하고, 《주역(周易)》의 양몽(養蒙)과 장재(張載)의 정몽(正蒙)에 유념하라고 지도했다. 이것은 유생들에 대한 권계 이상으로 자기 자신에 대한 다짐과도 같았다. 〈학생들에게 보여 주다〔示諸生〕〉에서는 거울에 쌓인 먼지를 털어 내듯 마음을 수양하는 일이 배움의 최우선 과제라고 논했고, 뒷날 개성 교수를 그만둘 때 보여 준 〈마음을 담은 시 한 편을 주어 제생과 작별하다〔贈心一篇別諸生〕〉에서는 심성의 수양을 당부했다.

1514년(중종9) 11월 공조 좌랑으로 있었는데, 유기(鍮器)와 동철(銅鐵)을 집에 가져갔다는 이유로 사헌부에서 장오죄(贓汚罪)로 파직시킬 것을 계청했다. 이때 사헌부의 계청은 윤허받지 못했다. 이듬해 6월 장오죄로 고신(告身)을 빼앗겼다.

1516년(중종11), 경기도 이천(利川)에 은거하고 있던 김안국을 방문했다. 김안국이 심의의 시에 차운한 시 2수를 남겼다.[29]

1517년(중종12), 황산(黃山) 향사(香使)의 신분으로 전산(錢山)에 가서 제사 지냈다. 전산은 황해도 문화현 치소에서 북쪽으로 10리 지점에 있는데, 전염병이 창궐하면 이 전산에 설치된 여제단(厲祭壇)에 사신을 보내어 제사를 올렸다. 당시 성균관 전적으로 있었기 때문에 〈향사로 차출되어 전산으로 갈 적에 제생에게 보여 주며 작별을 고하다〔差香使往錢山示諸生告別〕〉 2수를 남겼다. 또한 제사 지낼 때는 〈황산 향사의 신분으로 전산에 가서 제사 지내며 입에서 나오는 대로 짓다

29 金安國, 《慕齋集》 卷5 〈次沈義之韻〉.

〔以黃山香使祭錢山口占〕〉를 남겼다. 황해도 문화 현감으로 있는 안처직(安處直)을 위해 오언배율 1편을 지었다.

1518년(중종13) 4월, 천재(天災)와 시폐(時弊)를 논하고 〈십잠(十箴)〉을 올렸다. 사평은 "사람이 어떤가를 가지고 그의 말까지 무시하지 말라고 했으니, 선을 취하기를 마땅히 이와 같이 해야 한다."라고 했다.[30] 이해 여름 김안국이 동지중추부사로서 사은사(謝恩使)가 되어 중국에 갈 때 철산(鐵山)까지 가서 전송했다.[31]

1519년(중종14) 8월 15일, 상소하여 예조 판서 남곤의 죄를 논하고 종실 주계군(朱溪君) 이심원(李深源)의 사당을 세울 것을 청하는 한편, 칠사조(七事條)를 아뢰었다. 《중종실록》에 요약되어 있는 7조는 1 관제를 개혁하여 녹봉을 확정하고, 2 내수사를 개혁하여 상의원(尙衣院)에 합병하며, 3 각 시(寺)와 감(監)의 제조(提調)를 개혁하고, 4 양부(兩府)의 녹사(錄事)를 개혁하여 병액(兵額)에 충당하며, 5 야사(野史)를 복구하고, 6 여사(女史)를 두며, 7 관복(冠服)을 제정하여 귀천이 구별되게 하는 일이다. 조광조와 박세희(朴世熹) 등은 심의를 음험한 성품을 지닌 인물이라며 배척하고 남곤을 두둔했다.[32]

이해 11월에 형 심정이 남곤, 홍경주(洪景舟)와 모의하여 조광조와 신진 사류들을 숙청하거나 실각시켰으니, 이른바 기묘사화이다.

1522년(중종17), 〈성번중을 전송하는 글〔送成蕃仲辭〕〉을 지어 강원도 관찰사로 나가는 성세창을 축원했다.

30 《中宗實錄》 13年 4月 29日.

31 金安國, 《慕齋集》 卷2 〈沈義之見訪〉.

32 《中宗實錄》 14年 8月 15日·22日, 9月 2日.

1529년(중종24) 12월, 〈기몽(記夢)〉을 지었다. 이달 16일, 심의는 꿈속에서 시의 수준에 따라 관직의 고하가 결정되는 문장 왕국을 체험했다. 그는 선계(仙界)에 들어갔는데, 고인이 된 박은을 만나 문장 왕국이 당률(唐律)을 기준으로 하여 지위가 결정된다는 말을 전해 듣는다.[33] 천자는 신라 때의 최치원(崔致遠)이었는데, 심의의 시재(詩才)를 알아보고 그에게 금자광록대부(金紫光祿大夫) 규벽부 학사(奎壁府學士)를 제수했다. 심의는 후한 사람 장형(張衡)의 딸인 장옥란(張玉蘭)을 배필로 맞았다. 이후 최치원 및 고위 관료들과 함께 시학을 논하던 중에 문천 군수(文川郡守) 김시습이 당률에 경도된 최치원을 비판하는 격문을 돌리고 빈란을 일으켰다. 심의는 최치원의 명으로 정벌에 나가 신기(神奇)의 능력으로 김시습의 항복을 받아 내었다. 개선한 심의에게 최치원은 '배식사문경륜일시진국 공신(培植斯文經綸一時鎭國功臣)'의 공신호를 내리고 안동백(安東伯)에 봉했다. 심의는 이곳에서 20년 동안 벼슬을 살다가 영경연사(領經筵事)에 특진되었다. 하루

33 《大觀齋亂稿》卷4 〈記夢〉. 수상에는 을지문덕(乙支文德), 좌상과 우상은 이제현(李齊賢)과 이규보(李奎報)이다. 문한직(文翰職)에서 대제학은 이색(李穡), 관각의 요직은 김극기(金克己), 이인로(李仁老), 권근(權近), 정몽주(鄭夢周), 이숭인(李崇仁), 유방선(柳方善), 김종직(金宗直) 등이 담당하고 있다. 심의 자신은 진화(陳澕), 정지상(鄭知常)과 함께 규벽부 학사가 되었고, 정포(鄭誧)・임춘(林椿)・정도전(鄭道傳) 등이 보문각 학사(寶文閣學士)로 있다. 서거정(徐居正), 어세겸(魚世謙), 성현(成俔), 홍귀달(洪貴達), 변계량(卞季良) 등 15세기에 문형(文衡)을 담당했던 문사들도 하위 관직이나 외직에 있으며, 고려를 위해 순절한 정몽주나 무오사화 때 참화를 입은 김종직, 김일손(金馹孫), 남효온(南孝溫) 등이 문한의 요직을 차지하고 있다. 이제현, 이색, 권근, 정몽주, 김종직 등이 높은 평가를 받고 있는 점은 도문일치(道文一致)의 관념이 반영된 결과이다.

는 벽부(壁府)의 뜰에 '사단(詞壇)' 편액의 옥탑(玉榻)을 보고 그 위로 올라가자 중국 문사들이 두보(杜甫)를 천자로 삼아 또 다른 문장 왕국을 이루고 있었다. 우리나라 인물 가운데서는 최치원만이 두보의 초청으로 그곳을 방문할 수 있었다. 뒤에 심의는 다른 한원(翰苑) 문인들의 시기로 탄핵을 받아 고향으로 돌아가게 되었는데, 하직하고 떠나려는 찰나 상국(相國) 이색(李穡)이 40여 년 뒤 다시 이곳으로 와서 함께 부귀를 누리게 될 것이라 말하며 심의의 배를 갈라 서너 말 먹물을 부어 넣었다. 심의는 고통에 시달리다 마침내 꿈에서 깨었다.[34]

〈기몽〉은 꿈속의 선계 체험을 다루고 있어 심의의 또 다른 잡저 〈몽사자연지(夢謝自然志)〉와 짝을 이루되,[35] 시학을 소재로 다룬 점이 다르다. 심의의 시학관은 1478년(성종9) 《동문선(東文選)》이 편찬되고 1518년(중종13) 《속동문선(續東文選)》이 편찬되면서 우리나라 문인들에 대한 평가가 공공성을 띠게 된 것과 관련이 있을 것이다. 〈기몽〉에서 심의는 당풍(唐風)을 중시했는데, 이것은 남송 위경지(魏慶之)의 《시인옥설(詩人玉屑)》이 줄곧 시학의 기준이 되고, 금나라 원호문(元好問)의 《당시고취(唐詩鼓吹)》가 주요한 참고서가 되었던 것과 무관하지 않다.[36] 또한 심의의 시인 품평은 중종 대에 들어 성리학의

34 신재홍, 〈夢遊樣式의 小說史的 展開에 관한 硏究〉, 서울대학교 박사학위논문, 1992; 엄기영, 〈〈대관재기몽(大觀齋記夢)〉의 창작 방법 연구 -창작소재를 중심으로-〉, 《고소설연구》 18, 한국고소설학회, 2004.12, 59~84쪽; 명평자, 〈〈記夢〉에 나타난 大觀齋 沈義의 비평의식〉, 《어문연구》 74, 어문연구학회. 2012.

35 〈몽사자연지〉의 사자연(謝自然)은 〈기몽〉에서도 천자 두보를 모시는 선녀로 등장한다.

36 이보다 앞서 《연산군일기》 10년 11월 23일의 기사 뒤에 사관(史官)은 다음과 같이

이념이 독존적인 지위를 차지하게 되면서 도문일치(道文一致)의 관념이나 도통(道統) 쟁론의 상황이 반영된 결과라고 할 수 있다. 심의는 〈기몽〉에서 문장 왕국의 대제학에 이색(李穡)을 배정하고 정몽주(鄭夢周)를 관각의 주요 인물로 설정했다. 이것은 1517년 정몽주에 대한 문묘 종사가 이루어져 1533년 현손 정세신(鄭世臣)이 《포은집(圃隱集)》을 중간한 사실, 이색이 성리학 보급에 기여한 동방문학의 최고 문사로서 당시의 문사들에게 인정받게 된 사실 등과 관련이 있다. 또한 심의는 김종직에게 문한의 요직을 배정했는데, 이것은 중종 때 김종직이 '문장정맥(文章正脈)'의 지위에 오른 것과 상당한 관계가 있을 것이다. 김종직의 문집은 중종 이전에 간행되었으나 김종직이 무오사화 때 부관참시를 당하면서 문집과 판본이 모두 소각되었는데, 1520년에 김종직의 조카 강백진(康伯珍)이 김종직의 시문을 수습해서 《점필재집(佔畢齋集)》을 간행했다. 중종 대에는 김종직 및 그 문인들이 도통의 주요한 계보를 이루었으며, 국가 편찬물인 《속동문선》 및 《신증동국여지승람》에 김종직 및 그 문인들의 시문을 상당히 많이 수록했다.[37] 심의는 도통 의식을 확고히 지니지 않았지만, 도문일치의 관념, 지배적 도통 논의 등에 익숙하고 어느 정도 동조했다.

지적한 바 있다. "율시사운(律詩四韻)으로 시험하여 신비를 선발하사 어린 초학의 무리들이 많이 선발되었다. 당시 사람들이 조롱하기를 '연구아동방(聯句兒童榜)'이라 했다. 이로써 사습(士習)이 무너져 너 나 할 것 없이 다투어 실학(實學)을 버리고 시구(詩句)를 일삼아 수년 사이에 경사(經史)는 아주 폐기되고, 사람들은 다투어 《당시고취》를 암송하여 요행으로 과제(科題)나 얻으려 하게 되었다."

37 성용선, 〈中宗代 '官'僚 文人의 학적 지향과 문학의식〉, 고려대학교 박사학위논문, 2020.

1530년(중종25) 정월 초하루, 조카 심사순이 찬문을 작성했다. 심사순은 "그 말은 따스하며 부드러웠고, 그 글은 아름답게 번쩍이는 가운데, 한유의 뒤를 바짝 좇아가는가 하면, 구양수와 수레를 나란히 달렸다네.〔溫溫其詞, 曄曄其章. 追逐山斗, 竝駕歐陽.〕"라고 하여, 심의의 문장이 한유・구양수 류의 당송고문에서 일가를 이루었다고 했다. 안처성(安處誠)의 〈대관재찬(大觀齋贊)〉도 이 시기에 지었을 듯하다. 안처성은 "대관재 어르신을 우러러 뵈옵건대, 툭 터져 두루 다 포용하시어, 하늘과 땅을 보자기로 싸서 묶고, 삼라만상을 울안에 들여놓았다네.〔瞻仰高齋, 廓其有容. 包括乾坤, 百態牢籠.〕"라고 예찬했다. 심사순과 안처성의 논평은 〈기몽〉뿐만 아니라 〈대관부〉・〈소관부〉・〈달관부〉를 보고서 쓴 시이다. 〈대관부〉・〈소관부〉는 인물의 설정, 극대와 극소의 대비, 어휘 등의 면에서 송옥(宋玉)의 작으로 전해 오는 〈대언부(大言賦)〉・〈소언부(小言賦)〉와 흡사하다.

8월 22일, 정현왕후(貞顯王后) 윤씨(尹氏)가 타계했다. 조선 성종의 세 번째 왕비이며 중종의 어머니이다. 8월 23일, 삼공 및 예조는 지문(誌文)은 심사순으로 하여금 짓게 했다고 왕에게 알렸다. 심의는 만시를 지었다.[38]

11월 23일에 대사헌 김근사(金謹思)와 대사간 권예(權輗)가 1527년의 작서(灼鼠) 사건[39]과 관련하여 심정을 탄핵하는 차자를 올렸다.[40]

38 《大觀齋亂稿》 卷2 〈貞顯王后挽〉.

39 1527년(중종22) 2월 25일 당시 세자인 인종의 생일에 쥐를 잡아 사지와 꼬리를 자르고 입, 귀, 눈을 불로 지져서 동궁의 북쪽 뜰에 있는 은행나무에 걸어 세자를 저주한 사건이 일어났다. 이른바 작서의 변이다. 당시 우의정이던 심정은 이 사실을 왕에게 아뢰고 범인 체포를 청하였으나 의옥(疑獄)이 커졌다. 4월에 이 일로 후궁인 경빈(敬嬪)

이후 11월 말부터 12월에 걸쳐 사간원, 사헌부 및 홍문관은 심정에게 정률(正律)을 적용할 것을 쟁집했다. 처음에 심정을 먼 지방에 부처하게 하여, 경상도 영천군(永川郡)에 유배했다가 황해도 옹진(甕津)으로 이배(移配)했으나 12월 20일에 헌부는 심정을 다른 지방으로 멀리 유배하도록 청했다. 심의는 형이 영천으로 유배될 때 칠언절구 〈영천으로 좌천된 정승 형을 전송하며〔送政丞兄貶永川〕〉를 지었다. 심정은 영천에 부처되었다가 강서(江西)로 유배되어 무학촌에 머물렀다. 1531년 봄 심의는 칠언절구 〈숲속의 술자리를 추억하는 시를 지어서 사순에게 주다〔追記林下飮贈思順〕〉에서 강서 무학에 유배되어 있는 형을 생각했다. 또 평해(平海)로 유배 간 성세창을 위해 〈춘설의 시를 지어 번중의 적소(謫所)에 보내다〔寸舌投贈蕃仲謫居〕〉를 지었다.

1531년 5월 24일, 종루(鐘樓)에 김안로를 비롯한 권신들을 비난하는 익명의 방문(榜文)이 붙었다. 10월 25일, 대간은 홍문관 부제학이던 심사순이 부친 심정의 찬축에 유감을 품고 종루에 방문을 내걸었으리라고 주장했다.[41] 대간에서는 심의도 망패(妄悖)하다는 이유로 탄핵했

박씨(朴氏)와 아들 복성군(福城君) 이미(李嵋)가 혐의를 받아 귀양을 갔다가 1533년에 함께 사사되었다. 이 사건은 그 후 1541년 김안로(金安老)의 아들 김희(金禧)가 진범으로 밝혀졌다 《燃藜室記述 卷9 中宗朝故事本末 朴敬嬪福城君之獄》

40 《中宗實錄》25年 11月 23日.

41 1555년(명종10)에 이르러 심사순의 형 심사공이 상언하여 익명서 사건은 김안로가 심사순 부자를 모함하기 위해 만들어 낸 것이라고 주장했다. 그에 따르면 김안로는 심사순 부자가 그의 해배(解配)와 복직(復職)을 반대하였다는 이유로 원한을 품고 익명서 사건을 꾸몄다고 한다. 《中宗實錄 26年 5月 24日, 12月 4日》《明宗實錄 10年 3月 20日》

으나 윤허되지는 않았다. 하지만 11월 23일 심의와 심사순의 서얼 동생을 추고하도록 했다. 심의는 조카들인 심사공・심사민(沈思敏)과 함께 하옥되어 추국을 당했다. 심사순은 27차에 걸쳐 형신을 받은 끝에 36세로 세상을 떠났다. 12월 1일 강서에 유배 중이던 심정도 사사되었다. 《중종실록》의 사평은 다음과 같다. "심사손의 시체가 썩기도 전에 심정이 사사당하고 심사순이 형장(刑杖)에 죽어, 한집안에서 세 사람이 모두 좋지 못하게 죽었다. 그러니 선하지 못한 일을 쌓은 응보가 아니겠는가. 이처럼 하늘이 응보하기를 좋아하니 어찌 두렵지 않은가."[42]

1534년(중종29) 9월 15일, 중종이 제릉(齊陵)을 참배하고 문무(文武)의 초시를 거행했다. 중추절을 맞아 시관(試官)과 참시관(參試官)들은 개성 만월당에서 계회를 했다. 심의는 제릉 전사청(典祀廳)에 근무하는 관리로서 참시관으로 참석하여 〈송도에서 거행한 문무과의 시관의 계문〔松都文武科試官契文〕〉을 지었다.

이해 진사시 동문이자 문과 동년인 홍언필에게 〈양성서를 지어서 홍 이상 자미에게 보내다〔養性書投洪二相子美〕〉라는 글을 지어 주었다. 홍언필의 자는 자미(子美)로, 1534년 우찬성에 올랐으나 김안로와 갈등하여 선영이 있는 당성(唐城 화성(華城) 남양(南陽))으로 내려갔다. 처음에 광나루에서 두문불출한 듯하여, 심의는 시의 뒤에 "파직된 후 광연(廣淵)으로 돌아가 두문불출했다."라고 적었다. 심의는 이후 홍언필에게 〈진택에 대한 고풍의 시와 함께 서문을 지어 홍 이상에게 증정하다〔眞宅古風幷序贈洪二相〕〉도 써서 주었다. 진택(眞宅) 즉 생광(生壙)을 노래하는 시를 《문선》의 시체(詩體)를 본받아 지은 것이다. 진

42 《中宗實錄》 26年 12月 1日.

택을 마치 안락한 생활 공간처럼 그려 보였으니, 생광지(生壙誌)의 계보에서도 매우 특이한 위치에 있다.

1536년(중종31) 심의는 성균관 전적으로 있으면서 〈명륜당에서 유생들에게 보여 주다〔明倫堂示諸生〕〉라는 칠언장편의 권계시를 지었다.

1537년(중종32) 2월에 명나라 황사(皇嗣) 탄생 조서를 반포하기 위해 정사(正使) 한림원 수찬 공용경(龔用卿)과 부사(副使) 호과 급사중(戶科給事中) 오희맹(吳希孟)이 왔다. 정사룡(鄭士龍)이 원접사(遠接使), 심언광(沈彦光)이 관반(館伴)이 되어 이들을 맞이했다. 심의는 제술관으로 차출되었다. 〈제천정의 시에 차운하다〔次濟川亭韻〕〉 시에는 명나라 사신 공용경과 오희맹이 본국에 왔을 때 내가 제술관으로 함께 뽑혔으므로 이렇게 짓게 되었다."라는 자주가 있다. 이해 심의는 공용경 등의 시에 차운하여 비교적 많은 시를 남겼다. 그러나 이 시들은 정유년(1537)의 《황화집(皇華集)》에는 수록되지 않았다. 심의는 명나라 사신 공용경의 〈태평관부(太平館賦)〉를 읽고서 박잡하다고 비판하기도 했다.[43]

심의는 64세 되던 1538년(중종33)부터 1542년까지 개성부 교수로 재직했는데, 문과에 병과로 급제한 사람이 나가는 종6품의 말직이다. 1538년 개경으로 가기 전에 당시 기묘사화 때 삭탈관직당했던 김정국(金正國)이 마포 강정(江亭)에서 요양하고 있었으므로 그를 방문했다. 김정국이 증별시를 지어 주었다.[44] 8월에는 김안국에게 시를 주어, 김안국의 차운시가 전한다.[45]

43 《大觀齋亂稿》 卷3 〈讀龔天使太平館賦未免駁雜之譏〉.

44 金正國, 《思齋集》 卷2 〈病寓麻浦江亭……從義之寓此讀書〉.

심의가 개성 교수일 때 개성 유수는 송겸(宋𤥱),[46] 김희열(金希說), 박우(朴祐)[47] 등으로 세 번 바뀌었다. 1538년 심의는 개성 유수 송겸에게 〈개성 유수 송여온에게 주다〔贈開城留守宋汝溫〕〉라는 시를 지어 주었다. 1541년 9월 9일에는 〈중양절에 김 유수를 모시고 만월대에 오르다〔重陽陪金留守登滿月臺〕〉라는 시를 지었다. 1542년 1월에는 〈유수 김상경에게 주다〔贈留守金商卿〕〉를 지었다.[48] 1542년 개경을 떠나면서 〈유수 박창방에게 이별 선물로 주다〔留別朴留守昌邦〕〉라는 시를 지었다. 심의는 칠언배율 〈박육봉의 시에 차운하다〔次朴六峯韻〕〉도 지었다.

《대관재난고》에는 개성 교수로 있을 때 짓거나 창화한 시가 많다. 이를테면 1540년에는 박민헌(朴民獻)의 부친 박공근(朴公瑾)이 죽자 추도시를 지었다.[49] 박공근은 고양(高陽)에 농장이 있었고, 심의와 시를 주고받았던 인물이다. 1541년 11월에는 좌의정 홍언필이 〈《대관재난고》에 쓴 고풍의 시〔書大觀齋集古風〕〉를 주었다. 그 후반부에서 심의의 시에 대해 "공중에 서린 험한 어휘는 용이 잡아채는 듯 보이고,

45 金安國, 《慕齋集》 卷8 〈次沈義之韻〉.

46 송겸의 본관은 여산, 자는 여온(汝溫), 호는 추애(秋厓)이다. 1536년(중종31) 명나라에 성절사로 다녀오고 1538년 2월 21일 개성 유수에 제수되었다.

47 박우의 자는 창방(昌邦), 호는 육봉(六峯)이다. 1542년(중종37) 2월에 개성 유수가 되었다. 심의와는 증광 문과 동문이다.

48 김 유수는 김희열(金希說)로, 본관은 순천(順天), 자는 상경(商卿), 호는 가정(柯亭)이다. 후자의 시는 김희열이 개성 유수 직을 그만두고 떠날 때 준 것이다. 김희열은 1540년(중종35) 개성부 유수가 되었다.

49 《大觀齋亂稿》 卷3 〈追悼公瑾〉.

하늘에 기댄 고운 꽃송이는 해돋이도 무색케 하네.〔盤空險語看龍拏, 倚天葩艷排朝曦.〕"라고 평하고, 심의가 교수로서 제생을 진진하게 훈도하고 있다고 언급하여 "곡령의 산자락 아래 깊숙한 강당에서, 벗과 서로 강습하며 다시 기쁨 되찾으매.〔鵠嶺山下講堂深, 得友麗澤還成兌.〕"라고 했다.[50]

개성 교수 시절에 심의는 서경덕과 교류했다.[51] 학문적인 논점에 대해 주고받은 시문은 별로 남기지 않았으나, 화암(花嵒)으로 서경덕을 방문하거나 서경덕과 만월대(滿月臺)에서 노닐면서 주고받은 시들을 남겼다. 《대관재난고》에는 각 시체나 잡체에 걸쳐 서경덕과 창수한 시문이 상당히 많고, 그보다는 적지만 서경덕의 《화담집(花潭集)》에도 창수한 시들이 여러 수 실려 있다. 그런데 두 사람의 창수시는 두 문집에 각기 온전하게 실려 있는 것은 아니다. 이를테면 심의의 칠언절구 〈가구의 시에 차운하다〔次可久韻〕〉는 《대관재난고》에 4수를 싣고 서경덕의 원운(原韻) 4수를 실었는데, 《화담집》에는 서경덕이 심의의 시에 차운한 것으로 되어 있고 원운에 해당하는 2수를 실었다. 그 가운데 4편은 《대관재난고》에 들어 있지 않다. 또 《대관재난고》에 부록한 서경덕의 원운 2수는 《화담집》에 들어 있지 않다. 서경덕이 차운한 것인지 심의가 차운한 것인지 단언하기 어렵고, 그 둘을 합하여 최소 8수를 한꺼번에 수창한 것인지도 알 수 없다.

50 《大觀齋亂稿》〈書大觀齋集古風〉(洪彦弼).

51 서경덕은 송경 화정리(禾井里)에서 태어나서, 1519년(중종14) 기묘 현량과에 거수로 뽑혔으나 나가지 않다가 43세 되던 1531년 부모의 명으로 과거에 응시하여 식년 생원시에 2등 7위로 합격했다. 심의가 개성 교수로 있던 1540년에 대제학 김안국에 의해 유일지사(遺逸之士)로 천거되었다.

1542년(중종37) 심의가 개성 교수직을 그만두고 서울로 돌아갈 때 서경덕은 〈대관자를 전송하는 서〔送大觀子序〕〉를 지어 주었다. 이 글은 《대관재난고》의 끝부분에 부록되어 있는데, 서경덕의 《화담집》 권2에 〈심 교수를 전송하는 서〔送沈敎授序〕〉라는 제목으로 실려 있다. 서경덕은 '지(止)'라는 말을 가지고 전별의 선물로 드리겠다고 하고, 글의 마지막에서 간괘(艮卦)의 주사(繇辭)로부터 '지' 자를 얻었다고 밝혔다.[52] 서경덕은 '지'를 동과 정에서 각기 바름을 얻는 '성(誠)'으로 풀이하고, 심의의 '대관'이 '그치는 단계에서의 그침〔止止〕'과 통한다고 규정했다.[53] 그리고 문예에 매진하는 심의에게, 문예도 하나의 학문이므로 과정(課程)을 엄격하게 세우고 역량을 총동원하여 기약한 목표를 채워 나가고 전공하는 기예의 이둔(利鈍)과 성공 여부만 살피고 나머지는 물리쳐야 초연(超然)히 그치는 것을 안다고 할 수 있다고 했다. 또한 지경(持敬)하고 관리(觀理)하여 몸과 마음을 '생각할 것도 없고 작위할 것도 없는〔無思無爲〕' 경지, 즉 대중지정(大中至正)하여 현미무간(顯微無間)한 경지에 이르러야 한다고 권면했다.

1542년 3월 하순, 박민헌이 〈대관재난고서(大觀齋亂稿序)〉를 지었

52 《주역》 〈간괘(艮卦) 단(彖)〉에 "간은 그침이다. 때가 그쳐야 하면 그치고, 때가 행해야 하면 행한다. 동(動)과 정(靜)이 그 때를 잃지 않으니, 그 도가 광명하다. 그칠 데에 그침은 제자리에 그친다는 것이다.〔艮, 止也. 時止則止, 時行則行, 動靜不失其時, 其道光明. 艮其止, 止其所也.〕"라고 하였다.

53 심의가 낭관(郎官)의 지위에 머물러 있으면서도 끝내 원망하는 기색이 없었으므로 공손했다고 말할 수 있고, 개성 교수의 직책을 맡자 하루도 빠짐없이 시험을 보이고 수업을 행하면서 학업을 성취하도록 권면하여 후진(後進)의 소자(小子)들로 하여금 고무하게끔 했으므로 맡은 일에 수고했다고 말할 수 있다고 평가했다.

다. 그 글에서 "대관 선생은 누구보다도 불우하여 낮은 벼슬에 머물러 승진하지 못한 채 수현(守玄)을 하고 회광(晦光)을 하면서 이렇게 하는 것을 스스로 귀하게 여겼으며, 조예가 깊어지고 힘을 많이 기울이면서 진작부터 조충전각(雕蟲篆刻)하는 동자(童子)의 습관을 병통으로 여겼으니, 선생은 바로 오늘날 세상의 자운(子雲 양웅(揚雄))이다."라고 애석해했다. 특히 심의가 끝내 낮은 관직으로 벼슬을 마친 것이, 양웅이 궁정에서 창을 쥐고 숙위하는 낭관의 직위에 그친 것과 유사하다고 했다. '수현'은 빈궁 속에서도 고전에 침잠하여 저술에 힘쓰는 것을 말한다.

1545년(인종1) 원(元), 춘(春), 정월(正月), 왕(王), 즉위(卽位) 등 다섯 가지 '시작[始]'을 주제로, 새로 즉위한 인종에게 다스림의 시작을 삼가 행할 것을 권면하는 〈오시잠(五始箴)〉을 지어 바쳤다.

77세 되던 1551년(명종6) 3월 15일 소격서 영(昭格署令)으로 있으면서 전(箋)을 올려 불교 양종(兩宗) 설립의 폐단을 논했다. 자전(慈殿), 즉 문정왕후를 직접 거론한 매서운 논지이다. 문정왕후는 명종 즉위 후 8년간 수렴청정을 하였는데 이른바 을사사화를 일으켜 윤원형(尹元衡) 등 친척들이 정권을 잡게 하는 한편, 중 보우(普雨)를 신임하여 1550년 봉은사(奉恩寺)에 선종을 두고 봉선사(奉先寺)에 교종을 두게 하여 선·교 양종을 부활시켰다. 또한 승과(僧科)와 도첩제(度牒制)를 실시하게 했다. 1565년 문정왕후가 죽은 뒤 배불 상소(排佛上疏)가 잇달았지만, 심의는 문정왕후가 신불 정책을 펴던 시기에 정면으로 그 정책을 비판한 것이다. 사평은 "심의는 탐욕스럽고 어리석어서 세상의 버림을 받았는데 그 문장은 이와 같다."라고 했다.[54]

김극일은 심의의 문장에 대해 "기운을 내뿜어 문장을 만들어 내었기에, 웅장 오묘한 점을 자세히 논하기 어려워라. 우언(寓言)은 장주(莊周)의 수법을 활용하고 의장(擬章)은 굴원(屈原)의 솜씨를 본받아, 경차(景差)·송옥(宋玉)과 어깨를 나란히 견주고 황정견(黃庭堅)·소식(蘇軾)과 수레를 나란히 달리려 했네. 의론은 주공·공자에 뿌리를 두고 세상 교화는 경영한 것이 많았으며, 때때로 익살을 구사하거나 웅변으로 하늘을 찔러서 이완과 긴장을 문무처럼 행했으니, 도에 어찌 순수하지 못했다 하랴."[55]라고 했다. 명종 때 불교 정책을 비판한 상주문은 익살을 구사한 것이 아니라 웅변을 행한 것이며, 주공·공자에 뿌리를 두고 의론을 전개한 것이다. 또한 그 양식적 수법은 굴원의 솜씨를 본받은 것이기도 하다.

심의의 이후 삶이 어떠했는지, 어떤 죽음을 맞이했는지는 문헌이 부족하여 알 수가 없다. 1577년(선조10) 외손 윤대승(尹大承)이 경상도 성주에서 《대관재난고》를 목판으로 간행했다.

4. 맺음말

심의는 33세에 증광 문과에 병과로 급제한 이후 호조 좌랑, 봉상시 주부, 여주 교수, 사헌부 감찰, 공조 좌랑, 성균관 전적, 개성 교수, 소격서 영 등의 말단 직을 거치는 동안[56] 〈군약신강론(君弱臣强論)〉,

54 《明宗實錄》6年 3月 15日.

55 《大觀齋亂稿》〈書大觀齋集後〉.

56 박동량(朴東亮)의 《기재잡기(寄齋雜記)》에 의하면, 심의는 문장에 능하여 이조

〈십의잠(十宜箴)〉 칠사조(七事條) 상소, 〈십잠(十箴)〉, 불교 양종 설치 반대 상주문 등을 올려 시폐를 지적했다. 대간이나 조정 신료, 후대의 사신(史臣)들은 이를 두고 벼슬을 구하려는 의도로 간주했지만 심의는 그 나름대로 정치상의 의견을 공적으로 개진했다. 또한 발분저서(發憤著書)하여 그 나름의 문학 세계를 구축했다. 그렇기에 한때 그의 문인을 자처했던 박민헌은 심의가 도덕과 문장 두 방면에서 모두 뛰어나다고 칭송했다. 조카 심사순에게 주는 〈의중에게 부치다〔寄宜仲〕〉 시에서 심의는 문장만 일삼지 말고 정이(程頤)와 주희(朱熹)를 모범으로 삼으라고 권하기까지 했다. 스스로 그것을 격률로 삼은 것은 아니지만, 시문이 도덕적 내면 가치에 의해 탄탄한 목소리를 지녀야 한다고 믿은 것은 사실인 듯하다.

조선 중종 때는 유학에서도 성리학이 주류로 확립되고 성리학을 연찬하는 학자나 관료들이 도통(道統)의 확립에 뜻을 두었다. 문장도 성리학적 사유를 주요한 이념으로 삼았다. 심의의 시문도 그러한 풍조와 무관하지 않았다. 중종조에 특히 당시의 유가적 통념을 진술하는 잠(箴), 부(賦), 배율(排律)의 문체가 중시되고, 과거 시험은 물론 반제(泮製 과시(課試)), 월과(月課), 응제(應製), 중시(重試) 등에서도 그러한 주제와 그러한 문체가 부과되었다. 심의도 그 문체를 수용했다. 또한 과제(科題)나 역사를 소재로 삼아 역사적 상황을 상상하여 시문을 짓게 하는 방식이 일반적이었는데, 심의의 시문 가운데도 역사 고사

자랑에 임명되고 사가독서의 은전을 받았으나, 성품이 좋지 못하다는 이유로 현달하지 못했다고 한다. 내직으로는 전적(典籍), 외직으로는 개성 교수 등의 관직에 그쳤지만, 사가독서의 은전만은 종신토록 지니고 있었다고 했다.

를 소재로 한 것들이 있는 듯하다. 일부 작품에는 과시나 월과라는 주가 달려 있지만 일일이 주기한 것은 아니다. 《대관재난고》의 부, 장편, 잠, 배율 등은 상당수가 문장 진흥책과 관련이 있는 듯하다. 이에 대해서는 당시의 과거와 응제 등에 대한 진전된 연구 결과를 기다려야 할 것이다.

심의는 스스로의 사유나 문학적 감수성을 성리학 혹은 도학의 틀에 한정시키지 않았던 듯하다. 그 활달자재함은 불가나 도가의 사유 방식과 기식(氣息)이 통했다. 심의가 활동한 시대에는 성리학적 사유가 확산되고 도통 의식이 쟁론화하였는데, 정치적 향배에 따라 각 문인 관료들은 그 나름대로 자신만의 사유와 문학을 추구했다. 또한 노장(老莊)의 관념도 각 국면에서 용인되어 반제, 월과, 제술, 향시 등에서 노장 관련 문제가 빈번하게 출제되기까지 했다. 특히 《장자》와 《열자》에 등장하는 '꿈'의 기능은 시문의 주제만이 아니라 실제 창작 과정에까지 영향을 주었다. 심의는 유인수(柳仁洙)에게 〈몽설을 지어서 우스개로 유학원에게 답하다〔夢說戲答柳學源〕〉를 지어 주어, 현실과 꿈이 뒤바뀌는 관계에 있음을 말하고 너와 나의 구별조차 없다는 논리를 개진했다. 〈광한전부(廣寒殿賦)〉는 꿈에서 광한전에 노닐었던 일을 회상하듯 서술했고, 〈산목자구부(山木自寇賦)〉는 《장자》 〈산목(山木)〉의 내용을 꿈의 서술 방식으로 재해석했다. 〈기몽(記夢)〉과 〈몽사자연지(夢謝自然志)〉에서는 몽유 체험이 창작 과정에 개입했다. 〈몽사자연지〉에서 심의는 꿈에서 당나라 여도사(女道士) 사자연(謝自然)과 교분을 맺고, 한유(韓愈)가 〈사자연시(謝自然詩)〉에서 "아, 저 빈한한 여인이여. 이단의 무리에게 영영 몸을 맡겼네.〔噫乎彼寒女, 永托異物群.〕"라고 한탄했던 사실을 비판했다. 유가 문인들이 신선 지향에 대해

지니는 부정적인 통념을 넘어서고자 했다.

심의는 현실의 결함과 울분을 극복하기 위해 달관의 경지를 추구했다. 서경덕이 권유했던 좌망(坐忘)의 상태를 그는 유지할 수 없었다. 취향(醉鄕)에 노닐고[57] 스스로 선인으로 자처해야 했다.[58] 심의의 대표작 〈대관부〉, 〈소관부〉, 〈달관부〉는 달관의 경지를 멋지게 그려 보였다기보다는 달관으로 나아가는 집념을 담아내었다고 말하는 것이 옳다. 그러나 달관은 대관과 소관을 겪은 이후에 이를 수 있는 경지, 어쩌면 대관과 소관을 모두 극복한 경지일 것이다. 따라서 심의에게는 시를 짓고 글을 쓰는 행위 자체가 중요하였다. 심의는 〈석허중부(石虛中賦)〉에서 당나라 문숭(文嵩)이 벼루를 의인화하여 지은 〈석허중전(石虛中傳)〉을 변형하여 '선생'을 등장시켰다. 석허중은 모영(毛穎 붓), 진현(陳玄 먹)과 함께 아침저녁으로 '선생'을 모시며 문원에서 노닐고 시서(詩書)를 탐독하며 시인 묵객과 함께 음풍농월을 한다. "서재가 쓸쓸하고 홀로 거처하여 마음이 아팠던〔書齋蕭蕭, 獨處忽忽〕" 선생은 석허중과 함께함으로써 삶의 의미를 획득한다. 유학자로서의 자세를 견지하며 도에서 벗어나지 않는 문장을 추구한다는 목표도 이룰 수 있다. 석허중은 곧 선생 자신이요, 심의 자신이다.

심의는 경학이나 수양의 문제보다 활달자재한 삶과 사유, 시문 자체의 미학에 더욱 주력했다. 그렇기에 서경덕은 그에게 준 송서(送序)에서 '문예도 학문의 한 종류'라고 인정해 주지 않을 수 없었다. 하지만 세간 사람들은 시학에 힘쓰는 그를 경박하다고 비판했다. 심의는 〈경

57 《大觀齋亂稿》 卷1 〈客有嘲余以昏醉詩以反之〉

58 《大觀齋亂稿》 卷4 〈大觀齋眞像半影自贊〉.

박해(輕薄解)〉를 지어 변론했다. 당나라 때 문종이 시학사(詩學士)를 설치하려 하자 재상 이각(李玨)은 "시인은 경박한 무리이므로 나라를 다스리는 데 도움이 되지 않는다."라고 간한 일이 있다.[59] 심의는 시인들 가운데 경박한 사람이 많은 것은 사실이지만 당나라 이후 쏟아져 나온 훌륭한 시인들을 모두 경박하다고 싸잡아 비판할 수는 없으며, 정이나 주희 등은 맑은 마음을 시로써 표현해 내었다고 반박했다. 그리고 자신은 심(心)과 학(學)의 두 방면에서 모두 바름을 추구했기 때문에 시 또한 경박하지 않다고 항변했다. 나아가 자신의 시학에 대해 "젊은 시절부터 시를 배워 노성한 나이에 이르기까지 찾아 읽지 않은 시가 없었고 모아 두지 않은 기이한 구절이 없었다. 오법(五法), 사품(四品), 삼공(三工), 이개(二槪)의 뜻에 대해 마음에서 얻어 성정(性情)을 쏟아 냈으니, 나의 기량이 경박한 것인 줄은 알지 못하겠다."라고 자부했다. 성리학이나 도학의 논조를 진술하는 것으로는 심과 학의 바름을 얻었다고 할 수 없다는 비판 의식이 이면에 놓여 있다.

심의는 시문에 풍자와 해학의 뜻을 담았다. 우언(寓言)의 수법은 종래와는 상당히 다른 창의성을 띠고 있다. 그리고 상식을 깨는 어휘 운용이 두드러진다. 잘 알려진 전고(典故)를 이용하더라도 그 해석이 독특하며, 통용하지 않는 전고를 찾아내어 시적 사유의 토대로 삼았다. 개성 교수로 있을 때 지은 〈송도 명륜당에 두견이가 와서 울기에〔松都

59 《治平要覽》, 〈唐文宗〉, "上嘗欲置詩學士, 李玨曰: '詩人浮薄, 無益於理.' 乃止."; 〈宋徽宗〉, "知制誥崔瀹上書曰: '昔唐文宗欲置詩學士, 宰相奏曰: 「詩人多輕薄, 若承顧問, 恐撓聖聽.」 文宗乃止. 帝王當好經術, 日與儒雅, 討論經史, 咨諏政理, 化民成俗之無暇, 安有事童子之彫蟲, 數與輕薄詞臣, 吟風嘯月, 以喪天衷之淳正耶?' 王優納之."

明倫堂子規來叫〕〉라는 시에서는 "인간에 괴롭게 당한 피해가 신물이 나서, 야반에 공짜로 〈식미〉 읊어 교시함이렸다.〔應嫌苦被人間累, 夜半空教賦式微.〕"라고 했다. 사람들은 두견이를 두고 죽은 망제(望帝)의 넋이 피를 토하며 불여귀(不如歸)라 울어 댄다고 신물 나도록 말하지만, 두견은 너희 인간 세상이나 걱정하라고 충고해 준다는 뜻이다. 〈식미〉는 《시경》 〈패풍(邶風)〉의 편명으로, 약소국의 신하가 자신의 가련한 처지를 노래하는 내용으로 간주된다. 〈보현봉에 오르다〔登普賢峯〕〉에서는 "개미도 창공에 오르면 하늘을 언덕쯤으로 여기고, 겨자도 창해에 뜨면 바다를 농짝쯤으로 여기는데, 우스워라 창려는 공연히 후회하며 깨물다니. 장차 한만과 약속하고 홍몽을 치고 오르리라.〔蟻緣碧落天疑垤, 芥泛蒼茫海作籠. 堪笑昌黎空悔咋, 將期汗漫拍鴻濛.〕"라고 했다. 한유는 화산(華山)을 오르면서 죽을지도 모른다고 벌벌 떨었지만, 자신은 한만(汗漫)과 짝하여 우주에서 노닐리라고 말했다. 조선 시대 지식인들은 산에 오를 때 한유가 남악에 오르면서 사당에 제사 지내 비안개가 걷히고 광활한 시야를 확보했던 일을 추억하고 자신의 산행을 그 일에 견주었다. 하지만 심의는 이조(李肇)의 《국사보(國史補)》에서 한유가 화산 정상에서 발광하여 통곡하고 글을 남겨 경계했다는 고사를 채택했다. 그리고 《회남자(淮南子)》 〈도응훈(道應訓)〉에서 약사(若士)가 세상 밖에서 한만과 노닐기로 약속했다고 한 말을 떠올렸다. 이러한 것들은 조선 시대 일반적인 시문의 전고 사용과는 확실히 다르다.

《대관재난고》는 그 문학의 기이한 특성 때문에 주목을 받았지만, 인간 심의의 내면을 탐사하는 일은 잘 이루어지지 않았다. 사실 한 인물에 대한 평가는 가볍게 논단하고 정론을 마련할 수 있는 일이 아니다. 게다가 당대의 주류로 간주되는 시문과는 달리 그의 시문이 전고구사가 특이하다는 사실도 인간 심의의 삶, 문학 세계, 사상적 고투에 대한 진일보한 논의를 어렵게 만들었다. 이번에 한국고전번역원에서 《대관재난고》를 완역함으로써 그 논의를 촉진할 수 있게 될 것으로 기대한다. 《대관재난고》의 초각본은 글자의 필획이 마모된 것이 종종 있어 종래 배인(排印)에 의심스러운 곳이 적지 않았으나 이번의 한국고전번역원 번역문은 초각의 오류를 재심했다.

참고문헌

金商鶴 편, 전형윤·이향배·이병찬·정만호 역, 《(국역) 지천서원지(知川書院誌)》, 충남대학교 한자문화연구소; 경주김씨상촌공파종회 상촌사상연구회, 2009.

尹大承, 咸安郡善行褒彰委員會,《松坡善行讚揚詩帖》卷1~9, 新鉛活字本, 1970, 국립중앙도서관, 전남대학교 도서관 소장.

蔡紹權,《拙齋集》, 한국국학진흥원 소장.

강지희, 〈漁村 沈彦光 詠史詩에 나타난 역사인식과 삶의 지향〉,《漢文古典硏究》28, 한국한문고전학회, 2014.

김민구, 〈大觀齋 沈義의 詩 硏究〉, 고려대학교 석사학위논문, 2021.

김진경, 〈訥齋 朴祥 賦文學 연구: 주제 형상화 방식을 중심으로〉,《漢文古典硏究》26, 한국한문고전학회, 2013.

명평자, 〈〈記夢〉에 나타난 大觀齋 沈義의 비평의식〉,《어문연구》74, 어문연구학회, 2012.

박우훈, 〈大觀齋 沈義의 賦 試考 〈大觀賦〉·〈小觀賦〉·〈達觀賦〉를 중심으로〉,《동아인문학》18, 동아인문학회, 2010.

손유경, 〈企齋 申光漢의 文學意識 硏究: 官人文學的 性格을 中心으로〉, 성신여자대학교 박사학위논문, 2013.

신재홍, 〈夢遊樣式의 小說史的 展開에 관한 硏究〉, 서울대학교 박사학위논문, 1992.

신태영, 〈訥齋 朴祥의 賦 硏究: 유가적 충의와 장자적 초탈〉,《溫知論叢》17, 온지학회, 2007.

심경호, 〈詠史絶句의 조선판본에 대하여〉,《한국한시연구》제2집, 한국한시학회, 1994.12.

______, 〈企齋申光漢論〉,《한국한시작가연구》4, 한국한시학회, 1998.12.

______, 〈목계 강혼의 문학에 대한 재평가 시론〉,《남명학연구》제51집, 경상대학교 경남문화연구원 남명학연구소, 2016.9.

안세현, 〈조선전기 향교가요의 창작 양상과 그 배경〉,《Journal of Korean Culture》31, 한국어문학국제학술포럼, 2015.

엄기영, 〈〈대관재기몽(大觀齋記夢)〉의 창작 방법 연구 -창작소재를 중심으로-〉, 《고소설연구》 18, 한국고소설학회, 2004.12.
임준철, 〈《大觀齋亂稿》 解題〉, 《(계명대학교 동산도서관 소장)善本 古書 해제집》 1, 계명대학교 출판부, 2008.
정민, 〈朝鮮 前期 遊仙辭賦 硏究〉, 《한국언어문화》 13, 한국언어문화학회, 1995.
정용건, 〈中宗代 官僚 文人의 학적 지향과 문학의식〉, 고려대학교 박사학위논문, 2020.
정용건, 〈遯齋 成世昌의 文翰 활동에 대한 고찰〉, 《동양한문학연구》 59, 동양한문학회, 2021.

《대관재난고》의 서문 大觀齋亂稿序

빙(氷)[1]은 백(白)에 대해서 독보적인 인물이라고 찬미하였고, 한(漢)[2]은 유(愈)에 대해서 웅장하며 위대하다고 칭송하였다. 찬미하고 칭송하는 것이 지친(至親)에게 행해졌고 보면 누가 사정(私情)을 두었다고 말하지 않겠는가마는, 천년토록 빙과 한에 대해서 사정을 두었다고 말하지는 않는다. 왜냐하면 문장(文章)은 공적인 기물(器物)인 만큼, 공적으로 사용해야 할 때에는 지친에 대해서도 공적으로 사용할 수 있기 때문이다. 나는 대관재의 조카이니, 혐의로 말할 것 같으면 빙이나 한보다도 심한 점이 있다. 그러나 지친에 대해서 언급한 말이 구차하게 사(私)로 흐르지 않았으니, 구차하게 사로 흐르면 공적인 기물로서의 도리를 벗어나기 때문이다. 그러니 어떻게 지친이라고 해서 그

1 빙(氷) : 당(唐)나라 서법가인 이양빙(李陽氷)으로, 이백(李白)의 족숙(族叔)이다. 자는 소온(少溫)이다. 그동안 무시되어 온 전서(篆書)를 서체의 하나로 부활시킨 공적이 있다. 그가 선주(宣州) 당도현(當塗縣)의 현령으로 있을 적에 이백을 보살펴 주었는데, 이백이 그의 저택에서 임종할 당시에 대량의 시고(詩稿)를 그에게 위탁하자, 《초당집(草堂集)》이라는 시집을 편찬하고 서문을 지었다. 이것이 이백 최초의 시집으로 지금까지 전해 오는 이백 시의 원본이다. 그 서문에 "천년토록 독보적인 인물은 오직 공 한 사람이 있을 뿐이다."라는 말이 나온다.

2 한(漢) : 당나라 한유(韓愈)의 문인이며 사위인 이한(李漢)을 말한다. 장인의 유문(遺文)을 수집하여 《창려문집(昌黎文集)》을 발간하였는데, 그 서문에 "웅장하고 위대하여 비범한 문장이라고 할 만하다."라고 평한 말이 나온다.

도리를 외면할 수가 있겠는가.

나는 단정히 앉아 소세(梳洗)하고 향을 피우고는 시문을 펼쳐 읊으면서 나름대로 삼가 다음과 같이 평하는 바이다.

시(詩)는 독보(獨步)로 일컬어지고 문(文)은 웅위(雄偉)를 겸하였다. 도연명(陶淵明 도잠(陶潛))은 공자(孔子) 문하의 백이(伯夷)요, 매성유(梅聖兪)[3]는 심산유곡의 한 떨기 난초라고 할 것인데, 대관재는 두 분의 정수(精髓)를 흡수하여 일가의 법도를 이루었다. 후세에 시에 능한 자가 그 시를 음미하고 문에 능한 자가 그 문을 모범으로 삼는다면, 어둠 속의 야광주(夜光珠)가 되고 말세의 아양곡(峨洋曲 지기(知己)의 노래)이 되겠지만, 황료(潢潦)를 감수하는 사람이라면 어떻게 미려(尾閭)까지 캐낼 수가 있겠는가.[4]

이것이 바로 내가 자나 깨나 슬프고 안타깝게 생각하는 것으로서 미진한 회포가 남는 점인데, 이에 대해서는 천년 뒤에 지음(知音)하는 군자를 기다려야 할 것이다.

3 매성유(梅聖兪) : 송나라의 시인 매요신(梅堯臣)이다. 성유는 그의 자이고, 호는 완릉(宛陵)이다. 세련되고 정밀한 구법(句法)이 특징이며, 두보(杜甫) 이후 최대의 시인이라는 평가를 받기도 한다. 구양수(歐陽脩)와 시우(詩友)로서 돈독한 관계를 유지하였다. 문집으로 《완릉집(宛陵集)》이 있다.

4 황료(潢潦)를……있겠는가 : 견식이 천박한 사람은 대관재의 시문에 함축된 은미한 뜻을 파악하지 못할 것이라는 말이다. 황료는 길바닥에 잠시 괴어 있을 뿐 흘러가지 않는 물을 말한다. 한유의 시에 "길바닥에 괸 빗물은 근원이 없어서, 아침에는 그득했다가 저녁에는 말라 버린다.〔潢潦無根源, 朝滿夕已除.〕"라는 말이 나온다. 《韓昌黎集 卷6 符讀書城南》 미려는 모든 강물이 한데 모였다가 계속 빠져나간다는 동해 밑바닥의 골짜기 이름인데, 보통은 끝없는 탐욕이나 재물의 낭비를 비유하지만, 여기서는 최후의 귀결처를 뜻하는 말로 쓰였다.

삼가 《대관재난고》의 앞에 쓰다 敬書觀齋之右

다음과 같이 찬(贊)한다.

선생으로 말하면	先生
도량은 하해와 같고	河海之量
기상은 산악과 같았나니	山嶽之氣
천부적인 자질을 떨쳐 전진하면서	天姿勇往
영명하고 과감하게 실천하였다네	踐履英毅
학문은 근원을 지향하여 나아갔고	學造淵源
문장은 의사를 절묘하게 표현했으며	文巧發揮
이 세상을 환히 내려다보고	洞視宇宙
은미한 기미까지 꿰뚫어 보았다네	細入幽幾
그 말은 따스하며 부드러웠고	溫溫其詞
그 글은 아름답게 번쩍이는 가운데	曄曄其章
산두[5]의 뒤를 바짝 좇아가는가 하면	追逐山斗
구양수와 수레를 나란히 달렸다네	竝駕歐陽
흐르는 강물처럼 호호탕탕하시고	浩浩江流
봄날의 구름처럼 화기애애하신 분	靄靄春雲
응당 해와 달과 더불어	當與日月
가없이 빛을 드리우리라	垂曜無垠

5 산두(山斗) : 태산(泰山)과 북두(北斗)의 합칭으로, 세상의 존경을 받는 인물을 말하는데, 여기서는 한유(韓愈)의 별칭으로 쓰였다. 태두(泰斗)라고도 한다. 《신당서(新唐書)》〈한유전(韓愈傳) 찬(贊)〉의 "한유가 죽은 뒤로부터 그의 말이 크게 행해지자, 학자들이 그를 태산북두처럼 우러러보았다."라는 말로부터 비롯되었다.

가정(嘉靖) 9년(1530, 중종25) 정월 초하루에 동부승지 소자(小子)-사순(思順)-가 쓰다.

《대관재난고》의 찬문 大觀齋贊

뒤죽박죽 엉망인 수많은 사람들은	泯泯衆人
그릇이 협소하고 도량이 비좁아서	器小量窄
우물 속에 들어앉아 하늘이 작다 하며	坐井小天
미혹된 자기 생각만을 맹신한다네	信其自惑
대관재 어르신을 우러러 뵈옵건대	瞻仰高齋
툭 터져 두루 다 포용하시어	廓其有容
하늘과 땅을 보자기로 싸서 묶고	包括乾坤
삼라만상을 울안에 들여놓았다네	百態牢籠
걸림 없이 환하게 꿰뚫어 보아	洞視無礙
뭇 영웅을 하루살이로 여기고	蠛蠓群雄
홀로 우뚝 서서 길게 휘파람 불며	長嘯獨立
과거와 현재를 조감(照鑑)하였다오	嵬眼今古
사문(斯文)이 여기에 있지 않겠소	文不在玆
대도가 깃들어 있으니	大道之寓

죽계(竹溪) 성지(誠之)-성은 안(安)이고 휘(諱)는 처성(處誠)이다. 관직은 응교(應敎)에 이르렀다.-가 짓다.

《대관재난고》에 쓴 고풍의 시 書大觀齋集古風

크게 보는 사람은 이 천하에 대해서	大觀之人於天下
보는 것이 어떻기에 크다고 말하는가	所觀者何而云大
작디작은 나의 몸은 한 알의 제미[6]	眇眇吾身一稊米
부앙하면 망망해라 단지 하늘과 땅	俯仰茫茫但壤蓋
하고많은 만물은 혼자서 피고 질 뿐	繽紛萬類自榮枯
나와는 서로 관련이 없는 것 같기도	不似與我相關會
이 중에 하늘이 부여한 하나의 이치가 있나니	箇中天賦有一理
예부터 일컬은 태극으로 그 크기가 무외[7]인데	古稱太極大無外
자색 비단 장막 속에서 현주를 캐낸다 해도[8]	紫羅帳裡撤玄珠

6 제미(稊米) : 좁쌀이라는 뜻으로, 작아서 보잘것없는 것을 비유하는 말이다. 《장자(莊子)》 〈추수(秋水)〉에 "중국이 해내 안에 있는 것을 헤아려 보면, 좁쌀 한 톨이 서울의 곡물 창고에 있는 것과 비슷하지 아니한가."라는 말이 나온다.

7 무외(無外) : 밖이 없다는 뜻으로, 포용하지 않음이 없는 무한대의 세계를 말한다. 반면에 무내(無內)는 안이 없다는 뜻으로 무한소의 세계를 말한다. 《여씨춘추(呂氏春秋)》 〈하현(下賢)〉에 "그 큰 것은 밖이 없고, 그 작은 것은 안이 없다.〔其大無外, 其小無內.〕"라는 말이 나오고, 《장자》 〈천하(天下)〉에 "지극히 커서 밖이 없는 것을 일컬어 대일(大一)이라 하고, 지극히 작아서 안이 없는 것을 일컬어 소일(小一)이라 한다."라는 말이 나온다.

8 자색……해도 : 강석(講席)에서 탐구하여 진리를 찾아내는 것을 말한다. 자색 비단 장막은 사제 간에 토론하는 자리를 말한다. 후한(後漢)의 마융(馬融)이 항상 붉은 장막

본분에 있는 것이라 과도한 일이 되지 않네　本分所有不爲泰
이를 확대하면 우주 안을 채울 수 있어　推之可彌宇宙內
삼천 대천세계[9]가 모두 삼매 안에 드나니　三千大界均三昧
약목[10]과 곤륜산이 문밖의 정원이 되고　若木崑墟爲戶庭
복연과 축률[11]이 옷깃과 허리띠 같다오　濮沿祝栗如襟帶
천유[12]가 무궁하여 일체 속연(俗緣)이 공허해지니　天遊無窮萬緣虛

을 드리워 앞을 가린 채 학생들과 강론한 고사에서 유래한 것이다. 《後漢書 馬融列傳》 현주(玄珠)는 검은 구슬이라는 뜻으로, 도의 실체를 말한다. 황제(黃帝)가 적수(赤水)에서 노닐고 놀아오는 도중에 현주를 잃어버리자, 많이 아는 지색(知索)과 눈이 밝은 이주(離朱)와 말 잘하는 끽후(喫詬)에게 찾게 하였으나 아무도 찾지 못하고 무심(無心)한 상망(象罔)이 비로소 찾았다는 이야기가 《장자》〈천지(天地)〉에 나온다.

9 삼천 대천세계(三千大天世界) : 우주(宇宙)와 같은 뜻의 불교 용어이다. 수미산(須彌山)을 중심으로 칠산팔해(七山八海)가 에워싸고 다시 철위산(鐵圍山)이 둘러친 세계를 소세계(小世界)라고 하고, 이것이 천 개 모인 것이 소천세계(小千世界)요, 소천세계가 천 개 모인 것이 중천세계(中千世界)요, 중천세계가 천 개 모인 것이 대천세계인데, 이것을 총칭하여 삼천 대천세계라고 한다. 《大智度論 卷7》

10 약목(若木) : 고대 신화에 나오는 나무로, 서방의 해가 지는 곳에서 자라는데 푸른 잎사귀에 붉은 꽃이 핀다고 한다. 일설에는 동해 속의 상상의 신목(神木)인 부상(扶桑)이라고도 하는데, 해가 뜰 적에 이 나무의 가지를 흔들고서 올라온다고 한다.

11 복연(濮沿)과 축률(祝栗) : 남극과 북극이라는 말과 같다. 고대 지리학에 의하면, 동서남북 사방의 끝에 있는 땅 이름은 각각 태원(泰遠), 빈국(邠國), 복연, 축률이라고 하였다.

12 천유(天遊) : 속진(俗塵)의 구속에서 벗어나 하늘에 올라가 노니는 것처럼 무위자연의 경지에 머무는 것을 말하는데, 《장자》〈외물(外物)〉의 "방 안에 빈 공간이 없으면 시어머니와 며느리가 서로 다투고, 마음에 천유의 경지가 없으면 육착(六鑿)이 서로 덤벼든다."라는 말에서 나온 것이다. 육착은 불교 용어인 육근(六根)과 같은 뜻으로, 안(眼), 이(耳), 비(鼻), 설(舌), 신(身), 의(意)를 가리킨다.

우리는 이 낙이 최고임을 알고말고　　吾人此樂知爲最
대관의 명칭이 나온 것도 바로 이로부터인바　　大觀之名兆於玆
때때로 망묘[13]에 올라타고 구름 깃발 앞세운다네　　時騎莽眇前雲旆
속진의 높은 벼슬은 자신을 얽어매지 못해도　　塵區簪紱不我縛
조유[14]의 묵은 빚 갚을 진주조개는 남았어라　　曹劉宿債餘珠貝
조목조목 자세히 살피는 그 자체가 대관이니　　段段細觀自大觀
큰 강물을 이루려면 도랑물들을 불러와야지　　江河成大來群澮
공중에 서린 험한 어휘는 용이 잡아채는 듯 보이고[15]　　盤空險語看龍拏
하늘에 기댄 고운 꽃송이는 해돋이도 무색케 하네　　倚天葩艷排朝曦
야광주가 휘황하매 칼자루 만지는 자가 많지만　　夜光熒煌按劍多
장륙을 하는 신묘한 변용이 영채와 똑같아라[16]　　藏六妙用同靈蔡

13 망묘(莽眇) : 아득히 높고 멀다는 뜻인데, 여기서는 '하늘 높이 나는 새〔莽眇之鳥〕'의 준말로 쓰였다. 《장자》〈응제왕(應帝王)〉에 "조물주와 벗이 되어 놀다가 싫증이 나면 또 하늘 높이 나는 새를 타고 올라가 세상 밖으로 나가서 무하유지향(無何有之鄕)에서 노닐려고 한다."라는 말이 나온다.

14 조유(曹劉) : 삼국 시대 위(魏)나라의 문장가인 조식(曹植)과 유정(劉楨)을 가리킨다. 이들의 문체를 조유체(曹劉體)라고 하는데, 여기서는 대관재의 뛰어난 시문을 비유하는 말로 쓰였다.

15 공중에……보이고 : 시인들이 사용하기 꺼리는 생경한 시어들도 하늘을 나는 용이 가로채듯 자유자재로 구사한다는 뜻으로, 대관재의 문장 실력을 칭찬한 말이다.

16 야광주(夜光珠)가……똑같아라 : 대관재의 진가를 알지 못하고 오히려 질시와 비난을 가하는 무리가 많은 와중에서, 대관재가 점을 잘 맞히는 큰 거북이처럼 상황을 제대로 파악하고 일종의 도회술(韜晦術)을 발휘하여 곤경을 모면하곤 했다는 말이다. 한(漢)나라 추양(鄒陽)이 모함을 받고 투옥된 뒤에 옥중에서 상소한 글 가운데 "깜깜한 길을 비춰 주려고 명월주와 야광주를 던져 주면, 칼자루에 손을 대면서 노려보지 않는 자가 없다."라는 명주암투(明珠闇投)의 고사가 나온다. 《史記 魯仲連鄒陽列傳》 장륙

곡령[17]의 산자락 아래 깊숙한 강당에서 鵠嶺山下講堂深
벗과 서로 강습하며 다시 기쁨 되찾으매 得友麗澤還成兌
호사자도 글자 물으러 때로 술을 싣고 왔나니[18] 好事問字時載酒
콸콸 흐르는 맑은 시내 푸른 회나무 그늘이었다오 淸流瀌瀌蔭蒼檜
얼근히 술에 취해 누워 더러운 속기 멀리하고 陶然醉臥遠垢氛
홀로 피리 소리 아닌 지극한 음악을 찾나니 獨尋至樂非竽籟
머리가 희도록 들은 것 없는 나와 같은 자는 頭白無聞如我者
깊은 못은 어림도 없고 제잠[19]만 지키고 있다 할까 等守蹄涔隔汪濊

가정(嘉靖) 신축년(1541, 중종36) 11월에 좌의정 홍언필(洪彦弼) 자미(子美)가 쓰다.

(藏六)은 귀장륙(龜藏六)의 준말로, 거북이가 위험한 상황을 만났을 때 머리, 꼬리, 네 발 등 여섯 부위를 두꺼운 갑각(甲殼) 안에 감추어 자신을 보호하는 것을 말한다. 영채(靈蔡)는 채 땅에서 나오는 신령스러운 거북이라는 뜻으로, 보통 대귀(大龜)를 가리킨다.

17 곡령(鵠嶺) : 고려의 도읍지인 개경(開京) 송악산(松嶽山)의 별칭이다. 최치원(崔致遠)이 신라는 망하고 고려가 흥기할 것이라면서 "곡령의 소나무는 푸르고, 계림의 나뭇잎은 누렇다.〔鵠嶺松靑, 鷄林葉黃.〕"라고 예언했다는 고사에서 유래한 것이다. 《孤雲集 孤雲先生事蹟》

18 호사자(好事者)도……왔나니 : 한나라 양웅(揚雄)이 좋아하는 술도 못 마실 정도로 집이 가난하였는데, 인적이 드문 그 집에 이따금씩 호사자가 주효(酒肴)를 싣고 찾아와서 종유(從遊)하며 글을 배웠다는 고사가 전한다. 《漢書 揚雄傳贊》

19 제잠(蹄涔) : 소 발자국에 고인 빗물이라는 뜻으로, 용량이 얼마 되지 않는 것을 비유하는 말로 쓰인다. 《회남자(淮南子)》〈범론훈(氾論訓)〉의 "소 발자국에 고인 빗물에서는 큰 물고기가 살 수 없다.〔夫牛蹏之涔, 不能生鱣鮪.〕"라는 말에서 유래한 것이다.

《대관재난고》의 서문 大觀齋亂稿序

대저 만물이 밝게 드러나고 어둡게 숨겨지는 데에는 반드시 운수가 작용하게 마련이니, 어찌 유독 문장(文章)의 경우에만 그러하지 않겠는가. 《태현(太玄)》이 복부(覆瓿)의 지경에 이르렀을 때에 이를 천명한 자는 후파(侯芭)였고,[20] 서곤(西崑)이 심차(撏撦 모방하고 표절하는 것)하는 지경에 이르렀을 때에 이를 배격한 자는 수도(守道)였다.[21]

20 태현(太玄)이……후파(侯芭)였고 : 한(漢)나라 양웅(揚雄)이 《주역》에 견주어 《태현경(太玄經)》을 짓고 《논어》에 견주어 《법언(法言)》을 지었는데, 유흠(劉歆)이 이 저술을 보고는 말하기를 "공연히 혼자서 고생만 하였다. 지금의 학자들은 작록(爵祿)을 받는 이로움이 있는데도 공부를 하지 않아서 《주역》에도 밝지 못하니, 또 《태현경》에 대해서야 어떠하겠는가. 내 생각에는 후인들이 장독 덮개〔醬瓿〕로나 쓰지 않을까 걱정된다."라고 하니, 양웅이 웃고 대답하지 않았다는 고사가 전한다. 《漢書 揚雄傳下》 후파는 양웅의 제자이다. 양웅의 집안이 매우 빈한하였으나 거록(巨鹿) 사람인 후파가 항상 따라다니며 곁에서 극진히 모셨고, 스승이 죽은 뒤에는 분묘를 세우고 삼년상을 지냈으며, 스승의 사상을 선양하는 데에 일생을 바쳤다고 한다. 《漢書 揚雄傳贊》

21 서곤(西崑)이……수도(守道)였다 : 서곤은 한시의 시체인 서곤체(西崑體)를 말한다. 북송(北宋) 초기 진종(眞宗) 연간에 양억(楊億), 유균(劉筠), 전유연(錢惟演) 등이 만당(晩唐)의 시인인 온정균(溫庭筠)과 이상은(李商隱) 등의 시풍을 모방하여 화려한 표현과 음률, 그리고 대우(對偶)와 전고(典故)의 사용을 중시하면서 서로 창화하여 《서곤수창집(西崑酬唱集)》을 내놓은 데에서 유래한다. 수도는 북송 초의 학자로, 송명이학(宋明理學)의 선구자로 평가되는 조래선생(徂徠先生) 석개(石介)의 자이다. 그는 〈괴설(怪說)〉이라는 글을 지어서 양억의 글이 성인의 말씀을 파괴하고 성인의 도를 손상하는 등 불로(佛老)와 같은 폐해를 초래했다고 맹렬히 공격하였다. 여조겸(呂

그런데 천백 년이 지난 뒤에 다시 자운(子雲 양웅(揚雄))이 나오게 된 것은 후파가 선양했기 때문이요, 양씨(楊氏)의 유파가 괴설(怪說)을 중단하게 된 것은 수도가 비판했기 때문이니,-석수도(石守道)가 〈괴설(怪說)〉을 저술하여 양억(楊億)을 배척하였다.- 어찌 그 사이에 운수가 작용함이 있지 않았겠는가.

대관 선생은 누구보다도 불우하여 낮은 벼슬에 머물러 승진하지 못한 채 수현(守玄)을 하고 회광(晦光)을 하면서 이렇게 하는 것을 스스로 귀하게 여겼으며, 조예가 깊어지고 힘을 많이 기울이면서 진작부터 조충전각(雕蟲篆刻)하는 동자(童子)의 습관을 병통으로 여겼으니, 선생은 바로 오늘날 세상의 자운이다.[22] 그리하여 편집을 하고 저술을 하며 스스로 일가를 이루었으니, 옛날의 군자처럼 글을 쓰고 책을 지은 경우는 참으로 선생이 여기에 해당한다.

비록 그렇다고 하더라도 문집을 편찬하고 나서 이에 대한 시비가

祖謙)이 편찬한 《송문감(宋文鑑)》 권107에 그의 〈괴설〉 상하편이 주돈이(周敦頤)의 〈태극도설(太極圖說)〉 앞에 소개되어 있다.

22 대관……자운이다 : 대관재에 대해 여러 면에서 양웅과 비슷하다고 평한 것이다. 대관재는 1507년(중종2)의 문과에서 33세로 급제한 뒤에 끝내 좌랑(佐郎)으로 벼슬을 마쳤다. 양웅 역시 궁정에서 창을 쥐고 숙위하는 낭관(郎官)의 직위에 그쳤다. 수현(守玄)은 수태현(守太玄)의 준말로, 빈궁한 생활 속에서도 고전의 세계에 침잠하여 저술에 힘쓴 것을 말한다. 양웅이 《태현경》을 지을 적에 혹자가 그에게 도가 아직 깊지 못해서 곤궁한 게 아니냐고 조롱하자, 양웅이 〈해조(解嘲)〉라는 글을 지어 이를 해명하였는데, 그중에 "오직 적막함만이 덕을 지키는 집이다.〔惟寂惟寞, 守德之宅.〕"라는 말과 "나는 묵묵히 나의 태현을 홀로 지킬 뿐이다.〔默然獨守吾太玄〕"라는 말이 나온다.《漢書 揚雄傳下》 회광(晦光)은 빛이 드러나지 않도록 안에 감춰서 남이 모르게 하는 것을 말한다. 참고로 《대관재난고》 권2 〈심회를 노래하여 둔재에게 증정하다〔詠懷贈遯齋〕〉에 "남이 나를 모르게 하는 것, 이것이 바로 내가 귀하게 여기는 것이다."라는 시구가 나온다.

얼마나 공정할지 세상에 얼마나 오래 전해질지는 그 사람의 재능이 얼마나 되느냐에 달려 있지만 그 현회(顯晦)는 또한 운수와 함께 천지(天地)에 병행하니, 사람과 관련된 것이 얼마나 중요하며 운수에 관련된 것이 얼마나 중요하다고 하겠는가.

《대역(大易)》을 살펴보면, 오래갈 수 있고 광대해질 수 있는 것이 현인(賢人)의 덕업이라고 하였다. 그러므로 《태현》과 《법언(法言)》을 환하게 드러내는 일이 후씨(侯氏)에 의해 이루어졌고, 서곤(西崑)과 북줄(北茁)을 어둡게 안 보이도록 하는 일이 석씨(石氏)에 의해 이루어졌으니, 어찌 사람은 제외하고 유독 운수에만 그 결과를 미룰 수가 있겠는가.

나는 후씨와 석씨 같은 인물로 자처할 입장이 못 되지만, 그래도 오래도록 문하에서 노닐며 과분하게 의혹을 해소하는 은혜를 입었다. 이를 드넓은 바다와 빼어난 태산(泰山)에 비유하자면, 그 연원(淵源)을 거슬러 올라가고 그 고봉(高峯)을 등정하고자 하더라도 어떻게 될 수가 있겠는가. 따라서 제해(齊諧 괴설)를 배척하며 곧장 호악(灝噩)[23]을 뒤따라가는 것이 당연하니, 내가 드러내는 것 역시 현양하여 신장시키고 배격하여 퇴각시키는 하나의 일이라고 할 것이다.

세상에서 선생을 평하는 자들을 보면, 도학이 아니라 이록(利祿)에 대해서나 말하고, 문장이 아니라 공명(功名)에 대해서나 말하곤 한다.

23 호악(灝噩) : 한없이 넓고 크다는 뜻의 호호악악(灝灝噩噩)의 준말로, 한문 고전의 광대한 세계를 형용한 말인데, 여기서는 대관재의 문장을 비유하는 말로 쓰였다. 양웅의 《법언》 〈문신(問神)〉에 "우순(虞舜)과 하우(夏禹) 시대의 기록은 혼혼(渾渾)하고, 상(商)나라 시대의 기록은 호호하고, 주(周)나라 시대의 기록은 악악하다."라는 말이 나온다.

이는 작은 병에 담아서 바다를 측량하고 우물 안에 앉아서 하늘을 관측하는 격이니, 또한 아주 자그마한 일이라고 해야 하지 않겠는가. 이를 통해 대관재의 문집은 앞으로 건곤(乾坤)이 무너지면 그때나 함께 무너질 것으로서 운수가 미칠 수 있는 바가 아님을 알겠으니, 이 또한 시간이 가면 갈수록 더욱 광대해지지 않겠는가.-자주(自註)에 "《주역》에 '건곤이 무너지면 도를 볼 수 없다.'라는 말이 있다."라고 하였다.-

가정(嘉靖) 임인년(1542, 중종37) 3월 하순에 문인인 함양(咸陽) 박민헌(朴民獻)이 삼가 쓰다.

대관재난고

제1권

부 賦

사 辭

사언시 四言詩

오언장편 五言長篇

칠언장편 七言長篇

부 賦

대관부

大觀賦

통달한 사람이 보는 것은 큼을 말한 것이다.

천황은 둥근 일산을 받쳐 들고	天皇翳圓蓋
지황은 모난 수레에 올라타고서[1]	地皇乘方輿
마침내 무극옹[2]과 동행하여	遂與無極翁
한만[3]의 집으로 나란히 올라가	竝躋于汗漫之宇

1 천황(天皇)은……올라타고서 : 하늘은 둥글고 땅은 모났다고 여긴 고대 세계관에 기초하여 이렇게 묘사한 것이다.

2 무극옹(無極翁) : 무극의 늙은이라는 뜻으로, 보통은 "무극이면서 태극이다.〔無極而太極〕"로 시작되는 〈태극도설(太極圖說)〉의 저자인 송나라 주돈이(周敦頤)의 별칭으로 쓰이는데, 여기서는 대관재 자신을 비유하는 말로 사용하였다.

3 한만(汗漫) : 세상 밖을 벗어나 자유롭게 노니는 신선의 광대무변한 공간을 말하는데, 여기서는 그 신선의 이름으로 전용하여 무극옹의 세계를 비유하는 말로 쓰였다. 옛날 노오(盧敖)가 북해(北海)에서 노닐다가 이인(異人)인 약사(若士)를 만나 함께 벗으로 노닐자고 청하자, 약사가 "나는 구해(九垓) 밖에서 한만과 만날 약속이 되어 있으니 오래 머물 수가 없다."라고 대답하고는 곧바로 구름 속으로 들어가 보이지 않았다는 이야기가 전한다. 구해는 구천(九天)을 말한다. 《淮南子 道應訓》

광막한 세상을 내려다보며 俯曠埌之墟
서로 돌아보고 서성거리면서 相顧齸夷
태초의 세계를 돌아보았다네 劉覽泰初
천황은 몸이 가벼운지라 天皇體輕
일어나 춤을 추며 말하기를 起而儛曰
해와 달을 눈으로 하여 소경이 밝게 보게 하고 眼日月兮曜群盲
손 젖혀 비 내리고 용광로에서 단련하여 만물을 생성하노라 翻手爐錘兮物物生生
천둥 벼락을 치매 북소리 종소리가 울리고 雷霆作兮鼓鐘鞱
거령[4]이 손뼉을 치니 설결[5]이 화답을 하누나 巨靈抃手兮齧缺賡
지황은 몸이 무거운지라 地皇體重
엎드려 노래하며 말하기를 伏而歌曰
콧물과 타액을 응집하니 해액이 흐르고 凝涕唾兮海液流
체모와 두발을 흩뜨리니 초목이 조밀하네 散毛髮兮草木稠
팔인과 구주 八殥九州
그리고 제주가 있나니[6] 復有齊州

4 거령(巨靈) : 황하(黃河)의 귀신 이름이다. 황하의 물줄기가 화산(華山)에 가로막혀 휘돌아 갈 수밖에 없자, 거령이 손을 들어 산의 머리를 쳐서 둘로 쪼갠 다음에 그 사이로 직진해서 흘러가게 했다는 '거령비희(巨靈贔屭)'의 전설이 후한(後漢) 장형(張衡)이 지은 〈서경부(西京賦)〉의 주(註)에 나온다.

5 설결(齧缺) : 전설에 나오는 상고 시대의 현인으로, 은거하여 벼슬하지 않았다고 한다. 《장자(莊子)》 〈천지(天地)〉에 "요(堯)의 스승은 허유(許由)이고, 허유의 스승은 설결이고, 설결의 스승은 왕예(王倪)이다."라는 말이 나온다.

6 팔인(八殥)과……있나니 : 지황이 사방팔방에 거대한 대륙을 소유했다는 말이다.

농이 처음 화생할 때부터 自竉初化

자주(自註)에 "농(竉)은 개벽(開闢) 초기에 처음 태어난 사람이다. 《회남자(淮南子)》에 '농이 해인(海人)을 낳았다.'라는 말이 있다."라고 하였다.

물과 아가 다르게 만들어져 物我殊造

날과 씨 그리고 안과 밖으로 經緯表裏

나의 거대한 영역을 에워쌌다네 囿我巨抱

무극옹이 이 말을 듣고 나아가 말하기를 無極翁聞言而進曰

천제보다 앞서서 象帝之先

도라는 물건이 있으니[7] 有物曰道

만물을 조화롭게 하여 嫥琮百昌

치우침이 없게 하고 而不爲夥

음양을 끌고 다니면서 提挈陰陽

늙는 줄을 알지 못하네 而不爲老

높아서 더 이상 위가 없고 高矣無上

깊어서 더 이상 아래가 없으며 深哉無下

내지 않아도 만물이 베풀어지고 不生而施

애쓰지 않아도 만물이 변화하나니 不勤而化

《회남자》 〈지형훈(墬形訓)〉에 "구주(九州)의 밖에 바로 팔인이 있는데, 이것 역시 사방 천 리이다."라는 말이 나온다. 구주는 보통 중국을 말하지만, 여기서는 중국이 하나의 주로 속해 있는 대구주(大九州)를 말한다. 제주(齊州)는 중주(中州), 즉 중국을 가리킨다.

7 천제(天帝)보다……있으니 : 《노자(老子)》 4장에 "나는 도가 어디에서 나왔는지 알지 못하지만, 아마도 천제보다 앞서지 않을까 한다."라는 말이 나온다. 상제(象帝)를 하상공(河上公)은 천제로 해설하였고, 왕필(王弼)은 상(象)을 사(似)로 해설하였다.

내가 현기를 운용하며 항상 놓지 않노라 予運玄機常不舍
말이 채 끝나기도 전에 言未了
천황은 올라가고 지황은 내려가며 말하기를 天皇陞地皇降曰
하늘의 도는 강건하지 않음이 없고 天無道不健
땅의 도는 광대하지 않음이 없도다 地無道不恢
그러고는 무극옹에게 현주[8] 아홉 과를 내주었다 因授翁以玄珠九枚

자주에 "구(九)는 구(究)와 같으니, 즉 천지(天地)의 궁극의 숫자이다."라고 하였다.

8 현주(玄珠) : 현묘한 구슬이라는 뜻으로, 도의 실체를 비유하는 말이다. 황제(黃帝)가 적수(赤水)에서 이 구슬을 잃어버렸는데, 아무도 찾지 못하다가 무심(無心)을 뜻하는 상망(象罔)이 찾아내었다는 이야기가 《장자》 〈천지〉에 나온다.

소관부

小觀賦

세상 사람이 보는 것은 작음을 말한 것이다.

부유자가　　浮遊子

부유(蜉蝣), 즉 하루살이의 잘못된 발음이다.

아지랑이에 올라타고　　騎野馬

진디등에를 채찍질하며　　鞭蠛蠓

두엄 더미에 패거리를 불러 모아　　嘯聚鬱棲

때를 틈타 떼거리로 준동하나니　　乘時群動

어지러이 날아다니며 서로 뒤섞여서　　紛焱擧而雜沓

술독 속의 좁은 세계에 안주한다네　　戾甕天之世界

맛 좋은 술 향기 바야흐로 진동하며　　烏程方濃

밥알이 녹아 개미 거품 둥둥 뜨면　　蟻浮星解

휘파람 불어 동류를 끌어모으고는　　吹唇引類

오르락내리락 서성거리면서　　頡肹婆娑

무예[9]는 춤을 추고　　瞀[10]芮舞

초파리는 노래 부르는데　　醯鷄歌

그 노래에 이르기를　　歌曰

나의 하늘 광대하고　　我天之廣

9 무예(瞀芮) : 사람과 가축의 피를 빨아 먹는 모기 종류의 곤충이다

10 瞀 : 대본에는 '婺'로 되어 있는데, 문맥에 근거하여 '瞀'로 바로잡았다.

나의 저택 윤택하니	我宅之閏
내 물 마시고 내 밥 먹으며	我飮我食
나의 친우 나의 친지들과	我友我親
흔연히 해후하여	欣然邂逅
취하지 않으면 돌아가지 않으리라	不醉無歸
파리 수염 뽑아 깔개를 만들고	拔蠅鬚以成茵
가을 터럭 꺾어 휘장을 치고	折秋毫以爲幃
벼룩 다리 분질러 회 쳐서 올리고	斫蝨脚以膾御
서캐를 주워 모아 구이로 먹나니	拾蟣卵以煮服
비린내와 향내가 교대로 비등하고	腥芬交沸
술 냄새가 흩어져 퍼지는 가운데	醍臭狼籍
입 벌리고 도가지에다 머리 처박고는	哆口濡首
실컷 게걸스럽게 배를 채우는구나	飽飫綽虐
술 몇 잔에 기분이 얼근해지자	酒半
부유자가 화답하여 노래 부르기를	浮遊子和之以歌曰
하늘이 음침하면 이 삶을 즐기다가	天陰曀兮樂此生
날이 저물려 하면 내 돌아가리라	日將夕兮吾將行
산들바람 날름 타고 멀리 떠날 적에	駁微飆以茫如
초씨[11]를 불러 함께 어울리며	呼焦氏與之相從

초씨의 이름은 명(螟)이다.

11 초씨(焦氏) : 초명(焦螟), 즉 눈에 보이지 않을 정도로 지극히 작은 날벌레를 말한다. 이 곤충이 떼를 지어 날아다니며 모기 눈썹 위에 집을 짓고 새끼를 치는데도 모기가 깨닫지 못한다는 이야기가 전한다. 《晏子春秋 外篇下14》《列子 湯問》

눈썹이 있으면 거기에다 집을 짓고　　有睫爲宮
둥지가 있으면 거기에다 울을 치고　　有巢爲墉
나의 삶을 넉넉하게 마치면서　　終吾生以優哉
문공의 보호국으로 의탁하리라　　託文公之附庸

문(文)은 문(蚊)이 되어야 마땅하다.

용재(容齋)가 비평하기를 "응당 경차(景差)나 송옥(宋玉)[12]과 함께 나란히 문단을 호령해야 하니, 한(漢)·당(唐) 이하에서 방불하게 형용할 수 있는 것이 아니다."라고 하였다.

장난삼아 시를 지어서 안동백에게 증정하다 戲贈安東伯

공이 꿈속에서 안동백이 되었다.○용재가 지었다. 용재의 성은 이(李)이고, 휘는 행(荇)이다. 당시에 좌의정이었다.

반식[13]을 하는 삼 년 동안 청빈하게 사시다가　　伴食三年活計淸
엄청난 녹봉 편히 누리는 우리 공이 부러워라　　多公安享萬鍾榮
지어 낸 대관 소관의 시가 기괴함을 과시하니　　賦成大小誇奇怪
지하에서 양웅의 간담이 또한 놀라 떨리겠소[14]　　地下揚雄膽亦驚

12 경차(景差)나 송옥(宋玉) : 전국 시대 초(楚)나라 시인으로, 두 사람 모두 굴원(屈原)의 제자이다

13 반식(伴食) : 회식 때에 끼어서 들러리 역할이나 한다는 뜻으로, 실권이 없이 자리만 지키고 있는 벼슬아치를 일컫는 말이다.

14 지어……떨리겠소 : 양웅(揚雄)이 고문(古文)의 기괴한 글자를 많이 알고 있었으므로 유분(劉棻) 등이 찾아와서 글자를 배웠던 고사가 있다. 《漢書 揚雄傳》 양웅과 사마상여(司馬相如)에 대해서 한유(韓愈)가 〈진학해(進學解)〉라는 글에서 "곡조는 달랐지만 솜씨는 같았다.〔同工異曲〕"라고 평하기도 하였다.

달관부 병서

達觀賦 幷序

대관(大觀) 선생이 〈대관부(大觀賦)〉와 〈소관부(小觀賦)〉를 짓고 나서 유유자적하며 바야흐로 홍몽(鴻濛)[15]의 경지로 뛰어올라 가 천지(天地)를 가리켜 굴택(窟宅)으로 삼고 있을 적에, 어떤 길손이 지나가며 말하기를 "약(藥)을 쥐고 병(病)을 보면 약도 병이 되고, 물에 임하여 그림자를 보면 물도 그림자가 되는 법이다. 그런데 지금 선생이 대소(大小)를 나누어 둘로 만든 것은 약과 그림자가 별개로 존재하는 것에 가깝지 않겠는가. 어찌하여 〈달관부〉를 지어 얽힌 실타래를 풀지 않는 것인가."라고 하였다. 선생이 이에 붓을 빼 들고서 〈달관부〉를 짓고는 개연히 세 번 탄식하였다.

아,	於戲
도의 전체로 말하면	道之全體
작기로는 안이 없고	其小無內
크기로는 밖이 없으니[16]	其大無外

15 홍몽(鴻濛) : 우주가 형성되기 이전부터 있어 온 천지의 원기, 혹은 그와 같은 혼돈 상태를 가리키는 말인데, 여기서는 인간의 본성을 회복하여 외물에 구속되지 않는 이상적인 무애(無礙) 해탈(解脫)의 경지를 뜻하는 말로 쓰였다.

16 도의……없으니 : 도는 무한대와 무한소의 세계를 모두 포용한다는 말이다. 《여씨춘추(呂氏春秋)》〈하현(下賢)〉에 "그 큰 것은 밖이 없고, 그 작은 것은 안이 없다.〔其大無外, 其小無內.〕"라는 말이 나오고, 《장자(莊子)》〈천하(天下)〉에 "지극히 커서 밖이

큼을 말하든 작음을 말하든 語大語小
모두 도리에 취합되는 바라 爲理所最
의식함이 없이 티끌 먼지와 뒤섞이고 混埃壒以無爲
어긋남이 없이 삼라만상을 조성하도다 閨萬像以不頼
인과 의 그리고 성과 명을 仁義性命
동과 정 그리고 식과 식을 動靜食息
감촉하는 데에 따라 귀결처를 상고하면 隨所觸以返顧
어찌 속은 어둡고 성은 밝다고 하리오 何俗聖之暗燭
돌아보건대 나의 마음은 顧我方寸
권방[17]의 굴대로서 卷放之軸
이처럼 수렴하고 감처럼 폐관하며[18] 離垂簾兮坎閉關
말없이 보고 들어 수작을 하고 默視聽以酬酢
뒤섞어도 흐려지지 않고 맑혀도 맑아지지 않으며 淆不濁兮澄不淸
가지 않아도 이르고 빨리 안 해도 신속하니 至[19]不行兮速不疾

없는 것을 일컬어 대일(大一)이라 하고, 지극히 작아서 안이 없는 것을 일컬어 소일(小一)이라 한다.”라는 말이 나온다.

17 권방(卷放) : 거두어들이고 펼쳐 놓는다는 뜻인데, “그 도를 펼쳐 놓으면 상하 사방에 가득 차고, 거두어들이면 은밀한 데에 감추어진다.〔放之則彌六合, 卷之則退藏於密.〕”라는 정이(程頤)의 말에서 발췌한 것이다.《中庸章句 第1章 註》

18 이(離)처럼……폐관(閉關)하며 : 수렴(垂簾)과 폐관으로 다시 방(放)과 권(卷)을 설명한 것이다. 수렴은 여후(女后)의 수렴청정(垂簾聽政)을 말한다. 〈이괘(離卦)〉의 제5효가 음효(陰爻)로서 여주(女主)를 상징하는데, 그 상(象)에 “거듭 밝음으로 바름에 붙어서 천하를 교화하여 이룬다.〔重明, 以麗乎正, 乃化成天下.〕”라고 하였다. 폐관은 관문을 닫아 굳게 지킨다는 뜻으로, 〈감괘(坎卦) 상〉의 “왕공이 험지에 관문을 설치하여 나라를 지킨다.〔王公設險, 以守其國.〕”라는 말을 취한 것이다.

하루살이의 오락이라고 어찌 천시하며 蜉蝣之讌娛何賤
장구한 천지의 풍류라고 어찌 과시하리오 天地之歌儛何誇
대와 소가 똑같은 구역이거니 大小一區
물과 아를 어찌 굳이 나누리오 物耶我耶
선과 악이 허무로 귀결이 되고 善惡歸虛
시와 비가 맷돌에 갈려 없어지도다 是非消磨
그런 뒤에는 然後
요 임금 순 임금을 인자하다 할 수 없고 堯舜不能仁
걸왕과 주왕을 포학하다 할 수 없으며 桀紂不能虐
주공과 공자가 정밀하다 할 수 없고 周孔不能精
노자와 장자가 잡스럽다 할 수 없나니 老莊不能雜
운운하는 중묘[20]의 현상을 芸芸衆妙
뛰어넘어 높이 서 있노라 超然冥立
이에 다음과 같이 노래하노라 歌曰
그윽하고 미묘함이여 幽兮渺兮
도는 의독이라 하리로다 道疑獨兮

19 至 : 대본에는 '止'로 되어 있는데, 《주역》 〈계사전 상(繫辭傳上)〉에 근거하여 '至'로 바로잡았다.

20 운운(芸芸)하는 중묘(衆妙) : 운운은 왕성하게 살아 움직이는 만물의 움직임을 형용한 말이다. 《노자(老子)》 16장에 "만물이 왕성하게 변화하다가도 각각 그 뿌리로 다시 돌아가나니, 뿌리로 돌아가는 것을 일러 고요함이라고 한다.〔夫物芸芸, 各復歸其根, 歸根曰靜.〕"라는 말이 나온다. 중묘는 삼라만상의 현묘한 변화를 말한다. 《노자》 1장에 "도는 현묘한 중에서도 더욱 현묘하여 모든 현묘한 현상이 나오는 문이 된다.〔玄之又玄, 衆妙之門.〕"라고 하였다.

자주(自註)에 "의독(疑獨)은 옳은 것 같기도 하고 그른 것 같기도 한 지극히 높고 묘한 경지를 일컫는 말이다."라고 하였다.

황홀해서 종잡을 수 없음이여	惚兮恍兮
심은 무극이라 하리로다	心無極兮
아무쪼록 다함이 없이 거두어 모아	庶無盡以收攬
만 가지 경관을 통달하여 하나로 돌리기를	達萬觀以歸一

반도부

蟠桃賦

생사의 부휴를 슬퍼하여[21]	悲生死之浮休兮
속세를 벗어나 멀리 길을 떠나	超塵寰以遠徂
천상의 신선 세계에 발을 올려놓고서	跆上界之仙府兮
하토를 굽어보니 섶나무 쌓아 놓은 듯[22]	俯下土之積蘇
요지[23]에 들러 창연히 돌아감을 잊자	過瑤池以悵忘歸兮
서왕모가 나를 이끌어 길을 안내하며	王母鉥余以啓途
과일의 씨 하나를 작별 선물로 내줬는데	賮一顆之神核兮
그 향기 강렬하여 진하게 물씬 풍겼네	芳酷烈其誾誾
담박하게 마음 비우고 음미하노라니	漠虛靜以咀嚼兮
홀연히 나 돌아가려 하네 진짜 세계로	忽乎吾將返眞

21 생사의 부휴(浮休)를 슬퍼하여 : 잠시 이 세상에 머물다가 금세 떠나가야 하는 무상한 인생이 슬프다는 말로, 《장자(莊子)》 〈각의(刻意)〉의 "삶이란 물 위에 떠 있는 거품과 같고, 죽음이란 그 거품이 꺼지는 것과 같다.〔其生若浮, 其死若休.〕"라는 말을 인용한 것이다.

22 하토(下土)를……듯 : 주 목왕(周穆王)이 화인(化人) 즉 환인(幻人)을 따라 천상의 그의 집에 놀러 갔는데, "거기에서 인간 세상을 내려다보니, 자기의 궁궐과 정자 등이 마치 흙더미를 포개 놓고 섶나무를 쌓아 놓은 것처럼 보였다.〔王俯而視之, 其宮榭若累塊積蘇焉.〕"라는 말이 전한다. 《列子 周穆王》

23 요지(瑤池) : 곤륜산(崑崙山) 꼭대기에 있다는 신화 속의 못 이름인데, 선녀인 서왕모(西王母)가 주 목왕(周穆王)을 영접하여 이곳에서 연회를 베풀었다는 전설이 전해 온다. 《穆天子傳 卷3》

실로 경쾌하게 기분이 금방 날아갈 듯　　紛仙仙而担[24]撟兮
아득히 멀리 땅끝 동쪽 바다로　　逴絶垠乎東溟
약목[25]이 바닷속에 울창하게 벋어 있고　　若木森蔚於海中兮
부상(扶桑)이 저물녘에 그늘 드리우는 곳　　榑桑蔭其晦暝
전하는 말에 그 안에 산이 있어서　　曰其中之有山兮
그 이름을 도삭산[26]이라고 한다는데　　寔厥號其度索
하늘 끝까지 잇닿아 높이 솟구쳐서　　接天霄其偃蹇兮
날씨 따라 보였다 안 보였다 한다네　　倏陰閉而陽豁
우뚝 서 있는 기이한 이 나무를 살펴보건대　　觀異樹之挺植兮
천지보다 먼저인데도 늙지를 않고　　先天地而不老
삼천 리 멀리까지 광대하게 서려서　　里三千其漫漫兮
뿌리를 깊이 박아 영원토록 견고하다네　　建深根而永固
도끼나 자귀로도 쪼개지 못하는데　　非斧斤以斯之兮
바람이나 서리가 어찌 침식하리오　　豈風霜之侵蝕
봉황도 그 가지에 깃들지 못하는데　　鳳皇不能以棄棲兮
개미가 어떻게 뿌리에 구멍을 내리오　　螻蟻焉足以根穴[27]

24　担 : 대본에는 '扭'로 되어 있는데, 문맥에 근거하여 '担'으로 바로잡았다.

25　약목(若木) : 고대 신화에 나오는 나무 이름으로, 서방의 해가 지는 곳에서 자라는 큰 나무인데 푸른 잎사귀에 붉은 꽃이 핀다고 한다. 일설에 의하면 동해 속의 상상의 신목(神木)인 부상이라고도 하는데, 해가 뜰 적에 이 나무의 가지를 흔들고서 올라온다고 한다.

26　도삭산(度索山) : 고대 전설에 나오는 동해 속의 산 이름이다. 이 산에 반도(蟠桃)라는 복숭아나무가 3000리에 걸쳐 서려 있는데 그 과일을 먹으면 불로장생한다고 하며, 3000년마다 한 번씩 꽃이 피고 열매를 맺는다고 한다.

고원한 땅에 기대어 홀로 하늘에 꽂혔나니	據冥翳而獨攢兮
가지가 죽죽 벋으며 아래로 늘어져 치렁치렁	枝條暢其葳蕤
신명이 도와서 보호하며 부축해 주는지라	神左右而扶持兮
자욱이 서운(瑞雲)이 끼어 광휘를 발하누나	靄矞雲之發輝
청조[28]가 내려와 나래 치고 빙빙 돌면서	青鳥來下以回翔兮
또박또박 말을 하여 서로 뜻을 통하고	語星星其相通
천계[29]가 홰를 치고 한번 크게 부르짖으매	天鷄鼓翼以一號兮
불그스레 하늘을 물들이며 희어[30]가 출현하네	見羲馭之曈曨
상하 사방이 청신하게 환히 밝아지니	開六合之淸新兮
굽이도는 산과 내가 또렷이 내 눈 안에	豁山川之紆曲
나의 몸 곧추세워 좌우를 둘러보다가	竦余身以顧眄兮
나무 아래 휴식하며 희열에 잠기노라	憩樹下以怡悅
풍경이 아담하여 마음이 활짝 열리면서	風物淡其疏曠兮
삽상한 기운이 물안개에 촉촉이 젖어 드는데	爽氣襲其霏微

27 穴 : 대본에는 '宂'으로 되어 있는데, 문맥에 근거하여 '穴'로 바로잡았다.

28 청조(青鳥) : 서왕모의 사신 역할을 하는 새의 이름이다. 한(漢)나라 반고(班固)의 《한무고사(漢武故事)》에 의하면, "홀연히 푸른 새 한 마리가 서방에서 날아와 전각 앞에 내려앉자 상(上)이 동방삭(東方朔)에게 물으니, 동방삭이 서왕모가 오려는 모양이라고 대답하였는데 과연 얼마 뒤에 서왕모가 도착하였다."라고 하였다.

29 천계(天鷄) : 하늘 닭이라는 뜻으로, 일출을 뜻하는 시어이다. 중국 동남쪽에 하늘 높이 치솟은 도도(桃都)라는 이름의 거목이 있고 그 위에 이 천계가 서식하는데, 해가 뜨면서 이 나무를 비추면 천계가 바로 울고 그러면 천하의 닭들이 모두 뒤따라 울기 시작한다는 전설이 있다. 《述異記 卷下》

30 희어(羲馭) : 희화(羲和)의 수레라는 뜻으로, 해가 떠서 운행하는 것을 말한다. 희화는 태양 수레를 조종하는 신화 속 인물이다.

교악[31]의 무리가 자유자재로 왕래를 하고	喬偓之倫綽虐而往還兮
신령들이 뒤섞여 내려와 서로 의지하다가	靈繽紛其相依
옥퉁소 소리 멋들어지게 울려 퍼지자	殷紫簫之飛揚兮
다 함께 부앙하며 그 음향을 따라가네	共偃仰而攀援
복비[32]를 불러 나를 인도하게 하여	召虙妃以導余兮
신선들이 조회하는 반열에 끼이게 하고	參列眞之淸班
신령스러운 과실을 따서 먹여 주어	摘靈實以令餐兮
장생불사를 기약하며 말하기를	期長生以久視
이 나무가 나서 자란 것으로 말하면	曰此樹之生長兮
시작이 있기 이전부터 이미 시작되어	自未始而有始
천년 세월 거쳐서 과실 하나가 열리나니	歷千載以一實兮
몇 대의 겁회[33]를 겪었는지 모른다고	閱幾代之刦灰
인간 세계의 풍광과는 현격한 만큼	隔人間之風日兮
신선님들 배회함이 당연하고말고	固仙聖之徘徊
솥을 늘어놓고 익혀 먹는 속인들이야	彼煙火之鼎食兮
이 이름만 듣고서도 황홀할 수밖에	徒聞名而恍惚

31 교악(喬偓) : 왕교(王喬)와 악전(偓佺)의 병칭으로, 모두 옛날의 이름난 신선들이다.

32 복비(虙妃) : 복희씨(伏羲氏)의 딸로, 낙수(洛水)에서 익사하여 그 강물의 귀신이 되었다고 한다.

33 겁회(刦灰) : 겁화(刦火)의 재라는 뜻으로, 재앙을 뜻하는 불교 용어이다. 하나의 세계가 끝날 즈음에 겁화가 일어나서 온 세상을 다 불태운다고 하는데, 한 무제(漢武帝) 때 곤명지(昆明池) 밑바닥에서 나온 검은 재에 대하여 인도 승려 축법란(竺法蘭)이 "바로 그것이 겁화를 당한 재"라고 대답했다는 고사가 전한다. 《高僧傳 卷1 竺法蘭》

말 위에서 흐르는 세월 내다 버리고는	抛馬上之流齡兮
신선술 배워도 미치기 어렵다 말하면서	謂學仙之難及
끝내 탐욕 부리다가 악취 풍기며 썩고 마니	終乾沒而臭腐兮
단시간에 스러지는 조균과 진배없도다	類朝菌之倏忽
아, 세 차례 훔쳐 먹은 애송이[34]여	噫三偸之豎子兮
교활하기만 한 이자를 어떻게 징계할꼬	徒狡儈其焉懲
한 무제가 씨를 겨우 얻어 정원에 심어	漢武僅得而種園兮
신선을 넘볼 수 있으리라 기대했으나[35]	庶神仙之可凌
애석하게도 욕심이 많고 황당무계하여	惜多慾而虛誕兮
무릉에 누워 가을바람을 슬퍼하였는데[36]	悲秋風於茂陵
비루하게도 세속에서는 이를 경모하여	陋世俗之景慕兮
괜히 소득 없이 죽도록 고생만 하는구나	空勤劬而無得

34 세……애송이 : 동방삭을 말한다. 동방국(東方國)에서 온 난쟁이가 한 무제에게 동방삭에 대해서 "서왕모가 심은 복숭아씨가 3000년에 한 번 열매를 맺는데, 이 아이가 불량해서 그동안 세 차례나 훔쳐 먹어 서왕모의 뜻을 저버린 결과 이곳에 귀양 오게 되었다."라고 말한 고사가 있다. 《漢武故事》

35 한……기대했으나 : 한 무제의 생일날에 서왕모가 선도(仙桃) 일곱 개를 가지고 와서 축수(祝壽)하며 세 개는 자기가 먹고 네 개는 무제에게 주었는데, 무제가 그 씨를 남겨 두었다가 심으려 하였다. 그러자 서왕모가 "이 복숭아는 3000년에 한 번 열매를 맺는데, 중국은 땅이 척박해서 심어도 나지 않을 것이다."라고 하니 무제가 그만두었다는 기록이 《한무제내전(漢武帝內傳)》에 실려 있다. 대관재가 무엇을 근거로 이렇게 말했는지는 미상이다.

36 무릉(茂陵)에……슬퍼하였는데 : 한 무제가 분하(汾河)에서 배를 띄우고 노닐 적에 가을바람이 불어오자 〈추풍사(秋風辭)〉를 지어 인생의 허무함을 읊은 고사가 있다. 《古文眞寶 後集 卷1》 무릉은 무제의 능호(陵號)이다.

선도 씨를 소매에 넣고 멀리 길을 떠나	袖靈核而迢遙兮
내 장차 수레의 깃발을 중국으로 돌려	吾將返旌乎中國
어지러운 속세의 오염을 깨끗이 씻어 내고	摡塵垢之狂攘兮
불가사의한 우주의 영역에 씨앗을 심어	種宇宙之芴芒
그 과실로 군친의 장수를 축원하고자 하나니	壽君親以靈實兮
그러면 수명이 길지 않을 것을 어찌 근심하랴	庸詎患夫歲年之不將也
또 현빈의 관문[37]에 진입하여	又欲入玄牝之關兮
조화를 맡은 조무래기[38]에게 명령을 내리고	命造化之小兒
중부에게 잘못을 바로잡도록 고취하여[39]	鼓衆父以匩匡兮
범상한 식물 찍어 내어 파묻게 하고	揮凡植以覆之

37 현빈(玄牝)의 관문 : 도의 경지를 말한다. 현빈은 만물을 내놓고 기르는 검은 암컷이라는 뜻으로, 만물의 본원 즉 도를 비유하는 말이다. 《노자(老子)》 6장에 "검은 암컷의 생식기, 이것을 천지의 뿌리라고 한다.〔玄牝之門, 是謂天地之根.〕"라는 말과 "골짜기의 귀신은 죽지 않으니, 이를 일러 현빈이라고 한다.〔谷神不死, 是謂玄牝.〕"라는 말이 나온다.

38 조화를 맡은 조무래기 : 목숨을 맡은 신을 해학적으로 일컫은 말이다. 조화아(造化兒) 혹은 조물소아(造物小兒)라고도 한다. 당(唐)나라 시인 두심언(杜審言)의 병이 위독해졌을 때, 송지문(宋之問) 등이 위문하러 가니, 두심언이 "조화를 맡은 조무래기가 짓궂게 장난을 쳐서 고통을 당하고 있으니, 또 무슨 말을 하겠는가."라고 대답했던 데에서 유래한 것이다. 《新唐書 文藝列傳上 杜審言》

39 중부(衆父)에게 ……고취하여 : 중부부(衆父父)의 입장에서 중부를 지도하여 올바르게 행하도록 이끈다는 말이다. 중부부는 중부 즉 '뭇사람의 아버지'의 아버지라는 뜻으로, 만물의 기원을 소급하여 제일 원인(第一原因)으로 지칭되는 상제(上帝)나 천도(天道)를 뜻하는 말이다. 《장자》 〈천지(天地)〉에 "설결은 중부가 되는 것은 가능하지만, 중부부가 되는 것은 불가능하다〔齧缺可以爲衆父, 而不可以爲衆父父.〕"라는 말이 나온다.

만백성을 넉넉한 그 그늘 안에 포용하여	囿萬姓以餘蔭兮
속진에 찌든 관습을 확 날려 버리고 싶어라	礦串習之濛塵
송계로는 사람을 꽃답게 하기에 부족하니	松桂不足以榮人兮
이 나무를 나란히 해야 언제나 봄날이라	幷此樹而長春
속이 담담하면서 육즙이 흘러넘치고	內澹然而汎濫兮
알록달록 현란하면서 행색이 바르도다	斑陸離其方行
광막한 들판에서 휴식하고 소요하며 노니나니	呬壙埌而逍遙遊兮
세상과 동떨어진 장자의 생각이 얼마나 기특한지	奇蒙叟之逕庭
대춘의 신령한 뿌리를 캐어 내어	摭大椿之靈根兮
지극한 도의 현묘한 뜻을 붙이고	寓至道之玄密
우곡을 향해 바라보고 배회하면서	傃嵎谷以彷徉兮
이루지 못한 과보(夸夫)[40]의 한을 탄식하노라	喟夸恨之未洩
등림[41]이 무성해지며 더욱더 넓어져서	鄧林蓊其彌廣兮
위를 쳐다봐도 밝은 해가 보이지 않고	仰不見夫白日
천태산의 절정에 발을 딛고 올라서면	躡天台之敻絶兮
건목의 그림자 창공에서 거꾸로 서고[42]	建木倒影於穹蒼

40 과보(夸夫) : 해 그림자를 좇아가 잡으려고 우곡(嵎谷)까지 달려갔다가 결국에는 목이 말라 죽고 말았다는 고대 신화 속의 인물이다. 《列子 湯問》 우곡은 전설 속의 해 지는 곳이다.

41 등림(鄧林) : 과보가 죽을 때 내버린 지팡이가 변해서 이루어졌다는 수풀 이름이다. 《山海經 海外北經》

42 천태산(天台山)의……서고 : 천태산처럼 하늘과 제일 가까운 최고로 높은 곳에서는 햇빛이 아래에서 위로 비치기 때문에 나무와 같은 물체의 그림자가 낮은 곳과는 다르게 거꾸로 비친다는 말이다. 건목(建木)은 전설 속의 신목(神木) 이름이다. 손작

태산의 높은 봉우리 바라다보면	睇太山之嶔岑兮
장송이 풍상 속에 홀로 서 있네[43]	長松獨立於風霜
매실과 살구가 동산에 가득해도	梅杏之滿園兮
영화를 다투는 게 잠깐 동안이요	爭榮華於頃刻
갯버들이 늪지대에 나서 자라도	蒲柳之生澤兮
머리 돌리기도 전에 시들어 죽는다네	未轉頭而萎折
우주에 뒤섞여 존재하는 만물을 보면	維萬物錯綜於宇內兮
미추와 수요가 제각기 유별한데	紛姸媸壽夭之有別
물리를 유추하여 그윽이 살펴보건대	推物理而冥觀兮
이 역시 신선과 범부가 다름과 같은 것	亦猶仙凡之相隔
이에 원기를 머금고 우뚝이 홀로 서서	混元化以兀然兮
사물이 생멸하는 현상을 완미하노라	玩物象之起滅
오두 위에 출몰하는 삼산에서 보면[44]	三山隱映於鼇頭兮

(孫綽)의 〈유천태산부(遊天台山賦)〉에 "건목은 천 길 높이에서 해 그림자가 안 보이고, 기수는 찬란하게 옥구슬을 드리웠네.〔建木滅景於千尋, 琪樹璀璨而垂珠.〕"라는 표현이 나온다.《文選 卷11》

43 태산의……있네 : 오대부송(五大夫松)의 고사를 인용한 것이다. 진 시황(秦始皇)이 태산에 올라가서 봉선(封禪)의 제사를 올리고 돌아올 적에 홀연히 폭풍우를 만나 소나무 아래로 피했는데, 그 소나무가 공을 세웠다고 하여 오대부(五大夫)의 관직에 봉했다는 고사가 전한다.《史記 秦始皇本紀》

44 오두(鼇頭)……보면 : 광대무변한 우주 공간을 날아다니는 신선의 입장에서 한번 유추해 보자는 말이다. 동해에 있는 삼산 즉 삼신산이 뿌리가 없어서 어디로 흘러갈지 알 수 없자 천제(天帝)가 거대한 황금 자라 여섯 마리로 하여금 그 산을 머리로 떠받치게 했다는 신화와, 그 삼신산에 사는 신선들은 하늘로 날아다니며 왕래한다는 전설이 《열자(列子)》〈탕문(湯問)〉에 실려 있다.

중국 대륙은 터럭 끝처럼 작다고나 할까	九州同於毫末
운장[45]이 서로들 돌아보고 웃나니	雲將相視而笑兮
동해를 굽어보매 한 잔의 물 같으니까	俯東海如一勺
홀연히 나뭇가지에 바람 소리가 쏴아	忽風條之淅瀝兮
바닷물 용솟음치며 파도 소리가 흉흉	涌滄溟兮洶洶
기수(氣數)가 변한 탓으로 세상이 무지하니	因氣變而世無知兮
오직 이 나무와 어울려 노닐 수밖에	唯此樹兮相從
총괄하여 말하노라	誶曰
이 나무 태어나고 자라남이여	樹之生兮
뿌리 흔들리지 않고 잎도 지지 않으며	根不搖兮葉不落
이 나무의 구원한 수명이여	樹之久兮
하늘이 무너지고 바다가 못이 될 때까지	天幾荒兮海幾澤
매미 허물 벗고 더러움 벗어나 하늘 오르듯	蟬蛻汚穢兮翛太清
나도 이처럼 따라가서 장생을 의탁하리라	我往從之兮托長生

45 운장(雲將) : 구름을 거느린 장수라는 뜻으로, 장자(莊子)가 구름을 의인화하여 가공한 인물이다. 《장자》〈재유(在宥)〉에 "운장이 동쪽으로 놀러 나가 부요(扶搖) 나무의 가지를 지나가다가 때마침 홍몽(鴻蒙)을 만났다."라는 말이 나온다.

취옹정부[46]

醉翁亭賦

저군의 서남쪽에	維滁郡之西南兮
울연히 청산이 어지러이 서 있는 가운데	蔚青嶂之亂峙
우뚝이 낭야산이 유다르게 솟아나서	嵬琅琊以特起兮
깊고 빼어난 산과 물을 자랑하고 있네[47]	控山水之幽秀
여기에 정자가 날개 편 듯 자리했나니	爰有亭其翼然兮
산림 계곡에 초목이 짙푸르게 무성하고	豁林壑之蔥蘢
바윗골은 입 벌린 듯 여기저기 뚫렸는데	巖洞互其含呀兮
연무가 자욱이 가로막아 어두컴컴하네	煙霞鎖而冥濛
멋있는 나무 가지들 치렁치렁 늘어지고	鬱嘉樹之離披兮
시냇물은 졸졸 흐느껴 울면서 흘러가네	咽溪水之琤琮

46 취옹정부(醉翁亭賦) : 송(宋)나라 구양수(歐陽脩)의 〈취옹정기(醉翁亭記)〉를 소재로 하여 지은 것이다. 취옹정은 안휘성(安徽省) 저주현(滁州縣)에 있다. 구양수가 39세 때에 조정에서 참소를 당하여 저주 자사(滁州刺史)로 좌천되었는데, 그곳의 경치가 강호를 끼고 있어 절경인 데다가 정사가 한가로웠으므로 정자를 지어 놓고 즐기면서, "늙어서 여윈 얼굴로 빈객들 사이에서 조금만 술을 마셔도 주인인 태수 자신이 먼저 취하여 쓰러진다.〔蒼顏白髮, 頹乎其間者, 太守醉也.〕"라고 하여 그 정자를 취옹정이라고 명명하였다. 이 기문은 《고문진보(古文眞寶)》 후집 권6에 실려 있다

47 저군(滁郡)의……있네 : 〈취옹정기〉 첫머리에 "저주를 둘러싸고 있는 것은 모두가 산이다."라고 전제한 다음에, 그 서남쪽에 있는 여러 산들이 숲과 골짜기가 더욱 아름다운데 그중에서도 울연(蔚然)하여 깊고 빼어난 경치를 자랑하는 것은 낭야산(琅琊山)이라고 소개하고 있다.

탁 트인 곳에 집 짓고서 주인 된 이는	構爽塏以作主兮
다름이 아니라 여릉 출신 어르신[48]이라	寔廬陵之老翁
창안은 고풍스럽지 마르지는 않았고	蒼顔古而不枯兮
백발은 스산하게 바람에 휘날리면서	白髮颯而蕭森
기개는 하늘과 땅을 쓸어 담고	恢天地之氣岸兮
흉금은 구름과 달을 휘어잡으며	攬雲月之胸襟
우주를 포용하는 봄바람의 정신으로	收宇宙之春風兮
원기를 혼합하여 들이쉬고 내쉬었네	混元氣以噓吸
술병 기울여 땅에 거꾸로 쓰러지고	壺罇傾以顚倒兮
바둑돌은 흩어져 여기저기 아무 데나	棋奕散以錯落
빈료가 번갈아 수작하는 가운데	賓僚迭其酬酢兮
일만 골짜기에는 옥가루가 포슬포슬	霏萬壑之玉屑
술 취해도 참된 낙을 얻기 어려운데	醉固難於得眞兮
지극한 나의 낙을 누가 알 수 있으랴	孰能知余之至樂
흐릿한 시력으로 하늘과 땅을 휘둘러보며	放眼花於乾坤兮
인생의 석양에 노년의 나이를 완미하노니	玩頽齡於桑楡
경조부박한 인간 세상과 멀리 떨어져	隔澆漓於人寰兮
이 한 구역에서 순수한 평화를 보전하노라	全純和於一區
이는 대개 희황을 따라가려 함이니	蓋將往追乎羲皇兮
어찌 평범한 인물들과 함께할 수야	夫豈俗士之與儔也

48 여릉(廬陵) 출신 어르신 : 구양수를 말한다. 그는 길주(吉州) 여릉 사람이다. 〈취옹정기〉 맨 마지막에 “태수는 누구인가 하면, 여릉 사람 구양수이다.”라고 하여 자신의 고향을 드러내 밝히고 있다.

겨와 쭉정이로도 요순을 빚어내는데[49] 陶堯舜以糠粃兮
또 어찌 한 고을을 걱정할 것 있으리오 又奚一郡之足憂也
정자 이름을 취옹이라고 걸어 놓았나니 揭亭號以醉翁兮
애연히 그 이름 향기로워 감동적일세 藹香名之可歆
얽어매고 속박하는 고달픈 벼슬살이 속에 苦宦務之纏縛兮
이런 분 아니면 누가 나를 자리에서 일으키랴 微斯人孰發余寢也
끝으로 다음과 같이 노래하노라 遂爲之歌曰
옹이 정자 위에 올라오면 翁之來兮亭之上
사슴 떼가 한가히 노닐며 환영을 하고 麋鹿閑閑兮歡以迎
옹이 성안으로 돌아가면 翁之歸兮城之中
속인들 경착(耕鑿)[50]을 하며 즐겁게 사는데 煙火熙熙兮鑿以耕
와도 알지 못하고 돌아가도 알지 못하니 來不知兮歸不知
옹은 무슨 마음일까, 우우하게 행할 따름[51] 翁何心兮于于其行

49 겨와……빚어내는데 : 《장자》〈소요유(逍遙遊)〉에 "지인(至人)은 먼지와 때 그리고 쭉정이와 겨 같은 것을 가지고도 도공처럼 요순(堯舜)을 빚어낼 수 있는 분인데, 뭣 때문에 외물을 일삼으려고 하겠는가."라는 말이 나온다.

50 경착(耕鑿) : 밭 갈고 우물을 판다는 뜻의 경전착정(耕田鑿井)의 준말로, 자급자족하며 태평하게 지내는 것을 비유한다. 요(堯) 임금 시대에 어떤 노인이 길가에서 막대기로 땅을 치며 노래하기를 "해 뜨면 일어나고 해 지면 쉬면서 내 우물 파서 물 마시고 내 밭 갈아 밥 먹는데, 임금님의 힘이 나에게 도대체 무슨 상관인가.〔日出而作, 日入而息, 鑿井而飮, 耕田而食, 帝力於我何有哉?〕"라고 했다는 고사가 진(晉)나라 황보밀(皇甫謐)의 《제왕세기(帝王世紀)》에 전한다.

51 우우(于于)하게 행할 따름 : 세상일을 모두 잊고 유유자적하게 살아간다는 말이다. 《장자》〈응제왕(應帝王)〉에 "태씨는 자리에 누워서는 평온하고 깨어서는 유유자적하다.〔泰氏, 其臥徐徐, 其覺于于.〕"라는 말이 나온다.

화이우부[52]

畫二牛賦

모산[53]이 우뚝 높이 솟아서 茅山巍峨
골이 그윽하고 숲이 깊숙한 곳 谷邃林深
티끌세상 멀리 떨어진 여기에 塵寰迥隔
초옥이 소슬하게 자리 잡았네 草屋蕭森
그 안에 한 사람 옥과 같아서 中有一人兮如玉

52 화이우부(畫二牛賦) : 두 마리 소를 그린 부라는 뜻으로, 남조 제(南朝齊)의 고사(高士) 도홍경(陶弘景)의 이야기를 소재로 하여 지은 것이다. 도홍경은 고제(高帝) 때 제왕 시독(諸王侍讀)을 지내다가 사직소를 남기고 구곡산(句曲山)에 은거하였는데, 양 무제(梁武帝)가 즉위하여 여러 차례나 초빙해도 응하지 않은 채 단지 소 두 마리를 그려서 벽에 걸어 두고 사신에게 보여 주었다. 하나는 수초(水草) 사이에서 한가로이 풀을 뜯고 있는 그림이고 하나는 머리에 금롱(金籠)을 쓴 채 채찍을 맞고 있는 그림이었으므로, 무제가 이 말을 듣고 웃으면서 "이 사람이 장자(莊子)처럼 진흙탕 속에서 꼬리를 끌고 다니는 거북이 되고 싶어 하니 어떻게 불러올 수 있겠는가." 하고 그만두었다는 고사가 전한다.《南史 隱逸列傳下 陶弘景》그런데 권응인(權應仁)의《송계만록(松溪漫錄)》에 의하면 "《대관집(大觀集)》 중의 〈화이우부〉로 말하면, 실은 그의 중씨(仲氏)인 정승 심정(沈貞)이 지은 것이기 때문에 그의 문집에 실렸다. 그리고 〈의월부(擬月賦)〉란 작품은 그의 조카인 승지 사순공(思順公)이 지은 것이다. 그런데 이 두 편이 함께《대관집》에 실렸으니, 이것은 잘못이다."라는 내용이 실려 있다. 권응인이 대관재의 문집을 편집한 사람이고 보면, 그의 기록이 더 신빙성이 있다.

53 모산(茅山) : 구곡산의 별칭이다. 도가(道家)에 전하는 세 신선인 삼모군(三茅君), 즉 모영(茅盈)과 그의 아우 모고(茅固)·모충(茅衷)이 한 경제(漢景帝) 때에 이 산에 들어가서 도를 닦아 신선이 되었다는 전설에 따라 이 산을 삼모산(三茅山) 혹은 줄여서 모산이라고 불렀다 한다.《茅山志 卷5》

세상 분란 단절하고 홀로 섰나니　絶世紛而獨立
흉금은 구름과 달을 부여잡고　雲月以襟懷
절조는 얼음과 서리 같았다오　氷霜其操節
왕후를 멸시하고 부귀에 굴복지 않았거니　蔑王侯兮傲富貴
누가 나를 작록으로 얽어맬 수 있으리오　夫孰能羈我以爵祿
난초 향기가 저절로 전해져서　蘭香自聞
학서[54]가 계속해서 뒤를 잇자　鶴書斯臻
산언덕은 분개하는 기색을 띠고　峯巒帶憤
골짜기는 다투어 성을 냈다네　溪壑爭嗔
담장을 넘어 달아남[55]은 불공에 해당하고　踰垣不恭
귀를 씻는 것[56]은 백성의 도리가 아닌지라　洗耳非民
사절을 송문[57] 앞에 머물러 두고　留使節於松門

54 학서(鶴書) : 초야의 현사(賢士)를 초빙하는 조서(詔書)를 말한다. 남조 송(南朝宋)의 공치규(孔稚珪)가 지은 〈북산이문(北山移文)〉에 "사자(使者)를 태운 말이 울음소리를 내면서 골짜기에 들어오고, 조정에서 부르는 학서가 산언덕을 넘어왔다."라는 말이 나온다. 《古文眞寶 後集 卷2》

55 담장을 넘어 달아남 : 위 문후(魏文侯)가 만나 보려고 하자 단간목(段干木)이 담장을 넘어서 피했는데, 이는 너무 심한 행동이었다고 비판한 내용이 《맹자》 〈등문공하(滕文公下)〉에 나온다.

56 귀를 씻는 것 : 요(堯) 임금 때에 허유(許由)와 소보(巢父)가 기산(箕山) 아래 영수(潁水) 물가에 숨어 살았다. 요 임금이 허유에게 임금 자리를 물려주려 하자 더러운 말을 들었다면서 귀를 씻었는데, 이 말을 들은 소보가 소에게 물을 먹이려다가 물이 더러워졌다고 하여 상류로 끌고 가서 물을 먹였다는 고사가 전한다. 《高士傳 許由》

57 송문(松門) : 소나무를 심어서 만든 문이라는 뜻인데, "도홍경이 워낙 솔바람 소리를 좋아한 나머지 정원에 온통 소나무만 심어 놓고는 그 음향을 들을 때마다 흔연히 즐거워했다."라는 기록이 전한다. 《南史 隱逸列傳下 陶弘景》

이끼 낀 창가에 흰 고치 널어놓고는	展霜繭於苔軒
붓끝으로 두 마리의 소를 그려 내어	幻兩牛於毫端
말 없는 가운데 자기의 본성을 보여 주었다네	示雅性於不言
그 첫째 그림은	其一
봄날의 밭두둑 위쪽	春壟之上
저녁나절의 시냇가	暮溪之邊
바람은 맑고 햇볕은 따스한데	風日淸和
푸른 풀밭 끝없이 이어진 속에	碧草芊綿
배고프면 먹고 목마르면 마시며	飢食渴飮
눕기도 하고 잠을 자기도 하면서	或臥或眠
바야흐로 자연을 품에 안고	方將抱自然
타고난 자유를 만끽하나니	而樂天放兮
코뚜레 하고 굴레 쓰고서	又安知夫穿鼻絡頭
세상의 쓰임이 됨을 어찌 알겠는가	爲世之所用焉
그 둘째 그림은	其一
교단[58]으로 향하는 길	郊壇之路
밭둑길의 한 모퉁이	阡陌之陬
황금 코뚜레로 코가 꿰이고	金梏牽鼻
옥 새끼줄로 머리 둘린 채	玉索籠頭
사람 명령대로 얼른 달리고	馳奔由人
채찍질에 방향을 바꾸면서	指顧在鞭

58 교단(郊壇) : 제사 지내기 위해 흙으로 쌓은 제단을 말하는데, 남쪽 교외에 설치했기 때문에 이런 이름이 붙었다.

아침엔 수레 끌고 저녁엔 쟁기질로	朝車暮耜
어깨가 갈리고 발굽이 빠지니	肩磨而蹄脫兮
편히 풀 뜯고 물 마시길 기대하랴	況望其豐草美水之爲便
힘들고 편안한 모습이 같지 않고	勞逸異態
한가하고 바쁜 모양이 서로 다른데	閑忙殊形
이런 그림을 대궐에 바치고는	圖上金闕
자신은 산문을 걸어 잠그니	身閉山扃
구중궁궐이 황공해하고	九重悚咳
만조백관이 경악하였다네	千官驚嘖
천자도 신하로 데려올 수 없으니	天子不得臣
조정이 어떻게 굴복시킬 수 있으리오	朝廷焉能屈
이에 기산 영수 맑은 바람이 삽상하게 불어오고	箕潁之淸風颯爽
남조 북조의 요사한 기운이 잠잠히 가라앉았는데	南北之妖氛蘇息
다만 아쉬운 것은 실빈[59]이 끊어지지 않아	獨惜乎實賓未絶
땅을 걸어 다니며 발자취를 남긴 것[60]	行地有跡
골짜기에 사신의 말방울 소리 자주 울려	谷騶屢鳴
산림 안이 고요하지 못하게 되면서	山林非寂
재상이라는 이름을 얻게 되었으니[61]	名曰宰相

59 실빈(實賓) : 헛된 명성을 말한다. 《장자(莊子)》 〈소요유(逍遙遊)〉의 "이름이라는 것은 실제의 손님이다.〔名者, 實之賓也〕"라는 말에서 비롯된 것이다.

60 땅을……것 : 《장자》 〈인간세(人間世)〉에 "아예 자취를 끊어 버리는 것은 쉽지만, 땅을 걸어 다니면서 자취를 남기지 않기란 어렵다.〔絶跡易, 無行地難.〕"라는 말이 나오는데, 처세의 어려움을 비유하는 말로 곧잘 쓰인다.

61 재상이라는……되었으니 : 도홍경이 은거하면서도 양 무제(梁武帝)의 신임이 두

누가 그를 은일이라고 말하겠는가 孰云隱逸

사정이 이러하였고 보면 然則

부산에서 울부짖은 백성의 원성[62]과 浮山冤呼之聲

대성에서 찬역의 죄를 범한 자취[63]를 臺城簒逆之跡

솔바람 소리 듣는 귀와 한가한 구름 보는 눈에

其欲不累於松風之耳閑雲之目

누가 되게 안 하려 해도 어떻게 면할 수 있겠는가 烏得免乎哉

남산이 첩경인 장용[64]과는 같지 않다 해도 縱不如南山捷徑之藏用

두 마리 소를 돌아보면 우습게 보일 수도 回視二牛則可咍

비록 그렇긴 하더라도 雖然

터워서 국가에 큰일이 있으면 자문 역할을 하였으므로 당시 사람들이 산중재상(山中宰相)이라고 불렀던 것을 말한다. 《南史 隱逸列傳下 陶弘景》

62 부산(浮山)에서……원성 : 양 무제가 부산에서 회수(淮水)를 막아 수춘(壽春)에 물을 댈 요량으로 서주(徐州)와 양주(揚州)의 백성 20만 명을 동원하여 제방을 쌓자, 노역에 끌려 나와 등짐을 지는 자들의 어깨가 헐어서 살이 터지고 추위와 더위와 역병에 죽는 자가 서로 이어졌는데, 하루아침에 막았던 둑이 터지면서 회수 연안의 수십만 명이 익사하는 참사를 당한 끝에 결국에는 공사를 중지했던 일을 말한다. 《通鑑節要 卷32 梁武帝》

63 대성(臺城)에서……자취 : 양 무제가 후경(後景)의 반란으로 대성을 함락당한 뒤에 정거전(淨居殿)에 연금당한 채 굶어 죽자, 후경이 태자인 소강(蕭綱)을 허수아비 임금으로 제위에 세운 일을 말한다. 《通鑑節要 卷32 梁武帝》

64 장용(藏用) : 당나라 노장용(盧藏用)을 말한다. 그가 벼슬할 마음을 품고는 짐짓 종남산(終南山)에 은거하다가 조정의 부름을 받고 고관이 되었는데, 천태산(天台山)으로 돌아가는 도사 사마승정(司馬承禎)에게 "종남산에도 은거할 만한 좋은 곳이 많다."라고 하니, 사마승정이 웃으면서 "종남산이야말로 벼슬하는 지름길이다."라고 하자 장용이 부끄러워했다는 종남첩경(終南捷徑)의 고사가 전한다. 《新唐書 盧藏用列傳》

공명은 도취하기 쉽고　功名易醉
이욕은 막기 어려운 법　利欲難遏
천년의 역사를 뒤돌아보면　俯仰千載
여기에 빠져든 인물이 많았다오　士多陷溺
늙은 봉황은 못가에 쭈그려 앉고　老鳳蹲池
주린 까마귀는 오대에서 침묵했나니[65]　飢烏噤臺
부귀영화를 실컷 누렸는데도　尊榮厭飫
미련을 못 버리고 미적거렸다네　志慮遲徊
안슬[66]을 어찌 부끄러워하랴　顏膝何愧
재잉과 치욕을 엿처럼 달게 여길 뿐　禍辱如飴
어떤 소가 즐겁고　不知何牛之可樂
어떤 소가 비참한지도 알지 못한다네　何牛之可悲也
이 그림 어루만지며 탄식을 하고　撫斯圖而興喟
이 사람 생각하며 감히 잊지 못하노니　想斯人兮不敢忘

65 늙은……침묵했나니 : 송(宋)나라 승상 증공량(曾公亮)이 늙어서도 치사(致仕)하지 않고 계속 권력을 쥐고 있었으나, 그의 권세를 두려워하여 어떤 대간(臺諫)도 그를 비난하지 못했는데, 이복규(李復圭)가 "늙은 봉황은 못가에 웅그린 채 떠나가지 않고, 굶주린 까마귀는 오대 위에서 입 다물고 울지 않네.〔老鳳池邊蹲不去, 饑烏臺上噤無聲.〕"라고 기롱하자, 관직을 그만두었다는 고사가 전한다. 《宋名臣言行錄 後集 卷6 曾公亮》

66 안슬(顏膝) : 남자종처럼 비굴한 안색을 띠고 여자종처럼 무릎을 꿇는다는 뜻의 노안비슬(奴顏婢膝)의 준말로, 출세하기 위해서 자신의 신념을 버리고 비굴하게 아첨하는 것을 말한다. 《채근담(菜根譚)》에 "거친 음식으로 배를 채우는 자들 중에는 얼음처럼 맑고 옥처럼 조촐한 사람이 많은 반면에, 먹고 입는 것이 풍부한 자들 중에는 노비처럼 굽신거리며 아부하는 것을 달갑게 여기는 자가 많다."라는 말이 있다.

내가 장차 용면[67]을 구해 이 그림 크게 그려　吾將求龍眠而廣描
금비로 긁어 사람들 눈을 번쩍 뜨게 해 주리라[68]　作金篦而刮人眶也

67 용면(龍眠) : 송대(宋代)의 저명한 화가 이공린(李公麟)의 별호(別號)인 용면거사(龍眠居士)의 준말이다.

68 금비(金篦)로……주리라 : 옛날 인도(印度)의 양의(良醫)가 안과 수술용 쇠칼을 가지고 맹인의 눈알에 덮인 백태(白苔)를 긁어내어 광명을 되찾게 해 주었다는 금비괄목(金鎞刮目)의 고사가 《열반경(涅槃經)》 권8에 나온다.

광한전부

廣寒殿賦

허전히 홀로 거하며 심정이 울적하다가	廓獨處而無聊兮
선잠을 자며 선도의 기이한 꿈을 꾸었네	假仙都之異夢
강뢰[69]에 편승하여 잽싸게 일어나서	乘剛籟而遄擧
허공에 솟구치는 날랜 말을 조종하여	御凌虛之飛鞚
이리저리 나부끼며 떠돌이로 노닐면서	將飄飖以浮游
삼생의 범상한 뼈를 한번 바꿔 보기로	換三生之凡骨
뭔가 나를 이끌어 길을 열어 주려는 듯	若有鉥予以啓路兮
푸른 하늘 향하여 아득히 저 멀리로	指帝青之寥廓
투명하게 빛나며 서 있는 궁전 하나	爰有殿兮晶瑩
툭 트여 삽상하게 엄연히 응결하였나니	豁爽塏以儼凝
넓게 트인 태미원(太微垣) 안으로 진입하여	襲太微之弘敞兮
차디찬 궁궐 문 앞에서 예를 갖췄네	挹閶闔之淩兢
흰 옥돌 다듬어서 기둥을 배열하고	揉白玉以棟柱兮
맑은 얼음 새겨서 문설주 세웠는데	雕淸氷而店楔
창문틀은 밤이슬로 촉촉이 젖고	濕沆瀣於疏櫳兮

69 강뢰(剛籟) : 산골을 진동시키며 불어오는 거센 바람을 형용한 시어이다. 소나무를 소재로 한 진(晉)나라 장화(張華)의 의고시(擬古詩)에 "세찬 바람으로 산속에 피리 소리 진동하니, 새들이 밤에 놀라 뿔뿔이 흩어지네.〔剛風振山籟, 朋鳥夜驚離.〕"라는 구절이 있다.《淵鑑類函 卷412 松5》

모퉁이 서까래는 용봉이 날아갈 듯	飛龍鳳於稜桷
밝은 구슬 그리고 흰 자개가	明璣兮素貝
벽옥(碧玉)과 어우러져 여기저기에	與青琳兮錯落
계수나무 향기는 섬돌 가에 흩어지고	香桂毿髿於砌戺兮
기수의 옥구슬은 층계에서 반짝반짝	琪樹璀璨於軒墄
섬광을 흘려보내 사방으로 내쏘니	遺光閃而旁射兮
문채가 창공에 쌓여서 아롱아롱	積斐亹於空碧
높은 난간 기대어 사방을 둘러보니	憑危軒而四瞰
까마득히 넓고 넓어 어찌 끝이 있으랴	杳太濛兮何極
은하수는 희멀겋게 흰 비단 끌어오고	河漢泂其拖素
별자리는 빽빽하게 공중을 수놓았네	星辰森其綴空
삼신산은 조그맣게 자라의 머리 위에	三山渺於鼇頭兮
구주 대륙은 진디보다도 미세하기만	九州微於蟣蠓
인간 세상 떨어진 그 거리가 얼마인가	隔人間其幾何
아지랑이와 먼지를 서로 불어 젖히는 곳[70]	野馬塵埃之相吹
끝없는 공간에 마음껏 눈을 놀리노라니	恣游眼於無窮兮
삽상한 기운이 자욱이 옷을 적시면서	爽氣霏微兮襲衣
온갖 근심 걱정이 대번에 사라지고	百慮頓其滅沒兮
속된 잡념이 미려[71]로 빠져나가네	洩塵想於尾閭

70 아지랑이와……곳 : 하계(下界)의 풍경을 묘사한 것인데, 《장자(莊子)》 〈소요유(逍遙遊)〉의 "아지랑이와 먼지 같은 것은 하늘과 땅 사이의 생물들이 숨을 쉬면서 서로 내뿜는 것들이다. 하늘이 푸른 것은 원래 그렇기 때문인가, 아니면 다다를 수 없이 너무 떨어져 있어서 그렇게 보이는 것인가. 붕새가 나는 구만리 창공 위에서 아래를 바라보아도 역시 그러할 것이다."라는 말을 인용한 것이다.

흰 난새 보내어 나를 초청하고는　托白鸞而邀之兮
항아(姮娥)가 우아하게 나를 영접했나니　仙娥迓余以容與
긴 허리띠 표표히 바람에 너울너울　飄脩鞶兮颯纚
화려한 옷자락 땅에 끌며 방황하네　曳長組兮彷徨
나를 맞아들인 곳은 백옥의 연회장　迎余以白玉之筵
나에게 마시게 한 것은 자하의 술잔　飮余以紫霞之觴
〈예상〉[72]의 춤은 빙글빙글 돌아가고　舞霓裳之蹁躚兮
옥퉁소의 곡조는 아스라이 퍼져 가네　調玉簫兮飄邈
거문고와 비파 소리가 뒤섞이면서　雜瓊琴與瑤瑟兮
맑은 운율이 허공 속에 사무치니　徹淸韻於碧落
망서[73]는 멈칫하며 문득 서서 듣고　望舒趑趄而却立兮
은섬[74]은 몸을 움츠리며 비틀비틀　銀蟾蹣跚而瑟縮

71 미려(尾閭) : 고대에 바닷물이 빠져나간다고 믿었던 곳이다. 《장자》〈추수(秋水)〉에 바닷물이 미려로 빠져나가되, 언제 그칠 줄을 모르지만 그 물은 줄어들지 않는다는 말이 나온다.

72 예상(霓裳) : 〈예상우의곡(霓裳羽衣曲)〉의 준말이다. 예상우의는 구름과 깃털로 된 의상이라는 뜻으로, 신선 혹은 선녀의 의복을 뜻한다. 전설에 의하면, 당 현종(唐玄宗)이 8월 보름에 도사인 신천사(申天師)·홍도객(洪都客) 등의 도술(道術)을 빌려 월궁(月宮)인 광한전(廣寒殿)에 올라가 함께 노닐었는데, 음률에 밝은 현종이 그 당시 선녀들이 춤추고 노래하는 것을 듣고 돌아와서 〈예상우의곡〉을 짓고는 행행할 때마다 이 곡조를 연주하고 이 춤을 추게 했다고 한다. 그러나 사실 〈예상우의곡〉은 개원(開元) 연간에 하서 절도사(河西節度使) 양경충(楊敬忠)이 바친 악곡으로 처음 이름은 〈바라문곡(婆羅門曲)〉이었는데, 이것을 현종이 윤색하고 가사를 지은 뒤에 지금의 이름으로 바꿔서 쓰게 되었다고 한다.

73 망서(望舒) : 달이 탄 수레를 모는 선인(仙人)의 이름이다

74 은섬(銀蟾) : 은빛 두꺼비라는 뜻으로, 달빛을 비유하는 시어로 쓰이기도 한다.

옥토끼는 계수나무 그늘 속에서	老兎蔭其桂樹
약 방아 찧으며 그림자 너울너울	影婆娑而擣藥
그야말로 천상의 멋들어진 회상으로	寔天上之佳會兮
모두 더할 나위 없는 맑은 나들이이건만	儘淸遊之奇絶
어찌하여 당 현종은 잠깐 머물면서	何唐皇之暫住兮
구질구질 고국만을 생각한 나머지	懷故國而屑屑
인간 세상에서 하늘의 낙을 빠뜨린 채	漏天樂於人寰兮
순간에 사라질 오락에만 심취했을까	徒娛意於瞬息
슬프다, 내 마음은 그러하지 않아	悵余心之不然
오래도록 여기에 머물고 싶은데	欲於此乎長留
해마의 처지에선 그럴 수가 없으니	害馬莫之能及
상계의 옥루야 또 어떻게 기필하랴[75]	又何必上界之玉樓
장차 우주로나 나가야 할 나의 신세	勢將出乎宇宙兮
의지가지없이 돌아갈 데도 없을 듯	似無依而洋洋
바다 갈매기는 구름 밖에서 끼룩끼룩	海鶴嘹嘹於雲外
하늘 닭은 부상 나무에서 꼬끼오 꼬꼬	天鷄喔喔於扶桑

예(羿)가 가져온 서왕모(西王母)의 불사약을 예의 아내인 항아(姮娥)가 훔쳐 먹고 달 속의 광한전으로 숨어 들어가서 두꺼비가 되었다는 전설이 있다.

75 해마(害馬)의……기필하랴 : 물욕이 가득한 속인의 몸으로는 달 속의 이 광한전에도 머물 자격이 없는데, 더군다나 옥황상제가 거하는 천상의 백옥루(白玉樓)야 어떻게 기대하겠느냐는 말이다. 해마는 '방목하는 말을 해치는 것'이라는 뜻으로, 보통 잘못된 정사를 비유하는 말로 쓰이는데 여기서는 사람의 본성을 해치는 물욕이라는 뜻으로 전용하였다. 《장자》 〈서무귀(徐无鬼)〉에, 황제(黃帝)가 천하를 다스리는 법을 묻자, 말을 기르는 동자가 "천하의 정치라는 것도 말을 기르는 것과 무엇이 다르겠는가. 말을 해치는 것을 없애 주는 것일 따름이다."라고 대답한 내용이 나온다.

불타는 해 수레바퀴 돌연 솟아 나오매	驚火輪之飛出
화들짝 잠이 깨며 정신이 황홀하기만 하여라	遽形開而恍惚
나비가 변화하여 인간인 장주로 깨어나고[76]	蝴蝶化而周悟
야초가 어딘지 잊어버려 사슴을 잃었나니[77]	野蕉迷而鹿失
일이 망망하여 기억조차 가물가물	事茫茫而不記兮
까마득히 높아서 오르기도 어려워라	高邈邈而難陟
어쩌면 조화 부리는 조무래기가	意造化之小兒兮
한바탕 멋진 풍치 완미하게 하여	翫一場之雅致
청정한 공간과 허광한 분위기에 젖어	構淸淨而挹虛曠兮
혼탁한 세상 버리고 우뚝 서게 했는지도	棄溷淆而特起
아, 선잠 속에 한번 광한전 올라감은	噫假寐而一登
어찌 귀신이 나를 깨우쳐 줌이 아니겠나	豈非鬼神之悟予
선경 속에서 편히 지냄이 실로 마땅하니	固當偃步乎蓬瀛

76 나비가……깨어나고 : 꿈에서 깨어나고 보니 완전히 다른 현실이 되어 있더라는 말이다. 장주(莊周) 즉 장자(莊子)가 꿈속에 나비가 되어 자유롭게 훨훨 날아다니다가, 꿈에서 깨고 보니 엄연히 부자유스러운 육신을 가진 장주였더라는 호접몽(胡蝶夢)의 고사가 《장자》 〈제물론(齊物論)〉에 나온다.

77 야초(野蕉)가……잃었나니 : 꿈속의 일인지 생시의 일인지 헷갈려서 잘 분간이 안 된다는 말이다. 야초는 들판에 섶나무를 덮어서 숨겨 둔 장소를 말한다. 어떤 나무꾼이 사슴을 잡아 섶나무로 덮어서 감춰 두었다가 그 장소를 찾지 못한 나머지 꿈이 아닌가 의심하고는 다른 사람에게 그 사실을 이야기하자 그 사람이 그곳을 찾아내어 사슴을 차지하였는데, 나중에 나무꾼이 꿈속에서 자기의 사슴을 그 사람이 가져간 것을 알아채고 소송을 벌이자, 국상(國相)이 "꿈과 꿈이 아닌 것의 차이를 나도 판단할 수가 없다."라고 하면서 둘이 반분(半分)하도록 했다는 심초부록(尋蕉覆鹿)의 설화가 《열자(列子)》 〈주목왕(周穆王)〉에 나온다.

이 저잣거리 무엇을 못 잊어 거하리오	顧此闤闠兮何居
어떡하면 인간 세상의 광한전에 올라가서	安得登人間之廣寒
이 꿈이 헛되지 않음을 증명할 수 있을는지	遂此夢之非虛也

춘대부
春臺賦

대개 듣건대 성인이 천하를 통치함에	蓋聞聖人之御宇也
건부를 손에 쥐고 곤진을 드러내며[78]	握乾符闡坤珍
큰 교화와 은혜를 펼치고 유포하여	敷弘化流大恩
만백성을 불식의 경지[79]에서 감싸 안고	囿萬姓於不識之地
온 누리를 무위의 풍속으로 끌어들이니	措八域於無爲之俗
천지가 이로써 흐름을 같이하고	天地以同流
사시가 제때에 부합한다고 하였네	四時與脗合
춘대[80]가 이러한 때에	臺於是時
혼연히 자연스럽게 이루어져서	渾然天成
주위를 둘러봐도 자취가 보이지 않고	圍之莫覩其跡
노래를 해도 말로 형용할 수 없다네	詠之莫可言形

78 건부(乾符)를……드러내며 : 한(漢)나라 반고(班固)의 〈동도부(東都賦)〉에 "성황이 상천의 부명(符命)을 손에 쥐고 대지의 부서(符瑞)를 드러내었으며, 삼황(三皇)의 도서를 열람하고 오제(五帝)의 글을 상고하였다.〔聖皇乃握乾符, 闡坤珍, 披皇圖, 稽帝文.〕"라는 말이 나온다. 《後漢書 班固列傳》

79 불식(不識)의 경지 : 임금이 있는지도 모르고 잘 살아가는 세상이라는 뜻으로, 태평성대를 비유하는 말이다.

80 춘대(春臺) : 따스한 봄날에 올라가 사방의 경치를 조망하는 누대라는 뜻으로, 세상 사람들이 화락하게 어울리며 태평 시대를 구가하는 것을 비유하는 말인데, 《노자(老子)》 12장의 "세상 사람들 화락하여 마치 큰 잔칫상을 받은 듯, 따스한 봄날 누대에 오른 듯 즐거워한다.〔衆人熙熙, 如享太牢, 如登春臺.〕"라는 말에서 유래한 것이다.

도덕으로 그 기틀을 마련하고　道德作其基址
인의로 그 법도를 제정하나니　仁義爲之規矩
경영을 함에 백성의 힘을 쓰지 않고　經營不用於民力
건축을 함에 설계를 빌리지 않는다네　層構無假於工謨
발을 헛디뎌 땅에 쓰러진 백성들이　爾其跨民
암혈(巖穴)에서 수역[81]의 경지에 이르러서　巖亘壽域
화서의 소국[82]을 내려다보고　俯華胥之下國
종북의 부락[83]을 압도한다네　壓終北之區落
낮의 길이가 조금씩 서서히 길어지고　化日長其遲遲
순후한 바람이 살랑살랑 펼쳐지는 때　淳風暢其習習
상서로운 연무가 자욱하게 위에서 덮어 주고　祥煙鎖兮上覆
경사로운 구름은 찬란하게 아래에 드리웠네　慶雲爛兮下垂

81 수역(壽域) : 인수지역(仁壽之域)의 준말로, 천수(天壽)를 다하며 살아가는 태평성대를 가리킨다. 인수는 《논어》 〈옹야(雍也)〉의 “인자한 자는 장수한다.”라는 말에서 나온 것이다.

82 화서(華胥)의 소국 : 황제(黃帝)가 낮잠을 자다가 꿈속에서 보았다는 이상향을 말한다. 황제가 이 나라를 여행하면서 무위자연(無爲自然)의 이상적인 정치가 실현되는 꿈을 꾸고는, 여기에서 계발되어 천하에 크게 덕화(德化)를 펼쳤다는 전설이 전한다. 《列子 黃帝》

83 종북(終北)의 부락 : 우(禹)가 치수(治水)를 하다가 길을 잃어 종북이라는 나라에 들어갔는데, 그 나라 중앙의 호령(壺嶺)이라는 산 정상에 고리처럼 생긴 자혈(滋穴)에서 난초보다 향기롭고 단술보다 감미로운 신분(神瀵)이라는 이름의 샘물이 솟아나 와 산 아래를 널리 적셔 주었으며, 그곳은 또 장유(長幼)·군신(君臣)·남녀의 차별이 없이 모두 평등한 삶을 유지하면서 고통은 없고 즐거움만 있는 이상적인 마을을 형성하고 있더라는 이야기가 《열자》 〈탕문(湯問)〉에 전한다.

난새와 봉황이 날아오고	禽有鸞鳳
난초와 지초가 돋아나며	草有蘭芝
약수가 비로소 퐁퐁 솟아나고	醴泉始涌
감로가 때맞춰 촉촉이 적셔 주니	甘露伊滋
서리와 눈으로 꽁꽁 얼어붙는	霜雪之嚴凝兮
혹한의 추위가 어찌 있겠으며	烏有凜冽之威
가뭄에 땅이 타들어 가는	大旱之焦土兮
혹서의 걱정을 어찌 알겠는가	焉知暑溽之憂
천지의 온화한 기운이 물씬 피어올라	亘絪縕而氤氳
봄 귀신이 성대한 기후를 온축한 가운데	貯東君之美候
늙고 쇠약하고 병든 자들도	疲癃殘疾兮
우로가 쏟아져 생기를 되찾고	甦痊雨露之注
기댈 곳 없는 외로운 자들도	鰥寡孤獨兮
봄날의 다스운 햇볕에 고무된다오	鼓舞春日之煦
만물이 각각 제자리를 얻고	各得其所
질박한 대도에 동화되면서	同乎大樸
형벌을 볼 수가 없고	刑罰不見
전쟁이 뭔지도 알지 못한다네	兵革不識
떡잎이나 뿌리와 같은 것도	如芽甲根荄兮
협종의 율[84]에 맞춰서 자라나고	長於夾鍾之律

84 협종(夾鍾)의 율. 중춘(仲春) 즉 음력 2월을 말한다. 협종은 옛날 12악률(樂律) 가운데 6음률(陰律)의 하나인데, 《예기(禮記)》〈월령(月令)〉 중춘 조에 "율은 협종에 해당한다."라고 하였다.

알을 깨고 비늘을 벗는 것도	若卵殖倮鱗
중화의 절기[85]에 터뜨리고 나오네	拆於中和之節
한유하게 자득하는 경지에서	莫不優游而自得
옥의 윤기와 종소리 아님이 없는	玉潤而金聲
이 모두가 성인의 인에서 비롯되었으므로	是皆經始於聖人之仁
춘대의 이름이 세상에 드러나게 된 것이니	而以著夫春臺之名者也
그렇다면 이 춘대는	然則是臺也
거기에 노닐지 않아도 낙이 또한 무궁하고	不爲之遊而樂亦無窮
거기에 오르지 않아도 그 안에 속한 것으로서	不爲之登而皆在其中
단청을 칠하지 않아도	無施丹雘兮
찬란하여 색깔이 변하지 않고	有煥赫不渝之色
토석을 쓰지 않아도	無用土石兮
확고히 잘 세워져 뽑히지 않나니라	有善建難拔之確
금수와 같은 미물들도	微而禽獸
머물고 싶으면 죄다 함께 노닐고	苟欲止之則盡與之遊
이적과 같은 난포한 자들도	暴如夷狄
오르고 싶으면 물리치지 않나니	苟欲登之則未爲之却
이를 통해 태평 시대의 기상을 보고	可以見大平之有像
제왕의 천하일가(天下一家)의 지덕을 볼 수 있다네	而帝王無外之至德也

85 중화(中和)의 절기 : 중춘을 말한다. 당 덕종(唐德宗) 정원(貞元) 5년(789)에 1월 그믐의 회일절(晦日節)을 폐지하고, 2월 초하루를 중화절(中和節)로 삼아 농사철의 시작을 알리게 하였다. 《新唐書 李泌列傳》

비록 그렇긴 하지만	雖然
이미 견고하다 해서 죄다 견고하다곤 할 수 없고	不可已固而謂之盡固
죄다 견고하다 해서 안 무너진다곤 할 수 없나니	不可盡固而謂之莫圮
견고하게 하기는 매우 어렵고	固之甚難
무너지는 것은 매우 쉽기 때문이라	圮之甚易
따라서 반드시 인덕으로 닦고	其必修之以仁
공경함으로 지켜야 할지니	守之以欽
은택은 오래될수록 더욱 두터워지고	澤久而愈厚
은덕은 넓어질수록 더욱 깊어지리라	德廣而益深
그런 뒤에야	然后
화살과 돌이 공격할 수 없고	矢石不能以攻之
바람과 비가 뒤엎을 수 없으며	風雨不能以覆之
석 달의 불길[86]도 태워 버릴 수가 없고	三月之火不能以燒
구 년의 홍수[87]도 가라앉힐 수가 없어서	九年之水不能以沒
성스러운 자손들이	聖子神孫
계속해서 뒤를 이어	繼繼承承兮
억만년토록 무궁할 것이니라	至於億萬年而無疆也

86 석 달의 불길 : 항우(項羽)가 불을 놓아 3개월 동안 꺼지지 않았던 것을 말한다. 《사기(史記)》〈항우본기(項羽本紀)〉에 "항우가 군대를 이끌고 서쪽으로 가서 함양(咸陽)을 도륙하고 항복한 진왕(秦王) 자영(子嬰)을 죽인 다음, 진나라 궁실을 불태우니 불길이 석 달 동안 꺼지지 않았다."라는 기록이 있다.

87 구 년의 홍수 : "요(堯) 임금과 우왕(禹王) 때에는 9년 동안의 홍수가 있었고, 탕왕(湯王) 때에는 7년 동안의 가뭄이 있었다."라는 내용이 《한서(漢書)》〈식화지(食貨志)〉에 보인다.

그런데 어찌하여 奈何
세도가 날로 낮아지고 世道日降
인심이 망망해져서 人心茫茫
크나큰 허위가 만들어져 大僞斯作
포악한 군주가 자리에 임했단 말인가 暴主莅位
인민을 괴롭혀 오락을 즐길 장소를 만들 줄만 알 뿐
徒知勞民而營遊翫之所
민생을 안정시켜 길이 굳건할 터전을 마련할 줄은 몰랐어라
不知安民而構永固之址
쌓인 곡식 케케묵은 것이 積粟成塵兮
목야[88]의 전벌에 무슨 보탬이 되겠는가 何補於牧野之戰伐
요염한 가요와 나긋나긋한 음향은 妖歌焥響兮
단지 함곡의 붕괴[89]를 불러올 뿐이라 秖速乎函谷之解裂
장화대와 백량대 때문에 章華柏梁
한과 초는 황량해졌고 漢楚以荒
고소대와 동작대 때문에 姑蘇銅雀
오와 위는 망했느니라[90] 吳魏以亡

88 목야(牧野) : 주 무왕(周武王)이 은(殷)나라 주왕(紂王)을 정벌하여 승리를 거둔 들판 이름이다.

89 함곡(函谷)의 붕괴 : 항우가 함곡관(函谷關)을 뚫고 진(秦)나라의 도성 함양에 들어간 것을 말한다. 함곡관은 중원에서 진나라로 들어갈 때 거치는 마지막 관문이다.

90 장화대(章華臺)와……망했느니라 : 백성들과 고락을 함께하는 춘대와는 달리, 집권자의 사욕만을 채우는 다른 건물들은 국가의 멸망을 자초할 뿐이었다는 말이다. 장화대는 춘추 시대 초 영왕(楚靈王)이 대규모로 축조한 별궁(別宮) 이름으로, 호북성(湖北

아,　嗚呼
그 재물을 백성에게 나누어 주고　使其財散之於民
그 역량을 은덕으로 베풀어 주어　使其力施之於德
이 춘대를 쌓아 놓고서　以築斯臺
백성들과 함께 즐겼더라면　與民同樂
화란이 어떻게 생겼을 것이며　則禍亂何由以生
환락이 여기에 베풀어졌으리오　宴樂於焉而在
누가 알겠는가　孰知
무형의 누대에 지극한 즐거움이 있고　無形之臺有至樂
유형의 누대에 지극한 우려가 있다는 것을　而有形之臺有至憂也哉
홀연히 지나간 천년의 역사 속에서　千載忽忽
나의 사념이 길고 길도다　我思悠悠
지금 바야흐로 태도가 위에 밝아지며[91]　方今泰道上昭

省) 감리현(監利縣) 서북쪽에 있다. 초 영왕은 말년에 결국 왕위를 잃고 떠돌다가 죽음을 맞았다. 백량대(柏梁臺)는 한 무제(漢武帝)가 장안(長安)에 세운 누대 이름으로, 이곳에서 군신(君臣)이 연회를 베풀고 시를 읊으면서 칠언시를 잘 짓는 사람만 대(臺) 위로 올라가게 했던 고사가 유명하다. 고소대(姑蘇臺)는 오왕(吳王) 부차(夫差)가 서시(西施)를 위해 세운 누대 이름으로, 날마다 이곳에서 노닐며 정사를 돌보지 않다가 월(越)나라에게 멸망을 당하였다. 동작대(銅雀臺)는 후한 헌제(後漢獻帝) 건안(建安) 15년(210) 겨울에 조조(曹操)에 의해 완공된 건물이다.

91 지금……밝아지며 : 따스한 봄빛에 만물이 자라나는 정월의 절기를 맞아 정치가 제대로 이루어지게 되었다는 말이다. 태도(泰道)는 《주역》 〈태괘(泰卦)〉의 군자의 도를 말한다. 음력 11월에 하나의 양효(陽爻)가 처음으로 생겨났다가 1월이 되면 세 개의 양효가 하괘(下卦)에 자리하고 세 개의 음효가 상괘에 자리하는 태괘가 되는데, 그 단사(彖辭)에 "군자를 안에 있게 하고 소인을 밖에 있게 하니, 군자의 도가 자라나고 소인의 도가 없어진다.〔內君子而外小人, 君子道長, 小人道消也.〕"라는 말이 나온다.

성명한 임금님이 왕위에 오르시어	聖明御極
천재일우의 국가 대계를 구상하고	撫千一之鴻圖兮
나라의 근본을 굳건히 안정시키며	措邦本於不拔
대규모의 사업을 드높이 제시하여	豐宏規而矯起
사방팔방 감싸며 크게 열어 놓으셨네	奄八荒以大開
그렇게 기약지 않았는데도 평탄해지고	不期然而坦坦
그렇게 시키지 않았는데도 드넓어져서	無使然而恢恢
삼황오제의 광대함을 초월하고	超三五之閎闊
어떤 제왕의 제도보다 원대하다네	杳百王之制作
서생이 요행히 밝은 시대를 만나	書生之幸逢昭代
성인의 인민이 됨을 스스로 축하하며	自賀爲聖人之民物
봄날의 은혜에 젖어 말을 엮어 놓고	涵春恩而編辭
태고 시대 격양가[92]의 뒤를 잇노라	以繼夫玄古擊壤之曲
노래는 다음과 같다	歌曰
춘대의 위에 올라가면	臺之上兮
오작이 어울려 함께 노니나니	烏鵲與遊兮
춘대의 안에서 엿보아 알 수 있는 것은	可窺棲臺之中兮
행하면 우우하고 누우면 서서하다는 것[93]	行于于兮臥徐徐
하늘이 이루어 줬는지	天其成耶

92 격양가(擊壤歌) : 막대기로 땅을 치며 부른 노래라는 뜻으로, 태평가를 말한다. 97쪽 주50 참조.

93 행하면……것 : 세상 근심을 모두 잊고 마음 편히 살아간다는 말이다. 97쪽 주51 참조.

땅이 쌓아 졌는지	地其築耶
어떻게 된 건지 모른 채	不識不知
그냥 이렇게 자적하노라	聊以自適

의월부[94]

擬月賦

장대[95]의 가을 고요하고 章臺秋靜
난초의 언덕에 밤이 긴데 蘭皐夜永
처량한 바람은 혼자서 운을 맞추고 凄風自韻
차가운 구름은 그림자 추스르는 때 寒雲斂影
초왕이 궁전에서 이런저런 생각하며 楚王流心玉宇
놀 저 너머로 얽힌 상념 흩어 보려고 散想霞表
높은 언덕 올라가서 멀리 내다보고 躋崇阿而睇遠
대해를 굽어보매 회포가 아득하였다네 臨瀛海而懷渺
이때에 은하 비단이 구름을 끌어가고 于時河練拖雲
진주 이슬방울이 나무에 뚝뚝 지면서 露珠泫樹
명징한 기운이 한데 모이려 하더니 澄氣欲集
상서로운 달빛을 어느새 토해 내네 瑞光俄吐
맑은 물결에 목욕하여 새로이 윤이 나고 浴淸波而新潤
허공중에 내걸려서 이제 막 굴러가니 揭太虛而初輾

94 의월부(擬月賦) : 남조 송(南朝宋)의 사장(謝莊)이 지은 〈월부(月賦)〉를 모의(摸擬)해서 지어 본 글이라는 뜻이다. 권응인(權應仁)의 《송계만록(松溪漫錄)》에 의하면, 이 작품은 대관재의 조카인 심사순(沈思順)의 작품이라고 하였는데, 이에 대해서는 98쪽 주52 참조.

95 장대(章臺) : 춘추 시대 초나라의 별궁인 장화대(章華臺)를 말한다. 116쪽 주90 참조.

사념은 유유히 끝도 없이 치달리고	念悠悠而騁騖
생각은 막막히 갈수록 더 멀어지네	思漠漠而愈緬
이에 날랜 배를 출발시키고	爰發輕舸
이내 상루[96]를 나아오게 하고는	乃進湘纍
회포를 끄집어내고 감흥을 기탁하여	抽懷託興
못다 한 음을 제시[97]로 잇게 하니	續餘音於齊詩
상루가 사양하고 말씀을 올렸네	湘纍辭且獻詞曰
달은 태음의 정으로서	大陰之精
태양을 짝하여 신령스럽게	配陽而靈
주야로 순행하며 회전을 하니	循宵晝而輪輾
천도가 그 덕분에 유행합니다만	天道賴而流行
위에서 살펴보는 광경이 매우 많아서	然照臨之孔多
근심과 즐거움이 일정하지 않나이다	而憂樂之靡常
가령 궁루(宮樓)에 더위가 물러가고	若夫龍樓退暑
궁전에 서늘한 기운이 생겨나서	玉殿生涼
향기로운 술잔에 맑은 달빛이 일렁이고	泛清輝於芳尊

96 상루(湘纍) : 상수(湘水)에서 죄도 없이 억울하게 투신해 죽은 사람이라는 뜻으로, 전국 시대 초(楚)나라의 애국 시인 굴원(屈原)을 가리킨다. 한(漢)나라 양웅(揚雄)의 〈반이소(反離騷)〉에 나오는 "삼가 초나라의 상루에게 조의를 표한다.〔欽弔楚之湘纍〕"라는 말에서 비롯되었다. 《漢書 揚雄傳》

97 제시(齊詩) : 전설 중의 고대 악보(樂譜)를 의미하는 것인 듯하다. 《예기》 〈악기(樂記)〉에 "성격이 온량하고 결단할 수 있는 자는 제(齊)의 노래를 부르는 것이 좋다.……제의 노래는 하(夏)·은(殷)·주(周) 삼대(三代)의 남겨진 악성(樂聲)인데, 제나라 사람이 이를 알고서 전했기 때문에 제의 노래라고 말하는 것이다."라는 말이 나온다.

거문고 줄에 찬 달그림자 흔들거리며	搖寒影於雪絃
임금님 환희하는 정이 아직 다하지 않았건만	宸情懽兮殊未央
물시계 소리가 새벽을 알리면서	銅壺戒晨兮
달 지는 시각이 박두하면 슬퍼지나이다	悵已迫於西巓
또 가령 강변 객관의 깊은 가을날	至如江館秋高
꽃동산에 내리던 비가 그치고	花塢雨收
저녁 풍경 속에 고질[98]이 내걸리며	懸孤質於晩眺
노니는 자리에 그윽한 향기 토해 내면	寫幽芳於淸遊
호방하고 화려함을 경쟁하면서	爭豪競麗
한때의 찬상(讚賞)을 받으려 하다가	討一時之賞
남은 달빛을 부여안고서	攬餘光兮
세월이 머물지 않음을 탄식하기도 하나이다	嘆歲月之不留
또 가령 푸르고 푸른 창오산과	若乃梧山蒼蒼
세차게 흐르는 소상강 물가에서	湘流沄沄
귀는 원숭이 울음소리에 익숙하고	耳慣啼猿
눈은 가는 구름을 끝까지 바라보며	目斷歸雲
반죽에 기대어 가을을 가슴 아파하고	倚斑篁而傷秋
강 언덕에서 슬픈 바람 맞이할 적에[99]	遡悲飆於江皐

98 고질(孤質) : 고독한 성질이라는 뜻으로, 달을 비유한 시어이다. 한유(韓愈)의 시에 "고질이 스스로 아무 거리낌 없이, 하늘 복판에서 그대 위해 좋은 풍경을 연출했네. 〔孤質不自憚, 中天爲君施.〕"라는 표현이 있다. 《韓昌黎集 卷7 翫月喜張十八員外以王六秘書至》

99 푸르고……적에 : 소상반죽(瀟湘斑竹)의 고사를 인용한 것이다. 순(舜) 임금이 남쪽 지방을 순행하다가 창오산(蒼梧山)에서 죽었는데, 그의 비(妃)인 아황(娥皇)과

달이 처음 정결하게 물속에서 나와	始溶溶而出波
곧바로 높고 높이 혼자서 올라가면	旋迢迢而自高
외로운 그림자 끌고 여기저기 거닐면서	攀隻影而徘徊
남은 회포 부쳐서 길게 노래도 하나이다	寄餘懷兮長歌
그러고는 상루가 노래하였네	歌曰
산언덕에 있는 아름다운 사람이여	有美一人兮山之阿
따라가고 싶어라, 길도 멀지 않으니	欲往從之兮路匪賖
두근두근 그리워하며 소매에 눈물 가득	相思怔營兮淚盈襟
월륜의 환한 광채 속에 밤마다 애태우는 마음	輪未鏟彩兮夜夜心
또 노래하였네	又歌曰
세월이 덧없이 지나가는 속에	歲華兮荏苒
이 멋진 풍광은 감출 수 없다마는	佳氣兮莫掩
은하의 뒤바뀜이 유성이 흐르듯 하니	長河改兮星流
아마도 이 달빛도 뒤에 탄식하리	恐此照兮後歎
이윽고 초왕이 이르기를	尋楚王曰
아름답고 맛이 있도다	麗乎旨哉
그대의 문장이여	子之詞乎
경차와 당륵[100]이 지어도	景差唐勒
이보다 더 낫지는 않으리라	蔑以尚兹

여영(女英)이 그곳으로 가다가 소상강(瀟湘江)에 막혀서 가지 못하고 강가에서 울다가 죽어 그 강물의 귀신이 되었다고 하며, 그때 흘린 눈물이 대나무에 얼룩져서 자줏빛 반점이 있는 이른바 소상반죽이 되었다고 한다.

100 경차(景差)와 당륵(唐勒) : 두 사람 모두 굴원의 뒤를 이은 초나라 시인으로, 사부(辭賦)를 잘 짓는 것으로 이름을 떨쳤다.

금곡부
金谷賦

낙양의 오른쪽 경계	洛陽右界
왕성의 서쪽 모퉁이	王城西隅
석씨네가 살던 곳은	石氏之居
예로부터 일컬어진 명승지인데	古稱名區
어찌하여 부귀영화 한 번에 가 버리고	何榮華之一去
잡초가 우거진 폐허로 뒤바뀌었는지	已蔓草之丘墟
사람 일 믿기 어려움을 탄식하면서	嘆人事之難恃
어제 일처럼 옛날 일을 회상하노라	想疇昔其昨如
계륜[101]이 여기에 거주할 당시에는	方其季倫之居此也
화려하게 장식한 각종 누각들과	朱樓紫閣
선경에나 있을 건축물을 비롯해서	瑤臺玉室
금장이 백 리에 이르는가 하면	錦障百里
호초가 무려 만 곡이나 되었다네[102]	胡椒萬斛
산처럼 쌓아 놓은 것은 금과 옥이요	積如山其金玉

101 계륜(季倫) : 진(晉)나라의 거부 석숭(石崇)의 자이다.

102 금장(錦障)이……되었다네 : 금장은 금보장(錦步障)의 준말로, 외출할 때에 바람과 먼지를 가리기 위해 길 좌우에 치던 비단 휘장을 말한다. 당시에 부호인 왕개(王愷)가 자사포(紫絲布)로 40리에 걸쳐 보장을 설치하자 석숭이 이에 맞서서 50리의 금보장을 설치했다고 하며, 석숭이 집을 바를 때 호초(胡椒)를 사용하자 왕개는 또 적석지(赤石脂)를 써서 대적했다고 한다. 《晉書 石崇列傳》

진흙처럼 보이는 것은 술과 고기라[103] 視若泥乎酒肉
납계를 살라서 취사용 장작을 대신하고[104] 焚蠟桂而備爨炊之薪
산호를 깨부수어 뽐낼 보물을 보였다네[105] 碎珊瑚而示誇詫之珍
사죽(絲竹)은 진궁의 묘한 악기를 줄 세웠고 絲筦列秦宮之妙
시녀는 초대의 신녀[106]를 선발하였으며 侍御選楚臺之神
추위와 더위가 살과 뼈에 맞닿는 일이 없고 寒暑無比於肌骨
시름과 한탄이 눈과 귀를 거치지 않았나니 愁恨不經於耳目
사치스러운 생활이 제왕보다도 지나치고 侈美過於王者
잔치 열어 즐김이 통치자를 압도했다네 宴樂踰乎有國
동쪽 서쪽 다니는 길을 바라다보면 東西行路

103 진흙처럼……고기라 : 음식을 다 먹지 못하고 땅에 버려서 마치 더러운 개펄처럼 보였다는 말인데, 《진서(晉書)》 〈석숭열전〉에 "석숭의 집에서 쌀밥을 지어 땅에 그대로 두었는데 하룻밤을 지나고 나서는 거무튀튀한 먹처럼 변했으므로 당시 사람들이 멸족의 응보를 받을 것이라고 하였다."라는 말이 보인다.

104 납계(蠟桂)를……대신하고 : 납계는 밀랍과 계수나무라는 뜻으로 땔나무로 쓰기에는 너무 아까운 물건들인데, "왕개가 엿으로 솥을 가시니, 석숭은 밀랍으로 땔나무를 대신했다.〔愷以飴澳釜, 崇以蠟代薪.〕"라는 말이 《진서》 〈석숭열전〉에 보인다.

105 산호(珊瑚)를……보였다네 : 왕개가 무제(武帝)로부터 하사받은 2자 크기의 산호수(珊瑚樹) 하나를 석숭에게 자랑하자, 석숭이 철여의(鐵如意)로 때려 부수고 말하기를 "한스럽게 여길 것이 없으니, 지금 경에게 다시 돌려주겠다."라고 하고는 자기 집에 있는 3, 4자 크기의 산호수 6, 7개를 가져오게 하여 보여 주니, 왕개가 망연자실했다고 한다. 철여의는 쇠로 만든 효자손이다.

106 초대(楚臺)의 신녀(神女) : 무산(巫山)의 신녀를 말한다. 전국 시대 초 회왕(楚懷王)이 고당(高唐)에서 노닐다가 대낮의 꿈속에서 무산의 신녀를 만나 하룻밤의 인연을 맺고 서로 작별했다는 양대(陽臺)의 꿈 이야기가 초나라 시인 송옥(宋玉)이 〈고당부(高唐賦)〉에 나온다. 《文選 卷19》

하늘의 곳간인 듯 토지가 비옥하고	望若天府
골짜기 어귀 역시 풍요롭기만 해서[107]	谷口殷賑
번영과 화려함이 여기에 모두 모였어라	繁華所聚
장주어학을 했다고 스스로 안심했겠지만	自以謂藏舟於壑兮
야반의 유력이 있을 줄 어찌 생각했으리오[108]	豈慮夫夜半之有力
서풍이 먼지를 날리면서	西風揚塵
구미의 세력이 기승을 부려[109]	狗尾勢熱

107 골짜기……해서 : 전국 시대 제(齊)나라의 추연(鄒衍)이 연(燕)나라의 곡구(谷口)에 있을 때에는 기후가 썰렁해서 농사가 안 되는 것을 보고 양률(陽律)을 불어넣어 곡식을 자라게 했는데, 여기서는 그럴 필요도 없이 모두가 풍족하게 되었다는 말이다. 《列子 湯問》

108 장주어학(藏舟於壑)을……생각했으리오 : 인간이 엄청난 세상의 변화 앞에서 안간힘을 쓰며 빠져나가려고 애쓰지만, 결국은 피할 수 없는 운명 앞에서 속수무책으로 손들 수밖에 없다는 것을 비유한 말이다. 장주어학은 배를 골짜기에 숨긴다는 뜻이고, 야반(夜半)의 유력(有力)은 저승사자처럼 한밤중에 출현하는 거대한 힘의 소유자라는 뜻인데, 《장자(莊子)》〈대종사(大宗師)〉의 "배를 골짜기에 숨기고 그물을 늪 속에 숨겨 두고는 이제 염려 없다고 사람들은 생각한다. 그러나 한밤중에 힘이 센 이가 등에 업고 달릴 수도 있는데, 어리석은 자들은 이 사실을 깨닫지 못한다."라는 말에서 나온 것이다.

109 서풍이……부려 : 권신(權臣)의 위세를 빌려 그 패거리들이 거리낌 없이 멋대로 행동하는 것을 말한다. 서풍이 먼지를 날린다는 것은 진(晉)나라 때 정서장군(征西將軍) 유량(庾亮)이 막강한 권세를 제멋대로 휘두른 것을 풍자한 '서쪽 먼지〔西塵〕'의 고사에서 나온 것이다. 언젠가 서풍이 세게 불면서 먼지를 일으키자 유량을 혐오하던 왕도(王導)가 부채로 먼지를 털어 내면서 "원규(元規)의 먼지가 사람을 더럽힌다."라고 하였다. 《世說新語 輕詆》 원규는 유량의 자(字)이다. 구미(狗尾)는 개 꼬리로 만든 관(冠)의 장식이라는 뜻으로 아무렇게나 임명된 무능한 관원을 비유하는 말인데, 진 혜제(晉惠帝) 때 조왕(趙王) 사마륜(司馬倫)의 패거리가 경상(卿相)으로 등용되고 그

하루아침에 화가 들이닥치매　一朝禍來
백 년의 즐거움이 사라지고　百年樂去
환락이 모조리 없어졌으니　歡娛蕩盡
부귀를 어디서 다시 찾으리오[110]　富貴何處
도끼를 쥐고서 자기 발등을 찍었으니　操斧斤而自戕
노배를 한탄한들 어떻게 하겠는가[111]　嘆奴輩其何爲
화를 당한 계기를 따져 본다면　究厲階之所營
어찌 아미[112]에게만 이유가 있겠는가　豈獨在於蛾眉
부자랍시고 방자하게 욕심대로 군다면　恣豪富而縱慾
그 몸이 위대롭지 않을 수 없느니라　鮮厥身之未危

의 노졸(奴卒)이 작위를 받는 등 봉작(封爵)을 남발하는 바람에 관의 장식으로 쓸 담비 꼬리가 부족하자 개 꼬리로 이를 대신했으므로, "담비가 부족하자 개 꼬리로 이었다네." 라는 말이 유행한 데에서 비롯된 것이다. 《晉書 趙王倫列傳》

110 하루아침에……찾으리오 : 사마륜의 패거리인 손수(孫秀)가 석숭의 애기(愛妓)인 녹주(綠珠)의 미색을 탐하여 자기에게 보내라고 요구했는데도 석숭이 완강히 거절하자, 손수가 사마륜에게 석숭을 잡아 죽이도록 권유하며 모함한 결과, 석숭의 집안이 풍비박산이 나면서 가족이 모조리 몰살당하는 지경에 이르렀다. 《晉書 石崇列傳》

111 노배(奴輩)를……하겠는가 : 석숭이 형장(刑場)인 동시(東市)로 끌려가면서 "그놈들이 내 재산을 탐내어 그런 것이다."라고 한탄하였는데, 체포한 자가 말하기를 "재물도 해를 당할 줄 알았으면 어째서 일찌감치 나눠 주지 않았는가."라고 하니, 석숭이 대답을 못 했다고 한다.

112 아미(蛾眉) : 나방과 같은 눈썹이라는 뜻으로, 미녀를 비유하는 말인데, 여기서는 녹주를 가리키는 말로 쓰였다. 석숭을 체포하려고 갑사(甲士)들이 금곡원(金谷園)으로 들이닥쳤을 때 석숭이 녹주와 함께 청량대(青涼臺)에 있다가 "내가 지금 너 때문에 죄를 받게 되었구나."라고 하니, 녹주가 눈물을 흘리면서 "어르신에게 죽음으로 보답하겠습니다."라고 하고는 투신하여 자결하였다. 《晉書 石崇列傳》

애석하도다, 재기가 남보다 뛰어났건만	惜才氣之過人
어찌하여 멀리 생각하는 힘이 부족하여	何遠慮之不足
재택[113]의 명승지가 뒷사람들 입에 올라	使梓澤之勝地
화의 계기가 되었다고 욕보이게 만들었나	累後人基禍之口實也
총괄하여 말하노라	亂曰
솔개의 쥐가 우씨에게 맞아	鳶鼠中虞
재앙이 저절로 이르렀도다[114]	殃自至兮
미녀가 누대 아래로 떨어진 것도	佳艷墮樓
재물이 바로 그 빌미가 되었도다	財爲祟兮
바람처럼 흘러가고 구름처럼 흩어져서	風流雲散
예전에 북적대던 큰길이 황량하게 변하고	故馗荒兮
마른 뼈다귀 짓밟고 파먹는	踏殘枯骸
여우와 토끼의 놀이터로 바뀌었구나	狐兎場兮

113 재택(梓澤) : 금곡원의 별칭이다. 《진서》 〈석숭열전〉에 "석숭의 별관이 하양(河陽)의 금곡에 있었는데, 일명 재택이라고 하였다."라고 하였다.

114 솔개의……이르렀도다 : "솔개가 썩은 쥐를 떨어뜨리자 우씨(虞氏) 집안이 그 때문에 망하였다."라는 옛 속담을 인용한 것으로, 부귀를 과시하며 오만하게 구는 자는 필연적으로 망하게 되어 있다는 말이다. 한(漢)나라 때 양국(梁國)의 대부호인 우씨가 대로변의 높은 누각에서 주연을 베풀며 즐겼는데, 솔개가 썩은 쥐를 물고 가다가 마침 길 가던 유협(遊俠)의 머리 위로 떨어뜨리니 그 협객이 우씨의 소행으로 여기고는 그날 밤에 우씨의 집안사람들을 모두 죽였다는 이야기가 《회남자(淮南子)》 〈인간훈(人間訓)〉에 나온다.

석허중부[115]

石虛中賦

선생은 어려서부터 글을 배워	先生自少學文
송독하는 것을 일과로 삼아	佔畢是業
썰렁한 서재 안에 들어앉아	書齋蕭蕭
재미없이 고독하게 지냈는데	獨處忽忽
그래도 그 안에 단양의 특산품으로	乃有丹陽美産
용미석의 향골을 지닌 자가 있었으니	龍尾香骨
그는 제후 집안의 먼 후손으로서	侯家玄胄
문단을 주도하는 거족의 신분이었다네[116]	翰林巨族
그가 선생의 자리 앞에 나아가	就薦之前

115 석허중부(石虛中賦) : 벼루를 의인화해서 지은 글이다. 당(唐)나라 사람 문숭(文嵩)이 벼루를 소재로 지은 〈즉묵후석허중전(卽墨侯石虛中傳)〉이라는 글이 송(宋)나라 소이간(蘇易簡)의 《문방사보(文房四譜)》 권3 〈연보(硯譜)〉에 실려 있는데, 거기에 "석허중은 자가 거묵(居默)으로, 남월(南越) 고요(高要) 출신이다. 천성적으로 산수(山水)를 좋아하여 벼슬하지 않고 숨어 살았는데, 채방사(採訪使)가 단계(端溪)에서 그를 만나 발탁한 것을 계기로 하여……계속해서 공적을 쌓아 즉묵후(卽墨侯)에 봉해졌다."라는 등의 말이 보인다.

116 단양(丹陽)의……신분이었다네 : 벼루를 해학적으로 다양하게 설명한 것이다. 단양의 특산품이라는 것은 단계에서 채방사에게 발탁된 것을 말한다. 또 강서성(江西省) 무원현(婺源縣)에서 생산되는 용미석(龍尾石)으로 만든 벼루가 최상품에 속하는데, 이를 노래한 소식(蘇軾)의 〈용미연가(龍尾硯歌)〉가 유명하다. 《蘇東坡詩集 卷23》 제후 집안 운운한 것은 벼루가 즉묵후에 봉해졌기 때문에 그렇게 말한 것이다.

궤안의 옆에서 시봉하면서	侍几之側
그 음성을 종처럼 울리고	金其聲
그 덕성을 옥처럼 윤택하게 하며	玉其德
온화하게 하고 세탁하게 하여[117]	溫乎濯乎
문장을 안에 쌓게 하는 바탕이 되었다네	有文章中積之質也
애당초에는	其始也
인간 세상에 대한 뜻을 접고서	絶意人間
산골에서 빛을 숨기며	葆光山谷
영원히 세상에 나가지 않겠다 작정하고는	期永世而不售
맑은 샘물에 양치질하며 정결하게 지냈는데	漱淸泉而自潔
명장(名匠)이 그를 만나	良工遇之
흔연히 뽑아 준 인연으로	欣然採擢
뾰족한 모서리를 갈고 다듬어	遂磨礱其圭角
선생의 서실에 들어오게 되었다네	以入乎先生之室也
이렇게 해서	於是
모영[118]의 오른쪽에 배치되고	置乎毛穎之右
진현의 줄에 맞닿아서	接以陳玄之列
살을 비비고 뼈를 부딪치며[119]	磨肌戛骨

117 온화하게……하여 : 벼루를 매일 미지근한 물로 세척하여 먹물을 제거하므로 이렇게 말한 것이다.

118 모영(毛穎) : 붓의 별칭이다. 당나라 한유(韓愈)가 붓을 소재로 하여 〈모영전(毛穎傳)〉을 지으면서, 붓과 먹과 벼루와 종이 등 이른바 문방사우(文房四友)에 대해 각각 관성자(管城子), 진현(陳玄), 도홍(陶泓), 저선생(楮先生)으로 의인화하였다.

119 살을……부딪치며 : 옛날에 정다운 벗으로 서로 가까이 지냈다는 말인데, 한유의

아침저녁으로 서로 어울려	昕夕相屬
마침내 고금을 함께 두루 관찰하며	遂與之博觀乎今古
소원[120]에서 한가로이 노닐었다네	優游乎素園
문원(文苑)의 부서를 돌아다니고	躞蹀奎壁之府
시서의 언덕을 치달리는 한편	騁騖詩書之原
제자백가의 집안을 차례로 방문하고	歷九流百氏之家
음양과 천지인의 영역을 엿보았나니	窺二儀三才之域
한 번 눈을 거치면 모두 기억하여	一覽輒記
유실하는 것이 있지 않았다네	無有遺失
그리고 가령 시주에 광분하며	若夫顚狂詩酒
천석을 질탕하게 즐길 때에는	跌宕泉石
생각을 펼치고 흥치를 뽑아내어	摛思抽興
맑은 바람 밝은 달을 희롱하면서	吟風弄月
소인묵객들과 자리를 함께하고	與騷人墨客而盍簪
공동으로 주옥같은 글을 엮어 낸다네	共掇拾乎珠玉
이것뿐만이 아니니	不特此也
갈아도 얇아지지 않음은	磨而不磷
공자의 덕이라 할까[121]	仲尼之德耶

〈송궁문(送窮文)〉에 나오는 표현을 그대로 인용한 것이다.

120 소원(素園) : 죽소원(竹素園)의 준말로, 전적을 많이 소장한 서재를 말한다. 죽소(竹素)는 죽백(竹帛), 즉 죽간(竹簡) 백서(帛書)와 같은 말로 서적을 가리킨다.

121 갈아도……할까 : 갈아도 얇아지지 않는다는 것은 외물에 의해 변화하지 않는 견고한 심성을 말한다. 《논어》〈양화(陽貨)〉에 "아무리 갈아도 얇아지지 않으니 단단하다고 해야 하지 않겠는가. 아무리 물을 들여도 검어지지 않으니 결백하다고 해야

소박하며 후중한 것은	朴而厚重
고시의 노둔함[122]이라 할까	柴也之魯耶
방정하여 정의로운 것은	方而正義
선비의 전범(典範)이요	士之規也
곧고도 단단한 것은	貞而確
군자의 지킴이라	君子之守也
묵묵히 거하며 어눌하니	居默而訥
언어상의 잘못이 없고	無言語之垢也
둔함을 써서 장수하니	用鈍而壽
양생의 술법이 있도다	有養生之術也
검고 또 검은 것[123]은	玄之又玄
도의 극치인지라	道之極也
유자라면 반드시 이를 의지하니	夫儒必是賴
문이 여기에 있지 아니한가[124]	文不在玆乎
문으로 벗을 모으는 것[125]도	以文會友

하지 않겠는가."라고 공자가 자신을 비유한 말이 나온다.

122 고시(高柴)의 노둔함 : 고시는 공자의 제자이다. 《논어》 〈선진(先進)〉에 "고시는 우직하고, 증삼(曾參)은 노둔하고, 자장(子張)은 치우치고, 자로(子路)는 거칠다."라고 평한 공자의 말이 나온다. 고시가 노둔하다고 한 것은 대관재의 착오이다.

123 검고……것 : 《노자(老子)》 1장에 "현묘하고 현묘하니 모든 현묘함의 문이로다.〔玄之又玄, 衆妙之門.〕"라는 말이 나오는데, 대관재가 중의적인 의미를 통해 벼루를 표현하였다.

124 문(文)이……아니한가 : 여기에서 문은 사문(斯文), 즉 예악 문물(禮樂文物)을 뜻한다. "문왕(文王)이 이미 세상을 떠났으니, 문이 나에게 있지 아니한가."라는 공자의 말을 인용한 것이다. 《論語 子罕》

바로 여기에 있다 하리라	其在斯也歟
또 이어서 찬송하노라	又從而贊曰
문숭은 〈석호중전〉을 짓고	文嵩有傳
이간은 〈연보(硯譜)〉를 엮었나니	易簡有譜
그대의 거대하고 뛰어난 공적은	豐功茂績
천고토록 환히 빛나리라	煥炳千古
석호중이여, 그대야말로	渠乎渠乎
내가 독실히 애호하나니	我好之篤
그대와 맺은 금석의 굳은 우정을	許爾石交
세상이 다하도록 변하지 않으리라	終世不易

125 문(文)으로……벗 : 학문을 통해서 벗을 모은다는 말이다. 《논어》〈안연(顔淵)〉에 "군자는 학문을 통해서 벗을 모으고, 벗을 통해서 자신의 인덕을 보완한다."라는 증자(曾子)의 말이 나온다.

산목자구부[126]

山木自寇賦

선비 중에 문사의 세계를 휘저으면서	士有跌宕文史
오두막집에 자취를 기탁하고는	寄迹蓬蓽
성현을 자신의 목표로 삼고	聖賢自期
오직 정직하게 행하는 자가 있었나니	正直是服
장차 흉중에 쌓은 경륜을 발휘하여	將攄胸中之蘊
인간 세상에 울려 볼 목적으로	欲鳴人間之世
대궐을 바라보며 길이 연모하다가	望帝鄉而長戀
궤안에 기대어 잠깐 쉬고 있었는데	隱枯梧而少憩
꿈속에 어떤 이인이 나타나서	夢有異人
유유자적하게 소요하더니	逍遙自得
이런 나를 산림 사이에 인도하고	導我於山林之間
화란을 피할 방법을 전해 주면서	貽我以逃禍之說

126 산목자구부(山木自寇賦) : 산의 나무가 자신을 스스로 해치는 것처럼 사람도 자신의 재능을 뽐내며 과시하면 천수를 다하지 못하고 비명에 가게 되는 만큼, 모쪼록 신중하게 처신하여 이름나기를 바라지 말고 중도(中道)의 길을 택하라는 내용으로 되어 있다. 산목자구(山木自寇)는 《장자(莊子)》〈인간세(人間世)〉의 "산의 나무는 자신을 해치며, 기름 등잔불은 자신을 태우며, 계피는 먹을 수 있어서 사람들이 베어 가며, 옻나무는 쓸모가 있어서 사람들이 잘라 간다. 사람들은 모두 쓸모 있음의 쓸모 있음만을 알고, 쓸모없음의 쓸모 있음은 알지 못한다.〔山木自寇也, 膏火自煎也, 桂可食, 故伐之, 漆可用, 故割之. 人皆知有用之用, 而莫知無用之用也.〕"라는 말에서 뽑은 것이다.

나무를 가리켜 일러 주기를	指木而告余曰
선하다고 반드시 귀하게 되지도 않고	善靡必貴
아름답다고 해서 기뻐할 것도 없나니	美不可悅
작고 곧은 나무는	小而直者
원숭이 말뚝감으로 일찌감치 베이고	夭於狙猴之杙
크고 굵은 나무는	大而壯者
대갓집 대들보감으로 벌목되며	斬於高明之麗
혹은 부유한 상인의 전방[127]이 되고	或爲富商之樿[128]傍
혹은 배 젓는 사공의 노가 되느니라	或爲篙師之楫枻
아가위나무 배나무 귤나무 유자나무는	柤梨橘柚兮
과실이 익으면 뜯기고 욕을 당하며	卽剝卽辱
계수나무와 수액(樹液) 나무는	桂樹滲木兮
잘리고 벗겨지나니	伐之割之
장석은 그냥 지나갈지라도	匠石雖過
제자들은 실컷 보게 마련이라[129]	弟子厭見
도끼로 쪼개지는 화를	斧以斯之
끝내 면치 못하느니라	終焉不免
이것은 쓸모 있다고 하는 재목이	是則可用之材

127 전방(樿傍) : 관곽(棺槨)의 옆널을 조립할 때에 통째로 쓰는 큰 판목이다.

128 樿 : 대본에는 '禪'으로 되어 있는데, 문맥에 근거하여 '樿'으로 바로잡았다.

129 장석(匠石)은……마련이라 : 석씨(石氏) 성을 가진 도목수는 사당에 심긴 엄청난 크기의 상수리나무를 보고는 그 나무가 크기만 하지 쓸모가 없다는 것을 알고서 거들떠보지도 않고 그냥 지나갔는데, 그의 제자들은 넋을 잃고서 한참 동안 바라보다가 스승의 뒤를 급히 따라가 문답을 나눈 이야기가 《장자》 〈인간세〉에 자세히 나온다.

죽고 상하는 화를 자초하는 것 自爲戕伐之賊
가령 울퉁불퉁 혹이 달리고 삐뚤어진 나무를 彼其有擁腫奇離之形
길가에 세워 놓는다면 어느 누가 돌아보랴 而立之道而誰顧
진액이 흐르고 썩고 좀먹는 성질의 나무는 有液樠朽蠹之姿
사당에서 장수하며 화를 당하지 않느니라 而壽於社而不遇
그렇다면 쓸모없는 것이 진짜 유용한 것이 되고 然則孰知無用之爲有用
유용하다는 것이 진짜 쓸모없는 것이 될지 누가 알겠는가
而有用之爲無用也
시험 삼아 사람에 대해서 살펴보건대 嘗觀於人
나무와 같은 종류는 아니라 할지라도 亦非一種
관용방은 머리가 잘렸고 龍逄斬
장홍은 창자가 끊겼고 萇弘胣
비간은 심장이 찢겼고 比干剖
오자서는 물속에서 썩었으며[130] 子胥靡
노구[131]는 바쁘게 천하를 돌아다녔고 魯丘蹌囊

130 관용방(關龍逄)은……썩었으며 : 《장자》 〈거협(胠篋)〉에 "옛날 관용방은 참수되었고, 비간(比干)은 심장이 찢겨 죽었고, 장홍(萇弘)은 창자가 끊겨 죽었고, 오자서(伍子胥)는 시체가 물속에서 썩었다. 그러므로 그토록 어질었던 이 네 사람도 몸이 형륙(刑戮)을 면치 못했던 것이다."라는 말이 나온다. 관용방은 하 걸왕(夏桀王)의 충신으로 직간을 하다가 죽었고, 장홍은 주 영왕(周靈王)의 충신으로 참소를 받고 촉 땅으로 쫓겨나 배가 갈려 죽었고, 비간은 은(殷)나라 왕실의 종친으로 주왕(紂王)에게 간하다가 성인의 심장에는 일곱 구멍이 있다는데 사실인지 확인해 보자며 해부를 당해 죽었고, 오자서는 오왕(吳王) 부차(夫差)의 검을 받고 자결한 뒤에 강에 던져져서 시신이 부패하였다고 한다.

131 노구(魯丘) : 노나라 공구(孔丘)라는 뜻으로, 공자를 말한다.

증사[132]는 억지로 인의를 행했더니라	曾史躄躠
무릇 이와 같은 자들은	凡此類者
충의를 자부하고	矜忠義
도덕을 과시하며	誇道德
좁은 우리 안에 갇혀 팔뚝을 치켜들고	攘臂樊籠
불타는 집[133] 속에서 뒤집어지고 넘어지며	顚頓火宅
모두 자신을 해치고 자신을 학대하였으니	皆自寇而自削
산에 있는 나무와 무엇이 다르다 하리오	豈有異於山木
이런 까닭에	是故
신령스러운 사람은 공적이 없고	神人無功
지극한 사람은 자취가 없고	至人無跡
거룩한 사람은 이름이 없고	聖人無名
지혜로운 사람은 앎이 없느니라	智人無識
지금 그대가 세상에서 노님에	今子之遊於世也
재기를 발휘하면 도거를 맞게 되고	才技則爲刀爲鉅
지능을 사용하면 부월을 당하는 등	智能則爲鈇爲鉞
안절부절못하는 사이에 외로운 몸뚱이에	屛營孤軀
별의별 형벌이 모여들 터인데	輻湊衆斲
어찌하여 이런 경계를 명심하여	盍此誡之是佩

132 증사(曾史) : 증삼(曾參)과 사추(史鰌)를 말한다. 증삼은 지극히 효성스러웠고, 사추는 충직하였으므로, 고대에 이 두 사람을 인과 의를 행한 전형적인 인물로 꼽았다.

133 불타는 집 : 화택(火宅)은 각종 비옥에 빠져 고통받는 중생의 세계를 비유하는 불교 용어이다. 《법화경(法華經)》 권2 〈비유품(比喩品)〉에 삼계화택(三界火宅)의 비유가 나온다.

명철보신의 도리를 깨치지 못하고서 悟保身之明哲
뭣 때문에 도척의 효시[134]를 추종하며 烏用是追盜跖之嚆[135]矢
예구[136]의 한복판에 서 있으려 하는가 立羿彀之中央也哉
이에 머뭇머뭇 주저하며 於是逡巡踧踖
말을 듣고서 배회하다가 聞言相羊
마침내 그와 함께 사지와 몸통을 떨어 버리고 遂與之墮支體
귀 밝고 눈 밝음을 쫓아내어[137] 黜聰明
오관이 있어도 종기와 같이 여기고[138] 有五官如臃
벼슬을 보기를 흉기와 같이 여겨 視名器如兵

134 도척(盜跖)의 효시(嚆矢) : 증사 즉 증삼과 사추를 말한다. 《장자》 〈재유(在宥)〉에 "증사가 대도(大盜)인 도척의 효시가 아닌 줄 어찌 알겠는가."라는 말이 나온다.

135 嚆 : 대본에는 '嗃'으로 되어 있는데, 문맥에 근거하여 '嚆'로 바로잡았다.

136 예구(羿彀) : 명사수인 예(羿)의 사정거리라는 뜻으로, 위태로운 세상의 법망(法網)을 비유하는 말이다. 《장자》 〈덕충부(德充符)〉에 "예구의 안에서 노니는 자 가운데 그 한복판에 서 있는 자는 화살을 맞기에 딱 알맞은데, 그럼에도 불구하고 그 화살을 맞지 않는 자가 있다면 그것은 우연이라고 할 수밖에 없다."라는 말이 나온다.

137 사지(四肢)와……쫓아내어 : 도가에서 좌망(坐忘)을 하는 방법이다. 좌망이란 주객, 물아, 선악, 시비의 차별상을 모두 여의고서 자연의 대도(大道)와 합치하는 정신 세계를 말하는데, 불가의 삼매(三昧)와 비슷한 의미를 지니고 있다. 《장자》 〈대종사(大宗師)〉에 "사지와 몸통을 떨어 버리고, 귀 밝고 눈 밝음을 쫓아낸다. 그리하여 형체를 여의고 알음알이를 제거하여 대도와 동화되는 것, 이것을 좌망이라고 한다.〔墮肢體, 黜聰明, 離形去知, 同於大通, 此謂坐忘.〕"라는 말이 나온다. 여기서 지체(肢體)는 육체의 욕망을, 총명(聰明)은 정신의 번뇌를 가리킨다.

138 오관(五官)이……여기고 : 육신의 집착에서 해방되어 생사를 초월하는 것을 말한다. 《장자》 〈대종사〉에 "그들은 삶을 혹이나 무사마귀처럼 여기고, 죽음을 붓거나 곪은 종기가 터지는 것으로 여긴다."라는 말이 있다. 오관은 사람의 시각, 청각, 후각, 미각, 촉각의 감각 기능을 담당하는 안(眼), 이(耳), 비(鼻), 설(舌), 신(身)을 말한다.

희이[139]의 참된 세계와 계합을 하고　希夷合眞

정신을 말로, 꽁무니를 바퀴로 하였어라[140]　神馬尻輪

이제 내가 청우도사[141]를 스승으로 모시고　師靑牛之道士

백혼무인[142]을 벗으로 삼아서　友伯昏之瞀人

광막한 벌판에서 방황을 하고　彷徨乎廣漠之野

황홀한 영역에서 기웃거리며　蹀躞乎怳惚之域

천지간의 쓸모없는 사람으로 그냥 살아간다면　謾作天地之散人

화환이 나에게 미칠 것을 어찌 걱정하리오　庸詎知禍患之我及也

이런 말들이 미처 다 끝나기도 전에　言未旣

태양이 장차 서쪽으로 기울려 해서　曜靈將傾

서로 읍을 하고 헤어졌는데　相揖以別

139 희이(希夷) : 도(道)를 말한다. 《노자(老子)》 14장의 "도는 보려고 해도 볼 수 없으니 그것을 이(夷)라고 하고, 들으려고 해도 들을 수 없으니 그것을 희(希)라고 한다."라는 말에서 유래한 것이다.

140 정신을……하였어라 : 자연의 변화에 순응하여 어떤 환경을 만나든 자유롭게 노니는 것을 말한다. 《장자》 〈대종사〉에 "조물주가 나의 꽁무니를 점점 변화시켜 수레바퀴로 만들고 나의 정신을 말[馬]로 변화시킨다면, 내가 이를 이용하여 타고 다닐 것이니 어찌 다시 수레가 필요하겠는가."라는 말이 나온다.

141 청우도사(靑牛道士) : 푸른 소를 탄 도사라는 뜻으로 노자(老子)를 가리킨다. 노자가 서쪽으로 길을 떠나 함곡관(函谷關)에 거의 이르렀을 때, 관령(關令) 윤희(尹喜)가 누대에 올라 사방을 바라보다가 보라색 기운이 관문 위로 떠 오는 것을 살펴보고는 분명히 진인(眞人)이 올 것이라고 예측을 하였는데, 얼마 뒤에 과연 노자가 푸른 소를 타고 왔다는 고사가 전한다. 《列仙傳 上》《關令內傳》

142 백혼무인(伯昏瞀人) : 춘추 시대 초나라의 은사(隱士)로, 정(鄭)나라 자산(子産)의 스승이었다. 《장자》 〈덕충부〉에 자신이 신도가(申徒嘉)와 함께 백혼무인을 스승으로 모시고서 배웠다는 말이 나온다.

잠에서 깨어나 뒤따라가 보니 　覺而追之
그는 바로 훨훨 나는 나비였어라[143] 　栩栩然蝴蝶也
이에 일어나 결론적으로 말하노라 　乃起而爲之詞曰
산의 나무는 자신을 해치고 　山之木兮自寇
세상 사람은 자신을 죽이네 　世之人兮自戮
위엔 인의가, 아래엔 음벽이 있으나 　上仁義兮下淫僻
나는 그 가운데에서 연독을 하리라[144] 　我於中兮爲緣督
한바탕 큰 꿈에서 깨어난 지금 　過一場之大夢
또 하필 군이니 목이니 하겠는가[145] 　又何必君乎牧乎也哉

143 잠에서……나비였어라 : 《장자》〈제물론(齊物論)〉 말미의 호접몽(蝴蝶夢) 이야기를 차용한 것이다. 109쪽 주76 참조.

144 위엔……하리라 : 선과 악의 치우친 어느 한쪽에 기대지 않고 중도(中道)의 길을 걷겠다는 말이다. 연독(緣督)은 독을 따른다는 뜻인데, 여기서 독은 등의 가운데에 있는 독맥(督脈)의 독으로, 중도를 가리킨다. 《장자》〈양생주(養生主)〉에 "선을 행하되 명예에 가깝게는 하지 말며, 악을 행하되 형벌에 가깝게는 하지 말고, 중도를 따르는 것으로 법도를 삼아야 한다."라는 말이 보인다.

145 한바탕……하겠는가 : 군(君)은 임금을, 목(牧)은 하인을 가리킨다. 즉 상하 귀천 등의 차별 의식을 지니고 호오(好惡)의 선택을 하는 단견(短見)에서 벗어나야 한다는 말이다. 《장자》〈제물론〉에 "큰 깨달음이 있고 난 뒤에야 이것이 큰 꿈이라는 사실을 알게 된다. 그런데 어리석은 사람들은 스스로 깨어 있다고 생각하여 잔달게 아는 체하며 임금이라서 고귀하고 하인이라서 비천하다는 식으로 말들을 하니, 고루하다고 하겠다."라는 말이 나온다.

납전삼백부[146]

臘前三白賦

아, 조물이 마탕[147]을 하여	緊眞宰之摩盪兮
무럭무럭 발육시키는 오묘한 도리여	妙發育其洋洋
충화(冲和)의 기운이 애연히 교감케 하여	藹泰和之絪縕兮
음과 양에 현묘한 덕을 일치시켰네	叶玄德於陰陽
대개 하늘의 살펴봄이 매우 가까워서	蓋天鑑之孔邇兮
신령스러운 선물을 듬뿍 내려 주셨나니	荅靈貺之穰穰
귀와 신의 양능[148]을 운용하여	運鬼神之良能兮
흡장[149]의 솜씨로 음의 기능을 활용했도다	斡陰機以翕張

146 납전삼백부(臘前三白賦) : 한 해의 마지막 제사인 납제(臘祭)를 지내기 이전에 세 번이나 눈이 온 것은 풍년이 들 상서로운 조짐이라는 내용으로 지은 글이다. 납일은 동지가 지나고 나서 세 번째의 술일(戌日)이다.

147 마탕(摩盪) : 마찰하고 부딪친다는 뜻으로 음양의 두 기운이 서로 감응하며 계속 발전해 변화하는 것을 말한다. 《주역》 〈계사전 상(繫辭傳上)〉의 "강(剛)과 유(柔)가 서로 마찰하고, 팔괘(八卦)가 서로 부딪친다."라는 말에서 나온 것인데, 이에 대해서 주희(朱熹)는 〈본의(本義)〉에서 "이것은 역괘(易卦)의 변화를 말한 것이다. 64괘의 시초는 강(剛)과 유(柔)의 2획일 뿐인데, 이 2획이 서로 마찰하여 4가 되고, 이 4가 서로 마찰하여 8이 되고, 이 8이 서로 부딪쳐서 64괘가 되었다."라고 해석하였다.

148 귀(鬼)와 신(神)의 양능(良能) : 음과 양의 굴(屈)하고 신(伸)하는 본연의 기능이라는 말이다. 참고로 《중용장구(中庸章句)》 제16장의 해설에서 정이(程頤)는 귀신을 "천지의 공용(功用)이요, 조화의 자취이다."라고 풀었고, 장재(張載)는 "귀신이라는 것은 음과 양 두 기(氣)의 양능이다."라고 풀었다.

149 흡장(翕張) : 수축시키고 팽창시키는 것을 말한다. 《노자(老子)》 36장에 "수축시

눈발을 휘날려 기예를 뽐냄이여	麾滕六以效技兮
풀무를 작동하며 끝 간 데 없이	劃橐籥其無旁
천지의 가장자리까지 막힘이 없이	豁乾坤之端倪兮
급속히 빙옥을 사방팔방 먼 곳까지	洞氷玉於八荒
자욱이 분분하게 뒤섞여 내리면서	紛總總其轇轕兮
난만히 희디희게 실로 끝이 없도다	爛昭昭其未央
한 해의 마지막 제사 전에 세 번이나 내려	歲未臘而三積兮
풍년 들 조짐이 더욱 환하게 드러났음이여	燁治象之彌彰
기쁘게도 황충의 알이 땅속에 들어갔으니	喜遺蝗之入地兮
곡식 잘 익을 상서임을 미리 가늠하겠도다[150]	驗豐熟之嘉祥
멀리 천년 세월에 만나기 어려운 일을	遙千載以罕逢兮
창성한 이 시대에 다시 보게 됐는지라	復有覩於明昌
좋은 징조를 음미하며 찬탄하다 보니	撫休徵以咨嗟兮
아득히 과거의 일을 떠올리게 되어	遡從來之茫茫
정신을 구천으로 몰고 올라가서	駕精神於九天兮
옥황상제에게 대뜸 따져 묻기를	忽致詰於玉皇
사시의 기후가 일정하지 않은 탓으로	曰四氣之回薄兮

키려면 먼저 팽창시켜야 한다.〔將欲歙之, 必固張之〕"라는 말이 보인다.

150 황충(蝗蟲)의……가늠하겠도다 : 눈은 보리농사에 이롭고, 해충을 물리치는 것으로 알려져 있다. 소식(蘇軾)의 시에 "황충의 알이 땅속에 응당 일천 척은 들어가리니, 무성한 겨울 보리가 구름에 잇닿을 몇 집 농가 있으리라.〔遺蝗入地應千尺, 宿麥連雲有幾家.〕"라는 표현이 있는데, 왕십붕(王十朋)의 주(注)에 "황충은 알을 땅속에 남기는데, 눈의 깊이가 1자이면, 그 알은 땅속으로 1장(丈)을 들어간다."라고 하였다. 《蘇東坡詩集 卷12 雪後書北臺壁》

재변이 아무 때나 일어나곤 합니다 羌災變之無常

삼대로부터 차츰차츰 쇠퇴해지더니 自三代之漸降兮

춘추 시대를 거쳐 한당에 이르러서는 歷春秋而漢唐

뇌정과 풍우로 갑자기 음침해지는가 하면 雷霆風雨之晦冥

일월과 성신에 뜻밖에 변고가 발생해서 日月星辰之踣僵

백성이 역병에 걸려 일찍 죽도록 몰아가니 驅民命以夭札兮

더구나 백곡이 다 수확되기를 바라겠나이까 況百谷之登場

천심은 인군을 인애한다고 하였는데[151] 天心仁愛人君兮

왜 차이를 보이는지 이해하기 어렵습니다 何厚薄之叵量

어찌하여 민덕을 살펴 길한 징조를 내려서 胡不覽民德以降休禎兮

황충이 땅속 깊이 들어가 숨게 하고 致螟蠹之深藏

만백성이 길쌈을 하며 농사를 지어 使萬姓以絲穀兮

죽고 떠도는 불행이 영원히 없게 해 주시지 않나이까 永無溝壑之流亡

바야흐로 나의 심회를 간절히 토로하자 方余懷之懇款兮

황천이 번쩍이며 내게 말씀하시네[152] 皇剡剡其言揚

151 천심(天心)은……하였는데 : 동중서(董仲舒)가 한 무제(漢武帝)에게 올린 제1 대책문(對策文) 중에 "국가가 도를 잃어 패망할 조짐이 보이면 하늘이 먼저 재해를 내려 견책을 하고, 그래도 자성할 줄을 모르면 다시 괴이한 현상을 보여서 두렵게 하고, 그런데도 변할 줄을 모르면 이내 패망에 이르게 합니다. 이를 통해서 천심이 인군을 인애하여 난정(亂政)을 그만두게 하려 함을 알 수 있습니다."라는 내용이 나온다. 《漢書 董仲舒傳》

152 황천(皇天)이……말씀하시네 : 《초사(楚辭)》 〈이소(離騷)〉에 "하늘이 번쩍번쩍 영채(靈彩)를 드날리며, 나에게 길한 점괘를 고해 주시네.〔皇剡剡其揚靈兮, 告余以吉故.〕"라는 말이 나온다. 주희(朱熹)의 《초사집주(楚辭集註)》에서는 황(皇)을 백신(百神) 즉 많은 귀신들로 풀었으나, 대관재는 "황은 황천이다.〔皇, 皇天也〕"라는 왕일

생각하면 재해와 상서가 교차하는 것은	惟災祥之迭作兮
임금의 덕이 좋고 나쁨과 관련되는 것	關君德之否臧
애달프게도 폭군이 태만한 탓으로	哀暴主之怠慢兮
재해가 어지럽게 이어지는 것인 만큼	災孽亂其相望
이는 모두 자초해서 망하는 것이니	皆自取而自亡兮
어찌 천심인들 감히 당해 내겠느냐	豈天心之敢當
지금 거룩한 사람이 왕위에 있어서	今聖人之在上兮
세도를 희강[153]의 위에 올려놓고	登世道於熙康
중화의 지극한 공적[154]을 이루어	致中和之極功兮
일월과 똑같이 찬란한데	與日月其齊光
조정에서 좌우에서 공경히 보좌하며	儼廟廊之左右兮
근실히 음양을 섭리하여 협찬하는지라	勤燮理以贊襄
오행이 미쁘게 감동할 조짐을 보이면서	兆五行之感孚兮
신령한 변화를 내려 주십사 하늘에 청하는구나	動神化於圓蒼
그렇다면 내가 일덕[155]을 권우해야 할 텐데	予眷佑乎一德兮

(王逸)의 주석을 따랐다. 대관재는《초사》의 구절을 곧잘 인용하고 또 어떤 때는 그대로 베껴 쓰기도 하는데, 다른 어느 설명보다도 후한(後漢) 왕일의《초사장구(楚辭章句)》의 주석을 선호하는 경향을 보인다.

153 희강(熙康) :《서경》〈익직(益稷)〉의 "백관이 기뻐한다.〔百工熙哉.〕"라는 말과 "모든 일이 편안해진다.〔庶事康哉〕"라는 말의 합성어로, 태평한 성세(盛世)를 비유하는 말이다.

154 중화(中和)의 지극한 공적 :《중용장구》제1장에서 "중(中)과 화(和)의 지극한 경지를 이루면, 천지가 제자리를 찾아 편안하고 만물이 제대로 길러질 것이다."라고 말한 경지를 말한다.

155 일덕(一德) : 순일(純一)한 덕의 소유자라는 뜻으로, 하늘의 보우(保佑)를 받는

장차 무슨 물건을 선물하는 것이 좋겠는가　將何物以遺將
저 봉황이나 지초가 출현하게 하면　彼鳳皇芝草之產兮
과장되게 칭송해서 현혹시킬 따름이요　徒誇頌以眩煌
황금이나 주옥을 비처럼 내리게 해도　黃金珠玉之雨兮
굶주린 배를 채워 주지는 못할 터　曾莫救夫飢腸
상서로운 징조 중에서 무엇이 적당할지　閱符瑞之攸宜兮
뭇 신령을 집합시켜 바삐 알아보게 하고는　集衆靈以趨蹌
동천(冬天)의 비밀 창고를 활짝 열어젖혀　彍玄英之祕府兮
강토에 생기가 회복되게끔 하였노라　轉昭蘇於封疆
풍년의 길조를 세 번이나 내려 준 만큼　錫豐兆以至三兮
실제로 농상에 이로운 점이 있을 테니　實有利於農桑
콩과 조가 물과 불처럼 흔해 빠져서　知菽粟之如水火兮
썩은 곡식이 태창에 넘쳐 날 줄 알겠노라　溢陳陳於太倉
인애의 은덕이 미물에까지 미쳐　及仁恩於肖翹兮
국맥이 배양되어 연장될 것이요　培國脈以延長
하늘 문이 열리고 땅의 경계가 터져서　決天閽兮開地垠[156]
큰 행복을 자손 대대로 끝없이 누리리라　庶純嘏之無疆

제왕과 그 조정을 뜻한다. 《서경》 〈함유일덕(咸有一德)〉에, 하늘이 순일한 덕의 소유자를 돌아보고 찾을 때에 "이윤(伊尹) 제가 몸소 탕왕(湯王)으로 더불어 순일한 덕을 지녔으므로 하늘의 마음에 들어 하늘의 밝은 명을 받게 되었다.〔惟尹躬暨湯, 咸有一德, 克享天心, 受天明命.〕"라는 말과 "하늘이 우리 상나라에 사정(私情)을 둔 것이 아니라, 오직 하늘이 순일한 덕을 지닌 자를 도와준 것이다.〔非天私我有商, 惟天佑于一德.〕"라는 말이 나온다.

156 垠 : 대본에는 '根'으로 되어 있는데, 문맥에 근거하여 '垠'으로 바로잡았다.

내가 황천의 말을 듣고 구천에서 내려오니	予聞言而下來兮
아직도 흰 눈이 빼곡히 사방을 채우면서	尙委積乎四方
어지러이 날리는 것이 한 길은 쌓일 듯	斑陸離其袤丈兮
태평성대 찬란히 비추는 옥촉의 빛살이여	燦玉燭之光芒
바람 속 나뭇가지 고요히 울지 않는 속에	寂風條之不鳴兮
춘대[157]에 올라가서 천천히 소요하노라니	躋春臺以相羊
만세 소리 드높이 태평 시대 즐기는	騰嵩呼兮樂太平
노인의 격양가가 큰길가에 퍼지고	馳耊艾於周行
권농관 불러 풍년을 점치게 하며	呼田畯以占有年兮
우리 왕 기리는 환희의 찬송가가 들려오누나	欣頌美於我王

157 춘대(春臺) : 따스한 봄날의 누대라는 뜻으로, 화평한 시대를 비유하는 말이다. 111쪽 주80 참조.

축장성부

築長城賦

이때 좌상(左相) 이극균(李克均)이 진(秦)·한(漢)의 고사를 원용하여 평안도와 함경도에 장성을 쌓으려고 하였다. 이에 내가 부를 지어 바쳐서 이론(異論)을 절충하였는데, 요지는 안정(安靜)하는 쪽으로 돌리려는 것이었다.

세상을 경륜하는 대부는　經世大夫
직책이 정승의 자리이니　職添台鼎
안위와 직결되는 신분이요　身係安危
몇 대에 걸쳐 융숭한 은혜를 받았으니　累代隆眷
국가의 시귀[158]라 일컬어 마땅하리라　邦家蓍龜
일찍이 북쪽 변방 관찰사를 지낸 적도 있어　嘗按節於北塞
외적 방어할 계책을 고민하며 말하였네　軫禦侮之上策
공장(工匠)을 불러 모아 공사를 완료하면　謂鳩工而僝事
영원히 왕실의 굳건한 울타리가 되리니　永藩籬乎王室
혹여 이 백성이 살 곳을 얻지 못한다면　倘斯民之不獲所兮
어찌 돌보지 않고 소홀히 해서야 되겠는가　寧忽焉而莫之恤也
그러고는 홀로 우뚝 서서 건의하면서　挺獨立而建議兮
우선 이 계책을 세우기를 원하였는데　庶先時爲此籌畫也
장차 성 쌓는 일을 시작하려면　將一城之經始兮

158 시귀(蓍龜) : 점을 치는 시초(蓍草)와 거북이라는 뜻으로, 국가에서 진직으로 믿고 의지할 수 있는 신하나 그 가문을 비유할 때 쓰는 표현이다.

실로 백성의 힘을 빌려야 하는지라	固爾氓之是力
왕이 마음속으로 이런저런 생각을 하며	震淵衷以顧念
조정 의논이 어떠한지 자문하게 하고	詢衆議於朝班
조서를 반포하여 사방에 고하되	頒尺詔以四告
어떤 의견이든 개의치 말라 하셨는데	紛總總其莫憚
모두들 망설이며 결정하지 못한 채	佁儗未定
눈동자를 굴리며 어렵게 여겼나니	轉眄艱關
문무의 빈사들도	文武賓士
이론만 분분할 뿐	異論紛拏
노심초사하느라	焦神勞思
머리가 하얗게 세었다네	鬢毛成華
이때 포의의 서생 하나가	有布衣書生
빈객의 자리에 끼어들었나니	往間客席
그는 못처럼 심후한 계책과	機謀淵深
비범한 담기의 소유자로	膽氣矹硉
손오 병법의 비밀 계책을 우습게 보고	唾孫吳之祕計
태공의 병법을 꿰뚫어 보았는데	穿太公之兵法
홀연히 몸을 구부리고 종종걸음으로 나아와	忽傴僂而趨蹌
담론을 주도하며 하나하나 논하였네	颺談論其歷歷
오랑캐가 중국을 어지럽힌 것은	曰蠻夷之猾夏
머나먼 옛날부터 이와 같았나니	開振古而如斯
그래서 왕자는 자기네 중국을 높여	故王者尊吾中國
내외를 엄정히 하여 다스리지 않고	儼內外而不治
구역을 경계 지워 단절하고는	界絶區域

오방에 그냥 놔두었던 것이라오[159] 置諸五方
그들의 털옷은 자기네 복장과 다르고 氈毳異制
그들의 말소리는 알아듣기 어려워서 語音難詳
달력도 같이 쓰게 하지 않았는데 正朔之不加
더군다나 신하의 줄에 끼워 주었겠소 況竝齒於臣僕
그래서 굼벵이처럼 추한 무리들끼리 俾萬醜之蠢蠢
혼자 낳고 혼자 기르게 놔둔 것이외다 聽自生而自育
더구나 지금은 백성이 矧今邦本
반석 위에 안정되어서 安於盤石
소와 양이 들판에 가득하고 牛羊滿野
밥 짓는 연기가 천 리에 자욱하오 煙火千里
열성을 거쳐 대대로 전수한 결과 歷列聖而傳授
변방의 경보가 울리지 않게 되어 致狼煙之不起
인민이 전쟁을 알지 못함은 물론이요 民不知兵
생활이 부유해져서 교육을 받고 있소이다 富以敎之
제왕의 교화가 미치는 곳마다 聲敎攸曁
위세가 준엄하게 멀리 떨쳐져서 威稜遐馳
모두 귀순하며 정성을 바쳐 오매 咸納款而獻忱
우리도 회유하며 관계를 끊지 않았으니 亦羈縻而不絶

159 구역을……것이라오 : 중국은 중앙에 자리 잡고, 사이(四夷)는 동서남북 사방에 있도록 그냥 놔두었다는 말이다. 오방(五方)은 동서남북과 중앙을 말한다. 《예기》〈왕제(王制)〉에 "오방의 백성은 언어가 서로 통하지 않고 기욕이 서로 같지 않다.〔五方之民, 言語不通, 嗜欲不同.〕"라고 하였는데, 공영달(孔穎達)의 소(疏)에 "오방의 백성이란 중국과 사이를 말한다."라고 하였다.

이는 모두 문덕을 펼친 덕분으로　是皆文德之所致
우리나라의 오랑캐 막는 대전략이었소　而實我國禦戎之宏略也
애초에 장성으로 말하면　粤自長城
상란을 당하는 장본이라서　喪亂之基
뭇 언론이 떼로 일어나고　衆言朋興
조야가 별의별 의심을 하여　朝野群疑
어사대는 쟁론을 하고　臺憲諍庭
사림은 실망을 하였다오　士林失望
그런데 대부는 조정 의논을 배격하고 자임하면서　排廟議而自任
과격한 발언을 아무렇게나 허둥지둥 내세우고는　抗危辭而踉蹡
요순 시대의 백성과 물자를 내몰아서　驅唐虞之民物
진한 시대의 잘못된 고사를 답습하여　襲秦漢之軌轍
방어에 관한 자신의 뜻을 이뤄 볼 욕심으로　空逞志於扞禦
흙과 돌에다 먹을 것들을 던지고 있소이다　役群食於土石
비축한 물자는 바닥을 보이고　儲需告罄
서민들은 도탄에 빠질 것이니　黎庶艱阻
떠돌다가 구렁에 굴러 죽게 하는 것이　使流離相塡於溝壑
대부의 이번 행동에 있지 않겠소이까　將不在於此擧乎
대부가 이에 대해서　大夫於是
비웃으며 조롱하여 말하였네　輾然而咍曰
아, 그대의 주장을 보건대　嗟乎子之說
현실 사정에 오활한 나머지　闊於事情
허탄한 잘못을 범하였으니　涉於誕失
내가 현재의 이해관계를 말하여 그대를 계몽하고

	吾將詡子以當今利害之緒
과거의 성패의 자취로써 그대의 식견을 넓히면서	恢子以往古成敗之跡
세상에 드문 웅대한 법도를 발표하여	發稀世宏麗之規
유가의 진부한 주장을 쓸어버리겠노라	祛儒家陳腐之說
대개 형징[160]을 한 때로부터 세대가 멀어지면서	蓋自荊懲世遠
격문이 끊이지 않고 이어지는 가운데	羽書相望
오랑캐의 기마병이 가을철에 호기를 부려	胡馬秋驕
요망한 기운이 장벽을 침범하는 등	妖氛犯障
뻔질나게 이런 우환에 걸리자	般紛紛其離此憂兮
지존의 권위를 낮춰 맹약을 맺기까지 하였었네	降至尊而歃血
이에 조는 담림을 격파하여	趙破襜林
음산에다 성을 축조하였고	有陰山之築
연은 동호를 축출하여	燕逐東胡
조양의 성역(城役)을 벌였었지[161]	有造陽之役
진나라는 여섯 세대를 거쳐 뜻을 얻어서	嬴六世而得志

160 형징(荊懲) : 형서시징(荊舒是懲)의 준말로, 주공(周公)이 오랑캐를 징벌한 것을 말한다. 《맹자》〈등문공 상(滕文公上)〉에 "'융과 적을 응징하니 형과 서가 징계되었다.'라고 하였으니, 주공도 이들을 징벌했던 것이다.〔戎狄是膺, 荊舒是懲. 周公方且膺之.〕"라는 맹자의 말이 보인다. 인용한 말은 《시경》〈노송(魯頌) 비궁(閟宮)〉에 나온다.

161 조(趙)는……벌였었지 : "조나라는 무령왕(武靈王) 때에 북으로 임호(林胡)와 누번(樓煩)을 격파하고 장성을 쌓되 대군(代郡)에서부터 음산(陰山) 곁을 따라 아래로 고궐(高闕)에까지 요새를 만들었으며, 그 뒤에 연(燕)나라는 동호(東胡)를 격파하여 1000여 리를 물리치고 또한 장성을 쌓아 오랑캐를 막았는데, 전국 시대 말기에 이르러 흉노(匈奴)의 세력이 비로소 커졌다."라는 기록이 《통감절요(通鑑節要)》 권2 시황제(始皇帝) 정사년(丁巳年) 조(條)에 보인다. 본문의 담림(襜林)은 바로 임호이다.

엄연히 황궁에 거하며 위세가 치솟아	儼皇居兮突兀
구불구불 이어지는 장성을 세우고는	起長城之迤邐
해자를 파서 사방 주위를 에워싸니	呀周池以四匝
사방의 오랑캐들이 무릎 꿇고 복종하여	四夷屈膝
풍속이 다른 이역에 위엄을 떨쳤다네	威振殊俗
그런데 견식이 비루한 저 후세 사람들은	彼後世之陋見
패망의 원인이 여기에 있다고 말을 하니	謂敗亡之在此
사태의 본말에 대해 우매할뿐더러	昧事機之本末
조정의 기강에 대해서도 눈이 멀었다 하리라	盲朝廷之綱紀
기왕의 일은 그렇다 치고	往既如彼
오늘날의 일에 대해 설명해 보겠노라	請陳今日
생각하면 우리 국가는	惟我國家
사면으로 외적을 맞는 형세라	四面受敵
과거 세종대왕 시대에	往在世宗
처음으로 육진을 설치했는데	始設六鎭
이는 성심으로 결단한 것으로	斷自聖心
통쾌하게 변방의 분란을 잠재운 것이니	痛絶邊釁
후대에 그 공을 벌써 의지하게 되어	功已賴於後代
이구동성 요순이라고 일컫게 되었도다	萬口稱其堯舜
내가 변변찮은 몸으로	余以菲薄
외람되게 승상부에 앉아	猥坐黃閣
서쪽 변방을 돌아다보니	顧瞻西鄙
금포[162]가 허술한 탓으로	襟抱疏闊
잘못된 소문이 항상 들끓어	訛言騰其屢飛

민심이 흔들려 쉽게 현혹되며 民心搖其易惑
병졸은 변경 수비에 피곤해하고 甲卒疲於防戍
봉수는 날로 달로 이어지는 상황이라 烽燧連於日月
같잖은 오랑캐 조무래기들이 蕞爾小醜
걸핏하면 솔개처럼 독기를 부려 輒肆鴟毒
참혹하기 그지없이 약탈을 하며 剽掠甚酷
때도 없이 도발을 해 오곤 하였는데 竊發無時
그때부터 지금까지 오랜 세월 동안 歷載已來
누가 원인을 따지고 대책을 강구하였던가 孰究孰思
나는 후환이 없게 요새를 설치하여 欲設險而無虞
요충지를 성곽으로 연결코자 하나니 界要衝以城郭
오도의 장정들을 동원하여 驅五道之丁壯
마초와 군량을 신속히 운반하고 奄飛芻而輓粟
변경의 한 모퉁이에 이르기까지 萃塞上之一隅
낡아서 무너진 옛 성터를 따라 沿舊址之頹落
나란히 치달리고 경쾌하게 행진하며 騈馳輕邁
질풍처럼 번개처럼 용맹스럽게 飆騰電發

162 금포(襟抱) : 강물이 흘러 서로 만나는 곳을 말하는데, 한유(韓愈)의 〈변주동서수문기(汴州東西水門記)〉에 나오는 내용에서 유래하여 성곽의 방어 시설을 뜻하는 말로 쓰이게 되었다. 그 글을 보면, 변주(汴州)의 성안에서 하수(河水)가 쏟아져 밖으로 나가기 때문에 배가 몰래 왕래하지 못하도록 쇠사슬을 연결하여 설치하였는데, 그 금포의 부분이 엉성하게 뚫려 있어서 성의 내부 정보가 새어 나가는 탓으로 민생이 안정되지 못하고 잘못된 소문이 항상 들끓기 때문에 동쪽과 서쪽에 수문을 만든 것으로 되어 있다. 《昌黎集 卷13》

긴 내를 만나면 다리를 번쩍 들고	浩漫炎蹻
땅이 움푹 팼으면 흙을 모아 메우면서	案衍攢仄
두 손을 맞잡고 공동으로 작업하여	竝手偕作
세로로 가로로 끊임없이 왕래하며	縱橫絡繹
빈궁함도 만족하게 여길 것이요	足其貧窶
노동과 휴식도 절도 있게 할 것이라	節其勞逸
여러 사람의 뜻을 모아 힘을 쓰게 하되	會衆志以輸力
멀고 가까움을 따져서 차이 있게 하고	議遠邇之有差
널빤지 틀 두를 때는 구불구불 알맞게	繚版榦而紆餘
흙을 담아 찧을 때는 치우치지 않게 하며	勤畚築而不頗
패연히 예상을 훨씬 뛰어넘어	沛然騰遌
보란 듯이 우뚝 치솟게 하리니	揭焉隆崛
그 계모는 귀신이 변화시켰다 할 것이요	厥謀神化
그 공적은 질풍처럼 빨랐다고 할 것이라	厥功迅速
찬란하게 하늘 높이 굼틀거리며	燦奕奕而蜿蟺
치달리듯 급급하게 이어지면서	馳岌岌而相屬
여기저기 종으로 횡으로 갈라지리니	斑陸離其延袤
무궁한 신령의 솜씨와 진배없으리라	若靈異之無方
울퉁불퉁 요철 모양의 비예[163]요	睥睨磊砢
끝도 없이 전개되는 덧쌓은 성가퀴라	雉堞旁唐
화살과 돌로도 공격할 수 없고	矢石所不能攻
바람과 비도 기울일 수 없는지라	風雨所不能側

163 비예(睥睨) : 성벽 위에 톱날 모양으로 쌓아 놓은 얕은 담을 말한다.

오랑캐가 우러러 바라보고는	狄人顒望
엎어지고 넘어지고 혼이 빠져서	顚踣褫魄
못 알아들을 소리로 서로 고하며	咿嘔相告
철거하여 자기 땅으로 퇴거하리니	撤去深入
신령한 위력이 사방에 전파되면서	威靈四布
원근이 와들와들 사시나무 떨듯 하여	遐邇股栗
마을 주민은 그 덕분에 안도를 하고	邑居爲之按堵
강산은 그 덕분에 광채를 더할 것이며	山河爲之增色
구탈[164]이 텅 비어 고요해지매	區脫空而寂然
군복을 벗고 활을 걸어 놓을 것이요	脫兜鍪而掛弓
장군은 아침 늦게 자리에서 일어나고	將軍晏起
사졸은 하는 일 없이 편안히 지내리라	士卒從容
만 리 밖에는 쓸쓸함만이 감돌고	蕭條萬里
사초만이 무성하게 뒤덮인 가운데	莎草蒙蘢
조정은 이를 믿고 베개를 높이 하고	朝廷恃而高枕
인민은 안심하고 한가히 지내리니	下民賴而就閑
진인이 화산 위에 쌓은 것[165]을 압도하고	壓秦人之踐華
한광이 관문을 폐쇄한 것[166]보다 나으리라	勝漢光之鎖關

164 구탈(區脫) : 흉노어(匈奴語)이다. 한(漢)나라 때 흉노가 변경 일대에 흙으로 만들어 놓은 척후용 초소를 말한다.

165 진인(秦人)이……것 : 《사기(史記)》 〈진섭세가(陳涉世家)〉에 "진나라가 화산(華山) 위에 올라가 성을 만들고 하수(河水)를 이용해 해자를 만들어 억 길 높이의 성벽에 의거하고 헤아릴 수 없이 깊은 해자를 굽어보며 이로써 견고함으로 삼았다."라는 말이 나온다.

면면히 억만년토록 수비를 굳건히 하여 綿億代而貞固
국토가 완전무결하게 보전되게 할 것이니 擬金甌之罔缺
삼황오제의 위업에 동참하며 登三五之宏闊
세상에 드문 공적을 이룸으로써 成不世之美績
거룩하고 신령스러운 자손으로 하여금 俾聖子神孫
계승하고 또 계승하여 繼繼承承
천세 만세가 다하도록 至千萬世
끝없이 전하게 하리로다 而傳無極也
이 말이 채 끝나기도 전에 言未訖
서생이 눈을 부릅뜨고 앞으로 나와 말하였네 書生乃盱衡而進曰
심하도다, 대부의 말씀이여 甚矣
후세에 큰 공을 괜히 좋아하는 군주로 하여금 使後世好大喜功之君
재력을 죄다 쏟아 천하에 화를 끼치게 하는 것은 殫財竭力以禍天下
반드시 대부의 이 말이 빌미가 될 것이요 必由於大夫之說矣
나는 이렇게 들었소이다 吾聞
옛날에 제왕이 융적을 제어할 때엔 古昔帝王之禦戎狄也
법도를 통일하여 統一憲度
만국을 위엄으로 복종시키되 威懷萬國
은택과 형벌을 보여 주고 示以德刑

166 한광(漢光)이……것 : 한광 즉 후한(後漢)의 광무제(光武帝)가 서역(西域)과의 교통을 단절할 목적으로, 한 무제(漢武帝) 때에 가장 서쪽에 설치했던 옥문관(玉門關)을 폐쇄한 것을 말한다. 《후한서(後漢書)》 〈오개진장열전(吳蓋陳臧列傳)〉에 "광무제가 옥문관을 폐쇄하고서 서역이 보내겠다고 청한 인질을 거절하였다."라는 말이 나온다.

예와 악을 펼쳤으니	申以禮樂
오랑캐를 변화시켜 제어한	化制殊類
그 법도를 본받아 계승하여	承儀規模
덕으로 밝히고 위엄으로 다스리면	克明克威
누가 감히 변심을 하겠소이까	疇敢以渝
서로 다투어 산을 넘고 바다를 건너	爭梯山而航海
자주 황왕에게 공물을 바쳤으며	亟奉貢於皇王
방패춤을 추자 묘족이 귀순하였고[167]	格苗民於舞干
월상씨[168]가 왕자(王者)의 당에 찾아왔었다오	來越裳於明堂
춘추 전국의 혼란기로 내려와서는	下治春秋戰國搶攘
융적과 회동하는 것을 힘쓰고	會戎是務
성 쌓는 일을 다급하게 여겼으니	城丘是急
나라 지키는 말단의 일에 백성을 괴롭히다가	足以見勞民於守國之末務
발 돌릴 새도 없이 전복되었음을 알 수 있소이다	不旋踵而顚越也
진나라는 육국을 집어삼키고	秦呑六國
백성을 못살게 탄압하면서	凌轢百姓

167 방패춤을……귀순하였고 : 우순 시대에는 무력을 쓰지 않고 덕으로 교화하였다는 말이다. 《서경》〈대우모(大禹謨)〉에 "순(舜) 임금이 문덕을 크게 펴면서 방패와 새 깃을 들고 두 섬돌 사이에서 춤을 추니, 그로부터 70일 만에 묘족(苗族)이 귀순하였다."라는 말이 나온다.

168 월상씨(越裳氏) : 교지(交趾) 남쪽에 있던 무속 국가이다. "주(周)나라 성왕(成王)을 보좌하여 주공(周公)이 섭정을 한 지 6년에 예악을 근간으로 정치를 하여 천하가 화평해지자 월상씨가 여러 차례 통역을 바꿔 가며 찾아와 서조(瑞鳥)로 알려진 흰 꿩을 바쳤다."라는 기록이 전한다. 《後漢書 南蠻列傳》

착취를 피해서 도망을 가면　竄窳亡命
삼족을 멸하는 학정을 펼쳤으며　參夷虐政
고월의 참서[169]에 현혹되어　讖惑古月
해안을 따라 성을 쌓아　竝海爲築
늠연히 만 리에 이어진 성가퀴의　凜雉堞之萬里
그 위세가 조갈[170]에 높이 솟았으니　勢偃蹇於洮碣
천하에 제일가는 눈요기가 된 것은　傾天下以觀耀
이전 세대로부터 얻어듣지 못한 바라　自前世而未聞
원성이 사방에 퍼져 구름장이 되어　散冤聲爲屯雲
태양을 뒤덮어 약간 남은 빛도 없이　閉陽靈而不曛
이세에 미쳐서는 여지없이 무너져서　逮二世而潰亂
화란이 담장 안에 먼저 발생하였으니　禍先起於蕭墻
한번 해체된 종묘사직을 누가 구하며　宗社一解而莫救

169 고월(古月)의 참서(讖書) : 고월은 호(胡)의 은어(隱語)로 호인(胡人)을 가리키고, 참서는 진 시황(秦始皇) 32년(기원전 215)에 북변(北邊)을 순행할 때 동방의 해상에서 온 연(燕)나라 방사(方士) 노생(盧生)이 귀신의 예언서라면서 바친 《녹도서(錄圖書)》를 말한다. 그 책에 "진나라를 망칠 자는 호이다.〔亡秦者, 胡也.〕"라는 말이 있었으므로 호(胡)를 북쪽의 오랑캐로 알고는 몽염(蒙恬)에게 30만 대군을 이끌고 가서 만리장성을 쌓게 하였는데, 진 시황 사후에 아들 호해(胡亥)가 2세 황제로 즉위하여 결국 진나라를 망친 것을 보면 호는 호해의 호를 가리킨 것이었으니 멸망의 원인은 외부에서가 아니라 담장 안에서 싹텄음을 알 수 있다는 것이다. 《史記 秦始皇本紀》

170 조갈(洮碣) : 임조(臨洮)와 갈석(碣石)의 합칭이다. 진나라의 장성이 서쪽으로는 임조, 북쪽으로는 음산(陰山), 동쪽으로는 갈석에까지 1만 리에 걸쳐 이어졌으므로 만리장성이라고 칭하게 되었다. 임조는 감숙성(甘肅省) 민현(岷縣)에 있고, 갈석은 요동(遼東)에 있다.

사분오열된 금성탕지를 누가 감당하리오	金湯四裂而誰當
그 뒤 한 무제가 국가의 토대를 닦아	漢武開基
영토를 더 넓게 개척해 보려고	恢拓疆宇
공연히 왕정[171]을 멀리 정벌하느라	漫遠征乎王庭
군대 깃발 분분하게 휘날리면서	亂戈旗之旁午
요해지에 성을 쌓아 항복을 받아 냈나니	城受降於要害
가로로 일만 성가퀴 공중에 치솟았었네	橫萬雉其凌空
위세가 찬연히 두루 퍼지고	布濩斐暐
뾰족뾰족 자태가 웅장했지만	崔崒長雄
공적이 환란을 보완하지 못했으니	功不補患
그 책임을 과연 누가 질 것인가	誰任其責
끝내는 국가의 재물을 헛되이 소모하여	竟海內之虛耗
망한 진의 전철을 거의 그대로 밟았소이다	庶幾爲亡秦之續耳
수나라는 무도하여 강함을 뽐내면서	隋無道而誇强
느닷없이 외진 변방에 성을 쌓느라	奄經繕乎窮荒
만백성의 해골이 도로에 나뒹굴게 하자	曝萬骨於道路
서로 다투어 원망하며 도망쳐 떠돌았는데	競孱懟其流亡
단지 험한 것만 믿고 제 욕심대로 하였으니	徒恃險而縱慾
어찌 성 쌓는 공사가 미진했으리오마는	何工築之未盡

171 왕정(王庭) : 오랑캐의 왕이 성곽도 없이 노천의 뜰에 머문다는 뜻으로, 보통 흉노의 선우(單于)가 머무는 막사를 가리킨다. 《한서(漢書)》 〈흉노전 상(匈奴傳上)〉에 "흉노가 멀리 도망가서 사막 이남에는 왕정이 없었다.〔匈奴遠遁, 而漠南無王庭.〕"라는 말이 보인다.

홀연히 의로운 군사가 구름처럼 진을 치자	忽義兵之雲屯
그 머리가 이 때문에 떨어지고 말았다오	厥首用夫顚隕
고려 왕조도 말년에 이르러서는	迄高麗之衰季
유조[172]의 참혹한 사건이 발생하며	痛柳詔之慘酷
원망하는 구슬픈 소리가 일어났는데도	興怨口之嗸嗸
몇 년 동안이나 축성 작업을 감독하여	經累載以董役
피곤에 젖은 신음 소리가 이어지다가	附嗟累病
간신히 그 공사를 종료하자마자	僅克終之
금산이 홀연히 용강을 침입했고[173]	金山忽入於龍岡
사류가 뒤이어 곡봉에 난입하여[174]	沙劉繼亂於鵠峯

172 유조(柳詔) : 유참(柳旵)이 조서를 위조한 사건이라는 말로, 이른바 묘청(妙淸)의 난을 가리킨다. 고려 인종(仁宗) 13년(1135)에 병부 상서(兵部尙書) 유참과 묘청이 서경분사시랑(西京分司侍郞) 조광(趙匡) 등과 모의하여 왕의 명령을 위조하고 서경(西京)에서 반란을 일으켰다가, 유참과 묘청은 김부식(金富軾)에게 회유된 조광에 의해 죽고, 조광은 다시 변심하여 재차 반란을 일으켰다가 김부식의 관군에게 진압되자 온 가족과 함께 스스로 불 질러 타 죽었다. 《高麗史節要 卷10 仁宗13年, 14年》

173 금산(金山)이……침입했고 : 거란의 요(遼)나라가 망한 뒤에 몽고에게 쫓기던 거란의 금산과 금시(金始) 두 왕자가 고려 고종 4년(1217)에 9만의 군사를 이끌고 침입하여 약탈을 자행하자, 김취려(金就礪)가 몽고, 금(金), 동진(東眞) 등과 연합하여 그들의 근거지인 강동(江東)의 용강산성(龍岡山城)을 함락하여 섬멸한 고사를 말한다. 《高麗史 高宗世家》

174 사류(沙劉)가……난입하여 : 홍건적의 제2차 침입을 말한다. 공민왕 10년(1361) 10월에 사류, 반성(潘誠), 관선생(關先生), 주원수(朱元帥) 등이 10만의 무리를 이끌고 침입하여 개경이 함락되었는데, 이듬해 1월에 총병관(摠兵官) 정세운(鄭世雲)이 개경을 수복하고 홍건적을 거의 섬멸하였다. 《高麗史 恭愍王世家》 곡봉(鵠峯)은 개경 송악산(松嶽山)의 별칭이다.

순식간에 여지없이 무너지고 말았으니	倏頹圮而無餘
과연 나라 지킴에 이로움이 있었소이까	果有利乎守國
나는 성을 쌓느라고 원한을 맺은 것이	吾固知茲城之構怨
오히려 화를 불러 자멸했음을 아노니	反速禍而自滅
앞 시대의 득실을 돌이켜 살펴보면	前代得失
이것이 사실임을 분명히 알 것이외다	昭然可識
더군다나 지금 평안도로 말하면	況今平安
인구도 희소하고 지역도 치우쳐서	人稀地僻
사신들이 가고 올 적에	使命往來
물자 공급도 부족한 형편이요	調度不給
지금 곡식도 제대로 익지 않아	歲今不稔
추수도 이미 망친 상태에서	已失西成
기근을 거듭 당하게 되어	飢饉荐臻
백성들이 살아갈 길이 없는데	民不聊生
과도한 낭비로 민심을 잃으면서	失民和以濫謬
축성에만 급급하게 힘쓴 나머지	務急急於營爲
성화처럼 호령을 해 대며	馳號令於星火
사막에서 모질게 부려 먹으니	役筋骨於沙漠
정강이까지 빠지는 얼어붙은 눈 속과	凍雪積其沒脛
손가락이 떨어져 나가는 모진 바람 속에서	凶飆觸其墮指
근심과 원망이 갈수록 쌓이다 보면	展轉愁怨
소리도 드높이 거의(擧義)하려 할 것이오	扐掎踶跂
지금 성인이 위에 계시어	今聖人之在上
편안한 생활로 민심을 안정시키면서	奠民心於衽席

인의를 베풀어 성지로 삼고 張仁義以城池
충신을 펼쳐 갑병으로 삼고 施忠信爲兵甲
현능을 기용하여 맞설 적이 없게 하니 用賢能以無敵
멀리 복종하지 않는 자가 당연히 없지만 固無遠而不服
그래도 경화[175]하는 때가 있어서 然有時而梗化
변방에서 자꾸 도발을 해 오면 屢跳擲於邊庭
실력 있는 조방장을 파견하여 遣助防之良將
변방에 이는 먼지를 쓸어버렸나니 庶玉門之塵淸
충국이 진무한 것과 같이 해서 倣充國之鎭撫
전승을 거둠이 훨씬 낫지 않으리오[176] 盍全勝之爲尤
보좌를 잘하여 지극한 정치를 이루면 黼黻至治
전쟁을 영원히 종식할 수 있을 텐데 永戢戈矛
또 하필 축성하느라 고생스럽게 수고하여 又何必役役於築城
무익한 일에 정력을 허비해야 하겠소이까 以費無益之功也
대부가 이 말을 듣고서는 大夫聞之
경악을 하며 진땀을 흘리고는 愕然汗出

175 경화(硬化) : 완고하여 교화에 복종하지 않는 것을 말한다.

176 충국(充國)이……않으리오 : 성벽에 기대어 전투를 벌이는 것보다는 둔전책(屯田策)을 실시하여 장기전을 벌이면서 안정을 도모하는 것이 훨씬 낫다는 말이다. 한 선제(漢宣帝) 신작(神爵) 1년(기원전 61)에 강족(羌族)이 쳐들어왔을 때, 조충국(趙充國)이 일흔이 넘은 나이로 출정을 자원하여 금성(金城)에 이른 뒤에 난리를 평정하고, 황제에게 둔전의 유리한 점을 12조목으로 나누어 설명한 이른바 편의십이사(便宜十二事)를 상소하여 허락을 받고는 장기간 둔전(屯田)하면서 변방을 안정시킨 고사가 있다. 《漢書 趙充國傳》

이내 수레를 달려 대궐에 진헌하기를	將命駕獻之九重曰
성을 쌓으면 안 되는 이유가	城之不可築
바로 이와 같습니다	有如是夫
서생이 저에게 가르쳐 주지 않았다면	向微書生之指南
성명에게 하마터면 누를 끼칠 뻔했습니다	吾幾爲有累於聖明
하고는 서생과 국정을 상의하며	乃謀國政
그를 상경으로 삼았다고 하더라	以爲上卿

사 辭

성변중을 전송하는 글

送成蕃仲辭

휘(諱)는 세창(世昌)이다. 당시에 강원 감사(江原監司)였다.

임금님 계신 눈부신 곳 우러러보니	仰淸都之赫戲兮
문채를 발하며 구중궁궐 산뜻도 한데	蔚九門其奐輪
화려한 조관의 복장 점잖게 착용하고	峨冠佩兮姱麗
진귀한 보옥을 가슴속에 품으신 분	懷琬琰之瑰珍
청운의 길에 올라 넘치게 노닐면서	涉靑雲以汎濫遊兮
애연히 임금님 사랑 독차지하여	藹眷注之偏荷
홍문관 승정원을 밟고 다니는 등	跆鑾坡而銀臺兮
위아래로 여기저기 근무하였나니	斑陸離其上下
임금님 분부 듣자오면 정녕하시어	聞謦欬兮叮嚀
그 향기 물씬물씬 가슴에 젖어 들어	芳菲菲兮來襲
충성을 끝없이 새기고 다짐하며	忠拳拳以未沫兮
매양 자나 깨나 노심초사했더라오	每寤寐兮忉怛
원래 신하를 알아봄은 임금님이 제일이라	故相臣莫若君兮
과분하게 직질을 올려 금대를 띠게 하였나니	侈橫金以增秩

특별히 중요한 저 방백의 임무를	彼方面之殊重兮
충신한 공이 아니면 누가 맡을 수 있겠는가	非忠藎其可居
영동 지방 깊은 구역 살펴보건대	瞻嶺東之奥區兮
여기는 바로 예맥국의 유허지라	寔濊貊之遺墟
걸린 돌다리며 우뚝 선 석벽들이	懸磴立壁
겹겹으로 둥그렇게 주위를 에워싸고	合沓以穹窿兮
아득히 삼신산은 보였다 안 보였다	邈仙山兮蔽虧
옥 나무는 그늘 드리워 문채를 발하고	琪樹蔭兮斐亹
채색 구름 일어나 자욱이 뒤덮은 곳	彤雲起兮葳蕤
모래밭은 흰 비단처럼 끝없이 펼쳐지고	流沙縞皓以莽蒼兮
봉도는 해무에 휘감겨 보일락 말락	蓬島縈紆以隱映
부상 나무 떨치고서 아침 해 불끈 솟으면	朝暾於搏桑兮
푸른 바다 투명하게 맑은 거울로 변했다가	瑩滄溟之淸鏡
세찬 바람 홀연히 불면 뒤집어지고 엎어져서	欻衝風兮洶湧
망양의 탄식[177]과 뒤섞여 어디가 도시 어디인지	混望洋以荒忽
인간 세상 벗어나 탁 트인 공간에 들어서면	超曼衍以寥廓兮
엄연히 신선 세계가 남몰래 숨겨져 있나니	儼丹丘之祕設
부월 쥔 손 늦추고서 마음 훨훨 자유롭게	徐杖鉞以担撟兮
육지의 끝 넘어서서 동쪽 바다 변방으로	逴絶垠乎東荒

177 망양(望洋)의 탄식 : 바다를 보고 탄식한다는 말로, 도저히 넘볼 수 없는 거대한 경지를 접하고서 자신의 역량이 부족한 것을 한탄하는 것을 말한다. 《장자(莊子)》〈추수(秋水)〉에 나오는, 황하 귀신인 하백(河伯)이 끝이 보이지 않는 북쪽 바다에 처음 이르러서 자신의 좁은 소견을 탄식하며 북해 귀신에게 심경을 고백하는 이야기에서 비롯된 것이다.

길게 늘어뜨린 수놓은 옷자락을　繡衣兮披披
운기[178]와 더불어 공중에 펄럭이며　與雲旗兮悠揚
소백이 남긴 노래[179] 떨쳐 보려고　振召伯之遺音兮
무성한 감당나무 그늘 아래로　蔭蔽芾兮甘棠
자문을 구해 난국을 안정시켜서　爰咨詢以澄淸兮
마을마다 생기가 감도는 가운데　奄境落兮褰擧
손을 대면 어려움이 거뜬히 해결되고　解肯綮於運手兮
말 한마디에 복잡한 일도 손쉽게 술술　散盤錯於一語
민간 가요 채집해서 유행하게 하는 것도　採風謠以供嘯傲兮
유쾌한 기분으로 한가한 날에 여유롭게　聊暇日以容與
아찔해라, 늘씬늘씬 요염한 미녀들　眩孅艷之婀娜兮
채의의 창포 꽃 장식 눈부시기만　爛彩衣兮若英
빠른 비파 소리에 번갈아 북과 피리 소리　緪瑤瑟兮交鼓吹
홀연히 나하고 눈이 맞아서　忽與我兮目成
비단 장막 안에 가기[180]의 자리 베풀면　張佳期於錦帳兮

178 운기(雲旗) : 곰과 범을 그려 넣은 큰 깃발을 말하는데, 구름 기운처럼 보여서 운기라고 했다는 해설과 구름까지 잇닿을 정도로 커서 운기라고 했다는 해설이 있다.

179 소백(召伯)이 남긴 노래 : 《시경》 〈소남(召南)〉에 실려 있는 〈감당(甘棠)〉이라는 시편을 말하는데, 보통 선정을 베푼 방백(方伯)을 비유하는 말로 쓰인다. 주 무왕(周武王) 때 소공(召公) 희석(姬奭)이 서백(西伯)으로 선정을 베풀었으므로 백성들이 그를 추모한 나머지 그가 잠시 그늘 아래 쉬었던 감당나무를 기념하여 잘 가꾸며 보존하는 한편, 이를 노래로 지어 불렀다는 고사가 전한다.

180 가기(佳期) : 가인(佳人)과의 기약이라는 뜻으로, 《초사(楚辭)》 〈구가(九歌) 상부인(湘夫人)〉에 "흰 수초를 밟고 멀리 한껏 내다보며, 함께 만날 약속 자리 저녁에 펼치려네.〔登白蘋兮騁望, 與佳期兮夕張.〕"라는 구절이 있다.

양대의 운우지정[181] 황홀하기만 恍雲雨兮陽臺
마음 내키는 대로 호탕하게 노래 불러 心恣睢以浩詠兮
권축을 빛내며 수록될 주옥같은 시들 燦卷軸之瓊瑰
이것이 바로 남아의 호시[182]의 초지이니 是男兒弧矢之初志兮
이번에 숙원을 한번 풀어 볼 수 있으렷다 庶夙願兮一償
내 마음 다잡고서 대궐을 하직하고 齎余心以陛辭兮
고삐 쥐고 높이 치달려 날아가려니 撰余轡兮高馳翔
시름겹게 번민 속에 가슴이 응어리져 愁煩冤以蹇產兮
도성 문 바라보며 자꾸만 머뭇머뭇 望閶門以周章
백성의 근심 풀어 주는 남풍의 은혜[183] 속에 南風兮解慍
도성 문 앞에 설치된 송별의 술자리여 設祖筵兮都門

181 양대(陽臺)의 운우지정(雲雨之情) : 조운(朝雲)이라는 무산(巫山) 신녀(神女)와의 남녀상열지사(男女相悅之事)를 인용한 것이다. 전국 시대 초나라 시인 송옥(宋玉)의 〈고당부(高唐賦)〉에 초 양왕(楚襄王)과 조운의 꿈속 연애 이야기가 실려 있는데, 서로 작별할 즈음에 조운이 "아침에는 구름으로 떠 있고 저녁에는 비를 내리면서 언제까지나 잊지 않고 양대 아래에 있겠습니다.〔旦爲朝雲, 暮爲行雨, 朝朝暮暮, 陽臺之下.〕"라고 말했다는 기록이 보인다. 《文選 卷19》

182 호시(弧矢) : 상호봉시(桑弧蓬矢)의 준말로, 천지 사방을 경륜할 큰 뜻을 말한다. 옛날에 사내아이가 태어나면 상목(桑木)으로 활을 만들어 문 왼쪽에 걸고 봉초(蓬草)로 화살을 만들어서 사방에 쏘는 시늉을 하며 장차 이처럼 웅비(雄飛)할 것을 기대하던 풍습이 있었다. 《禮記 內則》

183 백성의……은혜 : 요순과 같은 성군의 치세(治世)라는 말이다. 순 임금이 오현금(五絃琴)을 만들어 남풍가(南風歌)를 지어 부르면서 "남쪽 바람 훈훈하니 우리 백성 근심을 풀어 줄 수 있겠네. 남쪽 바람 제때에 불어오니 우리 백성 재산을 늘려 줄 수 있겠네.〔南風之薰兮, 可以解吾民之慍兮. 南風之時兮, 可以阜吾民之財兮.〕"라고 한 고사에서 나온 것이다. 《禮記 樂記》

장막을 치자 마침맞게 구름 걷히고 騰供帳之雲開兮
여기에 또 관원들 수레 덮개 펄럭거리네 又冠蓋兮翩翩
옛날 공이 나하고 언약하기를 昔公之與我成言兮
충신으로 일관하자고 기약했기에 曰忠信以爲期
허리에 찬 패물 풀어 그리운 이에게 선물하고 解佩纕以贈所思兮
패검의 옛일[184] 종용하며 이별을 아쉬워하노라 慫佩劍兮惜別離
부임하여 소의간식의 근심을 분담하여 逝將副宵旰之分憂兮
국가의 중책 떠맡는 원훈이 되시기를 作柱石之元勳
돌아갈 사람 전송하매 쉼 없이 내달리니 送將歸兮驅騑騑
아득히 섭섭해하며 그대 생각한다오 杳怊悵兮思夫君

184 패검(佩劍)의 옛일 : 목민관의 선정(善政)을 비유한 말이다. 한 선제(漢宣帝) 때 발해 태수(渤海太守) 공수(龔遂)가 백성들에게 허리에 찬 검을 팔아서 소를 사게 한 뒤에 농사를 지으며 근검절약하도록 교화를 펼친 결과 모두 부유한 생활을 하게 되었다는 고사가 전한다. 《漢書 龔遂傳》

향리에 돌아가는 이소[185]를 전송하는 글

送二疏歸鄕里辭

높고 높은 태자궁에서	靑宮兮岧嶢
태자님 의젓하게 거둥하시면	鶴駕兮雍容
나의 관 드높이 빼기며 치켜 쓰고	峨余冠兮偃蹇
서책을 깊이 연구하여 진강했어라	進縹帙兮硏窮
아침저녁에 걸쳐 가고 또 오는 동안	亘朝往而暮來兮
돌봐 주시는 은혜가 날이 갈수록 융숭해서	眷顧赫其日隆
관작이 높아지고 부귀해지며	軒冕兮富貴
나의 문채가 조정에서 빛났는지라	煥余彩兮朝廷
일편단심 섬기기를 주저하지 않으면서	一心而不豫兮
홀로 충성 바치려고 애태웠노라	獨耿耿乎忠精
이미 총애가 극진하고 지위가 높아지매	旣寵極以位崇
매양 자나 깨나 황공하고 불안했나니	每寤寐兮怔營
어쩌면 그리도 빨리 흐르는 세월 속에	何白日之易遒兮
간난신고 겪으면서 쓸쓸히 지냈는지	風霜酸苦以蕭颯

185 이소(二疏) : 한 선제(漢宣帝) 때의 명신인 태자태부(太子太傅) 소광(疏廣)과 그의 조카인 태자소부(太子少傅) 소수(疏受)를 가리킨다. 소광이 부귀영화가 극에 달하자 이를 위태롭게 여겨 병을 칭탁해 사직하고는 소수와 함께 고향인 동해(東海)로 돌아가려 하니 천자와 태자가 각각 황금 20근과 50근을 하사하였는데, 이것을 가지고 귀향하여 날마다 친척과 친구들을 불러다가 잔치를 베풀며 노년을 즐겼던 고사가 전한다. 《漢書 疏廣傳》

나이도 차츰 노년으로 접어들며	年冉冉兮易老
홀연히 귀밑머리 어느새 희끗희끗	忽星星兮鬢髮
그대는 이미, 항룡유회[186]야말로	君旣知亢龍之有悔兮
화란을 스스로 불러들이는 길이고	固招禍之道也
분수에 차고 넘치는데도 멈추지 아니하면	履盛滿兮不止
보전될 수 없다는 것을 알았겠지만	羌不可保也
세상 모두 위태한 땅을 밟고 있음을	世竝蹈夫危機兮
나는 이제서야 정말로 그러함을 알았네	吾至今乃知其信然
상소하고 벼슬을 버렸으나	抗疏兮投簪
미인을 생각하는 마음 간절한지라	思美人兮拳拳
마음속 번민하며 울적하였네	心煩冤兮蹇產
국문을 밀치고 길 떠나려 하였는데	排國門兮吾將行
태자님이 금을 하사하며 위로해 주는	儲君賜金而慰悅兮
그 말씀을 듣고 보니 정녕하기만	聞謦欬兮丁寧
봄바람 불며 풀잎도 향기로운 때	春風兮芳草
도성 문 앞에 마련한 이별 술자리	設祖筵兮都門
큰길에 팽팽하게 장막을 치고	供帳騰拏乎周行兮
여기에 또 관개가 펄럭이는 속에	又冠蓋兮翩翻
왁자지껄 길거리를 가득 메우면서	騈闐兮旁午

186 항룡유회(亢龍有悔) : 하늘 높이 올라가 내려올 줄 모르는 용은 후회함이 있을 것이라는 뜻으로, 《주역》〈건괘(乾卦) 상구(上九)〉의 효사(爻辭)에 나오는 말이다. 보통 높은 지위에 올라가서 겸퇴(謙退)할 줄 모르면, 성(盛)이 극도에 이르면 쇠(衰)하게 되는 법칙에 따라 패망을 면할 수 없다는 뜻으로 쓰인다.

셀 수 없이 모여드는 수레와 말들　紛總總其車馬
다투어 손을 잡고 서로들 돌아보며　爭握手以相顧兮
한잔 술 따라 주고 옥술잔을 날렸나니　酌尊酒兮飛玉斝
애틋하게 돌아보매 가슴이 먹먹해　目眷眷兮氣塡胸
눈물이 마구 흘러 수레 손잡이 적시네　橫流涕兮下霑軾
고향 가는 길 아득히 멀고 먼데　鄕關兮路悠遠
그대는 어찌하여 쉽게 이별을 고하는가　君胡爲乎輕別
더구나 지금 임금님이 자리를 비워 두고　況今天子方側席兮
백발의 원로를 국가의 중추로 모심이리오　皤皤國老爲柱石兮
도유하며 갱재곡을 부르는 이때[187]　都兪兮賡載
어찌하여 혼자 깨끗해지려고 떠나가는지　何獨純潔以離分
쉬지 않고 치달리며 돌아갈 사람 보내노니　送將歸兮驅騑騑
산에 오르고 물에 임하여 임금님 바라보리라[188]　登山臨水兮望夫君

187 도유(都兪)하며……이때 : 임금과 신하가 한마음이 되어 태평성대를 이루기 위해 서로 힘쓰는 때라는 말이다. 도유는 도유우불(都兪吁咈)의 준말로 군신(君臣)이 정사를 허심탄회하게 논의하는 것을 비유하는 말인데, 요순 시대에 상대방의 의견에 찬성할 때에는 도(都)·유(兪)라고 하고 반대할 때에는 우(吁)·불(咈)이라고 감탄사를 발한 데에서 유래한 것이다. 갱재곡(賡載曲)은 군신이 의기투합하여 서로 이어서 화답하며 부르는 노래를 말한다. 명군 양신(明君良臣)이 노래라는 뜻으로 명량가(明良歌)라고도 한다. 《書經 堯典, 益稷》

188 쉬지……바라보리라 : 친지를 떠나보내는 슬픈 심정을 토로한 말인데, 전국 시대 초(楚)나라 송옥(宋玉)의 〈구변(九辯)〉 첫머리에 "슬프다 가을 기운이여, 싸늘한 바람에 풀과 나무 온통 시들어 버렸도다. 처량해라 흡사 먼 길 떠나 있는 듯, 산에 오르고 물에 임하며 돌아갈 사람을 보내노라.〔悲哉, 秋之爲氣也! 蕭瑟兮草木搖落而變衰. 憭慄兮若在遠行, 登山臨水兮送將歸.〕"라는 구절에서 비롯된 것이다. 《文選 卷33》

사미인사

思美人辭

《백제사(百濟史)》를 열람하다가 의자왕(義慈王) 때의 일을 보고는 나도 모르게 눈물이 옷깃을 적시기에 충신 홍수(興首)[189]의 마음을 대변하여 분한 심정을 토로해 지어 보았다.

임금님 생각하노니 어디에 계시는가	思美人兮在何所
산의 남쪽이요 강물이 굽이진 곳[190]	山之南兮水之陬
동명성왕의 유업을 계승하여	席東明之餘緒兮
탁평의 상류를 차지하였도다[191]	據啄評之上游

189 홍수(興首) : 성충(成忠), 계백(階伯)과 함께 백제 말기의 삼충(三忠)으로 일컬어지는 충신이다. 의자왕 때에 좌평(佐平)으로 있다가 지금의 전남 장흥(長興)인 고마미지현(古馬彌知縣)으로 유배되었는데, 나당연합군(羅唐聯合軍)이 쳐들어와서 왕이 대책 회의를 열었으나 의논이 구구하여 결정짓지 못하자 왕이 사람을 보내 홍수의 의견을 묻게 하니, 백마강(白馬江)과 탄현(炭峴)의 요새지를 점거하고 성문을 닫아 지키면서 적군의 양식이 떨어지고 피로해질 때까지 기다렸다가 격파해야 한다면서 장기전(長期戰)을 권하였다. 이는 성충의 전략과도 일치하는 것이었는데, 왕은 유배되어 원망하는 자의 말을 들으면 안 된다는 대신들의 말에 넘어가 그 건의를 듣지 않다가 결국에는 멸망하고 말았다.

190 산의……곳 : 백제의 도읍인 사비성(泗沘城)을 말한다. 부소산(扶蘇山)을 감싸면서 백마강을 향해 반달의 형태를 띠고 있으므로 반월성(半月城)이라고도 한다.

191 동명성왕(東明聖王)의……차지하였도다 : 동명성왕인 주몽(朱蒙)의 아들 온조(溫祚)가 남쪽으로 내려와서 신라의 위쪽 지역인 하남(河南)을 차지하고 백제의 시조가 되었다는 말이 아닌가 한다. 동명은 부여(扶餘)의 시조이고 주몽은 고구려의 시조로서 각각 다른 사람인지 아니면 동일인인지에 대해서는 학계의 의견이 갈리는데, 하여튼

하늘의 현상이 홀연히 변화하여　　乾象忽其變化兮
폭우와 뒤섞여 폭풍이 몰아치고　　雜驟雨兮飄風
대지의 예시도 거북의 등에 나타나며[192]　　地兆文於龜背兮
하늘이 운룡[193]에게 재앙을 내렸도다　　天降孽於雲龍
어찌하여 임금님은 여전히 깨닫지 못한 채　　何荃心之尙未悟兮
나당연합군을 보고서 무슨 일을 하였던고　　視唐羅兮何爲
저 성충의 항소[194]대로 행했더라면　　彼成忠之抗疏兮

백제 왕족의 성씨는 의자왕에 이르기까지 부여씨(扶餘氏)인 것이 확인된다. 탁평(啄評)과 관련된 자료로는, 《양서(梁書)》〈제이열전(諸夷列傳) 동이(東夷)〉에 "그곳의 풍속에 의하면 성(城)을 건모라(健牟羅)라고 칭하고 그 안에 있는 읍(邑)을 탁평, 그 밖에 있는 읍을 읍륵(邑勒)이라 하여 마치 중국에서 군현(郡縣)을 말하는 것처럼 하는데, 그 나라에는 6개의 탁평이 있고 52개의 읍륵이 있다."라는 기록이 전한다. 이에 대해서는 여러 가지 해석이 있으나 여기서는 김정희(金正喜)의 주장에 따라 탁평을 신라의 육부(六部)로 해석하여 번역하였다. 그의 주장은 《완당전집(阮堂全集)》 권1 〈진흥왕의 두 비석에 대하여 상고하다〔眞興二碑攷〕〉에 자세히 나와 있다.

192 폭우와……나타나며 : 《삼국사기(三國史記)》 권28 〈백제본기(百濟本紀)〉 의자왕 20년 2월에 "5월에 폭풍우가 몰아치면서 사천왕사(四天王寺)와 도양사(道讓寺)의 탑에 벼락이 쳤으며, 또 백석사(白石寺)의 강당에도 벼락이 쳤다. 그리고 검은 구름이 용처럼 동서로 나뉘어 공중에서 서로 싸우는 듯하였다."라는 기록이 실려 있으며, 그 뒤에 "귀신 하나가 궁중에 들어와서 크게 외치기를 '백제가 망한다, 백제가 망한다.'라고 하고는 땅속으로 들어갔으므로 왕이 괴이하게 여겨 그 땅을 파 보게 하였다. 3자가량 파 내려갔을 때 거북이 한 마리가 발견되었는데, 그 등에 '백제는 보름달 같고, 신라는 초승달 같다.'라는 글귀가 새겨져 있었다."라는 말이 실려 있다.

193 운룡(雲龍) : 신하와 임금을 말한다. 《주역》〈건괘(乾卦) 문언(文言)〉의 "구름은 용을 따르고 바람은 범을 따른다.〔雲從龍, 風從虎.〕"라는 말에서 비롯된 것이다.

194 성충(成忠)이 항소(抗疏) : 의자왕에게 직간하다가 감옥에 갇혀 있으면서, 적의 육군과 수군을 각각 침현(沈峴)과 기벌포(伎伐浦)에 들어오지 못하게 하고 험요지(險

얼른 난관을 돌파할 수도 있었으련만	庶幾醫沈痼於斯須
강현[195]은 험준한 요새지로서	江峴兮阻隘
실로 아국의 교통의 요로이거늘	實我國之夷庚
어찌하여 시끄럽게 참소를 하며	何讒口之譊譊兮
흉악한 자들이 멋대로 날뛰었는지	又豺狼兮縱橫
임금님 생각하면 눈물이 줄줄 흐르나니	思美人兮淚浪浪
고래 같은 파도 세차게 일어 어룡도 놀랐으리[196]	鯨濤洶湧兮魚龍驚
원수의 백지[197]가 내 가슴에 남았나니	沅有芷兮遺余襟
수문을 바라보매 태양이 빛을 잃었도다	望脩門兮日無光
혹시라도 나의 충정 굽어살펴 주신다면	倘愚衷之照臨兮
꽁꽁 묶여 죽더라도 무슨 유감 있으리오	縱縲絏兮死何傷

要地)를 지키며 장기전을 펴야 한다고 왕에게 글을 올렸으며, 나당연합군이 침입했을 때에도 다시 이 전략을 시행하도록 건의했으나 왕이 채택하지 않았다. 그 뒤에 도성이 위급해지자 왕이 성충의 말을 듣지 않은 것을 후회하며 웅진성(熊津城)으로 피난했다가 소정방(蘇定方)의 당군(唐軍)에게 항복하고 말았다.

195 강현(江峴) : 백마강의 기벌포와 침현을 말한다.

196 고래……놀랐으리 : 당나라로 끌려가는 의자왕의 비참한 신세를 비유한 말이다. 의자왕은 백제 멸망 뒤에 왕자들과 대신, 장사 등 88명을 포함하여 백성 1만 2000명과 함께 당나라로 압송되었는데, 그로부터 얼마 지나지 않아 병사(病死)하였다.

197 원수(沅水)의 백지(白芷) : 홍수와 성충 같은 충신을 말한다. 《초사(楚辭)》〈구가(九歌) 상부인(湘夫人)〉에 "원수에는 백지가 있고 풍수에는 난초가 있나니, 공자를 생각하매 감히 무슨 말을 못하겠네.〔沅有芷兮澧有蘭, 思公子兮未敢言.〕"라는 말이 있는데, 이는 군자가 조정에서 배척당한 것을 비유한 것이다. 백지와 난초는 모두 향초의 이름이다.

사언시 四言詩

광주 향교 학생들의 가요

廣州校生歌謠

대신 지은 것이다.

봉래산 경도 안에	蓬萊瓊島
거하는 신선 한 분	有一神仙
풍만한 용모에 부드러운 살결로	丰貌綽約
나래를 펴고 너울너울 춤을 추면서	羽儀翩躚
스스로 빈국에서	自從賓國
날아온 봉황 같다고나 할까[198]	翱翔鸞鶱
바람과 이슬 들이쉬고 내쉬며	呼吸風露
밝은 달님 짝하여 희롱하다가	擺弄明月
대번에 용문에 뛰어오르다시	一躍龍門

198 스스로……할까 : 세상에서 짝을 찾을 수 없을 정도로 뛰어난 재질의 소유자라는 말이다. 옛날 계빈국(罽賓國)의 왕이 봉황 한 마리를 애지중지하며 키웠으나 3년 동안 울지 않다가, 어느 날 거울에 자신이 빛나는 모습을 혼자 외로이 비춰 보고는 슬피 울면서 한번 떨쳐 날아오르더니 이내 숨이 끊어졌다는 이야기가 남조 송(南朝宋) 범태(范泰)의 〈난조시서(鸞鳥詩序)〉에 나온다. 《太平御覽 卷916》

황갑을 쏘아 맞히고는	射破黃甲
함장의 고비 위에 앉으니	函丈臯比
옷자락 치켜들고 모여들었다오[199]	摳衣坌集
해치관 쓴 어사대에선	獬豸峨冠
된서리 몰아치듯 늠렬하였고	風霜凜烈
제왕의 조서 받드는 승정원과	銀臺鳳詔
경연에서 강론하는 홍문관을 거치면서	鑾坡經幄
옷소매에 궁중 향내 듬뿍 배었으며	天香惹袖
걸음 옮길 때마다 구름이 일었다오	步武生雲
남쪽 지방 안찰하러 내려가서는	降節南藩
소의간식의 근심을 함께 나눠 가지며	宵旰憂分
백성들에게 베풀어 줌이 있어서	有賚于民
공이 재화의 곳간이 되었다지요	公爲府藏
팔도가 모두 내향하는 왕의 강역이지만	八道內向

199 대번에……모여들었다오 : 이 가요의 주인공이 되는 당사자가 문과(文科)에 급제하고 나서 성균관에 들어가 유생을 가르치는 스승이 되었다는 말이다. 용문(龍門)은 황하(黃河) 상류의 물살이 급한 곳으로, 잉어가 여기에 올라가면 용이 된다는 전설에서 과거 급제를 비유하는 말로 쓰이게 되었다. 황갑(黃甲)은 옛날 과거 시험에서 갑과(甲科) 급제자의 명단을 황지(黃紙)에 썼던 데에서 유래한 것으로, 이 역시 과거 급제를 비유한다. 함장(函丈)은 사제(師弟) 간의 거리가 1장(丈) 정도 떨어져 있다는 말로, 강학하는 장소 혹은 스승을 가리키고, 고비(臯比)는 호피(虎皮) 방석으로 사석(師席)을 뜻한다. 옷자락을 치켜든다는 것은 존장(尊長)에게 경의를 표하는 것을 말한다. 《예기》 〈단궁 상(檀弓上)〉의 "어른이 계신 방 안으로 들어갈 때에는 옷자락을 공손히 치켜들고 실내 구석을 따라 빠른 걸음으로 가서 자리에 앉은 다음에 응대를 반드시 조심성 있게 해야 한다."라는 말에서 나온 것이다.

돌봄이 더욱 절실한 곳은 바로 경기 지방　眷切畿疆
방백으로 뽑히기에 공이 마땅한지라　公當其選
옷자락 가지런히 수의를 몸에 걸치니[200]　繡衣襜如
공에 대한 소문만 미리 듣고서도　先聲攸暨
더러운 것들이 모두 자취를 감췄다오　穢跡悉除
우리 광릉 한 구역으로 말하면　廣陵一區
금성과는 고작 척오의 거리[201]　尺五金城
홍애[202]가 앞길을 인도하고　洪崖啓路
연문[203]이 깃발을 쳐든 가운데　羨門揚旌
단구에 아침 해가 떠오르며　丹丘曈曨
대여[204]가 희미하게 밝아 올 적에　岱輿熹微
환패 소리 청랑하게 울리면서　環佩鏗鏘

200　팔도(八道)가……걸치니 : 경기 감사로 선발되어 부임하였다는 말이다. 내향(內向)은 조정에 칭신(稱臣)하며 귀복(歸服)하는 것을 말한다. 수의(繡衣)는 수놓은 비단옷이라는 뜻인데, 여기서는 왕명을 받들고 지방에 내려가 법을 집행하는 관원의 복장을 의미한다. 한 무제(漢武帝) 말기에 폭승지(暴勝之)가 직지사자(直指使者)가 되어 수의 차림에 부월(斧鉞)을 쥐고 도적을 일망타진하여 군국(郡國)을 안정시켰던 고사가 유명하다. 《漢書 王訢傳》

201　금성(金城)과는……거리 : 한양 도성과 매우 가까운 거리에 있다는 말이다. 척오(尺五)는 1척 5촌의 준말로 지척(咫尺)이라는 말과 같은데, 제왕의 도성과 매우 가까울 때 척오천(尺五天)이라는 표현을 쓰기도 한다. 금성은 도성의 별칭이다.

202　홍애(洪崖) : 고대의 선인(仙人)이다.

203　연문(羨門) : 진 시황(秦始皇)이 일찍이 동해에 노닐면서 찾았던 선인 연문자고(羨門子高)를 가리킨다.

204　대여(岱輿) : 동해에 있다는 다섯 선산(仙山) 중 하나이다.

빠른 말을 타고 계속 달리시네 八駿騑騑
그동안 잠깐 돌아보시는 사이에 斯須轉眄
산과 강물은 광채를 더하였고 山河增彩
숫돌에 갈린 칼날을 막 들이대자마자 硎刀初加
복잡하게 엉긴 곳도 절로 해체되었지요[205] 盤錯自解
참관하러 나온 노인네들이 觀光耋艾
마을 입구를 그득 메우면서 塡溢村閭
이마에 손을 얹고 우러러보며 擧手加額
노래 부르며 찬미하노니 且頌且譽
조정에 이제 귀환하시거든 歸還廟堂
공이여, 편안히 지내옵소서 公安其居

205 숫돌에……해체되었지요 : 노련한 백정이 소를 잡는 것처럼 복잡한 정사를 능수능란하게 처리했다는 말이다. 《장자(莊子)》 〈양생주(養生主)〉에, 칼을 소의 마디와 마디 사이에 집어넣어 19년 동안이나 소를 잡았는데도 칼날이 금방 숫돌에서 꺼낸 것 같았다는 이야기가 나온다.

침류당시. 이사준을 위해 짓다

枕流堂詩爲李師準作

당(堂)은 한강 언덕 위에 있다.

한강 언덕에 경영하여	有營其漢
한강 흐름을 빛냈나니	有渙其流
굽이굽이 이어지는 천 이랑 물결	千頃邐迤
투명하게 빛나며 맑고도 그윽해라	瑩然淸幽
호령의 신분[206]과	壺領之瀵
해상의 구조[207]를	海上之漚
떠 마시며 친하게 지낼 만한지라	可掬可狎
여기에 나의 허주[208]를 띄웠노라	泛我虛舟
당은 멀리 벗어나 짝할 것이 없고	堂超然以無侶
강물은 밤이고 낮이고 쉬지 않는구나[209]	流日夜兮不休

206 호령(壺領)의 신분(神瀵) : 선경(仙境) 속의 샘물을 말한다. 112쪽 주83 참조.

207 해상(海上)의 구조(漚鳥) : 물가의 갈매기를 말한다. 구(漚)는 구(鷗)와 통한다. 《열자(列子)》 〈황제(黃帝)〉에 "갈매기를 좋아하는 바닷가 사람이 매일 아침 해변으로 가서 갈매기를 따라 노닐었다."라는 말이 나온다.

208 허주(虛舟) : 조종하는 사람 없이 혼자 떠다니는 배라는 뜻으로, 허심탄회한 마음으로 어느 한쪽에 치우침이 없이 자유롭게 행동하는 것을 비유하는 말이다. 《장자(莊子)》 〈산목(山木)〉에 "두 배가 나란히 강을 건널 적에 사람 없는 한쪽의 배가 다가와서 내 배에 부딪칠 경우에는 비록 마음이 편협한 사람일지라도 화를 내지 않는 법이다."라는 말이 나온다.

209 당(堂)은……않는구나 : 앞 구절은 체(體)의 측면을, 뒤 구절은 용(用)의 측면을

대인께서는 기인[210]이시라	有碩畸人
강물을 베개로 하고	有枕其水
흰머리로 누웠으니	白首而臥
뗏목 탈 일도 끝났도다[211]	乘桴已矣
청전핵주[212]를 마시고	靑田飮核
기산에서 귀 씻으며[213]	箕山洗耳
오만하게 세상을 거부하고서	且傲且忌
나의 휴식 공간에서 즐기노니	樂我攸止
홀로 우뚝 서서 고당과 함께 하고	竝高堂以獨立
아래 굽어보며 맑은 물 떠 마시노라	挹淸流兮俯視

묘사한 것이 아닌가 한다. 이 시 마지막에 나오는 '홀로……마시노라'도 이 구절과 상응하는 것으로 보인다.

210 기인(畸人) : 하늘과 친하지 사람과는 친하지 않은 방외(方外)의 인물을 말한다. 《장자》〈대종사(大宗師)〉에 "기인이란 사람들과는 짝하지 않으나 하늘과는 짝하는 자이다."라는 말이 나온다.

211 뗏목……끝났도다 : 어지러운 세상에 피해 다닐 일도 이제 없어졌다는 말이다. 《논어》〈공야장(公冶長)〉에, 공자가 난세(亂世)를 개탄하면서 "도가 행해지지 않으니, 뗏목을 타고 바다로나 나갈까 보다."라고 말한 내용이 실려 있다.

212 청전핵주(靑田核酒) : 서역(西域)의 오손(烏孫)에서 생산되는 술 이름으로, 미주(美酒)의 대명사로 쓰인다.

213 기산(箕山)에서 귀 씻으며 : 99쪽 주56 참조.

오언장편 五言長篇

연경에 가는 참의 유자한[214]을 송별하는 시

送別柳參議子罕赴燕京

유계수 삼정이 소중히 여기는 것은	柳季受岑鼎
오직 충성과 신실 바로 그것뿐	所重唯忠信
자신은 흐르지 않고 흐름을 전하면서	傳派自不流
이젠 늙어 머리가 반이나 희끗희끗	老大霜半鬢
나무 성긴 곳에서 사슴 하나만 대하다가	樹疏鹿一對
가장 높은 하늘에 신바람 나는 황곡으로	九天黃鵠迅
자미원(紫微垣)에서 면류관을 옹위하매	紫微拱冕旒
다섯 색깔 문채 나는 신기루가 현란하고	五色眩彩蜃
예악으로 교화하는 규벽[215]의 시대가 열리매	人文奎壁開
금옥의 유기가 나는 제왕이 음악이로세	大樂金玉潤

214 유자한(柳子罕) : 유희령(柳希齡, 1480~1552)으로, 본관은 진주(晉州), 자는 자한, 호는 몽암(夢菴)이다. 1542년(중종37) 5월에 성절사(聖節使)로 북경에 갔다가 11월에 돌아왔다. 당시 관직은 공조 참의였다.

215 규벽(奎壁) : 28수(宿) 중에서 문운(文運)을 주관한다고 여겨져 온 규수(奎宿)와 벽수(壁宿)의 병칭이다.

아득히 나는 용과 학을 손으로 잡아	龍鶴杳莽蒼
수레로 몰고 다니는 것도 한순간의 일	掌蹠屬一瞬
바다에서 길러진 봉새처럼 마음 꽃을 피워	育海竝心花
하늘에 노니는 걸 누가 입방아 찧으리오	天遊誰得訊
풍토가 모조리 노리갯감으로 들어오니	風土入擺弄
그 조예가 얼마나 높다고 해야 할지	趣造高幾仞
부끄럽네, 나는 늙어 박한 벼슬 하느라고	愧我老薄宦
수척한 허리에 홀을 괜히 꽂고 있을 뿐	瘦腰笏空搢
돌아와 못난 나에게도 시 선물 나눠 주시겠지	歸應分蹇産
비바람 속에 혼이 항상 따라다닐 테니	風雨魂常趁

백일시[216]를 지어 응휴련을 본받다
百一詩擬應休璉

내가 듣건대 북산의 우공[217]은　吾聞北山公
고생고생하며 산의 흙을 파서　勤苦懇山壤
바다 어귀까지 메고 갔는데　荷擔到海口
바닷물 깊이가 무려 일만 길　海水深萬丈
일 년에 한 번 휴가 내어 돌아왔어도　一年始投還
늙어서도 힘줄과 뼈 여전히 강했다오　筋骨老尙强
괴보를 깎아 낼 위인도 못 되었지만　縱非損魁父
그 정성이 여지없이 하늘을 감동시켜　誠感無一爽
두 산을 동과 남으로 옮겨 가게 하였으니[218]　兩山各東南
그 공은 시간이 갈수록 더욱 광대하리라　厥功久逾廣
그런데 어찌하여 구씨의 아들은　云胡丘氏子

216 백일시(百一詩) : 삼국 시대 조위(曹魏)의 문학가인 응거(應璩, 190~252)가 지은 풍자시의 편명으로, 《문선(文選)》 권21에 수록되어 있다. 휴련(休璉)은 응거의 자이다.

217 북산(北山)의 우공(愚公) : 우공이산(愚公移山) 설화의 주인공이다.

218 괴보(魁父)를……하였으니 : 괴보는 작은 산의 이름이다. 앞에 산이 가로막혀 통행이 불편하자 우공이 가족들과 함께 매일 흙을 발해(渤海) 바닷가로 퍼 날라서 산을 옮기려고 하였다. 처음에는 산신령이 우공을 비웃었으나 자자손손 대대로 이 일을 행하겠다는 우공의 뜻을 알고는 천제(天帝)에게 보고하자, 이에 감동한 천제가 신력(神力)의 소유자인 과아씨(夸娥氏)의 두 아들을 내려보내 그 산을 등에 업고 각각 삭방(朔方)의 동부와 옹주(雍州)의 남부로 옮기게 했다고 한다. 《列子 湯問》

괜히 검에 맹세하며 손에 침을 뱉었던고[219] 誓劍空唾掌
비단옷 백 벌보다 삼보[220]를 귀하게 여긴다면 三寶貴百襲
어찌 다른 사람에 의해 잘못될 리가 있으리오 肯爲人所枉
더군다나 저 흑란의 세력으로 말하면 何況彼黑卵
대적할 상대가 없는 데야 어떻게 하겠는가 勢力無等兩
잘 활용하는 방법이 엉성하고 서툴러서 善售術空疏
평생의 소장품을 부끄럽게도 저버린 채[221] 慙負平生杖

219 어찌하여……뱉었던고 : 구씨(丘氏)는 구병장(丘邴章)을 말한다. 위(魏)나라 흑란(黑卵)이라는 자가 사사로운 원한 때문에 구병장을 죽이자, 그의 아들인 내단(來丹)이 매우 허약한 몸인데도 직접 부친의 원수를 갚겠다고 맹세하였다. 그런데 흑란은 성질이 사납고 힘이 장사일 뿐만이 아니라, 그의 몸에 닿으면 칼날이 휘고 화살이 부러질 정도로 근골(筋骨)과 피육(皮肉)이 매우 질기고 강해서 웬만한 무기로는 그를 죽일 수가 없었다. 내단이 공주(孔周)라는 사람을 찾아가서 소련(宵練)이라는 보검을 얻은 뒤에 흑란이 술에 취해 잠든 틈을 타서 목에서부터 허리까지 세 차례나 칼로 베었으나, 흑란 자신은 술에서 깨어나 단지 '목구멍이 아프고 허리가 결린다.'라고 말하는 데에 불과하였으므로 내단은 그를 칼로 죽일 수 없다는 것을 알고는 탄식할 뿐이었다. 《列子 湯問》

220 삼보(三寶) : 세 가지 보물이라는 뜻으로, 그 내용에 대해서는 다양한 해석이 있는데, 여기서는 《노자(老子)》 67장에서 "나에게는 세 가지 보배가 있는데, 나는 그것을 지니고 보전해 왔다. 첫째는 자비요, 둘째는 검약이요, 셋째는 감히 천하에서 앞서지 않음이다.〔我有三寶, 持而保之. 一曰慈, 二曰儉, 三曰不敢爲天下先.〕"라고 한 내용을 말한다.

221 평생의……채 : 보검을 제대로 사용하지 못했다는 말이다. 공주가 자기 조상이 얻은 은(殷)나라 제왕의 보검, 즉 함광(含光), 승영(承影), 소련이라는 이름의 세 자루 보검을 13대가 지나도록 고이 간직한 채 지금까지 한 번도 개봉한 적이 없다면서, 그 칼들의 특징을 일일이 설명한 뒤에 이것들로는 사람을 죽일 수 없다고 누누이 이야기해 주고는 7일을 함께 재계(齋戒)하고 나서 무릎을 꿇고 전해 주자 내단이 재배(再拜)하고

구구하게 목구멍이 아프게만 해 놓고서	區區致嗌疾
고단하게 갈 곳을 잃고 헤매었을 뿐	孑孑迷攸往
계책이 우공보다도 훨씬 못했으니	計出愚公下
네가 하려는 일에 누가 동의하겠느냐	誰會汝志嚮
우선은 각자 노력하며 점잖게 행하다가	爲善貴自效
국가의 흥망에 충심으로 무기를 들지니	死生忠可仗
재배하고 이 말을 띠에 써넣고 명심하면	再拜書諸紳
우리 당을 그런대로 일으킬 수 있으리라	庶以起吾黨

그 칼을 경건히 받들고서 돌아갔는데, 그만 이 뜻을 제대로 이해하지 못하고서 그 칼을 잘못 휘둘렀다는 말이다. 이 보검들은 치세에 필요한 경세제민(經世濟民)의 국가 대계를 비유한 것으로 보인다.

윤 판윤[222]의 임심당에 제하다

題尹判尹臨深堂

휘(諱)는 순(珣)이다. 당은 용산(龍山)에 있다.

끊어진 기슭에 높다란 다락이 출현하여	斷麓敞危構
아스라이 용마루가 구름 뚫고 솟았나니	窈冥雲甍起
뒷걸음친 백혼의 발바닥 저 아래로[223]	逡巡伯昏分
천 이랑 용산강 물결이 치달려 가네	下有千頃駛
겸손하게 몸단속하면 항상 족한 법	挹損守常足
상선약수의 가르침이 귀하다마다	上善貴若水
나는 주인의 마음을 원래 아노니	固知主人心
도와 묵계(墨契)하여 거듭 이른다는 것[224]을	默與道洊止
넓고 아득한 강물에는 돛배를 풀어놓고	風檣放浩渺

222 윤 판윤(尹判尹) : 윤순(尹珣, ?~1522)으로, 본관은 파평(坡平), 자는 백옥(伯玉), 호는 임심(臨深)이다. 벼슬살이하는 동안 여러 번 구설에 올랐으며 말년에 외척으로서 탄핵을 당하여 불우한 삶을 살다 죽었다.

223 뒷걸음친……아래로 : 열자(列子)의 스승인 백혼무인(伯昏無人)이 높은 산에 올라가 툭 튀어나온 바위를 밟고는 백 길의 깊은 못을 내려다보며 뒷걸음질을 쳐서 발바닥의 3분의 2를 공중으로 내민 채 열자에게 오라고 손짓하자 열자가 땅에 엎드린 채 겁이 나서 식은땀을 흘렸다는 이야기가 《장자(莊子)》 〈전자방(田子方)〉에 나온다.

224 거듭 이른다는 것 : 물이 쉬지 않고 계속해서 흘러가는 것처럼 초심을 잃지 않고 변함없이 노력해 가는 것을 말한다. 《주역》 〈감괘(坎卦) 상(象)〉에 "물이 거듭 이르는 것이 습감이다. 군자는 이것을 본받아 덕행을 항상 닦으며 가르치는 일을 익힌다.〔水洊至習坎. 君子以, 常德行習敎事.〕"라는 말이 나온다.

험준한 길에 허름한 수레 몰고 다니나니 柴車馭嶢峗
몸 보전하지 못할까 두려워하고 겁내면서 凜凜似不保
전전긍긍하는 것이 임리[225]만큼 심하도다 戰兢甚臨履
붉은 노을빛이 섬의 앞면을 둘러싸고 絳氣縈島面
흰 물새가 모래톱에서 한가히 노니는 곳 白鷗閑沙觜
목청 뽑아 구름과 물에 고함을 치면 長嘯振雲水
외물 따위엔 구애받지 않게 되리라 外物非所累
세간에 이기고 지는 것이 있다고 해도 世間有輸贏
이 모두 하나의 말이요 손가락이니[226] 紛紛一馬指
총애받을 생각도 재처럼 식었을 것이요 寵祿念應灰
부귀자제의 습관도 이미 느슨해졌으리 綺紈習已弛
분발하여 높이 올라가 멀리 바라보면 僶勉更臨眺
홀연히 하늘과 땅이 새롭게 보이리니 恍然天地始

225 임리(臨履) : 《시경》 〈소아(小雅) 소민(小旻)〉의 “두려워하여 조심하면서, 마치 절벽에서 심연을 굽어보는 듯이 하고, 얇은 얼음을 밟는 듯이 한다.〔戰戰兢兢, 如臨深淵, 如履薄氷.〕”라는 구절에서 나온 말로, 매사에 근신하면서 신중하게 대처하는 것을 의미한다.

226 세간에……손가락이니 : 현상적으로는 우열(優劣)과 고하(高下) 등 상대적 차별이 존재한다고 하더라도 그 이면을 살펴보면 피차 마찬가지라서 특별히 의미를 부여할 필요가 없다는 말이다. 말과 손가락은 《장자》 〈제물론(齊物論)〉의 “나의 손가락을 가지고 그의 손가락이 나의 손가락이 아니라고 설명하기보다는, 나의 손가락이 아닌 것을 가지고 그의 손가락이 나의 손가락이 아님을 설명하는 것이 훨씬 낫고, 나의 말을 가지고 그의 말이 나의 말이 아니라고 설명하기보다는, 나의 말이 아닌 것을 가지고 그의 말이 나의 말이 아님을 설명하는 것이 훨씬 나으니, 천지는 하나의 손가락이요, 만물은 하나의 말이다.〔以指喻指之非指, 不若以非指喻指之非指也; 以馬喻馬之非馬, 不若以非馬喻馬之非馬也. 天地, 一指也; 萬物, 一馬也.〕”라는 말에서 발췌한 것이다.

곧바로 배를 저어 상심을 건너	謖操濟觴深
모쪼록 공자님 말씀 따르시기를[227]	庶從吾夫子

227 곧바로……따르시기를 : 상심(觴深)은 수심이 깊고 물살이 거세어 건너기 힘든 물 이름이다. 뱃사공이 귀신처럼 배를 몰아 그곳을 건너가는 것을 안회(顏回)가 보고는 그 비법을 묻자, 뱃사공이 "헤엄을 잘 치는 자는 빨리 숙달할 수 있다. 예컨대 잠수하는 사람이라면 배를 본 적이 없어도 곧바로 배를 저을 수 있다."라고 대답하였다. 안회가 공자에게 그 대답의 의미를 묻자, 공자가 "헤엄을 잘 치는 자가 빨리 숙달하는 것은 물을 잊어버리기 때문이고, 잠수하는 사람이 배를 본 적이 없어도 곧바로 배를 저을 수 있는 것은 깊은 물을 언덕처럼 여기고 배가 전복되는 것을 수레가 퇴각하는 정도로 여기기 때문이다. 전복하고 퇴각하는 등 온갖 현상이 눈앞에 전개되더라도 그의 마음을 교란할 수 없으니, 어디에 간들 한가하지 않겠는가."라고 대답하였다. 《列子 黃帝》

하경조의 〈유선시〉[228]에 대한 속편을 짓다

續何敬祖遊仙詩

일찍이 듣건대 마사황[229]이	嘗聞馬師皇
정성껏 간절히 침을 놓았는데	引鍼誠懇至
하루아침에 용이 태우고 떠나가니	一朝龍負去
온 세상이 그 비법을 배우려 안달했다네	擧俗爭翹企
나는 서업(緖業)을 이어받은 처지에서	伊余宿承緖
일찌감치 세상 벗어날 뜻을 지녔는데	早有遺世志
이인의 인도로 석실에 들어서니	異人引石室
훤칠한 신선님들이 다들 모여서	頎頎仙聖萃
치렁치렁 검은 머리칼 늘어뜨리고는	髭髿垂綠髮
나에게 숨겨진 보결을 전해 주시기에	貽我寶訣祕
재배하고 옥예[230]를 씹어서 맛을 보니	再拜嚼玉蕊

228 하경조(何敬祖)의 유선시(遊仙詩) : 《문선(文選)》 권21에 실려 있다. 민회태자(愍懷太子)를 위해 지은 것 같다는 평과 함께 난조(亂朝)에 처하여 세상을 떠나 선경(仙境)에 노닐 것을 생각하며 이 시를 지었다는 평이 붙어 있다. 경조는 서진(西晉)의 문신인 하소(何劭, ?~301)의 자이다.

229 마사황(馬師皇) : 황제(黃帝) 때의 의사(醫士)인데, 특히 말의 병을 잘 고쳤으므로 후세에 수의(獸醫)의 비조(鼻祖)로 칭해진다. 한(漢)나라 유향(劉向)의 《열선전(列仙傳)》 〈마사황〉에 "용이 내려와서 그에게 귀를 늘어뜨리고 입을 벌리자, '용이 병에 걸려서 치료해 달라는 것이로구나.'라고 생각하고는 용의 입술 아래에 침을 놓고 감초탕을 입안에 부어서 낫게 하였는데, 어느 날 용이 마사황을 등에 업고 떠나갔다."라는 이야기가 실려 있다.

신골이 원활해짐을 대번에 느끼겠네　頓覺神骨膩
나의 정신이 옥황상제와 계합을 하고　神明契太上
영적인 감응이 우연찮게 맞아떨어짐에　靈感會相値
생학[231]이 홀연히 와서 나를 등에 태우고는　笙鶴忽來馭
곧장 선도 깊숙한 곳으로 데려다주자　直到仙都邃
서왕모가 흰 치아 드러내고 웃으면서　王母啓玉齒
한 번 보고는 영원히 보자고 기약했나니　一見期久視
아래를 굽어보면 부유의 무리 우스워라　俯笑蜉蝣輩
금방 죽는데 도대체 무엇을 추구하는지[232]　起滅竟何冀

230 옥예(玉蕊) : 옥의 정영(精英)이라는 뜻으로, 불사약의 재료가 되는 광물이다. 서왕모(西王母)가 한 무제(漢武帝)에게 "창성(昌城)의 옥예와 야산(夜山)의 화옥(火玉)을 구해서 복용하면 하늘보다 뒤에 늙는다."라고 일러 주었다는 이야기가 《한무내전(漢武內傳)》에 나온다.

231 생학(笙鶴) : 피리 부는 선인이 탄 학이라는 뜻인데, 여기서는 신선을 모시러 온 학이라는 뜻으로 쓰였다. 왕자교(王子喬)로 더 많이 알려진 주 영왕(周靈王)의 태자 진(晉)이 피리 불기를 좋아하여 곧잘 봉황의 울음소리를 내곤 하였는데, 선인(仙人) 부구공(浮丘公)을 따라 숭산(嵩山)에 올라가서 선도(仙道)를 닦은 뒤 30년이 지난 칠월 칠석에 구지산(緱氏山) 정상에 백학(白鶴)을 타고 내려와서 산 아래 가족들에게 손을 흔들어 인사하고는 며칠 뒤에 떠나갔다는 전설이 있다. 《列仙傳 王子喬》

232 서왕모(西王母)가……추구하는지 : 하루살이처럼 매우 짧은 삶 속에서 안달복달하며 아귀다툼하는 중생들의 모습이 장생구시(長生久視)하는 신선의 입장에서 보면 우습기도 하다는 말이다. 참고로 《문선》에 하소의 〈유선시〉를 이어서 그 뒤에 바로 진(晉)나라 곽박(郭璞)의 〈유선시(游仙詩)〉가 또 실려 있는데, 거기에 "신녀(神女) 복비(宓妃)가 나를 돌아보고 웃으면서, 찬연히 옥 같은 흰 치아를 드러내 보이네.〔靈妃顧我笑, 粲然啓玉齒.〕"라는 표현과 "한번 물어보세 하루살이 같은 무리여, 그대들이 어떻게 거북이와 학의 나이를 알겠는가.〔借問蜉蝣輩, 寧知龜鶴年?〕"라는 표현이 나온다.

연우[233] 이비중이 어버이의 수연(壽宴)을 개최한 당우(堂宇)에 제하다

題年友李棐仲壽親堂

휘(諱)는 현보(賢輔)이다.

산봉우리 겹겹 거기에 기암괴석 　　沓嶂有奇嵒
강가 벼랑에 선보인 자그마한 집 　　小堂開斷岸
효자가 서비를 아끼는지라 　　孝子愛西飛

바위 위에 애일당(愛日堂)이 있다.

방촌이 소한에 걸려 있나니[234] 　　方寸掛霄漢
각고 노력하는 것이 무슨 심정에서냐면 　　勤苦誰爲情
축수 연회에 멋진 완상 제공하려 함이기에 　　壽讌供淸翫
머리칼 하얗게 센 자리 위의 노인이 　　皤皤座上老

233 연우(年友) : 보통은 같은 해의 과거에 급제한 친구라는 뜻의 동년우(同年友)의 준말로 쓰이는데, 이현보(李賢輔, 1467~1555)와 대관재는 1495년(연산군1) 증광시 소과에 나란히 합격하였다.

234 효자가……있나니 : 어버이와 함께 기쁜 시간이 많지 않은 것을 안타까워하며 항상 마음속으로 벼슬을 그만둘 생각을 했다는 말이다. 서비(西飛)는 태양이 서쪽으로 날아가듯 빨리 지는 것을 말하고, 소한(霄漢)은 높은 하늘이라는 뜻으로 대궐 혹은 조정을 뜻한다. 벼슬을 그만두고 떠날 때 도성의 성문에 관을 걸어 놓고 가던 관습이 예전부터 행해져 왔다. 애일당의 '애일'은 한(漢)나라 양웅(揚雄)의 "이 세상에서 오래 가질 수 없는 것은 어버이를 모실 수 있는 있는 시간이다. 따라서 효자는 어버이를 봉양할 수 있는 동안 하루하루 날을 아낀다.〔不可得而久者, 事親之謂也. 孝子愛日.〕"라는 말에서 나온 것이다.《法言 孝至》

재미있게 즐길는지 모든 눈들이 지켜보네 十目森逡玩
비단 장막이 잔치 자리에 펼쳐지고 羅幙展瑤席
간드러지게 울려 퍼지는 〈장녀탄〉[235]의 음악 소리 妖麗張女彈
시종들은 간간이 서물(瑞物)을 전달하고 儐從間瑞傳
옆자리 바짝 앉은 귀족 자제들 돋보이네 逼側綺紈燦
가을 강물에 늘씬한 미녀들 어리비치고 秋江照娉婷
춤추는 그림자 물 위에 뒤섞여 일렁이는데 舞袖影凌亂
창안이 취해 쓰러지자 다투어 부축하니[236] 蒼顔競扶醉
주민들 모두가 탄식하며 애석해하네 甿俗咸歎惋
공은 잘 봉양하는 것을 귀하게 여겨 公乎貴善養
오십의 나이에도 여전히 확실하게 五十猶斷斷
효에 입각하여 경로(敬老)의 교화 펼쳐서 老老化以孝
선정의 영예가 영남에서 으뜸이었어라[237] 政譽嶺南冠
감격스럽도다, 효자의 마음이여 感激孝子心
어버이 위한 효성이 어찌 여기에 그치리오 爲親誠豈但
세상을 경륜하는 뱃속 가득 충성심이 經世滿腹忠
태양을 꿰뚫을 것임을 내 확신하노라 白日期可貫

235 장녀탄(張女彈) : 옛 악부곡(樂府曲)의 이름으로, 곡조가 애절하다고 한다.

236 창안(蒼顔)이……부축하니 : 구양수(歐陽脩)의 〈취옹정기(醉翁亭記)〉에 "창안백발로 그 사이에 쓰러져 있는 것은 태수(太守)가 술에 취한 것이다."라는 말이 나온다. 《古文眞寶 後集 卷6》 창안백발은 늙어서 야윈 얼굴에 하얗게 변한 머리라는 뜻으로 노인을 비유하는 수식어인데, 여기서는 수연(壽宴)의 주인공을 가리킨다.

237 선정(善政)의……으뜸이었어라 : 이현보가 1523년(중종18)에 성주 목사(星州牧使)로 재직하며 선정을 베푼 결과 왕으로부터 표리(表裏)를 하사받기도 하였다.

가형이 나에게 수석(壽石) 하나를 선물하였다. 그 수석의 결이 나무숲 사이 인가의 풍경을 자연스럽게 이루고 있어서 화가라도 그렇게 그려 낼 수 없겠기에, 내가 흔연히 마음에 들어서 마침내 노래 하나를 짓다

家兄貽我一塊石石理自作人煙林木非畫手所到處余欣然會心遂賦一詠

이 수석은 본래 이런 모양이 없었는데	有形本無形
조물이 참으로 섬세한 솜씨를 발휘하여	造物眞細瑣
조각돌 속에 생명의 숨결을 불어넣어	片石得胚凝
조각칼을 들고 치우침 없이 공교하게	剞劂巧不頗
하늘의 뜻을 더욱 정밀히 다듬으면서	天機費轉密
하나의 세계 압축하여 담아 놓았나니	世界藏幺麼
자욱이 피어오르는 푸르스름한 연기라든가	曖曖翠靄封
가지런히 모여 서 있는 가지와 잎들을 보면	整整枝葉夥
이루[238]의 눈도 응당 어질어질해질 것이요	離婁眼應眩
우공[239]의 힘으로도 메고 가기 어려우리라	愚公力難荷
묵화로는 어림도 없는 대여의 선경을	岱輿隔尋墨
방불하게 그대로 내 앞에 앉혀 놓았나니[240]	恍然還坐我

238 이루(離婁) : 100보 밖에서 털끝을 분별해 낼 정도로 시력이 매우 좋았다는 전설 속의 인물이다. 《孟子 離婁上》

239 우공(愚公) : 우공이산(愚公移山) 설화의 주인공이다. 183쪽 주218 참조.

240 묵화(墨畫)로는……놓았나니 : 수석을 통해서 선경의 느낌을 가져 볼 수 있다는

장막을 젖히고 한번 들춰 보고도 싶다마는 祛帳欲一撥

동천(洞天)의 문이 오래 잠겼음을 알고 있는 터 洞門知久鎖

손으로 두드려도 열어 줄 이 뉘 있으랴마는 擊手誰闔扉

도원은 혹 그 안의 경치 그려 줄는지도 道元倘予可

오도자(吳道子)는 일명 도원(道元)이라고도 한다.[241]

말이다. 송(宋)나라 한구(韓駒)의 시에 "방불하게 수선의 관부를 내 앞에 앉혀 놓았나니, 창망한 운무 일만 이랑에 물결이 하 맑아라.〔恍然坐我水仙府, 蒼煙萬頃波粼粼.〕"라는 표현이 있다.《陵陽集 卷1 題王內翰家李伯時畫太一姑射圖》 대여(岱輿)는 동해에 있다는 다섯 선산(仙山) 중의 하나이다.

241 오도자(吳道子)는……한다 : 도자는 당 현종(唐玄宗) 때의 화가로, 산수·불상·인물화에 독보적인 경지를 보이며 화성(畫聖)으로 일컬어진 오도현(吳道玄)의 자이다. 도원은 도현으로 개명하기 이전의 이름이다.

중종대왕 만사

中宗大王挽

주나라의 운세가 새로워져서	周家運維新
창록의 중연을 열어 주었네[242]	蒼籙啓重衍
휘황하게 대를 이어 걸출한 왕손이 나와	皇皇開奕葉
결함 없이 자연스럽게 대통을 계승하여	罔缺自承顯
나랏일 노심초사하며 원칙을 세웠나니	憂勤立我極
신령의 공력이지 어찌 사람의 힘이리오	神功豈黽勉
소원한 자 귀부하니 이들 모두 영재요	疏附盡群彦
백성들 잠자리가 편안해졌음은 물론	枕席民旣奠
인애의 은택이 미물에까지 미치면서	仁恩及肖翹
오제[243]에 입각하여 문교를 밝혔어라	五際文教闡

242 주(周)나라의……주었네 : 조선이 옛날 주나라가 유신(維新)한 것처럼 천명을 다시 새롭게 받아 중종반정(中宗反正)을 이루게 되었다는 말이다. 창록(蒼籙)은 오행(五行) 중 목(木)의 덕을 상징하는 청제(青帝)의 부록(符籙)이라는 뜻으로, 목덕으로 제왕이 되었다고 전해지는 주나라 왕실을 가리킨다. 《시경》〈대아(大雅) 문왕(文王)〉에 "주나라는 비록 오래된 나라이지만, 문왕이 그 명을 새롭게 받았도다.〔周雖舊邦, 其命維新.〕"라는 말이 나온다. 중연(重衍)은 중흥(重興)과 같은 말이다.

243 오제(五際) : 오륜(五倫)과 같은 말로, 삼강오륜(三綱五倫)과 같은 인륜을 말한다. 한나라 익봉(翼奉)의 봉사(封事)에 "현자는 성인의 경(經)을 본 뒤에 인도(人道)의 할 일을 알게 되니, 시(詩)·서(書)·역(易)·춘추(春秋)·예악(禮樂)이 이것이다. 《역》에는 음양(陰陽)이 있고, 《시》에는 오제가 있고, 《춘추》에는 재이(災異)가 있다."라는 말이 있는데, 다섯 제회(際會)라는 뜻의 이 오제에 대해서 응소(應劭)는 "군신(君

태학을 시찰하며 석덕에게 자문하니 視學問碩德
단비 내릴 구름이 어가를 에워싸고 需雲擁駐輦
지극한 효성이 신명을 감동시킨지라 至孝感神祇
하늘이 묵묵히 보우하여 병이 나았다네 默祐天所遣

대비(大妃)의 병세가 위중해지자 상이 향을 사르며 하늘에 기도하니 즉시 나았다.

황제가 누차 돌보아 주며 내려 준 天王屢眷注
곤룡포와 면류관이 빛을 발하는데 袞龍耀旒冕
슬프게도 홀연히 백운에 올라타시어[244] 忽悲白雲乘
홍휴의 옥전을 올리게 되었기에[245] 鴻休上玉典
미천한 신하 교산[246]을 바라다보며 微臣望橋山
목메어 슬픈 눈물 줄줄 흘립니다 嗚咽哀淚泫

臣)·부자(父子)·형제(兄弟)·부부(夫婦)·붕우(朋友)이다."라고 풀었고, 맹강(孟康)은 "《시내전(詩內傳)》에 의하면 이 오제는 묘(卯)·유(酉)·오(午)·술(戌)·해(亥)이니 음양이 종시(終始)하며 제회(際會)하는 해를 말하는데, 이때에는 변개하는 정치가 있게 된다."라고 풀었다. 《漢書 翼奉傳》 후세에서는 보통 맹강의 해설을 채택하는데, 대관재는 여기에서도 굳이 응소의 주장을 인용하고 있는 것이 주목된다.

244 백운(白雲)에 올라타시어 : 백운을 타고 천상으로 올라갔다는 뜻으로, 임금이 승하한 것을 말한다.

245 홍휴(鴻休)의……되었기에 : 휘호(徽號)를 바치게 되었다는 말이다. 홍휴의 옥전(玉典)은 크고 아름다운 궁중의 의전(儀典)이라는 뜻으로, 왕의 휘호를 말한다. 중종은 묘호(廟號)이고, 시호(謚號)는 휘문소무흠인성효(徽文昭武欽仁誠孝)이고, 능호(陵號)는 정릉(靖陵)이다.

246 교산(橋山) : 원래는 황제(黃帝)의 장지(葬地)인데, 보통 임금의 능묘를 가리킨다.

정승 형의 부인 허씨에 대한 만사
政丞兄夫人許氏挽

백씨는 이미 산언덕으로 돌아갔는데[247]	伯氏已山阿
홀로 된 부인이 지금 또 따라갔네	孤嫠今亦逝
어린 나이에 일찌감치 시집살이하며	弱齡早中饋
얼마나 오랜 세월 효성을 바쳤던가	誠孝供幾歲
무릎 아래에 두 송이 꽃을 건졌으나	膝下挹雙榮
머리 돌리는 사이에 꼭지가 말라 버리고	轉頭成枯蔕
종전에 부귀를 누린 부채라고 할까	從前富貴債
기대고 엎드렸다 교대하여 갈마들었네[248]	倚伏迭相逮

247 백씨(伯氏)는……돌아갔는데 : 대관재의 형인 심정(沈貞)은 경빈(敬嬪) 박씨(朴氏)와 밀통하여 기묘사화(己卯士禍)를 일으키고 정권을 장악하였으며, 또 그 뒤에 정적이었던 김안로(金安老)를 귀양 보내고 권력을 독점하여 벼슬이 좌의정에 이르렀는데, 경빈 박씨의 동궁 저주 사건에 걸려 1531년(중종26)에 사사(賜死)되었다. 4년 아래인 대관재와는 형제간의 우의가 지극히 돈독하여 곤경에 처한 아우를 끝까지 보살펴 주었다고 하며, 대관재 역시 형의 비참한 말로를 예상하면서 풍간(諷諫)하기도 하였으나 끝내 되돌리지 못하고 회한을 안은 채 살았다고 한다. 산언덕으로 돌아갔다는 표현은 아마도 위(魏)나라 조식(曹植)의 〈공후인(箜篌引)〉에 "살아서는 화려한 집에 살다가, 죽어서는 산언덕으로 돌아갔네.〔生在華屋處, 零落歸山丘.〕"라는 시구를 연상하고 사용한 것이 아닌가 한다. 진(晉)나라 양담(羊曇)이 자기를 무척 아껴 주던 외숙 사안(謝安)이 세상을 떠나자 다시는 사안이 살던 서주(西州) 땅을 밟지 않다가, 어느 날 술에 취해 자기도 모르게 서주의 문까지 갔다가 조식의 이 시구를 읊고 통곡하며 돌아왔던 고사가 있다. 《晉書 謝安列傳》

248 기대고……갈마들었네 : 그동안 누리던 복이 화로 뒤바뀌었다는 말이다. 《노자

봉황새는 옛 둥지를 잃어버리고	丹鳳失舊巢
서릿바람이 향초를 꺾은 가운데	霜風折芳蕙
남은 재앙이 못의 물고기에까지 미쳐[249]	餘殃及池魚
적막하게 홀로 남은 신세가 되었으니	孑孑餘身世
숨을 쉬고 있는 한 어떻게 탄식을 참겠으며	有息那忍噓
눈을 뜨고 있는 한 어떻게 눈물을 참겠는가	有眼那忍涕
번개 치듯 지나간 삼년상 기간 동안	三載如電掣
향불 피우며 따라 죽겠다 다짐했을 터	香火死爲誓
슬프고 슬프다, 항아의 정령[250]이여	哀哀姮娥精
어디로 선녀의 옷소매 따라갈거나	何處追仙袂
만가를 지으며 나의 옷을 적시나니	薤露濕我衣
양화나루 물가 향해 눈물을 흘리노라	泣向楊花澨

개화사(開花寺) 언덕에 장사 지냈다.

(老子)》 58장에 "화는 복이 기대는 바이고 복은 화가 엎드린 바이니, 누구라서 그 끝을 알 수가 있겠는가.〔禍兮福之所倚, 福兮禍之所伏, 孰知其極?〕"라는 말이 있다.

249 남은……미쳐 : 다른 사람들까지 무고하게 화를 당하게 되었다는 말이다. 송(宋)나라 성문에 불이 났을 때 그 옆에 있는 연못의 물을 퍼서 불을 끄는 바람에 연못의 물이 고갈되어 물고기들이 모두 죽었다는 고사가 있다. 《太平廣記 卷466 池中魚》

250 항아(姮娥)의 정령 : 부인의 죽음을 뜻하는 시어이다. 하(夏)나라 때 유궁후예(有窮后羿)가 서왕모(西王母)에게서 불사약(不死藥)을 구해 놓고는 아직 먹기도 전에 그의 처인 항아가 훔쳐 먹고 선녀가 되어 달 속으로 달아나 월정(月精)이 되었다는 전설에서 나온 것이다. 《淮南子 覽冥訓》

인종대왕 만사

仁宗大王挽

재유는 겨우 한 해를 넘겼어도　　在宥纔隔歲
노심초사한 것은 동궁 시절부터[251]　　憂勤自東阼
고전 속의 성인들 말씀 열람하면서　　墳素閱群聖
못처럼 고요히 마음으로 홀로 깨우쳤네　　淵默心獨悟
문침을 하고 시선을 하며　　問寢仍視膳
몽령을 암시해 줄 것을 기대했으나　　夢齡期冥喩
홀연히 기국의 걱정을 떠안게 되매　　忽抱杞國憂
하늘에 호소하려 해도 고할 곳이 없었네[252]　　籲天無處愬

251 재유(在宥)는……시절부터 : 왕으로 즉위하여 덕화를 펼친 것은 겨우 재위 1년에 불과했지만, 왕세자로 있을 때부터 인정(仁政)에 관심을 기울이며 나랏일을 걱정해 왔다는 말이다. 재유는 무위지치(無爲之治)를 뜻하는 말로 《장자(莊子)》의 편명이기도 한데, 보통 인정이나 덕화(德化)를 칭하는 말로 쓰인다. 인종은 1515년(중종10)에 중종과 장경왕후(章敬王后) 윤씨(尹氏) 사이에서 태어나 1520년에 왕세자에 책봉되고 25년 동안 동궁의 신분으로 있다가 1544년에 왕위에 올랐으나, 그로부터 겨우 8개월이 지난 이듬해 7월 1일에 31세로 승하하였다.

252 문침(問寢)을……없었네 : 인종이 부왕인 중종의 병세가 위중해지자 극진히 간호함은 물론 하늘에 기도하며 간절히 쾌유를 빌었으나, 결국 허사로 돌아가자 이제는 어디에 호소할 데도 없게 되었다는 말이다. 문침과 시선(視膳)은 자식이 어버이에게 하루에 세 차례씩 문안을 올리고 음식을 살핀다는 뜻으로, 주 문왕(周文王)이 세자로 있을 적에 부친인 왕계(王季)에게 그렇게 행한 고사에서 나온 것이다.《禮記 文王世子》 몽령(夢齡) 역시 〈문왕세자〉에 나오는 내용으로, "세자인 무왕(武王)의 꿈에 천제(天帝)가 자기에게 90세의 장수를 내려 주었다."라는 고사에서 나온 것인데, 여기서는

왕위를 계승함은 황극의 기본이라	垂統基皇極
선왕의 공렬을 모두 이어받았나니	丕承咸烈謨
인자한 은혜가 백성의 뼛속에까지 미치고	仁恩浹民髓
날벌레들도 그 덕분에 은택을 함께 맛봤다오	肖翹亦涵煦
해와 달이 비치듯 문화가 밝아져서	日月照文明
요순 시대에 비견되리라 기대했는데	皇王庶竝驅
누가 알았으랴, 초목이 번성하는 때에	誰料草木滋
애훼를 하늘이 도와주지 않을 줄을[253]	哀毁天不祚
교산에서 지척의 거리에	橋山距只尺
황금 문고리 잠긴 지하 궁전이 있나니[254]	玄宮鎖金鋪
신하들 오호[255]를 부여안고서	群臣抱烏號

대관재가 장수의 꿈만을 단장취의하여 마치 세자인 무왕이 부왕인 문왕의 수명을 연장시키는 하늘의 꿈을 꾼 것으로 바꿔서 인용하였다. 기국(杞國)의 걱정이란 하늘이 무너질까 걱정하며 침식을 폐했던 기국 사람의 걱정이란 뜻으로 보통은 쓸데없는 걱정이라는 뜻으로 쓰이지만, 여기서는 대관재가 하늘과 같은 어버이가 잘못될까 걱정했던 자식의 염려가 현실화되었다는 뜻으로 바꿔서 썼다.

253 누가……줄을 : 극진하게 거상 중인 인종의 효성을 하늘이 보살펴 주지 않고 죽음에 이르게 했다는 말이다. 애훼(哀毁)는 어버이의 죽음을 슬퍼하여 건강을 해치는 것을 말한다.

254 교산(橋山)에서……있나니 : 인종의 효릉(孝陵)과 장경왕후의 희릉(禧陵)이 서삼릉(西三陵)의 같은 경내에 가까이 있음을 말한 것이다. 장경왕후는 인종을 낳고 6일 뒤에 산후병으로 사망했다. 교산은 효릉을, 지하 궁전은 희릉을 가리킨다.

255 오호(烏號) : 오호궁(烏號弓)의 준말로, 신하들이 임금의 죽음을 애도할 때 쓰는 말이다. 황제(黃帝)가 형산(荊山) 아래 정호(鼎湖)에서 솥을 만들어 연단(鍊丹)을 하다가 그 일을 끝내고서 용을 타고 승천할 적에 신하와 후궁 70여 인을 함께 데리고 갔는데, 여기에 참여하지 못한 소신(小臣)들이 용의 수염을 잡고 있다가 용의 수염이

원반[256]에서 눈물을 비처럼 뿌립니다 鵷班淚下雨

빠지는 바람에 모두 떨어졌고 이때 황제의 활도 함께 떨어졌으므로, 백성들이 그 활을 안고 부르짖으면서 울었다고 하여 그 활을 오호궁이라고 했다는 이야기가 전한다.《史記 封禪書》

256 원반(鵷班) : 원추새의 질서정연한 대열이라는 뜻으로, 조정 백관의 반열을 가리킨다.

공손룡을 장난삼아 조롱하며 번중[257] 선생을 편들다
戲嘲公孫龍調蕃仲先生

조나라의 식객 공손룡으로 말하면 趙有公孫龍
태어날 때부터 오만방자한 성격으로 疏狂自稟賦
크기만 컸지 몸에 옹색한 점이 많았나니 枵然體多雍
하늘이 잘못 풀무질하여 실패작을 내놓았네 天鞴胡錯鑄
두 눈은 움푹 팬 구덩이 같고 兩眼深坎穴
불룩한 배는 속을 파내지 않은 박이라 할까 坦腹無竅瓢
바람 맞은 쑥대처럼 머리칼은 헝클어지고 風蓬起亂髮
당돌한 행태는 반호[258]와도 비슷했다네 唐突類槃瓠
현묘한 도의 빗장을 함부로 열어젖히고 玄楗忽捭闔
괴이한 말들을 황당하게 주워섬겼나니 怪詞驁呑吐
고독은 본래 어미가 없다[259]고 하고 孤犢本無母

257 번중(蕃仲) : 성세창(成世昌)의 자이다.

258 반호(槃瓠) : 남만(南蠻)의 조상으로 일컬어지는 개의 이름이다. 제곡(帝嚳) 고신씨(高辛氏) 때에 귓병을 앓는 노부(老婦)의 귀에서 파낸 누에고치만 한 덩어리를 바가지〔瓠〕에 담고 대접〔槃〕으로 덮어 두자 얼마 지나지 않아 개로 변해서 그런 이름을 얻었다고 하는데, 나중에 제곡을 도와 공을 세운 덕분에 제곡의 막내딸을 아내로 하사받자 자기 등에 태우고 남산(南山)으로 달려가서 자손을 퍼뜨려 남만의 족속을 형성했다고 한다. 《후한서(後漢書)》 〈남만열전(南蠻列傳)〉과 《수신기(搜神記)》, 《현중기(玄中記)》 등에 기록이 전한다.

259 고독(孤犢)은……없다 : 고독은 어미가 없는 송아지라는 뜻이니, 고(孤)의 개념상 모(母)는 있을 수 없다는 공손룡의 이론이다. 《列子 仲尼》

시괄이 길어져 섬주가 된다고 하였다네[260]　　矢括長剡注
사물의 이치를 물외(物外)에서 논하며　　理數論象外
꿈인지 생시인지 황홀히 취하게 하니　　恍然醉夢寤
한공이 노니는 세계가 본래 현격하건만　　韓孔本逕庭
두려움에 식은땀을 흘리게 할 수 있었다네[261]　　尙能流汗怖
혼자 생각하기를, 바보들을 농락하여　　自謂籠群愚
모두 내 지휘를 받게 하리라 하고는　　擧世隨指顧
평원을 찾아가서 문을 두드리니　　往扣平原門
너도나도 주리들이 모여들었다네[262]　　紛紛珠履聚

260 시괄(矢栝)이……하였다네 : 화살을 하나의 과녁에 연달아 발사하여 똑같은 자리에 적중시킬 경우, 사람들은 마치 활에서 과녁까지 하나의 화살이 허공중에 단절되지 않고 일직선으로 이어져 날아가는 것으로 볼 것이라는 말이다. 시괄은 화살 끝의 오늬를 시위에 메기는 것 혹은 활시위의 그 부위를 말하는데, 여기서는 시위에 메겨진 정지된 화살이라는 뜻으로 쓰였다. 섬주(剡注)는 고대에 사례(射禮)를 행할 때의 다섯 가지 사법(射法)의 하나로, 가공언(賈公彦)은 '화살의 깃간은 높고 살촉은 낮게 과녁 쪽으로 나란히 날아가게 하는 것〔羽頭高鏃低而去, 剡剡然.〕'이 섬주라고 풀었는데, 여기서는 간격 없이 허공을 비행 중인 화살을 말한다.《周禮 地官司徒 保氏》

261 한공(韓孔)이……있었다네 : 한단(韓檀)의 명가(名家)와 공천(孔穿)의 유가(儒家)는 각각 다루는 영역이 달라서 서로 통하는 부분이 없을 텐데도 명가인 공손룡의 학설이 공자의 후손인 공천을 현혹하여 큰 충격을 안겨 주었다는 말이다.

262 너도나도 주리(珠履)들이 모여들었다네 : 평원군(平原君)의 내로라하는 문객들이 호기심에 공손룡의 변설을 들으려고 몰려왔다는 말이다. 조(趙)나라의 평원군은 제(齊)나라의 맹상군(孟嘗君), 위(魏)나라의 신릉군(信陵君), 초(楚)나라의 춘신군(春申君)과 함께 전국 시대의 이른바 사공자(四公子) 중 한 사람으로, 이들 모두가 인재 기르는 것을 좋아하여 식객 수천 명을 두었다. 주리(珠履)는 구슬로 장식한 신발이라는 뜻인데, 여기서는 문객을 가리킨다.

잇몸을 드러내고 차래[263]를 먹어 대며 　　　　　　　　　 䶫焉喫嗟來

술과 음식으로 창자를 채우면서 　　　　　　　　　　　　 酒食充腸腑

습의(襲衣)의 솔기 속에 이가 숨어 살듯 　　　　　　　　 如蝨處襲縫

멋대로 굴면서 자기 한 몸만 위했나니 　　　　　　　　　 恣睢口腹務

별의별 하찮은 지식을 머릿속에 꽉 채우고 　　　　　　　 小智莽無隙

써먹을 말들을 부풀려 재잘재잘 떠벌이자 　　　　　　　　 呫呫誇譽具

하늘이 너의 정기를 허여하지 않고 　　　　　　　　　　　 汝氣天不與

땅이 너의 육신을 비호하지 않으므로 　　　　　　　　　　 汝肉地不護

내가 너의 혼백을 되돌려 받으려고 　　　　　　　　　　　 我欲返汝魂

오정[264]에게 체포하라 명하였노라 　　　　　　　　　　　 乃命五丁捕

이제는 너의 골절이 굼벵이로 변화하여 　　　　　　　　　 骨節化蠐螬

살고 죽는 것을 더러운 흙에 내맡긴 채 　　　　　　　　　 死生托土汚

음탕한 일을 영원히 일으키지 못하리니 　　　　　　　　　 淫邪永不起

263 차래(嗟來) : "쯧쯧, 와서 먹어라.〔嗟, 來食.〕"라는 뜻의 차래지식(嗟來之食)의 준말로, 예를 갖추지 않고 동정심에서 그냥 내어 주는 음식을 말한다. 춘추 시대 제(齊)나라에 크게 기근이 들었을 때 검오(黔敖)란 사람이 길거리에서 밥을 지어 사람들에게 먹였는데, 어떤 굶주린 사람에게 "쯧쯧, 와서 먹어라."라고 하자 그가 눈을 부릅뜨고 쳐다보면서 "나는 오직 이런 식으로 예의 없이 주는 음식을 받아먹지 않았기 때문에 이 지경에 이르렀다."라고 하고는 끝내 음식을 거부하고 굶어 죽었다는 이야기가 《예기》 〈단궁 하(檀弓下)〉에 나온다.

264 오정(五丁) : 산을 옮기고 만균(萬鈞)을 들 수 있었다는 촉왕(蜀王)의 다섯 역사(力士)를 가리킨다. 전국 시대 때 진 혜왕(秦惠王)이 촉을 정벌할 목적으로 오석우(五石牛)를 만든 다음 꼬리 밑에 황금 덩어리를 놔두고는 황금 똥을 싸는 소라고 선전하며 촉왕에게 가져가라고 하자, 촉왕이 다섯 역사에게 끌고 오도록 명령하여 촉도(蜀道)를 뚫도록 하였으므로 진나라가 그 길을 통해 촉을 멸망시켰다는 고사가 전한다. 《水經註 沔水》

성인과 범부의 돌아가는 길이 판이하도다	聖愚歸異路
나의 벗님인 성 학사로 말하면	吾友成學士
담론의 예봉이 무기고처럼 삼엄해서	談鋒森武庫
생살여탈권을 손에 쥐고 제자를 희롱하며	生殺弄諸子
갈관[265]의 논리 허점을 콕콕 집어내시는 분	掎摭鶡冠論
용백이 거북이를 구워서 점을 치고[266]	龍伯灼鼇數
거령[267]이 발로 걷어차서 포치(布置)했다는	巨靈夸蹠布
황당무계하게 나온 큰소리들이	大言出無稽
거꾸로 공손룡에게 잘못 이용되매	反爲龍所誤
한 번 듣고는 머리칼이 곤두서고	一聽毛髮竪
끝내는 재삼재사 분노를 발했는데	竟生三四怒

265 갈관(鶡冠) : 《갈관자(鶡冠子)》의 준말로, 도가(道家) 일반의 서적을 말한다. 원래는 죽을 때까지 싸운다는 갈조(鶡鳥)의 깃털로 장식한 무관(武官)의 관을 칭하는 말이었지만, 전국 시대 초나라의 은사(隱士)가 갈관을 쓰고 은거하며 내놓은 《갈관자》라는 책이 유행하면서부터 도가의 서적을 지칭하는 말이 되었다. 그리고 실제로 도가의 인물들은 이 책의 영향 때문이었는지 갈관을 애용하기도 하였는데, 다만 무관의 관과는 달리 그 경우엔 꼬리의 깃털은 쓰지 않았다고 한다.

266 용백(龍伯)이……치고 : 고대 전설에 나오는 대인국(大人國)인 용백국(龍伯國)의 사람이 선산(仙山)을 떠받치고 있는 거북 여섯 마리를 연달아 낚아채어 그 갑골을 불로 지져 점을 쳤다는 이야기가 전한다. 《列子 湯問》

267 거령(巨靈) : 화산(華山)을 둘로 쪼갰다는 신화와 전설 속에 나오는 황하의 귀신이다. 후한(後漢) 장형(張衡)의 〈서경부(西京賦)〉에 "진(秦)나라 서울 함양(咸陽)은 동쪽으로는 태화(太華)와 소화(少華)라는 두 개의 화산으로 연결되어 있는데, 이는 옛날에 거령이 불끈 힘을 써서 화산의 위를 손으로 쪼개고 아래를 발로 멀리 걷어차서 황하를 그 중간으로 굽이쳐 흐르게 한 것이니, 그 흔적이 아직도 남아 있다."라는 말이 나온다. 《文選 卷2》

황제도 뼈와 함께 이미 썩었으니 黃帝骨已朽
이 말을 누구와 함께 변론하겠는가[268] 此語誰與訴
공동으로 옥천자[269]에게 질의를 하여 共質玉川子
같고 다른 시구로 수작을 해 볼까 보다 欲酬同異句

이때에 어떤 사인(士人) 하나가 사부(辭賦) 출신으로 오직 일신의 안위만 꾀하면서 황당무계하게 사람을 기만하며 오래도록 권세가에 빌붙어 아부하자, 사류(士類)가 침 뱉으며 더럽게 여겼으므로 이렇게 지었다.

268 황제(黃帝)도……변론하겠는가 : 도가의 시조로 일컬어지는 황제도 이미 죽고 없으니 누구와 함께 그 진의(眞意)를 알아볼 수 있겠느냐는 말이다. 공자가 주(周)나라에 가서 노자(老子)에게 예(禮)에 대해 물어보자, 노자가 "그 당사자는 뼈와 함께 이미 모두 썩어 버렸고 유독 그 말만 남아 있을 뿐이다."라고 대답한 고사가 전한다. 《史記 老子韓非列傳》

269 옥천자(玉川子) : 당나라 시인 노동(盧仝)의 호이다. 그가 세태를 풍자한 장편의 〈월식시(月蝕詩)〉를 지으면서, 두꺼비가 달을 좀먹어 들어가 큰 달덩어리를 배 속에 삼킨다고 전제하고는 "지상의 미천한 신하인 제가 옥황상제님께 아뢰옵나니, 신의 가슴 속에 들어 있는 한 치의 단검을 가지고 요망한 두꺼비의 창자를 갈라 버릴까 합니다.〔地上蟣蝨臣仝, 告訴帝天皇. 臣心有鐵一寸, 可刳妖蟆癡腸.〕"라고 하였는데, 여기에서 달은 종묘사직을, 두꺼비는 간인(奸人)을 비유한다. 《古今事文類聚 前集 卷2》 그래서 정사(正史)에서도 "노동이 일찍이 〈월식시〉를 지어서 원화(元和)의 역당을 조롱하였다."라고 평하였다. 《新唐書 盧仝列傳》

마음을 담은 시 한 편을 주어 제생과 작별하다
贈心一篇別諸生

그대들에게 연성벽[270]을 선물하려니	贈子連城璧
밝은 문채가 얼마나 휘황하던지	光彩何輝煌
진과 조가 서로 가지려 싸워 댔으니	秦趙競挐攫
궤 속에 담아 고이 간직하기 어렵겠고	韞櫝難珍藏
그대들에게 구원란[271]을 선물하려니	贈子九畹蘭
맑은 향기가 의상에 배어들어	淸香襲衣裳
초살[272]이 너도나도 투기할 테니	椒樧共妬忌

270 연성벽(連城璧) : 몇 개의 성과 바꿔도 아깝지 않은 벽옥(璧玉)이라는 뜻으로, 전국 시대 진 소왕(秦昭王)이 조(趙)나라 혜문왕(惠文王)에게 15개의 성과 바꾸자고 청한 화씨벽(和氏璧)을 말하는데, 조나라 인상여(藺相如)가 이 구슬을 가지고 진나라에 갔다가 진왕(秦王)이 약속을 지키지 않을 것을 눈치채고는 다시 꾀를 써서 온전히 보전하여 귀국했던 고사가 전한다. 《史記 廉頗藺相如列傳》

271 구원란(九畹蘭) : 구 원 면적의 땅에 나는 난초라는 뜻으로, 굴원(屈原)이 조정에서 모함을 받고 쫓겨난 뒤에도 계속 인의(仁義)를 고수하겠다는 뜻을 밝히면서 "내가 구 원의 땅에다 난초를 심었을 뿐 아니라, 백 묘 되는 땅에도 향초를 심었다.〔余旣滋蘭之九畹兮, 又樹蕙之百畝.〕"라고 노래한 〈이소(離騷)〉의 구절에서 유래한 것이다. 왕일(王逸)은 12묘(畝)가 1원(畹)이라고 하였는데, 1원이 30묘라는 해설도 있다.

272 초살(椒樧) : 산초(山椒)와 수유(茱萸)라는 뜻으로, 조정에서 아첨하는 소인들을 말한다. 《초사(楚辭)》 〈이소(離騷)〉의 "산초는 오로지 아첨을 떨며 오만하고, 여기에 또 수유가 향주머니를 채우려 하네.〔椒專佞以慢慆兮, 樧又欲充夫佩幃.〕"라는 말에서 나온 것이다. 산초는 처음에는 난초와 더불어 향기를 풍기다가 나중에 변심하여 소인이 된 자를 가리키고, 수유는 처음부터 악취를 풍긴 소인을 가리킨다.

허리에 차면 끝내 상강에 빠지리라[273]	採佩終沈湘
나에게 신명이 거하는 집이 있나니	我有神明舍
천군[274]이 강령과 조목을 정비하여	天君整條綱
바른 기운을 받아 기혈이 순환하게 하니	正氣受營衛
뭇 삿된 기운이 어떻게 해칠 수 있으랴	百邪焉能傷
오늘 이 마음을 선물하면서	今日贈此心
하늘에 맹세코 잊지 않으리니	指天誓不忘
천 리라도 이 마음 서로 치달려서	千里卽相馳
면목이 옆에 있는 듯 삼삼하리라	面目森在旁
환송 나온 그대들 등을 다독거리노라니	出送且撫背
늙은이 눈물이 흰머리 더 늘게 하는구나	老淚添鬢霜

273 허리에……빠지리라 : 굴원이 상강(湘江)의 지류인 멱라수(汨羅水)에 투신하여 죽었던 것처럼, 난초와 같이 행동하면 소인들의 모함에 걸려 끝내는 불행한 최후를 맞게 될 것이라는 말이다.

274 천군(天君) : 마음의 별칭이다. 《순자(荀子)》 〈천론(天論)〉에 "마음이 가운데 빈자리에 거하면서 다섯 가지 감각 기관을 다스리는 까닭에 마음을 천군이라고 한다."라는 말이 나온다.

눈 내린 밤에 대안도를 찾아가다[275]

雪夜訪戴安道

천공이 나름대로 나를 일으키려고 天公聊起予
멋진 경치를 오늘 밤에 모아 놨으니 浩景最今夜
어찌 원자[276]를 본받아 거북처럼 움츠린 채 那能學袁子
달팽이 집 속에 누워만 있으랴 龜縮臥蝸舍
꿈에서 깨니 홀연히 환해진 창밖의 풍경 夢覺囪忽明
일어나 내다보니 어디가 위이고 아래인지 起視迷上下
도도히 일어나는 고아한 흥취에 편승하여 高趣坐陶陶
빈 배 타고 돌아오며 혼자 혀를 끌끌 찼네 孤舟還自吒
나의 벗님이 불현듯 생각나기에 故人入我思
불러 줄 것을 기다릴 필요도 없이 不待相邀迓
한 척의 거룻배를 황랑[277]에게 부탁했나니 一葦借黃郎

275 눈……찾아가다 : 진(晉)나라 왕휘지(王徽之)가 폭설이 내린 달 밝은 밤에 산음(山陰)에서 홀로 술을 마시며 좌사(左思)의 〈초은시(招隱詩)〉를 읊다가 불현듯 섬계(剡溪)에 숨어 사는 벗 대안도(戴安道)가 보고 싶어지자 밤새도록 배를 몰고 그 집 앞에까지 갔다가 그냥 돌아왔는데, 누가 그 이유를 물으니 "흥이 나서 왔다가 흥이 다해서 그냥 돌아왔다."라고 대답한 고사를 소재로 하여 시를 지은 것이다. 《世說新語 任誕》 안도(安道)는 대규(戴逵)의 자이다.

276 원자(袁子) : 후한(後漢)의 현사(賢士)인 원안(袁安)을 말한다. 낙양(洛陽)에 한 길 높이로 폭설이 내렸을 적에 다른 사람들과는 달리 밖에 나가서 양식을 구걸하지도 않고, 차라리 굶어 죽겠다면서 혼자 집에 누워 있었던 원안와설(袁安臥雪)의 고사가 전한다. 《後漢書 袁安列傳》

긴 바람 올라타고 벗님 찾아가 보려고　　願將長風駕
좋은 경치들 가는 길마다 많이도 펼쳐져서　　佳境隨去多
가면 갈수록 마치 사탕수수 맛을 보는 듯[278]　　亹亹如啖蔗
하늘과 땅이 만들어 놓은 은세계 속에　　乾坤作銀界
시내와 산이 어찌나 푸근하고 편안한지　　溪山何醞藉
경물의 색깔이 한꺼번에 뒤바뀌어　　物色一時變
봄여름의 문채와는 아예 딴판인데　　固非雕春夏
온갖 소음이 모조리 자취를 감추고　　群囂盡收迹
백옥 가지만 아래로 축 늘어졌을 뿐　　但覺瓊枝亞
망연자실 이 땅에서 갈 곳을 잃었으니　　茫然失所詣
이 몸은 깃털 달고 하늘을 날아야 할 터　　此身應羽化
곧장 세상 밖으로 몰고 나가 어슬렁거리면서　　直欲馭汗漫
영원히 티끌세상과 작별하고 싶다마는　　永與塵世謝
현실은 또 앞 언덕에 배를 대고서　　亦知艤前岸
사공이 나에게 내릴 준비 하라 하네　　報道身將卸
오는 도중에 이미 말을 잊었으니[279]　　中道已忘言

277 황랑(黃郎) : 누런 모자를 쓴 사람이라는 뜻으로, 뱃사람의 별칭이다. 토(土)가 수(水)를 이긴다는 뜻에서 토의 색깔인 황색의 모자를 썼으므로 황모랑(黃帽郎) 혹은 황두랑(黃頭郎)이라고 했다 한다. 《漢書 佞幸傳 鄧通》

278 좋은……듯 : 배 타고 가는 길의 경치가 갈수록 더 매혹적이라는 말이다. 진(晉)나라 고개지(顧愷之)가 사탕수수를 먹을 때마다 꼬리부터 먹어 들어가자 어떤 이가 그 이유를 물으니, "점차 좋은 맛을 보려고 해서이다.〔漸入佳境.〕"라고 대답한 고사가 있다. 《晉書 顧愷之列傳》《世說新語 排調》

279 이미 말을 잊었으니 : 말로 표현할 수 없는 참된 의미를 이미 만끽했다는 말이다.

사람을 대할 겨를이 어디 있으랴　對人曾何假
문 앞에 와서도 두드릴 필요 없이　到門不必敲
쏜살같이 배 돌리라 재촉했다네　回棹促如射
이번 여행 내내 유유자적했다지만　此行盡悠悠
옆에서 보면 의아하게 생각했을 터　旁觀當怪訝
무엇을 얻었는지 나 자신도 헷갈리니　所得我自迷
어떻게 흡사하게 묘사할 수 있으랴만　擬摹何能乍
다른 날 그대에게 몰래 얘기해 드릴게　他日潛語君
사람들 입방아에 오를까 겁이 나니까　恐爲人膾炙

도잠(陶潛)이 "이 속에 참된 의미가 있나니, 말로 표현해 보려 해도 이미 말을 잊었다오.〔此中有眞意, 欲辯已忘言.〕"라는 시구에서 발췌한 것이다.《陶淵明集 卷3 飮酒》

박 전적 유 에 대한 만사
朴典籍 瑜 挽

봉류[280]는 내가 수치로 여기는 바요	蓬藟吾所恥
빙벽[281]은 그대가 애호하는 바라	氷蘗君所愛
한 번 보고 허여하여 금란의 우정을 맺었나니	一許托金蘭
심중을 논하면서 송백[282]에 뜻을 두었다오	論心松柏在
소사[283]의 깜박이는 등불 아래	蕭寺燈一點
호숫가 마을의 그믐달 몇 번 보냈던가	湖村月幾晦
세상 욕심은 미려[284]로 흘려보내고	物累洩尾閭
속마음을 서로 환히 비춰 보면서	耿耿肝肺對

280 봉류(蓬藟) : 쑥대처럼 한데 엉클어지고 등나무 덩굴처럼 타고 올라간다는 뜻으로, 패거리를 지어 그 세력에 빌붙는 것을 말한다.

281 빙벽(氷蘗) : 맑은 얼음물을 마시고 쓰디쓴 소태나무를 씹는다는 뜻으로, 자신의 뜻을 굳게 지키면서 청백하게 사는 것을 비유하는 말이다. 당나라 백거이(白居易)의 "삼 년 세월 동안 자사로 있으면서, 맑은 얼음물 마시고 쓰디쓴 소태를 씹었노라.〔三年爲刺史, 飮氷復食蘗.〕"라는 시구에서 유래한 것이다. 《白樂天詩集 卷1 三年爲刺史》

282 송백(松柏) : 송백후조(松柏後凋)의 준말로, 위급한 상황에서도 신념을 바꾸지 않고 최후까지 분투하는 것을 말한다. 《논어》〈자한(子罕)〉의 "날씨가 추워진 다음에야 송백이 뒤늦게 시듦을 알 수 있다."라는 공자의 말에서 나온 것이다.

283 소사(蕭寺) : 불교의 사원을 가리킨다. 양 무제(梁武帝) 소연(蕭衍)이 절을 짓고 나서 소자운(蕭子雲)을 시켜 비백(飛白)의 서체(書體)로 자기의 성씨인 소(蕭) 자를 크게 써서 붙이게 한 고사에서 유래한 것이다.

284 미려(尾閭) : 물이 계속 빠져나간다는 동해 밑바닥의 골짜기 이름이다. 107쪽 주71 참조.

고금의 일 이것저것 조롱하며 비평하고	嘲評雜古今
경세제민 논하며 괜히 비분강개했지	經濟空慷慨
금문의 과녁을 화살로 깨뜨리고 나서	射破金門的
제회의 행운을 기대함직도 했건마는[285]	際會如有待
폭풍우 속에 벼슬길 놀랍기만 하였나니	風雨驚宦途
만나서는 칭찬하고 등 뒤에선 험담했다네	憎悅多面背
재질이 뛰어나면 곤궁하게 마련이니	高材例窮蹇
공명쯤이야 한번 개탄하면 그저 그뿐	功名付一嘅
서로 만나서는 흠뻑 술을 들이켜며	相逢卽痛飮
일백 배 마시고 다시 마냥 일백 배	百杯聊復再
여기에 또 술고래 두 사람을 불렀으니	又呼兩鯨飮
세상일 따위야 어찌 입에 올렸으랴	世事那容喙
은혜가 두터워서 하녀도 주인님 대하듯	恩厚婢猶主
뻔질나게 찾아다녀 개도 짖지 않았는데	來數犬不吠
우연히 조화의 앙화를 받게 되다니	偶被造化祟
놀랍고 비통해서 오장이 찢어지는 듯	驚慟摧五內
자식들은 다만 가슴을 치며 발 구르고	阿兒徒擗踴

285 금문(金門)의……했건마는 : 박유(朴瑜)가 우수한 성적으로 문과에 급제한 뒤에 임금의 인정을 받아 자신의 경륜을 펼쳐 볼 여지도 있었다는 말이다. 금문은 한나라 궁문인 금마문(金馬門)의 약칭으로 보통 대궐이나 조정을 가리킨다. 제회(際會)는 풍운제회(風雲際會)의 준말로 임금과 신하가 의기투합하는 것을 말하는데, 《주역》 〈건괘(乾卦) 문언(文言)〉의 "구름은 용을 따르고 바람은 범을 좇는다.[雲從龍, 風從虎.]"라는 말에서 나온 것이다. 박유는 1531년(중종26)의 신묘년 식년시에서 을과 1위로 급제하였다.

병든 처는 절규하며 숨이 끊어지려 하네　病妻叫將殆
선행으로 쌓은 복이 장남[286]에게 드러나서　積慶鍾長男
문학으로 한 시대를 압도하고 있으니　文學傾當代
가문의 명성이 이로부터 퍼져 나갈 것을　門聲從此遠
지하에서도 아마 모르시지 않으리라　幽明庶不昧
이슬방울은 붉은 만장을 적시고　露華濕丹旐
늙은이의 눈물은 술잔에 떨어지네　老淚添淸酎

286 장남 : 박민헌(朴民獻, 1516～1586)을 말한다. 슬한재(瑟僩齋)라는 호로 많이 알려졌다. 서경덕(徐敬德)의 문인으로, 1546년(명종1) 증광 문과에 급제하여 벼슬이 대사간에 이르렀으며 효자로 칭해졌다. 그가 유학(幼學)이었을 때에 "그의 아비인 성균관 전적 박유가 죽자 3년간 죽만 먹는 등 효성이 지극하니 정표(旌表)해야 합니다."라고 경기 감사 정만종(鄭萬鍾)이 장계를 올리기도 하였다. 《中宗實錄 35年 11月 18日》 문집으로 《슬한재집(瑟僩齋集)》이 전한다.

채 판서 소권 의 모친에 대한 만가

蔡判書 紹權 母夫人挽

단봉이 남쪽 산기슭에 날아간 뒤로　丹鳳向南陬
황조(凰鳥) 홀로 몇 년이나 슬퍼했던가　凰悲問幾祀
오늘 저녁 꿈속에서 홀연히 전갈 받고　今夕夢奄交
한번 나래 떨쳐 뒤좇아 따라갔나니　追隨一奮起
꽃다운 혼 아득해서 찾을 길이 없고　芳魂邈難尋
단지 남아 있는 것은 항아의 신발뿐[287]　但遺姮娥履
생각하면 일찍이 시집살이하던 날　憶曾中饋日
정성껏 맛있는 음식 마련해 올렸나니　竭誠供滫瀡
큼직한 주방엔 생필품이 쓰고도 남았고　豐廚活計饒
봉록은 마치 구름이 쌓인 것과 같았어라　廩俸如雲委
관원의 수레가 동네 길 가득 메운 가운데　冠蓋塡門巷
성대한 잔치에 고관의 그림자 어리비치고　錦筵映金紫
한 쌍의 학이 뜰 안에서 춤추는가 하면　雙鶴舞中庭

집에 학 두 마리가 있었는데, 풍악이 울리면 춤을 추었다.

피리와 거문고 사이엔 의기[288]가 있었으며　絃管間醫妓

287 단봉(丹鳳)이……신발뿐 : 채소권(蔡紹權)의 모친인 안동 권씨(安東權氏)의 죽음을 시적으로 표현한 것으로, 황조와 항아는 모두 안동 권씨를 말하고, 단봉 즉 홍색의 봉조(鳳鳥)는 그녀의 남편인 채수(蔡壽)를 가리킨다. 부부의 묘역은 경상북도 상주시 공검면 율곡리에 있다.

288 의기(醫妓) : 의녀(醫女)이면서 기녀(妓女)라는 뜻으로, 부인병 치료를 담당하

동이째 술을 마시며 투할[289]을 하였나니　開尊飮投轄
이런 낙을 그 누가 방불하게 누렸으랴　樂事誰得似
종족 모두가 우러러보며 의지하였으니　宗族咸仰賴
어찌 한집안만의 모범으로 그쳤으리오　奚啻一門軌
슬픔과 기쁨 점철된 잠깐의 인생살이　悲懽凜無幾
이승과 저승으로 삶과 죽음이 갈렸네　幽明隔生死
슬하에 세 명의 수재 싹을 틔워서[290]　茁芽蔭三秀
자손의 경사가 현재 다하지 않은 중에　毓慶方未止
백미[291]의 영예가 가장 극을 달리나니　白眉榮最極
언제나 어진 모친의 법도를 따랐다오　動躡孟母揆
화려한 문필은 바다에 뜬 신기루였고　彩筆浮海蜃
강직한 기개는 요지[292]를 부러뜨린 분　直氣摧繞指

면서 연회 때에 불려 나가 기녀 역할도 수행했던 관비(官婢) 출신의 여성을 말한다.

289 투할(投轄) : 비녀장을 던진다는 뜻으로, 술자리에서 손님을 계속 붙잡아 두고 중도에 빠져나가지 못하게 하는 것을 말한다. 한(漢)나라 진준(陳遵)이 술을 좋아해서 주연을 크게 벌이곤 하였는데, 그때마다 손님들이 못 가게 문을 걸어 잠그고 손님들의 수레바퀴에서 비녀장을 빼내어 우물 속에 던져 넣었으므로 아무리 급한 일이 있어도 떠나가지 못했다는 관문투할(關門投轄)의 고사가 전한다.《漢書 陳遵傳》

290 슬하에……틔워서 : 모친 안동 권씨에게서 채윤권(蔡胤權), 채소권, 채승권(蔡承權) 삼형제가 태어난 것을 말한다.

291 백미(白眉) : 형제 중에 가장 뛰어난 아들이라는 뜻으로, 여기서는 형조 판서 채소권을 가리킨다.

292 요지(繞指) : 강철이 손가락에 휘감길 정도로 연해졌다는 뜻의 요지유(繞指柔)의 준말로, 원래는 신념이 강했던 사람이 좌절을 겪고 나서는 변심하여 유약하게 변한 것을 말한다. 진(晉)나라 유곤(劉琨)이 단필제(段匹磾)에게 구류되어 반드시 죽게 되리라고 예상하고는 별가(別駕) 노심(盧諶)에게 오언시를 지어 주었는데, 그중에 "어찌

물렀거라 갈도(喝道)하는 형부의 장관으로 喧喝長刑部

알뜰살뜰 맛있는 음식 모친에게 올렸지요 孜孜奉甘旨

속마음이 태성에게 환히 비쳐져[293] 肺腑照台星

부귀가 조정 백관을 압도하면서 富貴傾朝廟

넉넉한 칼날은 포수에게서 빼앗아 오고[294] 恢刃奪庖手

양금은 대장간의 궤보다도 풍부했다오[295] 良金富冶匭

공업(功業)이 전해지는 명문거족으로서 閥閱傳世家

후손들 역시 모두가 이름 있는 인사들 雲仍摠名士

연세 팔십에 비로소 조락하였으니 八十始彫零

생각하였으랴 백번 단련된 강철이, 손가락에 휘감길 정도로 유약해질 줄을.〔何意百鍊剛, 化爲繞指柔.〕"이라고 하며 연약해진 자신의 심경을 토로한 말이 나온다. 《晉書 劉琨列傳》

293 속마음이……비쳐져 : 채소권이 정유삼흉(丁酉三凶)의 하나로 꼽히는 김안로(金安老)의 처남이 되는 신분이라서 그의 범죄 혐의에 연루될 여지가 다분히 있었으나, 태성(台星) 즉 삼공(三公)의 비호를 받은 덕분에 관직 생활을 계속 이어 갈 수 있었다는 말이다. 영의정 윤인경(尹仁鏡)과 우의정 이기(李芑)가 "채소권이 김안로의 처형제(妻兄弟)라고는 하지만 별로 한 일이 없을뿐더러 누구를 해칠 사람도 못 되니, 정2품인 사람을 끝내 버릴 수는 없습니다."라고 왕에게 아뢴 기사가 실록에 보인다. 《明宗實錄 卽位年 9月 26日》

294 넉넉한……오고 : 일 처리가 능수능란했다는 말이다. 포수(庖手)는 포정(庖丁)의 손이라는 말인데, 포정 즉 소 잡는 백정이 자기 솜씨를 뽐내면서 "소의 마디와 마디 사이에는 틈새가 있고 나의 칼날은 두께가 없으니, 두께가 없는 것을 그 틈새에 밀어 넣으면 공간이 넉넉해서 칼을 놀릴 적에 반드시 여유가 있게 마련이다."라고 말한 내용이 《장자(莊子)》 〈양생주(養生主)〉에 나온다.

295 양금(良金)은……풍부했다오 : 품질 좋은 금속이 대장장이의 궤짝에 보관된 것보다도 많았다는 뜻으로, 문장과 재덕(才德)이 뛰어난 것을 비유한 말이다.

이와 같은 봉양에 비견할 데가 있으리오	榮養無等比
부덕을 칭송하는 비석을 세움은 물론이요	宜豎婦德碑
효자의 동네에도 정표해야 할 것이니	併旌孝居里
국가의 보배라고 글 지어 전하는 것은	擬作朝家寶
태사씨의 사필에 맡겨야 하리라	歸諸太史氏
아, 나는 지기(知己)의 우정을 맺었으니	嗟余托金蘭
마치 나의 어머님 상을 당한 듯	恍然喪我妣
상여 끈 잡고 싸락눈처럼 쏟는 눈물이여	執紼淚如霰
매서운 바람 속에 만가가 울려 퍼지네	酸風薤露披

유 목사 사경 에 대한 만사

柳牧使 思敬 挽

선생은 아버지뻘 되는 어른으로서　先生丈人行
나이 어릴 때부터 서로 교류하였나니　相從自齒少
조정의 관원으로 대부의 반열에 서서　朝簪大夫班
이 풍진세상 벗어나 높이 솟구쳤다오　軒昂風塵表
한음처럼 오래도록 기심이 없었건만[296]　漢陰久無機
머리 위에 흰 눈이 쉽게도 덮였는데　頭顱雪易繞
삽은대에 육호옥을 더해 주셨으니　鈒銀加肉玉
홍은이 그 얼마나 분명하였던가[297]　鴻渥何昭昭

296 한음(漢陰)처럼……없었건만 : 사심 없이 자연에 순응하여 순수하게 살아가려고 했다는 말이다. 기심(機心)은 기교를 부리는 마음, 즉 사적인 목적을 달성하기 위해 교묘하게 꾀를 부리는 마음을 말한다. 《장자(莊子)》 〈천지(天地)〉에, 두레박을 이용하면 손쉬운 줄 알면서도 굳이 항아리에 물을 퍼 담아 밭에 물을 주면서 "기계가 있으면 기교를 부리는 일이 있게 마련이고, 그런 일이 있으면 기교를 부리는 마음이 생기게 마련이다."라고 자공(子貢)에게 충고한 한음 장인(漢陰丈人)의 이야기가 나온다.

297 삽은대(鈒銀帶)에……분명하였던가 : 유사경(柳思敬)이 호조 참의로 재직할 당시 1525년(중종20) 3월에 일어난 역모 사건으로 능지처참된 유세창(柳世昌)의 숙부라는 이유로 간관의 논핵을 받았는데, 그때 중종이 그를 두둔하며 참의의 직책을 그대로 유지하게 해 주었다. 《中宗實錄 23年 11月 14日》 이것만 보아도 임금의 은혜가 얼마나 컸는지 확인할 수 있다는 말이다. 삽은대는 조각한 은으로 장식한 띠로, 정3품 관원이 조복(朝服)에 매는 띠이다. 육호옥(肉好玉)은 환옥(環玉)과 같은 말로, 왕이 신하의 죄를 용서하고 복귀시키는 것을 상징한다. 옛날에 원형의 옥기(玉器)나 전폐(錢幣) 등의 외변(外邊)을 육(肉)이라고 하고 가운데의 구멍을 호(好)라고 하였다.

서로 만나면 다 함께 막역하였으니 相逢共莫逆

누가 건묘라고 매도할 수 있으랴[298] 誰能罵蹇眇

술 계속 주문하며 고래처럼 마셔 대고 呼酒作鯨飮

시끄러운 사람 일은 모두 삼켜 버렸다오 吸盡人事擾

한번 조화가 부리는 장난질에 걸려 一嬰造化弄

이젠 아득히 저 멀리 꿈속의 사람 되었는데 魂夢長浩渺

칠십여 세의 인생이 어찌 잘못되었으랴 七十餘豈蹉

음선[299]이 에워싸서 자식들이 잘되는걸 幹蠱陰善遶

백발로 선영에 들어 누웠나니 白髮臥先塋

형영으로 지내 온 한 마리의 새[300] 形影過一鳥

298 서로……있으랴 : 세상 사람들 중에는 "유사경이 '동복제(同腹弟) 유사공(柳思恭)의 아들인 유세창과 유세영(柳世榮)이 역모를 고변(告變)한 것은 그들의 평소 패악한 행동으로 볼 때에 어디까지나 조정을 기만하는 행위인 만큼, 그들을 논상(論賞)하면 안 되고 오히려 극형(極刑)에 처해야 한다.'라고 주장했는데, 이것은 유사경이 애꾸눈처럼 한쪽 눈으로만 바라본 것이고, 또 그 자신은 잘한 일이라고 여기겠지만 이 역시 절름발이가 잘 걷는다고 생각하는 격이다."라면서 비웃는 자들도 있었지만, 막상 당사자를 만나 보면 허물없이 친해져서 그런 시각을 수정할 수밖에 없었다는 말이다. 유사경이 통례(通禮)의 신분으로 승정원에 나아가 유세창 형제의 평소 패행(悖行)을 아뢰면서 극형을 건의한 기록이 《중종실록》 20년 3월 18일 조에 상세히 나온다. 건묘(蹇眇)는 절름발이와 애꾸눈이라는 뜻이다.

299 음선(陰善) : 사람들 모르게 베푼 선행을 말한다. "사람에게는 남모르는 허물도 있지만 남모르는 선행도 있는 법이다.〔人有陰過, 亦有陰善.〕"라는 한(漢)나라 왕충(王充)의 말이 있다. 《論衡 雷虛》

300 형영(形影)으로……새 : 유사경이 형제간의 관계도 끊어진 채 외톨이 신세로 살아왔다는 말이다. 형영은 달리 의지할 데 없이 몸과 그림자만이 서로 위로한다는 뜻의 형영상조(形影相弔)의 준말인데, 진 무제(晉武帝)에게 이밀(李密)이 올린 〈진정표(陳

서쪽 하늘 바라보며 흩뿌리는 눈물이여　　西望灑涕淚
나의 이 심회는 어느 때나 멈추려나　　我懷何時了

情表)〉의 "외롭게 홀로 서서 몸과 그림자만이 서로 위로할 뿐이다.〔煢煢孑立, 形影相弔.〕"라는 말에서 나온 것이다. 한 마리의 새는 원래 급할 때에 서로 구원하는 형제를 비유하는 언덕 위의 할미새를 연상하고서 구사한 표현이다. 《시경》〈소아(小雅) 상체(常棣)〉에 "할미새가 언덕 위에서 급히 우나니, 형제가 환란을 급히 구원함과 같도다.〔鶺鴒在原, 兄弟急難.〕"라는 말이 있다.

칠언장편 七言長篇

표모의 사당[301]

漂母廟

눈이 있다고 아무나 천리마의 비범함을 알아보랴　有目誰識騏驥駿
귀가 있다고 아무나 아양곡[302]의 오묘한 음을 들으랴　有耳誰聽峨洋妙

301 표모(漂母)의 사당 : 한(漢)나라 개국 공신 한신(韓信)이 일찍이 포의(布衣)의 신분으로 회음(淮陰)의 성 아래에서 낚시를 할 적에 빨래하는 아낙이 굶주린 한신의 기색을 보고서 수십 일 동안 밥을 먹여 주었다. 한신이 감격해서 언젠가 반드시 크게 보답하겠다고 하자, 그 아낙이 "대장부가 끼니도 해결하지 못하기에 내가 귀공자를 불쌍히 여겨서 밥을 주었을 뿐이니, 어찌 보답을 바라겠는가."라고 말하였는데, 나중에 한신이 초왕(楚王)이 된 뒤에 그 여인을 찾아서 그때의 고마움을 천금(千金)으로 보답하여 약속을 지켰다고 한다.《史記 淮陰侯列傳》이 글은 이 고사를 소재로 하여 지은 것이다. 회음은 중국 강소성(江蘇省) 회안현(淮安縣)의 서북쪽에 있었던 지명으로, 회음역(淮陰驛)의 건너편 언덕 마두성문(馬頭城門) 밖에 표모사(漂母祠)가 있었고, 그 북쪽에 한신이 청년에게 모욕을 당했던 과하교(胯下橋)가 있었다고 전한다.

302 아양곡(峨洋曲) : 지기(知己)가 서로 알아주는 음악을 말한다. 거문고의 명인 백아(伯牙)가 고산(高山)에 뜻을 두고 연주하면 그의 지음(知音)인 종자기(鍾子期)가 "좋구나. 아아(峨峨)하여 태산(泰山)과 같도다." 하였고, 유수(流水)에 뜻을 두고 연주하면 "좋구나. 양양(洋洋)하여 강하(江河)와 같도다."라고 평했다는 고사에서 유래한 것이다.《列子 湯問》

하늘이 천년 숨긴 것을 몽복하게 할 때까지 天教夢卜祕千載
괵야와 반석에서 노동과 낚시 달갑게 여겼는데[303] 虢野磻石甘築釣
어찌 알았으랴, 비벼서 빠는 한 아낙에게도 豈知挼抄一老媼
심안(心眼)이 있어서 스스로 능히 알아볼 줄을 尙有心鑑能自照
성 아래에 낚싯대 드리우고 왕손이 굶주리자 城下垂竿王孫飢
우연히 만나 먹였지 오래 사귀어서가 아니니 邂逅進食非舊要
풍운제회[304] 하지 못해 용이 물을 잃었을 뿐 風雲未會龍失水
기상과 골격이 어찌 심상한 사람과 유사했으랴 神骨寧與尋常肖
기린이 기린을 알고 봉황이 봉황을 아는 법 麟必知麟鳳知鳳
개나 염소 까마귀 까치를 탓할 게 뭐 있으리오 犬羊烏鵲何須誚
당시에 사람들이 과하의 일을 분분히 욕했으니 紛紛當時胯下辱
젊은 백정에게 당한 것 정도는 약과라고 할까[305] 不但若遭屠中少
도망자를 소상이 쫓아가자 왕이 또 노했으니 蕭相追亡王亦怒

303 하늘이……여겼는데 : 은 고종(殷高宗)이 꿈을 통해서 부열(傅說)을 찾고, 주 문왕(周文王)이 점복(占卜)을 통해서 여상(呂尙)을 얻을 때까지 아무도 그들을 눈여겨 보지 않았으므로 부열은 우괵(虞虢)의 들판에서 노동을 하고, 여상은 반계(磻溪)의 낚시터에서 물고기를 낚으며 세월을 보냈다는 말이다.

304 풍운제회(風雲際會) : 현군(賢君)과 양신(良臣)이 만나서 의기투합하는 것을 말한다. 213쪽 주285 참고.

305 당시에……할까 : 한신을 업수이 여겨 모욕한 무식한 청년은 그렇다고 치더라도 그 광경을 목도한 사람들이 함께 한신을 비웃은 것은 한신을 몰라봤다는 점에서 더더욱 한심하기 짝이 없다는 말이다. 과하(胯下)는 바짓가랑이 아래라는 뜻이다. 한신이 회음에 있을 때 젊은 백정 하나가 한신을 모욕하면서 "나를 죽일 수 있으면 나를 찌르고, 죽일 수 없으면 내 바짓가랑이 아래로 기어 나가라."라고 하자, 한신이 태연히 고개를 숙이고 가랑이 밑으로 기어 나갔다는 이야기가 《사기》 〈회음후열전〉에 보인다.

역부의 경우와 똑같이 웃음거리가 될 일일세[306] 堪將轢釜同一笑
원주민이 추모함은 응당 소견이 있을 터 土人追尙應有見
지금도 산기슭에 여전히 남은 사당이여 至今山趾依遺廟
우두커니 우러러보며 한참 탄식하였나니 佇立瞻敬久咨嗟
아쉬워라, 도필이 왜 그렇게 오해하였는지[307] 自憐刀筆何錯料

306 도망자를……일일세 : 한왕(漢王) 유방(劉邦)이 한신의 진가를 알아보지 못하고 무시했는데, 한왕 자신도 예전에 형수로부터 억울하게 무시를 당했던 일이 있었고 보면, 무시당한 전력이 있는 유방이 다시 한신을 몰라보고 무시한 이 사건이야말로 웃음거리가 되기에 충분하다는 말이다. 소상(蕭相)은 상국(相國) 소하(蕭何)를 가리킨다. 치속도위(治粟都尉)라는 말직(末職)에 있다가 실망하고 도망친 한신을 소하가 쫓아가서 겨우 설득하여 데리고 돌아왔는데, 이와 같은 소하의 행동에 대해서 유방이 이해하지 못하고 크게 노했다가 천하를 얻기 위해서는 한신과 같은 국사(國士)가 없으면 불가능하다는 소하의 설득을 받아들여 한신을 대장(大將)에 임명했던 고사가 있다. 역부(轢釜)는 '국자로 솥 바닥을 딱딱 긁어서 소리를 내다.'라는 뜻이다. 유방이 미천했을 때 시시때때로 객을 데리고 형수의 집에 와서 밥을 축내자, 이를 싫어한 형수가 국이 없다는 표시로 솥 바닥을 박박 긁어 손님들을 떠나가게 했으므로 유방이 섭섭하게 여겼다. 나중에 천하를 얻은 뒤에 중형(仲兄)을 대왕(代王)으로 봉하고 그 맏아들을 제왕(齊王)에 봉해 주면서도 맏형의 아들만 봉해 주지 않는 것을 태상황(太上皇)이 문제 삼자, 마지못해 그를 봉해 주면서 '국솥을 딱딱 긁었다.'는 뜻을 취하여 갱힐후(羹頡侯)라고 이름 지었던 고사가 있다. 《史記 楚元王世家》《漢書 楚元王劉交傳》

307 아쉬워라……오해하였는지 : 《사기》를 지은 사마천(司馬遷)까지도 한신을 제대로 알아보지 못한 것이 못내 아쉽게 느껴진다는 말이다. 〈회음후열전〉 말미에 "가령 한신이 도를 배워 겸양을 하고 자기의 공과 재능을 과시하지만 않았다면, 주공(周公), 소공(召公), 태공망(太公望)과 같은 공훈을 한나라에 세워서 후세에 혈식(血食)을 받을 수도 있었을 텐데, 그렇게 하려고는 하지 않고 천하가 일단 안정된 상황에서 그만 반역을 꾀하였으니 멸족을 당한 것도 당연하지 않겠는가."라는 사마천의 총평이 나온다. 도필(刀筆)은 죽간(竹簡)을 칼로 깎아 내고 붓으로 쓴다는 뜻으로, 여기서는 사마천의 사평(史評)을 말한다.

명륜당에서 유생들에게 보여 주다

明倫堂示諸生

인륜을 밝히는 하나의 당 얼마나 드높은가	明倫一堂何巍峨
이 건물이 세워진 것은 멀리 고려 시대부터	結構遠自高麗始
먼지 낀 빗장 뽑자 엄연해라 성철의 초상	塵鑰一啓儼聖哲
그 위용이 대를 거쳐 지금껏 지켜보셨도다	威容歷世猶久視
동재 서재 기숙사 울연히 깊고 그윽한 속에	東西長齋蔚耽耽
시가지 멀리 떨어져서 물처럼 적요하기만	市隧迥隔寂如水
제생을 인도하여 토론에 집중케 하노니	誘掖諸生專討論
담경에 연설이야 믿을 것이 뭐 있으랴[308]	談經燕說何足恃
장경 안사[309]에 대한 생각을 항상 잊지 말지니	莊敬安肆係此念

308 담경(談經)에……있으랴 : 경사(經史)를 담론할 적에는 여러 사람들과 치열하게 토론하는 과정을 통해서 확실하게 결론에 도달해야지, 과거에 견강부회하여 제시해 놓은 주석이나 해설 따위를 믿고 전적으로 따르지는 말라는 말이다. 연설(燕說)은 영서연설(郢書燕說)의 준말로, 원래의 뜻을 곡해하여 잘못 전하는 것을 말한다. 초(楚)나라 영(郢)에 사는 사람이 연(燕)나라 상국(相國)에게 밤에 편지를 쓸 적에, 불이 밝지 않자 시자(侍者)에게 "촛불을 들라.〔擧燭〕"라고 명령하면서 자기도 모르게 '거촉'이라는 두 글자를 편지 속에 잘못 기입하였는데, 연나라 상국이 그 편지를 받고서 '거촉은 밝음을 숭상하는 것이다. 따라서 밝음을 숭상하려면 현인을 발탁하여 등용해야 한다.'라고 생각하고는, 왕에게 건의한 결과 나라가 잘 다스려졌다는 이야기에서 나온 것이다. 《韓非子 外儲說左上》

309 장경(莊敬) 안사(安肆) : 《예기》 〈표기(表記)〉에 나오는 "군자가 장중하고 공경하면 날로 더욱 강건해지고, 안일하고 방자하면 날로 투박해진다."라는 공자의 말에서 뽑은 것이다.

산을 이룰 때 허물은 일궤의 중지[310]에 있느니라　為山過在一簣止
마니는 천 척 깊은 못 속을 환히 비추나니　摩尼照耀千尺淵
수사에서 발원한 물결도 이와 같이 맑아라[311]　洙泗來派淸如此
몰인[312]은 곧장 조종하여 귀신처럼 몰 것이니　沒人謖操庶有神
하늘색 옥돌 갈고 다듬어 기필코 수미해지도록　天球雕琢期粹美
한겨울 눈보라 치고 한파가 기승을 부리는 때　玄陰風雪寒贔屭
깜박이는 등불 아래 경사를 궁구하노라면　短檠掩映窮經史

310 일궤(一簣)의 중지 : 흙 한 삼태기를 붓지 않고 중지한다는 뜻으로, 소기(所期)의 목표를 달성할 때까지 최선을 다해야지 중도에 그만두거나 조그마한 실수라도 범하면 안 된다는 말이다. 《논어》〈자한(子罕)〉의 "학문의 길을 비유하자면, 산을 만들 적에 마지막 한 삼태기의 흙을 붓지 않아 산을 못 이루고 중지하는 것도 내 자신이 중지하는 것과 같으며, 평지에 흙 한 삼태기를 부어 산을 만들기 시작해서 점점 만들어 나가는 것도 내가 해 나가는 것과 같다."라는 말에서 나온 것이다.

311 마니(摩尼)는……맑아라 : 공자에게서 발원한 후대의 학파, 즉 성리학을 궁구하면 불가의 소위 불성(佛性)과 같은 인간의 본성을 규명할 수 있으리라는 말이다. 마니는 범어(梵語) maṇi의 음역(音譯)으로, 보주(寶珠)·여의주(如意珠) 등으로 의역(意譯)되는데, 중국 사람이 오면 중국 사람을 비쳐 주고 오랑캐 사람이 오면 오랑캐 사람을 비쳐 주어 본래의 색깔이 무엇인지 알 수 없게도 하지만 그 자체의 색깔이 없는 것이 아니요, 바로 융통자재하게 응하는 그 청정한 속성이 각 사람 속에 구비되어 있는 불성과 흡사하다는 점에서 사람의 본성을 뜻하는 말로 보통 쓰인다. 수사(洙泗)는 중국 산동성(山東省)의 곡부(曲阜)를 지나는 두 개의 강물 이름으로, 이곳이 공자의 고향에 가깝고 또 그 강물 사이의 지역에서 그가 제자들을 가르쳤기 때문에 보통 유가의 발원지를 뜻하는 말로 쓰인다.

312 몰인(沒人) : 헤엄을 잘 치는 것은 물론이요 자맥질까지도 능숙하게 하는 사람을 말하는데, 외물에 흔들리지 않고 정신을 한군데에 집중하는 것을 비유하는 말로 쓰인다. 여기서는 오로지 공부에 열중하다 보면 목표를 성취할 것이라는 의미로 말한 것이다. 상세한 내용은 188쪽 주227 참조.

양현고(養賢庫)에서 조석으로 챙겨 주나니　大府日供朝夕資
교육의 낙이 비할 데 없음을 알기 때문이라　教育知是樂無比
길한 날 예알함에 청금[313]의 물결이 넘실대니　吉辰禮謁溢青襟

자주(自註)에 "초하루와 보름에 제생(諸生)을 이끌고 알성(謁聖)한다."라고 하였다.

찬 재 안에서 문장의 불꽃이 다시 피어날 듯도　文焰庶燃寒灰裏
곤붕이 깃을 다듬는 것은 한번 치고 날아 보려고[314]　鯤鵬刷羽在一擊
천마가 마판에서 대기함은 천 리 길 달려 보려고　天駒縶足志千里
더구나 지금 성상께서 문치를 중히 여기시어　況今聖上重文治
은혜의 구름이 뭉게뭉게 원근에 진을 침에랴　需雲藹藹屯遠邇
금문의 표적을 맞히고 모호 깃발을 뽑아 들면　金門射的拔蝥弧
청운의 길이 청자를 줍듯 손쉽게 활짝 열리리라[315]　佇見雲程拾青紫

313 청금(青衿) : 푸른 옷깃이라는 뜻으로, 유생의 복장을 말한다.

314 곤붕(鯤鵬)이……보려고 : 곤어(鯤魚)에서 변화한 대붕(大鵬)이 남명(南冥)을 향해 날아갈 적에 삼천 리에 걸쳐 바다 물결을 치고 전진하다가 때마침 불어오는 회오리바람을 타고 구만 리 위로 날아오른다는 이야기가 《장자》 〈소요유(逍遙遊)〉 첫머리에 나온다.

315 금문(金門)의……열리리라 : 과녁을 쏘아 맞히고 승리의 깃발을 들어 올리듯 과거 급제의 영광을 차지하면, 앞으로 청운의 벼슬길에서 고위 관직에 오르는 등 탄탄대로가 펼쳐질 것이라는 말이다. 금문은 금마문(金馬門)의 준말로 조정을 가리킨다. 모호(蝥弧)는 춘추 시대 제후인 정백(鄭伯)의 군기(軍旗) 이름인데, 영고숙(潁考叔)이 이 깃발을 들고 맨 먼저 적군의 성벽에 올라간 고사가 있다. 《春秋左氏傳 隱公11年》 청자(青紫)는 한나라 때 공후(公侯)와 구경(九卿)이 허리에 찼다는 자수(紫綬)와 청수(青綬)를 말하는데, 《삼국지》 〈위서(魏書) 고당륭전(高堂隆傳)〉에 "선비가 경술에 밝지 못한 것이 흠이지, 만약 경술에 밝기만 하다면 청자를 취하는 것은 마치 땅에 떨어진 지푸라기를 줍는 것처럼 쉬울 것이다."라는 말이 나온다.

그대는 못 보았나, 당가 사연 곡강춘[316]을　君不見唐家賜宴曲江春
실의에 빠져 번뇌하는 초라한 학생이 되지 말기를　莫作旣瞜一寒士

316 당가(唐家) 사연(賜宴) 곡강춘(曲江春) : 당나라 황제가 하사한 곡강의 봄날 잔치라는 뜻으로, 과거 급제자에게 열어 주는 국가의 특별 연회를 말한다. 당나라 때 진사시(進士試)에 급제한 사람들을 곡강의 정자에 모아 놓고 잔치를 열어 준 곡강회(曲江會)의 고사가 있는데, 송나라 때에는 이 연회를 문희연(聞喜宴)이라고 칭하였다.

영남을 안찰하러 가는 김국필에게 작별 선물로 주다

贈別金國弼按節嶺南

휘(諱)는 정국(正國)이다.

공은 오색실을 가졌는지라	公有五色線
보불에다 화충을 공교하게 재단하고[317]	黼黻華蟲工裁穿
공은 포정의 칼을 쥐었는지라	公有庖丁刃
긍경에 한번 투입하면 덩어리가 해체된다네[318]	一投肯綮便無全
행원의 사연에서 뭇 영재 중에 으뜸이요[319]	杏園賜宴魁群英
옥당의 특별한 은총은 금련이 무색하였는데[320]	玉堂殊寵輕金蓮

317 공은……재단하고 : 솜씨 좋은 재단사가 아름다운 옷을 만드는 것처럼 조정에서 국정을 잘 보좌하는 것을 말한다. 보불(黼黻)은 예복에 수놓은 아름다운 꽃무늬, 혹은 그렇게 만든 예복을 말한다. 화충(華蟲)은 꿩의 별칭으로 고대에 면복(冕服)의 그림 장식으로 상용하였는데, 꿩의 몸에 오채(五彩)가 있었으므로 문명(文明)의 성왕(聖王)을 상징하는 물건으로 여겨졌다.

318 공은 포정(庖丁)의……해체된다네 : 풀기 어려운 복잡한 일도 손쉽게 처리해 내는 능력을 지녔다는 말이다. 217쪽 주294 참조.

319 행원(杏園)의…… 으뜸이요 : 장원 급제한 것을 말한다. 행원은 서안(西安) 교외에 있는 대안탑(大雁塔) 남쪽의 동산 이름으로, 당나라 때 진사시에 새로 급제한 사람들에게 황제가 사연(賜宴) 즉 연회를 베풀어 준 장소이다. 김정국은 1509년(중종4) 별시 문과에 장원으로 급제하였다.

320 옥당(玉堂)의……무색하였는데 : 김정국이 관각(館閣)의 신하로서 금련(金蓮)의 고사가 무색할 정도로 임금의 총애를 독차지했다는 말이다. 금련은 천자 전용 등촉(燈燭)인 금련화거(金蓮華炬)의 준말인데, 당나라 영호도(令狐綯)가 대궐에서 야대(夜對)하다가 밤이 깊어 돌아갈 때 천자가 이 금련과 승여(乘輿)를 하사하여 돌아가게

황천이 고의로 수고롭게 하여 일마다 어긋나자　皇天故勞拂
몇 년이나 신필(神筆)을 심연 속에 숨겼다가[321]　幾年神鋒蟄九淵
밝은 달이 홀연히 광채를 드러내자　明月奄露彩
하룻밤 사이에 자기가 우전을 쏘아 녹였다네[322]　一夜紫氣銷牛躔
갈대는 푸르고 푸른데 이슬은 벌써 찬 서리[323]　蒹葭蒼蒼露已霜
멀리 호남에서의 좋은 평판 전해 들었는데　聲價遠自湖南傳
홀연히 보았나니, 땅 환히 비치는 황금 관인을 차고　忽見腰金光滿地
영남에 부임하는 방백의 깃발 허공에 펄럭이는 것을　嶺陲節鉞飛翩翩
이제 풀과 나무도 해타[324]에 놀랄 것이요　草樹驚咳唾

하자, 학사원(學士院)의 관리들이 멀리서 바라보고는 천자의 행차인 줄 알았다는 고사가 전한다.《新唐書 令狐楚列傳 令狐綯》

321 황천이……숨겼다가 : 하늘이 김정국을 큰 인물로 만들어 주려고 일부러 고난을 당하게 하자 더욱 은인자중(隱忍自重)하며 동심인성(動心忍性)하였다는 말이다. 그는 기묘사화 때에 삭탈관작을 당하자 경기도 고양(高陽)으로 내려가 은휴정(恩休亭)을 짓고 팔여거사(八餘居士)라고 일컬으면서 저술과 교육에 전심하다가 1537년(중종32) 조정에 복귀한 뒤에 전라도와 경상도 관찰사를 역임하였다.

322 밝은……녹였다네 : 중종반정 뒤에 임금의 지우(知遇)를 받아 조정에 발탁되어 크게 쓰이게 되었다는 말이다. 우전(牛躔)은 두우(斗牛) 즉 북두(北斗)와 견우(牽牛)의 별자리를 가리킨다. 진(晉)나라 무제(武帝) 때에 장화(張華)가 두우 사이에 보랏빛 기운〔紫氣〕이 뻗치는 것을 보고 뇌환(雷煥)을 예장(豫章)의 풍성현(豐城縣)으로 보내 옛 옥사(獄舍) 터를 발굴하게 하여 용천(龍泉)과 태아(太阿)라는 두 명검(名劍)을 찾아내었다는 고사가 전한다.《晉書 張華列傳》

323 갈대는……서리 : 그동안 김정국을 만나 보고 싶었지만 만나지 못한 채 세월만 흘렀다는 뜻의 애틋한 심정을 표현한 말이다.《시경》〈진풍(秦風) 겸가(蒹葭)〉에 "갈대가 푸르고 푸른데, 흰 이슬 서리가 되었도다. 그리움의 대상인 그분이여, 물 저쪽에 계시어 뵐 수 없도다.〔蒹葭蒼蒼, 白露爲霜. 所謂伊人, 在水一方.〕"라는 말이 나온다.

324 해타(咳唾) : 내뱉는 침방울도 구슬 같다는 뜻의 해타성주(咳唾成珠)의 준말로,

경내의 마을마다 도견[325] 안에 속할 것이라 境落屬陶甄
기무가 복잡한 것이 현격히 차이가 나겠지만 機務棼如九牛毛
얽히고설켜 뒤엉킨 곳도 한번 쓱 돌아보시고는 顧眄盤錯相糾纏
번갯불 뒤쫓아 공중에 솟구치듯 排空逐奔電
순풍에 돛 달고서 물 위를 치달리듯 運水驅風船
혼돈에 대번에 구멍을 뚫어 놓아[326] 混沌忽鑿竅
상천에 운무가 활짝 걷히게 하리라 雲霧捲上玄
서리는 땀 흘리고 헐떡거리며 손을 괜히 움츠리고 胥吏喘汗手空縮
탐관오리는 인끈을 풀며 간담이 지레 오그라들어 貪汚解綬膽先煎
한 지방이 엄정하여 고요하기가 깊은 물 같으니 郡國肅肅寂如水
의지가지없는 오두막 서민들을 어디에서 보리오 誰見白屋黔黎懸
사공을 부를 게 있겠소, 관공서 나루가 있는걸 不招黃頭官渡完
단약이 필요 있겠소, 백성의 수명이 늘었는걸 不賴還丹民命延

"재채기를 할 때 튀어나오는 침방울들을 보면, 큰 것은 옥구슬 같고 작은 것은 안개 같다."라는 《장자(莊子)》 〈추수(秋水)〉의 말에서 유래한 것이다.

325 도견(陶甄) : 도공(陶工)이 녹로(轆轤)를 돌려서 각종 질그릇을 만들어 내는 것처럼 임금이나 목민관이 백성을 잘 교화하는 것을 말한다.

326 혼돈(混沌)에……놓아 : 미개하고 무질서한 상태를 개화되고 질서 있는 상태로 바꿔 놓을 것이라는 말이다. 남해(南海)의 왕인 숙(儵)과 북해(北海)의 왕인 홀(忽)이 중앙의 왕인 혼돈을 만나 혼돈에게는 없는 인간의 눈, 코, 귀, 입 등의 일곱 구멍을 뚫어 주었다는 혼돈칠규(混沌七竅)의 이야기가 《장자》 〈응제왕(應帝王)〉에 나온다. 보통은 숙과 홀을 빠르다는 뜻을 취해서 유위(有爲)를 비유하는 말로 사용하고, 혼돈은 개발되지 아니한 원래의 상태 그대로라는 뜻에서 무위자연(無爲自然)을 의미하는 긍정적인 의미로 사용하는데, 대관재는 이런 관용에 개의치 않고 숙과 홀을 문명, 혼돈을 야만의 뜻으로 환치하여 사용하였다.

천황을 깨뜨린 유생들도 부쩍 증가하리니[327]	天荒已破縫掖多
주옥같은 수하의 시편 외우며 노래하리라	誦詠手下珠璣篇
떠나가신 뒤에도 감당[328]의 덕을 애모하리니	遺愛有甘棠
조야에서 성대한 명성을 누가 견주리오	盛名朝野疇能肩
유능한 실력 인정받음을 실로 알겠거니	固知設施方見遇
복귀하면 응당 묘당의 현인이 되시리라	公還應作廟堂賢
내가 지금 이런 말로 선물하는 것은	我今贐以言
석별의 감회가 우연이 아니기 때문이니	惜別幽懷非偶然
지금부터 나의 소원은 모필을 손에 쥐고	從此欲將毛錐子
사업을 찬양하며 공의 앞뒤를 비추는 것	贊揚事業耀後前

327 천황(天荒)을……증가하리니 : 영남에서 후학을 양성하는 교육도 잘 진행되어 중앙 정부에서 실시하는 대과(大科)에 급제하는 유생들도 계속 많이 배출될 것이라는 말이다. 천황은 천연 그대로 방치된 황무지라는 뜻이다. 당나라 때 형주(荊州)에서 해마다 향시(鄕試)에 합격한 공생(貢生)을 서울로 올려보내도 대과 급제자가 나오지 않았으므로 그 지역을 천황이라고 불렀는데, 사인(舍人) 유태(劉蛻)가 급제를 하자 천황을 깨뜨렸다는 의미에서 파천황이라고 일컬었다는 고사가 전한다.《唐摭言 海述解送》

328 감당(甘棠) : 선정을 베푼 방백을 기릴 때 쓰는 표현이다. 166쪽 주179 참조.

표각자행

豹脚子行

모기를 일명 각다귀〔豹脚〕라고 하니, 사람의 살을 물어뜯기 때문이다. 이때 어떤 사람이 권세를 휘두르며 제멋대로 굴었기 때문에 이렇게 지어 보았다.

후텁지근하게 바람도 없이 구름만 잔뜩　炎氛陰翳天無風
노곤해서 대자리에 누우니 날은 벌써 어둑　困臥蘄簟日已曛
어디서 돌아왔는지 각다귀 이놈들이　何處歸來豹脚子
휘파람 불며 떼를 지어 우레처럼 윙윙 왱왱　吹唇作隊雷如喧
청색 기루(妓樓)에 잠입했으나 잔치는 이미 끝나고　偸入青樓宴已罷
홍안의 흰 살결 미녀들이 술에 취해 꾸벅꾸벅　紅顔雪肌睡方醺
금비녀 위에 모여 앉아 아래를 정탐해 보더니　坌集金鈿下窺瞰
침노하려는 기세가 비단 치마를 뚫어 버릴 듯　侵凌勢欲穿羅裙
하지만 옆에 둘씩 새앙머리 계집애들이　旁有兩兩雙髻兒
손에 깁부채 들고 저들을 쫓아내네그려　手秉紈扇揮我群

1절(節)이다.

사정이 군색해지자 곧장 여희의 침소로 향하니　窘北直向驪姬寢
궁실의 상막에 아직 남은 향불의 내음 속에　椒殿繡帳餘爐薰
진공이 한 이불 속에서 자주 머리를 끄덕이며　晉公共裯屢頷可
신생[329]을 모함하는 말이 한밤중까지 이어지네　語侵申生至夜分

329 신생(申生) : 춘추 시대 진 헌공(晉獻公)의 태자이다. 헌공의 애첩 여희(驪姬)가 자기 아들 해제(奚齊)를 태자로 삼으려고 계속 신생을 참소한 끝에 결국 신생은 자살하

야들야들한 피부 뒤척이며 잠들 생각은 없이	膩膚展轉不交睫
밤 깊도록 귓속말로 계속 뭐라고 속닥거리니	深更屬耳長云云
몰래 살피며 꾀를 내어도 어찌해 볼 수가 없어	潛伺百計謾不成
배는 고프고 목은 말라 불붙는 듯 애가 타네	腸飢喉渴惔如焚

2절이다.

오래전에 듣건대 무조[330]는 진짜 천하일색으로	久聞武瞾眞天色
온난 유연한 진미가 고급 안주보다도 낫다고	溫柔眞味勝羶葷
무리를 불러 궁실 안으로 은밀히 들어가니	群呼往投禁扃密
신령한 자태가 흡사 양대의 구름[331] 같다 할까	神姿恍然陽臺雲
구중궁궐 큰 촛불 거의 다 되어 깜박이며	重軒椽燭已殘花
비단옷을 비춰 주니 맑은 향내가 은은하네	照耀羅紈聞淸芬
까까머리 나충[332]이 알몸으로 누웠다가	髗禿裸蟲偃赤身

승려 여의군(如意君)[333]을 가리킨다.

고, 둘째 아들 중이(重耳) 즉 진 문공(晉文公)이 19년 동안 망명했다가 귀국할 때까지 진나라는 대혼란을 겪게 된다.《春秋左氏傳 莊公28年, 僖公5年》

330 무조(武瞾) : 당(唐)나라 측천무후(則天武后)의 이름이다. 태종(太宗)의 재인(才人)으로 있다가 고종(高宗)의 황후가 되었으며 고종이 죽은 뒤에는 자기 아들인 중종(中宗)과 예종(睿宗)을 잇따라 폐하고 스스로 제위에 올라 신성황제(神聖皇帝)라고 칭하면서 국호를 주(周)로 고쳤으나, 신룡(神龍) 1년(705)에 우림군(羽林軍)을 거느린 장간지(張柬之) 등에 의해 강제로 폐위되고 중종이 복위하였다.《舊唐書 則天武后本紀》

331 양대(陽臺)의 구름 : 조운(朝雲)이라는 무산(巫山)의 신녀(神女)를 말한다. 167쪽 주181 참조.

332 나충(裸蟲) : 몸을 보호할 털이나 비늘 같은 것이 없이 벌거벗은 동물이라는 뜻으로, 고대에 인류를 부르던 호칭이다.

일어나 이불 들추고서 정히 서로 환희하며　起披鴦衾正交忻
박토[334]를 흠뻑 적시면서 거듭 빠졌다 나왔다　剝兎濡頭沒復出
대장장이의 풀무질이 한창 바빠지다 보니　大冶橐鑰方辛勤
가는 허리 살살 돌리고 옥체 가로 비끼면서　纖腰宛轉玉橫斜
눈동자는 가늘어지고 귀는 들리는 것이 없다가　明眸細纈耳無聞
역류하는 신액을 수건으로 닦아 내고는　逆流神液拭香巾
노곤해 잠이 들자 수고한 힘줄이 쉬는구나　遂成倦睡休勞筋
윤택한 샘물 구멍은 잔털도 없이　滋穴瑩潤無毳毛
춘심이 넘쳐흘러 항상 벌어져 있는데　春心衮衮常胚渾
왔다 갔다 서성여도 금하는 자가 없는지라　周旋繞壁無禁呵
지존의 신분도 잊고 곧장 진액에 돌진해서　涎流直撲忘至尊
긴 주둥이 집어넣고 점점 더 단 곳으로　自從長喙入轉甘
다투어 사타구니 타고 분분히 몰려오네　競緣兩隅來繽紛

333 여의군(如意君) : 측천무후가 애정 행각의 상대로 옆에 두고 즐기며 총애하던 설오조(薛敖曹)를 '내 마음에 든다.〔如我意〕'라는 뜻으로 높여 불렀던 칭호이다. 그를 승려라고 칭한 것은 대관재의 착오이다. 측천이 한때 좋아했던 승려 회의(懷義)가 따로 존재한다. 혹시 문정왕후(文定王后)와 보우(普雨)의 관계를 상정하면서 짐짓 이렇게 여의군을 승려로 둔갑시켰을지도 모르겠다는 억측을 해 본다. 하여튼 이 본문에 나오는 측천과 설오조와의 성관계 묘사는 명나라 서창령(徐昌齡)의 《여의군전(如意君傳)》에 나오는 내용을 발췌하여 소개한 것으로, 간혹 정사 장면과 성기 묘사에 대한 적나라한 표현이 민망한 느낌을 갖게도 하는데, 역자의 번역과 주석 역시 이에 대한 구체적인 설명은 가급적 피하고 간단히 처리하였다. 자세한 내용이 궁금하신 분은 시중에 유통되고 있는 《측천무후여의군전》의 일독을 권한다.

334 박토(剝兎) : 털이 벗겨진 빨간 토끼라는 뜻으로, 설오조의 성기를 말한다. 《여의군전》에 "그의 물건은 손으로 다 쥘 수가 없이 컸는데, 머리는 달팽이와 같았고, 몸통은 박토와 같았으며, 힘줄은 지렁이처럼 꿈틀거렸다."라고 하였다.

국물을 빨아 먹느라고 지저분해진 입꼬리　咀嚼淋漓口角濃
매실 소금 맛과 뒤섞여 따스한 기운이 남았는데　味雜梅鹽有微溫
잔뜩 마시고 신바람 나서 교대로 날며 춤추나니　吸盡興酣迭翔舞
한바탕 단꿈을 꾸었는지 아직도 긴가민가하네　一場香夢猶昏昏
베개 위에는 발그레 달아오른 두 뺨　枕上兩顋生紅暈
붉은 입술엔 살짝 향기로운 땀의 흔적　絳唇乍添香汗痕
내친 김에 옥장을 마시니 우유보다 매끄러워　因飮玉漿滑於酥

《천금방(千金方)》에서는 입안의 군침을 옥장이라고 한다.

밤새 게걸스럽게 굴어도 누가 귀찮다 탓하리오　竟夜綽虐誰憚煩
조그마한 심장을 포식해서 채우게 해 줬으니　幺麽心腸已飽飫
어찌 일반의 은덕[335]을 항상 생각할 뿐이리오　何啻常懷一飯恩

3절이다.

기억건대 옛날에 양처는 살림 꾸리며 포형 차림으로[336]
憶曾梁妻包裹布與荊
형체가 야위어 싱거워서 하나도 맛이 없었고　形憔啖無一味存
임류는 누더기 입고 일묘에 누워 지내면서[337]　林類懸鶉臥一畝

335 일반(一飯)의 은덕 : 얼핏 보면 별것 아닌 것 같지만 어려울 때 베풀어 준 정말 고마운 은혜라는 말인데, 한(漢)나라 창업의 삼걸(三傑) 중 한 사람인 한신(韓信)이 가난할 때 얻어먹은 '밥 한 그릇〔一飯〕'의 은혜를 나중에 천금(千金)으로 갚아 주었던 '일반천금(一飯千金)'의 고사가 전한다. 《史記 淮陰侯列傳》 222쪽 주301 참조.

336 양처(梁妻)는……차림으로 : 양처는 한(漢)나라 은사(隱士)인 양홍(梁鴻)의 아내 맹광(孟光)을 말한다. 부잣집 딸이었으나 남편을 존중하여 '베로 만든 치마와 가시나무 비녀〔布荊〕'를 착용하고 검소하게 살면서 손수 농사짓고 길쌈하였다. 《後漢書 逸民列傳 梁鴻》

살갗이 까매 씹어 삼킬 재료가 되기에 부족했지　皮黑不足供噬呑
오늘 밤 정겨운 모임이 어찌 인연이 아니겠나　今夜綢繆豈非緣
이런 만남 기록하려다가 되레 말을 잊었노라　欲記此會還忘言

4절이다.

눈 밑의 초명[338]이 홀연히 와서 보고하기를　眼底焦螟忽來報
누고가 둥둥 울리면서 궁중 문이 열렸다고　漏鼓鼛鼛開宮門
궁궐 담 날아서 빠져나가니 누가 알 리 있나　飛出掖垣人不識
입안 가득 미인의 체취가 아직도 물씬 풍기네　滿口天香襲尙暄
역아[339]에게 특이한 맛 과시해 보고 싶다마는　欲向易牙誇異味
순식간에 일이 잘못돼 남몰래 애가 녹을 따름　俛仰事非暗銷魂
새벽하늘 희미하니 끝내 어디로 돌아가리오　曙色熹微竟何歸
동창에 부상의 아침 햇빛 쏟아지려 하니 원　東窓欲射扶桑暾

소인배들이 비습(卑濕)한 곳에 자기 몸을 놔두고는 오히려 영화롭다고 과시하다가 끝내는 돌아가 의탁할 곳 없이 몸을 망치고 마는 것을 비유한 것이다.

337 임류(林類)는……지내면서 : 임류라는 사람이 100세의 나이로, 밭고랑에 떨어진 벼 이삭을 주우면서 노래를 하며 생사를 초월하여 만년의 인생을 즐겼던 임류습수(林類拾穗)의 이야기가 《열자(列子)》〈천서(天瑞)〉에 나온다. 일묘(一畝)는 한 이랑 넓이의 집이라는 뜻의 일묘궁(一畝宮)의 준말로, 한사(寒士)의 누추한 거처를 말한다.

338 초명(焦螟) : 매우 작은 날벌레이다. 떼 지어 날아다니며 모기 눈썹 사이에 집을 짓고 새끼를 치는데도 너무 작아서 모기가 알아채지 못한다고 한다. 《晏子春秋 外篇下 14》《列子 湯問》

339 역아(易牙) : 춘추 시대 제 환공(齊桓公)의 요리사로 맛을 잘 감별했다고 한다.

지주마 시 한 편을 지어서 조카 의중 사순 에게 주다

止酒馬一篇贈猶子宜仲 思順

말을 달릴 때면 항상 말이 유순해서 내 말을 잘 듣는 덕에 술을 마신 날에도 어김없이 취한 몸을 실어다 주곤 하였다. 그런데 하루는 말이 내빼는 바람에 하마터면 떨어질 뻔했으므로 고삐를 더욱 단단히 쥐고 평지를 험지처럼 여기며 조심하였다. 말은 나의 달라진 태도에 놀랐을지 몰라도, 나는 궐주구(橛株駒)[340]와 같은 심정이 되어 다시는 술에 취해서 말을 타지 않겠다고 맹서하였다. 그래서 이 말을 '술을 끊게 하는 말〔止酒馬〕'이라고 이름하였다.

은근히 물어보노니, 주인장이여	殷勤爲問主人翁
이 말이 어떻게 술을 끊게 한단 말이요	此馬胡爲止翁酒
노부는 뜬세상에서 술에 몸을 맡기고는	翁於浮世付一醉
일음무하[341]하여 언제나 술기운이 머리에까지	日飮無何長濡首

340 궐주구(橛株駒) : 나무 그루터기처럼 웅크리고 움직이지 않는다는 뜻으로, 부동(不動)의 자세로 정신을 흩트리지 않고 한곳에 집중하는 것을 말한다. 나무에 붙어 있는 매미를 마치 땅에 떨어진 물건 줍듯 손쉽게 잡는 노인에게 그 비결을 묻자 "나는 내 몸을 나무 그루터기처럼 웅크리고 팔뚝은 시든 나무의 가지처럼 만들어서 비록 천지가 크고 만물이 많지만 오직 매미 날개만을 알 뿐이다."라고 대답한 고사가 《장자(莊子)》〈달생(達生)〉에 나온다.

341 일음무하(日飮無何) : 날마다 하는 일 없이 술만 마신다는 뜻으로, 험난한 세상에서 목숨을 보전하기 위한 일종의 도회술(韜晦術)로 항상 만취해서 사는 술주정뱅이 행세를 한다는 뜻이 암암리에 들어 있다. 한(漢)나라 원앙(爰盎)이 오국(吳國)의 상

말은 안온히 지와 같이 내 몸뚱이 실어다 주고[342]	馱載軀殼穩如輊
밤마다 꼴과 콩을 입안 가득 아작거렸는데	夜夜芻豆頗飫口
어느 날 관아에 가려고 냅다 말에 걸터앉아	一朝趨衙忽跨身
고삐를 잡으니 미친 듯이 날뛰며 치달려서	攬轡騰躍狂如走
보잘것없는 내 생명을 거의 잃을 뻔했나니	幺麼性命幾見傷
노부가 잘 대했으면 말이 해치려 했겠는가	翁不負馬馬肯負
추거에 천전을 얻은 것과 정말로 비슷하니	政似墜車獲天全
지킬 것을 신명이 환기시켜 줬다고나 할까[343]	恍然神明還所守
생각할 때마다 수당의 경계[344]를 항상 지닐지니	念念長存垂堂誡
백 편 지으며 한 말 기울일 겨를이 있으리오[345]	何暇百篇傾一斗

(相)으로 가서 날마다 술만 먹고 다른 일은 하지 않음으로써, 교만 방자한 오왕(吳王)에게 화를 당하지 않고 무사히 지냈던 고사가 있다. 《史記 爰盎晁錯列傳》

342 말은……주고 : 말이 술 취한 주인을 싣고 앞뒤로 흔들거리며 무사히 데려다 준다는 말이다. 지(輊)와 같다는 말은 앞으로 쏠린 듯하다는 뜻인데, 《시경》〈소아(小雅) 유월(六月)〉의 "병거(兵車) 자체가 안온함은 물론이요, 앞으로 쏠린 듯 뒤로 기운 듯 흥겹게 흔들거리네.〔戎車旣安, 如輊如軒.〕"라는 구절에서 발췌한 것이다.

343 추거(墜車)에……할까 : 추거는 술 취한 사람이 수레에서 떨어진 것을 말하고, 천전(天全)은 천성이 온전한 것을 말하고, '지킬 것'은 정신을 온전히 지키는 것을 말한다. 《장자》〈달생(達生)〉에 "지인(至人)은 천성이 온전히 지켜져서 그 정신에 틈이 없으니 외물이 어디로부터 침입하겠는가. 대저 술에 취한 사람이 수레에서 떨어졌을 때에 빨리 달리고 있었다고 하더라도 죽지는 않으니, 그의 골절이 보통 사람과 같은데도 부상을 당한 정도가 보통 사람과 다른 것은 술기운 덕분에 그 정신이 온전히 지켜졌기 때문이다."라는 말이 나온다.

344 수당(垂堂)의 경계 : 혹시 죽거나 다칠지 모르는 위험한 상황은 피하라는 말이다. 《한서(漢書)》〈원앙전(爰盎傳)〉의 "천금의 자식은 마루 끝에 앉지 않고, 백금의 자식은 난간에 걸터앉지 않는다."라는 말에서 유래한 것이다.

말을 몰아 곧장 청파동 집으로 향했나니	驅馳直向靑坡家
술친구 찾아 문 두드릴 계획이 있을 리야	剝啄無計訪酒友
눈보라 매섭게 휘몰아쳐 언 뺨을 때리는데	雪飆蕭蕭打凍顋
온몸에 돋는 찬 소름을 누가 가라앉혀 주랴	遍身寒粟誰能帚
환귀한 적선[346]은 어디론가 떠나가고	換龜謫仙去何處
독성한 굴자[347]로나 오래 견딜 팔자인데	獨醒屈子成耐久
노부가 술을 끊건 말이 끊게 했건 간에	翁止酒耶馬止酒
이제부터 교송[348]의 장수를 누려 볼까 보다	從此欲享喬松壽
자네는 우리 집안의 천리마 종자인데	君乃吾家千里駒
병을 앓으며 속절없이 지리수가 되다니[349]	抱病浪作支離叟

345 백……있으리오 : 두보(杜甫)가 지은 〈음중팔선가(飮中八仙歌)〉의 "이태백은 한 말 술에 시 백 편을 지었나니, 장안 저자 주막에서 취해서 졸곤 하였어라.〔李白一斗詩百篇, 長安市上酒家眠.〕"라는 말을 인용한 것이다. 《古文眞寶 前集 卷8》

346 환귀(換龜)한 적선(謫仙) : 이백(李白)을 말한다. 환귀는 '해금귀환주(解金龜換酒)'의 준말로, 금거북 패물을 풀어서 술과 바꿔 마셨다는 말이다. 당 현종(唐玄宗) 때에 하지장(賀知章)이 장안(長安)에서 이백을 처음 만나 보고는 그를 적선인(謫仙人)이라고 부르면서 허리에 찬 금거북을 풀어 둘이서 함께 실컷 술을 마셨다고 하는데, 그가 죽은 뒤에 이백이 술잔을 대하고 그를 추억하며 지은 〈대주억하감(對酒憶賀監)〉 시 서문에 이 내용이 나온다. 《李太白集 卷22》

347 독성(獨醒)한 굴자(屈子) : 전국 시대 초(楚)나라 회왕(懷王) 때의 충신 굴원(屈原)을 말한다. 독성은 남들은 모두 취했는데 자기만 홀로 깨었다는 뜻이다. 〈어부사(漁父辭)〉에 "온 세상이 다 혼탁한데 나 홀로 깨끗하고, 모든 사람이 다 취했는데 나 홀로 깨었는지라, 이 때문에 쫓겨났노라."라는 말이 나온다. 《古文眞寶 後集 卷1》

348 교송(喬松) : 전설적인 선인(仙人)인 왕자교(王子喬)와 적송자(赤松子)의 병칭이다.

349 자네는……되다니 : 심사순(沈思順)이 심정(沈貞)의 아들로서 남모를 근심을 안

가련토다, 서리 밟고 서글피 우는 천마여 可憐天馬蹩霜啼
먼 길도 지척인데 구릉에 막히고 말았구나 咫尺長途隔陵阜
평생의 술버릇을 스스로 고치기 어려워서 平生酒癖自難醫
몇 년을 시서의 숲속에 취해 누워 있었으니 數年醉臥詩書藪
태워 준 말이 슬피 운 것도 정이 있어서인 듯 騎馬悲嘶似有情
자네를 발로 내찼으니 이제는 술을 끊겠는가 蹴君今始止酒否
나는 벌주로 큰 술잔 들며 껄껄 웃노니[350] 擧白一浮發大笑
성취[351]가 노부에게 무슨 소용 있으리오 醒醉於翁竟何有

심사순 군이 왕년에 술에 취해 말을 탔다가 떨어져서 다리 부상으로 병들어 누워 있었으므로 이 사실을 아울러 언급하였다.

화답하다 奉和

사순(思順)

지주마여 止酒馬
술이 내 입을 통해 들어가서 酒從吾口入

고 자신의 뛰어난 재능을 발휘해 보지 못한 채 지리수(支離叟)의 행색으로 삶을 영위하고 있다는 말이다. 지리수는 지리소(支離疏)와 같은 말인데, 북구자인 꼽추의 몸이기 때문에 국가의 병역(兵役)이나 부역(賦役) 등을 모두 면제받고 그 대신 구호양곡을 배급받아 생활을 영위하면서 아무 탈 없이 몸을 잘 보전하며 장수를 누렸다는 이야기가 《장자》〈인간세(人間世)〉에 나온다.

350 나는……웃노니 : 술을 끊기로 맹서한 약속을 저버린 자신을 꾸짖는 의미에서 다시 벌주 한 잔을 들게 되었다는 뜻의 해학적 표현이다.

351 성취(醒醉) : 성취초(醒醉草)의 준말이다. 술 취한 사람이 그 냄새를 맡으면 바로 술이 깬다는 풀 이름이다.

배 속에 꽉 차면 화가 되나니　滿腹卽爲祟
부전[352]이 너의 임무라고 하더라도　扶顚雖爾任
화의 빌미는 주인인 내 탓이로다　媒禍由乃主
벌린 입은 아무리 많아도 싫다 하지 않고　哆口不厭多
불룩하게 솟은 배는 결과를 생각지 않은 채　皤腹不思果
구제하지 못할 곳에다 나의 몸을 던졌으니　投身不救地
추락한 것은 너 때문에 떨어짐이 아니로다　墮非緣汝墮
지주마여　止酒馬
천리마는 못 되어도 천성이 순종적이라　性馴不駃騠
주인을 보호한 것은 오직 너의 공이다만　保主惟爾功
어떻게 주인의 술을 끊게 하여　寧能止翁酒
더 오래 살게 할 수야 있겠느냐　而復壽乃翁
옛사람은 이 말을 조종할 적에　古人馭此馬
경계를 언제나 후삭[353]에 두었나니　戒常在朽索
참으로 조종하는 술법을 터득한다면　誠能得馭術
외적은 싸우지 않고도 물리치리라　外寇不戰却

352 부전(扶顚) : 넘어지려 할 때 부축해 일으켜 준다는 뜻으로, 위급한 상황에서 구제해 주는 것을 말한다. "위태로운데도 붙잡아 주지 못하고 넘어지는데도 부축해 주지 못한다면, 그런 신하를 어디에다 쓰겠느냐."라고 공자가 염구(冉求)를 꾸짖은 고사에서 나온 것이다. 《論語 季氏》

353 후삭(朽索) : 썩은 새끼줄이라는 뜻으로, 그런 새끼줄이 끊어지는 것처럼 혹시 잘못될까 봐 항상 조심하는 것을 비유할 때 쓰는 말이다. 《서경》 〈오자지가(五子之歌)〉에 "내가 만백성을 대함에 썩은 새끼줄로 여섯 마리의 말을 모는 것처럼 조심스럽기만 하니, 백성의 윗사람이 된 자로서 어떻게 공경하지 않을 수가 있겠는가."라고 왕을 경계하는 말이 나온다.

천군[354]이 호령을 분명히 발한다면	天君渙號令
다섯 감각 기관이 각각 지킴이 있어서	五官各有守
온갖 잘못이 자연히 그칠 데에 그치리니	百侮自止止
그치는 것이 어찌 술에만 해당되겠느냐	所止奚啻酒

354 천군(天君) : 마음의 별칭이다. 208쪽 주274 참조.

취한 김에 붓 가는 대로 쓰다

因醉縱筆

소시에 제자백가를 백여 번 반복해 읽었는데 少讀諸子百家百餘反
미묘한 기략(機略)은 육안으로 엿보기 어려웠네 沈幾妙略不許肉眼窺
중간에 병가에 뜻을 두고 담론하면서 中間着意談兵家
천지 사방을 질타하며 풍뢰처럼 치달렸나니 叱咤天地四方風雷馳
담력이 호방하기가 참으로 영웅호걸이라 膽氣硉兀眞英豪
초한(楚漢)의 싸움이 애들 장난 같았다네 漢騎楚兵如兒嬉
용감하게 고비를 걷어치운 장자[355]에 감명받아 勇撤皐比悟張子
평일의 학업이 속임수와 기책(奇策) 위주였다가[356] 平日學業譎而奇
지금 와서 다행히도 불원복[357]을 귀중히 여겨 到今庶貴不遠復

355 용감하게……장자(張子) : 주희(朱熹)가 장자 즉 횡거(橫渠) 장재(張載)를 평한 글에 "초년에 손무(孫武)와 오기(吳起)를 좋아하고 만년에 불교와 노장(老莊)의 세계로 도피하더니, 용감하게 고비를 걷어치우고서 한번 크게 변화하여 도에 이르렀네."라는 내용이 나온다. 《晦菴集 卷85 六先生畫像贊 橫渠先生》 고비(皐比)는 호피(虎皮) 즉 호랑이 가죽인데, 옛날에 스승이 방석으로 사용했으므로 강석(講席)의 대명사로 쓰이게 되었다. 장재가 《주역》을 강할 적에 그를 찾아온 정자(程子) 형제와 역리(易理)에 대해서 토론해 보고는 그들을 따라잡을 수 없다면서 고비를 걷어치운 고사가 전한다. 《張子全書 卷15 附錄》

356 평일의……위주였다가 : 《육도(六韜)》, 《삼략(三略)》과 같은 병서(兵書)에 몰입했다는 말이다. 《삼략직해(三略直解)》 〈중략(中略)〉에 "속임수와 기책이 아니면 간사함을 깨뜨려 적의 침략을 종식시킬 수 없다."라는 말이 나온다.

357 불원복(不遠復) : 멀리 가지 않고 되돌아온다는 뜻으로, 잘못을 깨닫고서 곧장

성경현전에 침잠하며 날로 열심히 공부한 결과 沈潛聖經賢傳日孜孜
황연히 하루아침에 마음속에 의혹이 없어져서 怳然一朝內無惑
나 스스로 이를 즐기며 정신이 피곤치 않았다네 我自樂此神不疲
아, 큰 재목 쓰이기 어려움은 옛날도 그러했지만 嗟哉材大難容古亦然
십 년 세월 풍진 속에 심했도다 나의 쇠함이여 十載風埃甚矣衰
가령 이 한 몸이 조정에 올라섰더라면 脫使一身登廊廟
정녕코 공업이 눈부시게 이 시대를 빛내어 定知功業彪炳耀當時
제민이 요순의 순박한 지치를 다시 보게 되고 齊民復見唐虞至治淳
예악과 법도가 우리나라를 변화시켰으리라 禮樂法度變九夷
장창이 어떻게 맹씨를 아는 자이리오 臧倉焉知孟氏者
군자의 행지는 사람이 함이 아니로다[358] 君子行止非人爲
이름 숨기고 세상을 피해도 후회하지 않나니 藏名遯世猶不悔
나 죽은 뒤에 역사가의 지우를 받을 텐데 뭘 身後應被良史知
대서특필하면서 한 번만 쓰지 않아 大書特書不一書
만고에 휘황하게 길이 드리우리라 萬古炳炳應長垂

바른길로 복귀하는 것을 말한다. 《주역》 〈복괘(復卦) 초구(初九)〉에 "멀리 가지 않아서 되돌아오니, 후회하는 일이 없을 것이요, 크게 좋을 것이다.〔不遠復, 无祇悔, 元吉.〕"라는 말이 나온다.

358 장창(臧倉)이……아니로다 : 장창은 노 평공(魯平公)의 총신(寵臣)으로, 주군이 맹자를 만나 보지 못하게 저지한 자이다. 보통 현인을 참소하여 해치는 소인의 대명사로 쓰이는데, 여기서는 대관재를 시기하여 조정에 진출하는 것을 방해한 자를 가리킨다. 《맹자》 〈양혜왕 하(梁惠王下)〉에 "어딜 가더라도 누가 시켜서 가는 경우가 있고 그만두더라도 누가 막아서 그만두는 경우가 있지만, 가게 하거나 그만두게 하는 것은 사람이 할 수 있는 것이 아니다. 내가 노나라 군주를 만나지 못하는 것은 하늘의 뜻이니, 장씨의 자식이 어떻게 나로 하여금 만나지 못하게 하겠는가."라고 하였다.

중양절에 허정숙[359]과 함께 순지의 원정에 올라가서 진탕 마시다
重陽同許靜叔登諄之園亭泥飮

새로 정자 엮은 것이 어찌 그리도 소쇄한지	新亭結構何蕭灑
원근의 호수와 푸른 산 빛을 모두 퍼 왔네	遠挹湖光近山翠
가을바람에 떨어진 낙엽 썰렁하니 쓸쓸하고	秋風落木寒蕭森
붉은 단풍 누런 국화 다투어 애교 부리는 때	紅葉黃蕊競嫵媚
고인이 취모[360]의 흥을 불러일으킨 덕에	故人喚起吹帽興
명절 모임 기대한 나의 뜻을 이루었네	良辰佳會得自遂
아침부터 청소하고 마련한 손님들 잔치 자리	朝來灑掃設賓筵
맑은 술은 푸른빛 넘실대며 봄빛이 번드르르	淸尊漲綠春光膩

359 허정숙(許靜叔) : 미상이다. 《대관재난고》 권3에 〈동경인 정숙에게 주다〔贈同庚靜叔〕〉라는 제목의 칠언절구가 있다. 동경에는 동갑(同甲)이라는 뜻과 같은 해의 과거에 함께 급제한 동기라는 뜻이 있다. 대관재는 1507년(중종2)에 실시한 증광별시 문과에서 병과(丙科) 25위로 급제하였는데, 이 증광시 급제자 36명의 명단에 허씨 성의 인물은 없다. 그리고 그 시의 첫 구에 "을미년에 태어나 을사년의 칠순을 다시 만났다.〔乙未生逢乙巳回〕"라고 한 것을 보면 그가 을미년에 태어났다는 것을 알 수 있다. 대관재 역시 1475년(성종6) 을미년에 태어났으니, 그렇다면 대관재가 동경을 동갑이라는 뜻으로 썼음을 유추할 수 있는데, 정숙이라는 자를 가진 그가 누구인지 현재로서는 더 이상 알아볼 수가 없다.

360 취모(吹帽) : 모자를 날렸다는 뜻으로, 중양절의 풍류를 비유하는 말로 쓰인다. 진(晉)나라 맹가(孟嘉)가 중구일에 정서장군(征西將軍) 환온(桓溫)이 베푼 용산(龍山)의 주연(酒宴)에 참군(參軍)의 신분으로 참석했다가 국화주에 취한 나머지 바람에 모자가 날려 가도 알아차리지 못했던 고사에서 유래한 것이다. 《世說新語 識鑑》

주인장의 고아한 풍치는 과시 군계일학이라　　主翁軒昂超鷄群
점잖은 기품이 유인의 뜻에 말없이 계합하네　　雅量默契幽人志
귀밑 가 꽃 그림자 환히 비치는 술잔 들고서　　鬢邊花影耀瓊觴
무릎 맞대며 형체 잊고 한번 실컷 취해 보기로　　促膝忘形期爛醉
목청 높이 포효함에 바다와 산이 들썩이고　　高歌嘐亮振海山
흑룡이 놀라서 깨었는지 하늘빛이 어두컴컴　　黤慘驚罷驪龍睡
여음이 자리 가득 감돌자 미녀들도 놀란 채　　餘音滿座駭蛾眉
안색이 변해 호쾌한 반주로 보조할 수가 없네　　色變不能助豪吹

순지가 노래를 잘 불렀는데, 그 소리에 들보의 먼지가 들썩거렸다.

정숙은 다정하게 미인과 노닥거리면서　　靜叔多情嬲嫚婷
손으로 젖가슴 더듬으며 한번 희롱하다가　　手捫酥乳發一戲
두건 벗고 신선의 자태로 일어나 춤을 추니　　岸巾起舞鸞鶴姿
활달한 기상이 뇌락하여 천지가 비좁구나　　逸氣礌落隘天地
내 경우는 술잔 들고 고래처럼 마셔 댈 뿐　　如我擧白但鯨吸
한 방울이라도 흘릴세라 밑바닥까지 후루룩　　倒盡便無一滴墜
취하여 무지개 토하면 그 높이가 일만 길[361]　　醉吐虹霓高萬丈
괴기하고 험준한 표현에 도깨비들도 후덜덜　　奇辭險語慴鬼魅
투호에 마구 던져 넣어 화살이 흩어지며　　亂擲投壺矢散聲
쟁그랑거리는 쇳소리에 자리가 화들짝　　錚錚金石驚席次
종남산은 푸른 물감이 방울져 뚝뚝 떨어질 듯　　終南山色青欲滴

361 취하여……길 : 술 취해 말을 하면 그대로 호방한 시가 이루어진다는 뜻이다. 후한(後漢)의 강엄(江淹)이 곽공(郭鞏)에게 "그대는 침을 뱉으면 주옥(珠玉)이 되고 기운을 토하면 무지개가 된다."라고 말한 고사가 있다. 《後漢書 文苑列傳 張壹》

공중에 기댄 병풍산을 앉아서 마주 바라보네	坐對峻屛空中倚
산 아래엔 길한 기운이 울울총총 성대히 일어	山下瑞靄紛鬱蔥
한양 도성 솟아난 곳에 대궐이 깊숙이 자리했네	淸都崛起金殿邃
청파동엔 한 줄기 흐르는 가느다란 냇물	靑坡一抹流細川
벼 익은 일천 이랑엔 일렁이는 누런 구름	穲稏千頃黃雲萃
노량나루 동작나루 번갈아 숨었다 나타났다	露梁銅雀互隱見
손가락 향하는 곳에 돛배가 마치도 질주하듯	指點風檣疾如駛
석양빛 비치는 곧은 도로를 내려다보면	俯見直路映殘照
어디서 오는지 계속해서 오고 가는 소와 말들	牛馬衮衮來何自
내 눈에 역력히 수승한 경치를 실어다 주니	眼界歷歷輸異勝
인간의 일은 제쳐 둘 만하네	賸合撥寘人間事
중양절의 모임은 고인이 애용한 것인지라	重陽高會古所用
오늘 고인의 뜻 소중히 여겨 찾은 것일 뿐	今日重尋古人意
하목과 해구를 좋아하지도 않고[362]	不喜河目與海口
서간과 충비도 원망하지 않나니[363]	不怨鼠肝與蟲臂
장방의 주머니 꼭 믿고서 찰 것도 없고[364]	不須信佩長房囊

362 하목(河目)과……않고 : 생전에 공자와 같은 성현이 되어 추앙을 받는 것도 원하지 않는다는 말이다. 하목과 해구(海口)는 눈이 하수(河水)처럼 길쭉하며 반듯하고 입이 바다처럼 크고 깊다는 뜻으로, 성인의 특이한 관상으로 여겨져 왔다. 《진서(陳書)》〈고제기 상(高帝紀上)〉에 "해구와 하목의 관상이라서 성현의 징표가 이미 드러났다."라는 말이 나온다.

363 서간(鼠肝)과……않나니 : 죽어서 어떻게 되건 상관하지 않는다는 말이다. 자래(子來)가 죽기 직전에 친구인 자리(子犁)가 찾아와서 "조화옹이 자네를 쥐의 간으로 만들 것인가, 아니면 벌레의 팔뚝으로 만들 것인가?〔以汝爲鼠肝乎? 以汝爲蟲臂乎?〕" 라고 물어본 이야기가 《장자(莊子)》〈대종사(大宗師)〉에 보인다.

우산의 눈물 부질없이 뿌릴 것도 없도다[365]	不必浪灑牛山淚
내 신세 몽땅 거느리고 취향에 들어가리니	都將身世入醉鄉
취향은 대박이라 온전히 순수한 곳이니까	醉鄉大朴全純粹
황연히 담박하게 상고 시대에 누워 있으면	怳然淡泊臥上古
말세야 흘겨볼 뿐 따지고 말고 할 게 있으리오	睥睨末世安足議
술자리 어수선해지며 객의 흥이 심드렁해지면	杯盤將散客興倦
취한 주인 말이 태워다 주리니 무얼 더 원하리오	馱醉歸來更何冀

364 장방(長房)의……없고 : 중구일에 수유(茱萸) 주머니를 차고 산에 올라가 재앙을 막는다는 세상의 풍속을 따를 필요가 없다는 말이다. 선인(仙人) 비장방(費長房)이 제자 환경(桓景)에게 "9월 9일에 너의 집에 재앙이 닥칠 것이니, 빨리 가서 사람들에게 붉은 주머니에 수유를 담아 팔뚝에 달아매고 높은 산에 올라가서 국화주를 마시게 하라. 그러면 화를 면할 수 있을 것이다."라고 하였는데, 환경이 그 말대로 하고서 저녁에 내려와 보니 가축들이 사람 대신에 폭사(暴死)했더라는 이야기가 전한다. 《續齊諧記 重陽登高》

365 우산(牛山)의……없도다 : 인생이 짧다고 탄식하며 비관할 것도 없다는 말이다. 춘추 시대 제 경공(齊景公)이 우산에서 노닐다가 국도를 내려다보고는 "어찌하여 눈물을 줄줄 흘리며 여기를 떠나 죽어야 한단 말인가."라면서 탄식한 고사가 전한다. 《晏子春秋 內篇 諫上》

어떤 객이 정신없이 취했다고 나를 조롱하기에 시를 지어 되돌려 주다

客有嘲余以昏醉詩以反之

당신은 육식[366]을 하며 권세를 쥔 엉큼한 사나이인가

汝爲肉食當路之黠漢歟

아니면 이내와 노을로 배를 채우는 늙은 선승인가

汝爲煙霞果腹之老禪歟

당신은 어디나 있는 무지렁이가 아니라면 汝不是五方之魚蟲歟

공자님 같은 성현이라고 해야 하지 않을는지 汝無乃闕里之聖賢歟

아, 풍랑이 세차게 일어 어룡이 뒤집히고 唉風濤洶湧兮魚龍顚

화택이 불길에 휩싸여 천지가 들끓는데 火宅鬱攸兮堪輿煎

어리석고 어두워서 소경을 인도할 이가 없고 愚暗愚暗瞽無相

유순하고 나약하여 개미가 누린내 좋아하니[367] 選愞選愞蟻慕羶

관작의 질곡에 걸려 끝내 야유를 받고는 軒冕桎梏竟揶揄

홍안이 시들기도 전에 먼저 황천객이라네 朱顔未凋先冥泉

366 육식(肉食) : 고위 관직에 있으면서 후한 녹봉을 받는 자를 말한다. 《춘추좌씨전(春秋左氏傳)》 장공(莊公) 10년에 "육식하는 자는 비루해서 멀리 내다볼 줄을 모른다."라는 말이 나온다.

367 유순하고……좋아하니 : 조정 백관이 유약해서 권력에 아부만 할 뿐 직언하지 않는다는 말이다. 《장자(莊子)》 〈서무귀(徐无鬼)〉에 "양고기는 개미를 좋아하지 않는데, 개미는 양고기를 좋아한다. 왜냐하면 양고기에서 누린내가 나기 때문이다."라는 말이 나온다.

그대는 보지 못했는가, 창 들고 쫓아낸 양리자를 君不見操戈自逐陽里子

성가신 득실과 화복을 모두 망전하지 않았던가[368] 擾擾得失禍福俱忘筌

또 보지 못했는가, 삽 메고 따르게 한 유백륜을 又不見荷鍤自隨劉伯倫

퇴연히 천지와 만기를 취면에 부치지 않았던가[369] 頹然天地萬期付醉眠

돌아가세 돌아가세 歸歟歸歟

일월이 한가한 취향의 경계로 醉鄕境界閑日月

조짐도 없이 무막[370]하여 태극보다 앞서는 곳 無眹無漠太極先

368 그대는……않았던가 : 멀쩡한 정신으로 기억하고 따지는 것이 오히려 병통이니, 그보다는 차라리 술이라도 마시고서 모든 것을 잊고 사는 것이 훨씬 낫다는 말이다. 송나라 양리(陽里)에 사는 화자(華子)의 건망증을 고칠 사람이 없던 중에 노나라의 유생이 찾아와서 완전히 낫게 해 주자 화자가 오히려 화를 내면서 창을 들고 유생을 쫓아냈는데, 그 이유를 물어보니 "건망증에 걸렸을 때에는 천지가 있는 것조차 몰랐는데, 지금은 존망득실과 희로애락 등 온갖 복잡한 상념이 일어나니 어느 한순간인들 망각의 상태로 다시 돌아갈 수가 있겠는가."라고 대답했다는 이야기가 《열자(列子)》 〈주목왕(周穆王)〉에 나온다. 망전(忘筌)은 통발을 잊어버린다는 뜻으로, 지난 일에 대해서 집착하지 않는 것을 의미한다. 《장자》 〈외물(外物)〉에 "통발은 고기를 잡기 위한 것이니 잡고 나면 통발을 잊어버리고, 올가미는 토끼를 잡기 위한 것이니 잡고 나면 올가미를 잊어버린다."라는 말이 나온다.

369 또……않았던가 : 죽림칠현(竹林七賢)의 한 사람인 진(晉)나라 유령(劉伶)의 〈주덕송(酒德頌)〉에 "천지를 하루아침으로 여기고, 만년의 세월을 잠깐 사이로 여긴다."라는 말과 "항상 사슴 수레를 타고 술병을 들고 다니면서, 사람으로 하여금 삽을 메고 따라오게 하다가, 자기가 죽으면 그 자리에 파묻으라고 하였다."라는 말이 나온다. 《古文眞寶 後集 卷1》 퇴연(頹然)은 술에 취해서 몸을 가누지 못하는 모습이고, 취면(醉眠)은 취해서 잠에 빠져드는 것을 말한다. 백륜(伯倫)은 유령의 자이다.

370 무막(無漠) : 이런 용어는 없다. 대관재의 취향으로 볼 때 공(空)이나 허(虛)의 뜻으로 무(無)라는 글자를 썼을 가능성도 있는데, 그렇다면 혹시 허무 적막(虛無寂漠)

나의 생애는 누룩과 오랜 인연이 있어서 此生麴糱有舊緣
어떤 외물 만나도 겁 없이 내 본성 지키나니 遌物不慴全吾天
무엇이 날마다 장두전[371] 매다는 것만 하리오 何如日掛杖頭錢

의 뜻으로 조어(造語)한 것은 아닐지 모르겠다.

371 장두전(杖頭錢) : 지팡이 끝의 돈주머니라는 뜻으로, 술 사 먹을 돈을 말한다. 진(晉)나라 완수(阮修)가 항상 보행 중에 지팡이 끝에 백전(百錢)을 걸어 놓고는 주막이 보이면 문득 들어가 혼자서 취하도록 마셨다는 일화가 있다.《晉書 阮修列傳》완수는 죽림칠현의 하나인 완적(阮籍)의 조카이다.

서가구와 헤어지며 기념으로 증정한 시
留別徐可久

서 생원 경덕(徐生員敬德)은 자가 가구(可久)이다. 효성이 지순(至純)해서 죽을 마시며 상제(喪制)를 마치고는 그대로 화담(花潭)에다 오두막을 엮고서 몸소 향화(香火)를 올리는 일을 게을리하지 않았으며, 또 경사(經史)에 통달해서 학생들이 모여드는 가운데 심오한 뜻을 널리 탐구하며 학문하는 것으로 자기의 사업을 삼고 있으니, 지독(至篤)하고 지선(至善)한 사람이 아니라면 어떻게 이렇게까지 할 수가 있겠는가. 어쩌면 고도(故都)의 정수(精粹)한 산천의 기운이 기수(氣數)와 함께 소진되지 않고서 이 사람에게 그 수기(秀氣)를 몰아주지 않았나 하는 생각이 들기도 한다. 그래서 내친 김에 시를 지어 찬미하면서 서로 잊지 않는 자료로 삼고자 하였다.

차라리 누항의 빈촌에서 굶을지언정	寧餓陋巷貧
입이 있어도 악취 나는 고기는 가까이하려 않고	有口不肯近腥膻
차라리 오두막 먼지 속에 누울지언정	寧伏甕牖塵
손이 있어도 아첨꾼과는 읍하려 하지 않는 분	有手不肯揖脅肩
《주역》의 문호는 건곤에 있는지라	大易門戶在乾坤
하늘 땅 오르내리며 선천을 궁구했나니	出入高下窮先天
흉중에 이치가 뭇별처럼 찬연히 밝혀져서	胸中理數燦列星
율려[372]의 심오한 도리를 앉아서 연구하였다오	律呂祕賾坐可硏
염계[373]의 일맥을 파고들어 근원으로 돌아가며	濂溪一脈浚歸源

두루 연구해 깨달은 것이 지금 몇 년이런가	旁搜警覺今幾年
수박 겉 핥기로 비꼬며 조롱하는 사람은 있어도	磨痒隔鞾或譏嘲
새로 배우러 찾아와서 집편하는 이는 없다네[374]	新學無人來執鞭
때로 기운을 토해 내면 천 길 무지개	有時吐氣千丈虹
남전에 돋아 나오는 주옥이 일만 매[375]	珠玉萬枚生藍田
작자는 금사가 아님을 이로써 알겠는데[376]	故知作者非今士

372 율려(律呂) : 육률육려(六律六呂)의 준말로, 옛날에 악률(樂律)을 교정하던 기구이다. 죽관(竹管)이나 금속(金屬)의 길고 짧은 관(管) 12개를 가지고 삼분손익 상하상생법(三分損益上下相生法)을 적용하여 고저(高低)의 음을 확정하였는데, 저음인 황종(黃鐘)의 관으로부터 기산(起算)해서 양수(陽數)인 홀수의 6개 관을 율(律)이라고 불렀고, 음수인 짝수의 6개 관을 여(呂)라고 불렀다. 뒤에는 보통 악률이나 음률을 뜻하는 용어로 쓰였다.

373 염계(濂溪) : 〈태극도설(太極圖說)〉과 《통서(通書)》를 지어 송학(宋學)의 비조(鼻祖)로 일컬어지는 주돈이(周敦頤)의 호이다.

374 새로……없다네 : 화담 서경덕을 흠모하여 스승으로 받들어 모시며 그의 깊은 학문을 계승 발전시킬 만한 후학이 보이지 않는다는 말이다. 집편(執鞭)은 말채찍을 잡는다는 뜻으로, 마부가 되어 수레라도 끌고 싶을 만큼 마음 깊이 흠모하는 것을 비유하는 말로 쓰인다. 《사기》 〈관안열전찬(管晏列傳贊)〉의 "가령 안자(晏子)가 지금 이 세상에 살아 있다면, 내가 비록 그를 위해 말채찍을 잡는다고 하더라도 기쁜 마음으로 그를 받들어 모시고 싶다."라는 사마천(司馬遷)의 말에서 연유한 것이다.

375 때로……매 : 호방한 기상에서 주옥같은 시문이 자연스럽게 우러나온다는 말이다. 247쪽 주361 참조. 남전(藍田)은 미옥(美玉)이 많이 나온다는 중국의 명소이다.

376 작자(作者)는……알겠는데 : 서경덕의 시문이 지금의 사람들과는 달리 오랜 옛날의 유명한 작자의 기풍을 연상케 한다는 말이다. 한유(韓愈)의 "서벽 아래에 물러나 앉아, 시를 읽었나니 한꺼번에 모두 몇 편. 이 시를 지은 이는 지금 사람이 아니라, 지금으로부터 벌써 천년 전의 인물. 그 시구에 감촉하는 바가 있어, 내 마음을 다시 처창하게 하네.〔退坐西壁下, 讀詩盡數編. 作者非今士, 相去時已千. 其言有感觸, 使我復悽酸.〕"라는 시구에서 발췌한 것이다. 《韓昌黎集 卷1 秋懷詩》

초야에 유현이 있음을 그 누가 알리오　草野誰知有遺賢
막히고 통함이 반복하여 시운이 좋지 않아서니　窮通反衍時不利
가고 못 가고 하는 것이 누가 시켜서 그러리오[377]　行歟止歟誰使然
비바람 막지 못하는 화암의 초가집 안에　花嵒茅屋不庇雨
명상하며 올연히 앉은 인간 세계의 신선님　冥心兀坐人中仙
만나 본 순간에 도가 있음을 말없이 알고서　傾蓋默會道已存
벗으로 허여한 마음이 금석처럼 견고한데　許友寸衷金石堅
오늘 아침 소매 떨치고 조정 반열 향하면　今朝拂袖向鵷班
속절없이 꿈속에서나 서로들 왕래하겠구려　空使魂夢相聯翩

377 막히고……그러리오 : 시경덕이 조정에 진출하여 경륜을 펼치지 못하는 것은 그를 저지하는 한 무리의 소인들 때문이라기보다는 차라리 시운이 탓으로 돌려야 할 것이라는 말이다. 245쪽 주358 참조.

〈군산문적〉 시[378]에 장난삼아 차운하다

戲次君山聞笛韻

동정 호수로 흘러드는 강물 칠백 리　洞庭之水七百里
유리 빛 만 이랑에 잠긴 텅 빈 하늘　萬頃琉璃涵虛明
반쪽 하늘에 지는 해는 밝은 거울 속에　半天落日明鏡裏
군산은 갸름한 푸른 눈썹 멀리 띄웠네　君山遠泛脩眉靑
구름과 안개 떠다니며 잠깐 어두워지는 새에　浮雲斷靄乍暗淡
아득히 나왔다 숨었다 하는 소라 껍데기 산봉우리　螺鬟露隱何杳冥
금빛 태양은 날아 내려와 광활한 수면에 낙하하고　金烏飛下墮浩渺
시든 갈대숲 모래톱엔 연무가 자욱이 깔렸어라　寒蘆洲渚長煙平
물과 구름 잇닿은 세계에 만 리의 가을바람 타고　秋風萬里水雲界
어디선가 가벼이 날아온 나그네의 외로운 배　何處客子孤棹輕
마음이 흘러내린 곳은 운몽과 파릉의 동정호라　心流雲夢與巴陵

378 군산문적(君山聞笛) 시 : 《대관재난고》를 편집한 권응인(權應仁)의 《송계만록(松溪漫錄)》에 "강윤정(姜允精)이 지은 〈군산문적〉 시는 장단구(長短句) 30여 운(韻)으로 되어 있다. 그런데 대관재(大觀齋) 심의(沈義) 공이 그 시를 자료로 하여 단구는 두 자를 더 보태고 장구는 몇 자를 줄여서 모두 칠언(七言)으로 만든 뒤에 자기 문집에다 이 시문을 실었다. 대관재는 한 시대의 거장이니 어찌 남의 문구를 표절하려고야 했겠는가. 이는 필시 창려(昌黎) 한유(韓愈)가 옥천자(玉川子) 노동(盧仝)의 〈월식시(月蝕詩)〉를 모방한 것을 본뜨려고 한 것이다."라는 말이 있다. 강윤정의 〈군산문적〉 시는 전문을 살펴볼 길이 없고 대관재의 이 시를 통해서 유추해 볼 수 있을 따름이다. 군산(君山)은 동정호(洞庭湖)에 있는 산 이름인데, 상수(湘水)가 이곳으로 흘러들어 소상팔경(瀟湘八景)을 이룬다고 해서 상산(湘山)이라고도 한다.

호연히 바람을 몰고 떠돌며 멈추지 않았다오　浩然駕風飄不停
하늘 열린 광한전엔 두꺼비 그림자 엉겨 있고　天開廣寒凝蟾影
산과 내는 이슬에 젖어 맑고 냉랭하기만 하네　山川沆瀣淸泠泠
달은 아직 안 나와서 강물은 망망한데　月出未出江茫茫
차가운 조수 소리 따라 몇 곡조 아련해라　數曲渺隨寒潮聲
맑은 음향 귀에 들어와 찬 기운이 뼛속까지　淸響入耳寒徹骨
들리는 순간에 속된 생각 화들짝 깨어났나니　聞之忽覺塵慮醒
높고 낮게 청상곡[379]이 이어졌다 끊어지며　淸商高下連復斷
그윽하고 담담하게 운율이 탁했다 맑아지네　雅韻幽澹濁還淸
슬피 원망함은 염여 무협의 잔나비[380]요　悽怨灩澦巫峽猿
애가 끊어짐은 창오 삼상의 영혼[381]이라　斷腸蒼梧三湘靈

379 청상곡(淸商曲) : 가을에 속하는 상성(商聲)의 맑고도 슬픈 노래를 말한다.

380 염여(灩澦) 무협(巫峽)의 잔나비 : 옛 악부(樂府)인 〈파동삼협가(巴東三峽歌)〉에 "사천(四川) 동쪽 삼협에 무협이 긴데, 잔나비 울음 세 마디에 눈물이 옷깃을 적신다.〔巴東三峽巫峽長, 猿鳴三聲淚沾裳.〕"라는 명구가 나온다.《樂府詩集 卷86 雜曲歌辭》 이 시는 진(晉)나라 환온(桓溫)이 촉에 들어가 삼협에 이르렀을 때에 부하가 잔나비 새끼를 잡자 그 어미가 슬피 부르짖으며 쫓아오다가 배 위에 뛰어올라 와서 바로 죽었는데, 그 어미의 배를 갈라 보니 창자가 토막토막 끊어져 있더라는 단장원(斷腸猿)의 이야기를 배경으로 한 것이다.《世說新語 黜免》 삼협은 사천과 호북(湖北) 경내를 관통하는 양자강(揚子江) 상류의 험난하기로 유명한 세 협곡으로, 구당협(瞿塘峽)과 무협과 서릉협(西陵峽)의 합칭이다. 염여 즉 염여퇴(灩澦堆)는 사천성(四川省) 봉절현(奉節縣) 동쪽의 구당협 입구에 있고, 무협은 사천성의 무산(巫山)에서 유래한 이름으로 일명 대협(大峽)이라고도 한다.

381 창오(蒼梧) 삼상(三湘)의 영혼 : 제순(帝舜)의 두 왕비인 아황(娥皇)과 여영(女英)이 혼령이라는 말이다. 제순이 남쪽 지방을 순행하다가 창오(蒼梧)의 들판에서 죽자 두 왕비가 그곳에 가려고 했으나 상강(湘江)에 가로막혀 건너지 못하고 통곡하다가

찬 기운이 내쫓긴 객의 한 베개 꿈에 젖어 들고	寒侵放客一枕夢
청량함이 떠도는 신하의 천 리의 정에 스며드네	淸入羈臣千里情
자색 봉황 푸른 난새 공중에서 춤을 추며	紫鳳翠鸞舞空虛
끼룩끼룩 푸득푸득 다투어 쫓아 날아가니	揚音振翮飛追爭
교인[382]은 길쌈 멈추고서 눈물을 주르르	鮫人停梭淚潸下
풍이[383]는 물결 일으켜 산언덕이 와그르르	馮夷鼓浪山爲傾
소리 따라 움직임이 생물의 변화라면	隨聲自動物之變
음향 듣고 감동함은 사람의 청각이라	聞響自感人之聆
만방의 소리가 한가지라고 누가 말하는가	孰謂萬方聲一槪
악어는 분개하고 용은 놀라며 시름하는 걸	鼉憤龍驚愁緖生
아, 나는 맑은 정취 펼쳐 볼 데가 없어	嗟余淸賞無處展
밤낮으로 호산에 가는 꿈에 얽힐 뿐	日夜夢繞湖山行
일찍 승경을 찾지 못함을 후회하며	探奇搜勝悔不早
물가에서 괜히 먼지 낀 갓끈만 씻노니	空作臨流洗塵纓
선인을 뒤따라 함께 노닐어 보고 싶어도	縱欲與仙從之遊
겨드랑이에 바람 이는 깃털이 없으니 원[384]	兩腋未有生風翎

강물에 빠져 죽었는데, 그때 흘린 눈물방울이 대나무 위에 떨어지면서 얼룩이 져 소상반죽(瀟湘班竹)이 되었다는 고사가 있다. 《史記 五帝本紀》《述異記》 삼상은 호남(湖南)의 상향(湘鄕)·상담(湘潭)·상음(湘陰)의 합칭인데, 보통 상강 유역이나 동정호 부근을 가리키는 말로 쓰인다.

382 교인(鮫人) : 인어(人魚)를 말한다. 남해 밖에 살면서 항상 길쌈을 하는데, 눈물을 흘리면 곧장 구슬로 변한다는 전설이 있다. 《博物志 卷9》

383 풍이(馮夷) : 원래는 황하 귀신인 하백(河伯)을 말하는데, 보통 물귀신〔水神〕의 뜻으로 사용한다.

달이 질 때 맞춰서 찬 곡조도 다해 가고　寒調將闋和月落
단지 눈에 보이는 건 흰 냇물과 병풍산뿐　但見水白山橫屛
여음이 아스라이 아직도 귓전에 남았으니　餘音杳杳猶在耳
능파선자와 쌍으로 난생을 다시 불어 볼거나[385]　要與凌波仙子更奏雙鸞笙

384　겨드랑이에……원 : 우화등선(羽化登仙)할 깃털이 양쪽 겨드랑이에 돋아나지 않아서 신선을 따라가지 못한다는 뜻의 해학적인 표현이다. 당나라 노동(盧仝)의 시에 "차를 마시다가 다섯째 잔에 이르면 기골이 맑아지고, 여섯째 잔에 이르면 신선의 영과 통하고, 일곱째 잔에 이르면 다 비우기도 전에 두 겨드랑이에 깃털이 돋으니 맑은 바람이 살살 이는 것을 느끼게 된다.〔五盌肌骨淸, 六盌通仙靈. 七盌喫不得也, 唯覺兩腋習習淸風生.〕"라는 표현이 있다. 《全唐詩 卷388 走筆謝孟諫議寄新茶》

385　능파선자(凌波仙子)와……볼거나 : 미인과 둘이서 노닐어 보고 싶다는 말이다. 능파선자는 물 위를 사뿐사뿐 걷는 선녀라는 뜻으로, 수선화 혹은 미녀를 비유하는 말이다. 난생(鸞笙)은 난새의 울음소리를 내는 피리라는 뜻으로, 신선의 피리 혹은 생황(笙簧)의 미칭으로 쓰인다.

광주 교생의 가요

廣州校生歌謠

대신 지었다.

규성[386] 한 점이 남쪽 변방 환히 비추매	奎星一點耀南陬
광악[387]이 부지하여 우수한 기를 품부해	光嶽扶輿得氣優
허리춤의 추수가 두우 사이에 뻗쳐서[388]	腰間秋水射斗牛
소년의 집단 가운데 신선의 짝이 되었네	少年叢裏神仙儔
빈국에서 봉황이 날아와 노닐었으니[389]	自從賓國彩鳳游
찬란한 그 깃털을 누가 감히 겨누었으랴	羽毛燁燁誰與侔
순식간에 지어내는 오봉루[390]의 글솜씨	頃刻翻成五鳳樓

386 규성(奎星) : 벽성(壁星)과 함께 문장을 주관한다는 별의 이름이다.

387 광악(光嶽) : 삼광 오악(三光五嶽)의 준말로, 천지(天地)를 가리킨다.

388 허리춤의……뻗쳐서 : 기상이 비범했다는 말이다. 230쪽 주322 참조. 당나라 왕발(王勃)의 〈등왕각서(滕王閣序)〉에 "용천검(龍泉劍)의 빛이 두성(斗星)과 우성(牛星)의 구역에 뻗쳤다."라는 말이 나온다. 《古文眞寶 後集 卷2》 추수(秋水)는 가을 물처럼 투명하고 싸늘한 검광(劍光)이라는 뜻의 시어이다.

389 빈국(賓國)에서……노닐었으니 : 이 세상에서 다시 짝을 찾을 수 없을 정도로 뛰어난 재질의 소유자였다는 말이다. 옛날 계빈국(罽賓國)의 왕이 봉황 한 마리를 잡아서 애지중지하며 키웠으나 3년 동안을 울지 않더니, 어느 날 거울 속에 비친 자신의 외로운 모습을 보고서는 짝이 없는 고독감에 슬피 울며 한번 날아오르다가 숨이 끊어졌다는 이야기가 남조 송(南朝宋) 범태(范泰)의 〈난조시서(鸞鳥詩序)〉에 나온다.

390 오봉루(五鳳樓) : 옛날 낙양(洛陽)에 있던 누각의 이름인데, 송(宋)나라 한계(韓洎)가 자기 형인 한부(韓溥)의 글솜씨는 겨우 비바람을 막는 초가집을 짓는 실력인데 비해 자신의 문장 솜씨는 오봉루를 지을 만하다고 자찬(自讚)한 고사에서 유래하여

끝도 없이 흘러나와 낭랑하게 울리면서　　詞源汗漫鳴琅璆
한걸음에 광한에 올라가 섬계를 훔치고는[391]　　一步廣寒蟾桂偸
땅에 뒹구는 작은 새들을 내려다보았다오[392]　　俯睨控地鷽與鳩
만 길로 흐르는 광활한 벼슬의 바다에　　宦海汪洋萬丈流
세상 건질 배 유유히 곧바로 띄우고서　　優游直泛濟世舟
홍문관과 승정원 등 청운의 길 저 멀리　　鑾坡銀臺雲路脩
서일의 지척에서 면류의 앞을 틔웠어라[393]　　咫尺瑞日開冕旒

문장 솜씨가 뛰어난 것을 비유하는 말로 쓰이게 되었다.《類說 卷53 談苑》또 송나라 양주한(梁周翰)이 태조(太祖)에게 〈오봉루부(五鳳樓賦)〉를 지어 올려 거장(巨匠)의 솜씨라고 찬탄을 받은 고사도 있다.《宋史 梁周翰列傳》

391 한걸음에……훔치고는 : 과거에 응시하여 급제했다는 말이다. 광한은 광한전(廣寒殿), 즉 월궁(月宮)을 가리킨다. 섬계(蟾桂)는 섬궁절계(蟾宮折桂)의 준말로 두꺼비가 사는 월궁의 계수나무 가지를 꺾었다는 말인데, 현량대책(賢良對策)에서 장원을 한 극선(郤詵)에게 진 무제(晉武帝)가 소감을 묻자, "달나라 계수나무 숲의 가지 하나를 꺾은 격이요, 곤륜산의 옥돌 한 조각을 캔 격이다.〔猶桂林之一枝, 崑山之片玉.〕"라고 답변한 고사에서 유래한 것이다.《晉書 郤詵列傳》

392 땅에……내려다보았다오 : 붕새가 구만리 창공 위에서 지상의 매미와 비둘기를 내려다보는 것처럼 하찮게 여겼다는 말이다.《장자(莊子)》〈소요유(逍遙遊)〉에, 매미와 비둘기가 대붕(大鵬)이 날아가는 것을 보고서 "나는 기껏 날아 봤자 느릅나무와 박달나무에 부딪치는가 하면 어떤 때는 중도에 땅바닥으로 떨어지기도 하는데, 뭣 때문에 구만리까지 올라가서 남쪽으로 날아간단 말인가."라며 비웃었다는 이야기가 나온다.

393 서일(瑞日)의……틔웠어라 : 임금의 시종신으로 가까운 거리에서 모시면서 눈앞을 가로막는 면류관의 줄을 틔워 미래를 예측하며 난국을 타개할 수 있도록 보좌했다는 말이다. 서일은 상서로운 태양이라는 뜻으로 제왕을 가리킨다. 당나라 장온고(張蘊古)의 〈대보잠(大寶箴)〉에 "면류관에 드리운 구슬 줄이 눈앞을 가릴지라도 임금은 아직 채 드러나지 않은 조짐까지도 볼 수 있어야 하며, 면류관에서 드리워진 노란 솜 방울이 귀를 막을지라도 임금은 아직 소리가 되어 흘러나오지 않은 백성들의 목소리까지도

경연에서 바친 훌륭한 계책을 제왕이 돌아보매 經幄睿眷獻徽猷

주체 못 하게 물씬 풍기는 소매 가득 천향이여 滿袖天香爛不收

천안에 기쁨 번지며 은택을 특별히 내리시매 天顔有喜聖渥稠

머리 검은 나이에 금관자 옥관자가 휘황했네 金玉輝煌尙黑頭

치관[394]을 쓰고는 서릿발처럼 매섭게 몰아쳤고 豸冠岌岌雪霜飆

조정에서의 완벽한 모습은 금구[395]와 같았으며 巖廊肅肅如金甌

옥송(獄訟)엔 귀신과 상의하여 형법의 위엄을 보였고 讞獄刑威神與謀

호조의 예산 세울 때는 빈민 구제에 역점을 두었으며 度支謨畫調度賙

홍화의 수단을 발휘할 자유를 얻게 되어서는[396] 弘化手段得自由

조정 백관이 요지유[397]할까 겁내어 떨었다오 朝著慴盡繞指柔

들을 수 있어야 한다."라는 구절이 있다. 《古文眞寶 後集 卷2》

394 치관(豸冠) : 해치관(獬豸冠)의 준말로, 어사(御使)나 대간(臺諫) 등 규찰(糾察)하고 집법(執法)하는 관원이 쓰던 관이다. 해치는 시비와 선악을 잘 분별했다는 요(堯) 임금 때의 신양(神羊)으로, 정직하지 못한 자에게 덤벼들어 외뿔로 치받았기 때문에 형옥(刑獄)을 담당한 고요(皐陶)가 송사(訟事)를 처결할 때 이 해치의 행동을 예의 주시하였으므로 후대의 법관들이 그 가죽으로 만든 관을 만들어서 머리에 썼다고 한다. 《後漢書 輿服志下 法冠》《太平御覽 卷890》《淮南子 主術訓》

395 금구(金甌) : 황금 단지라는 뜻으로, 완전무결함을 비유하는 말이다. 남조(南朝) 양 무제(梁武帝)가 "우리나라는 마치 황금 단지와 같아서 하나도 상하거나 부서진 곳이 없다."라고 말한 고사에서 유래한 것이다. 《梁書 侯景列傳》

396 홍화(弘化)의……되어서는 : 찬성(贊成)의 직위에 임명된 것을 말한다. 《서경》 〈주관周官〉에 "이공(貳公)으로 덕화를 넓히고 천지의 도리를 분명히 밝혀, 나 한 사람을 보필한다."라는 말이 나온다. 이공은 삼공(三公)의 다음 자리라는 뜻으로, 좌찬성·우찬성을 가리킨다.

397 요지유(繞指柔) : 국가를 위한 충성심이 나약하게 변한 것을 비유하는 말이다. 216쪽 주292 참조.

하루아침에 옥절이 황주에서 내려와	一朝玉節降皇州
수의의 행차 유유히 기전으로 향하니[398]	繡衣畿甸行悠悠
남비징청[399]이라 다른 지방이 부끄러워하고	攬轡澄淸郡國羞
탐관오리가 자취 감춰 민생이 회복되었다네	貪酷屛迹民瘼瘳
시끌벅적 별의별 첩소가 몰려와도 이런 것쯤이야	顧眄牒訴紛喧啾
칼 놀릴 공간 널찍해서 후닥닥 벌써 해치우고[400]	恢然餘地刃已投
곡직을 환히 살피기를 현구처럼 하였나니	照鑑曲直如絃鉤
하나의 법조문을 신경 쓸 것이 있었으랴[401]	着意何煩一筆句
감당 그늘 땅에 가득 신선께서 휴식해서	棠陰滿地神仙休
산천과 마을이 청유한 풍치 더하는 가운데[402]	山川境落增淸幽

398 하루아침에……향하니 : 경기 감사로 부임했다는 말이다. 옥절(玉節)은 제왕의 사자가 징표로 가지고 가는 부절(符節)을 말하고, 황주(皇州)는 제왕의 도성을, 수의(繡衣)는 어사(御史) 혹은 방백(方伯)에게 내리는 의복을, 기전(畿甸)은 경성 교외의 지역을 가리킨다.

399 남비징청(攬轡澄淸) : 고삐를 잡고 세상을 정화한다는 뜻으로, 난세를 구할 뜻을 품고서 부임지로 출발하는 것을 말한다. 후한(後漢)의 명관인 범방(范滂)이 기주(冀州)로 특명을 받고 나갈 즈음에 수레에 올라 말고삐를 잡고서 개연히 천하를 맑게 할 뜻을 품었는데, 임지에 도착하자마자 탐관오리들이 그 풍도를 듣고는 인끈을 풀어 놓고 떠나갔던 고사가 전한다.《後漢書 黨錮列傳 范滂》

400 시끌벅적……해치우고 : 결재해야 할 문서가 날마다 몰려와 눈앞에 쌓여도 마치 소를 잘 잡는 백정처럼 솜씨가 좋아서 단시간에 처리했다는 말이다. 217쪽 주294 참조.

401 곡직(曲直)을……있었으랴 : 감식하는 안목이 워낙 탁월해서 마음속으로 소송 당사자들의 정사(正邪)·곡직과 당시의 상황에 대한 정확한 판단이 이미 서 있었기 때문에 재판의 판결을 위해서 필요한 법조문을 굳이 들춰 볼 필요도 없었다는 말이다. 현구(絃鉤)는 갈고리와 활줄이라는 뜻으로, 각각 사곡(邪曲)과 정직(正直)을 가리킨다.

402 감당(甘棠)……가운데 : 방백이 지방 곳곳을 순행하며 민생을 보살핀 결과 산천과 마을이 더욱 생기를 되찾게 되었다는 말이다. 감당에 대해서는 166쪽 주179 참조.

광릉이 적막하여 장수가 부족했던 이곳도　廣陵寂莫欠藏修
이로부터 착규하는 신선의 돌봄을 입었어라[403]　鑿竅從此賴神庥
얼마나 장쾌한 광경인가 신선이 단구[404]를 나오시매　快覩天仙出丹丘
용과 봉황이 줄줄이 잇따라 떠나는 배 옹위하니　龍鳳聯翩繞行輈
청취하고 자문한 일[405] 아무도 미칠 수 없어　聽取咨詢邈難遒
길가에 나온 노인들 찬탄하고 머뭇거리며　道旁耋艾咨嗟而夷猶
다투어 풍요를 가지고 갱수에 갈음하네[406]　競將風謠迭賡酬

403 광릉(廣陵)이……입었어라 : 학문의 유풍이 끊어져서 공부에 전념하지 못했던 광주향교(廣州鄕校) 역시 경기 감사의 배려로 개명(開明)되는 은혜를 입었다는 말이다. 광릉은 삼국 시대 위(魏)나라 혜강(嵇康)이 신인(神人)으로부터 전수받아 즐겨 연주했다는 〈광릉산(廣陵散)〉이라는 금곡(琴曲)을 말하는데, 그가 참소를 받고 사형을 당할 적에 마지막으로 이 악곡을 탄주하면서 "〈광릉산〉 곡조가 이제는 끊어지겠구나."라고 탄식했던 고사가 있다. 《晉書 嵇康列傳》 장수(藏修)는 장수유식(藏修游息)의 준말로 늘 학문에 마음을 두어 열심히 공부하는 것을 말하는데, 《예기》 〈학기(學記)〉에 이에 대한 내용이 나온다. 착규(鑿竅)는 구멍을 뚫는다는 뜻으로, 원시의 미개한 상태에서 개화된 문명의 상태로 전환되는 것을 의미한다. 231쪽 주326 참조.

404 단구(丹丘) : 밤이나 낮이나 항상 밝다는 신선의 거처를 말하는데, 여기서는 신선으로 비유한 방백의 처소를 가리키는 말로 쓰였다.

405 청취하고 자문한 일 : 지방관이 민원을 청취하고 부로(父老)를 찾아가 자문을 구하며 정사에 반영하는 것으로, 선정을 행한 것을 비유한다.

406 다투어……갈음하네 : 백성들이 칭송하는 민요를 가지고 전별 선물로 증정한다는 말이다. 갱수(賡酬)는 시가(詩歌)를 지어서 상대방에게 증정하는 것을 말한다.

대관재난고

제2권

오언단편 五言短篇
칠언단편 七言短篇
오언율시 五言律詩
배율 排律
칠언율시 七言律詩
배율 排律

오언단편 五言短篇

안정에서 이택지의 시에 차운하다[1]

安亭次李擇之韻

안정의 주인은 바로 신공 영희(辛公永禧)이다.

큰 고래는 지척의 거리도 곤란한데	長鯨困咫尺
절뚝발이 자라는 천 리 길도 거뜬히[2]	跛鱉能千里
현인은 시류에 적합하지 않나니	賢愚不適時

1 안정(安亭)에서……차운하다 : 안정은 신영희(辛永禧, 1442～1511)의 정자 이름이다. 택지(擇之)는 용재(容齋) 이행(李荇)의 자이다. 그 정자를 안정이라고 이름 지어 준 것은 이행이다. 《용재집(容齋集)》 권3에 〈신덕우의 정자를 명명하다〔名辛德優亭子〕〉라는 제목의 칠언고시 1수와 〈덕우를 위해 안정사영을 짓다〔安亭四詠爲德優作〕〉라는 제목의 오언시 4수가 있다. 덕우(德優)는 신영희의 자이다. 그는 지산(稷山)에서 은둔하며 학문에 매진하였다.

2 큰……거뜬히 : 시대 상황에 따라 고래와 같은 큰 능력의 소유자가 버림을 받기도 하고, 작은 재주꾼들이 애면글면 노력해서 오히려 출세한다는 뜻의 해학적이면서도 자조적인 표현이다. 한(漢)나라 가의(賈誼)의 〈조굴원부(弔屈原賦)〉에 "강호를 횡행하는 전어나 고래도 물 밖에 나오면 개미들에게 곤욕을 당한다.〔橫江湖之鱣鯨兮, 固將制於螻蟻.〕"라는 말이 있고, 《순자(荀子)》〈수신(修身)〉에 "반걸음도 쉬지 않기 때문에 절뚝발이 자라도 천 리를 간다.〔跬步而不休, 跛鱉千里.〕"라는 말이 있다.

지금만이 아니라 옛날에도 꺼렸었지 非今古亦忌
하나의 정자에서 안분지족하실 분은 一亭且安分
아아, 한 사람 우리 신 선생님 嗟嗟一辛子

단검의 노래를 지어 뜻을 부치다

短劍歌寓意

풍상 속에서 몇 년을 울기만 할 뿐	風霜鳴幾載
버림받다니 정말 스스로 괴이하기만[3]	用舍良自怪
기운을 어찌 참고 토하지 않겠으며	有氣那忍吐
눈물을 어찌 참고 뿌리지 않으리오	有淚那忍灑
심사가 마냥 초조하고 불안하여	方寸抱耿耿
혼백이 서로 다투어 시름겹기만	鬼神爭愁殺
석 자의 길이에 못 미쳐 부끄럽긴 해도	縱慙三尺長
포의라서 그래도 마음이 풀린다 할까[4]	布衣亦足快
마음 알고 서로 마주하면 그만이니	知心但相對
심상한 부채는 우리 따지지 말기로[5]	休論尋常債

3 풍상(風霜)……괴이하기만 : 발군의 실력을 지니고서 난세에 쓰일 날만 기다리고 있었는데 계속 버림받는 신세가 된 것이 도저히 이해되지 않는다는 말이다. 사방에 전쟁이 일어났을 때 전욱(顓頊)의 영검(靈劍)인 예영(曳影)이 날아가서 한 방향을 가리키면 곧바로 이기곤 하였는데, 세상에 쓰이지 않고 갑(匣) 속에 들어 있을 때는 늘 용호(龍虎)의 울음소리를 냈다는 고사가 있다.《拾遺記 卷1 顓頊》

4 석……할까 : 한 고조(漢高祖) 유방(劉邦)이 천하를 통일한 뒤에 "내가 포의의 신분으로 일어나서 석 자의 칼을 쥐고 천하를 차지하였으니, 이것이 하늘의 명이 아니고 무엇이겠는가."라고 말한 고사를 인용하며 자위(自慰)한 것이다.《史記 高祖本紀》

5 심상한……말기로 : 돈이 없어서 전당 잡힌 것은 서로들 민망한 일이니 가급적 거론하지 말자는 뜻의 해학적인 표현이다. 심상한 부채(負債)는 일상적인 빚이라는 뜻으로, 여기서는 패물 등을 잡히고 외상으로 술 마신 빚을 말한다.

청노[6]

青奴

집이 어디냐면 기수[7]의 남쪽	家在淇水陰
맑고 텅 빈 것이 속물과는 딴판	淸虛忤俗態
자나 깨나 쇠한 늙은이 모시면서	寤寐事衰翁
서로 부딪치되 담박하게 짝하나니	抵觸淡相配
한 자 길이의 푸른색 유리여	一尺靑瑠璃
밝고 결백해서 하자가 전혀 없도다	皎潔無滓纇
지금은 무더위가 어느새 저만치 물러나고	炎暉却退舍
승로반(承露盤)의 감로수가 양치할 만큼 많아질 때	金莖漱沆瀣
정신은 화인의 궁전[8]에 올라가서 노닐고	神遊化人宮
꿈속에선 영해와 태산에 얽혀 드나니	夢繞瀛海岱
일어나 앉아 많은 공로 책에다 기록하고	起坐策餘勳
앞으로 담주[9]와 똑같이 대하려고 하노라	肯與談麈對

6 청노(靑奴) : 더위를 피하기 위해 대오리로 둥글고 길게 만든 죽부인의 애칭이다.

7 기수(淇水) : 옛날 위(衛)나라의 대숲으로 유명한 물 이름이다. 《시경》〈위풍(衛風) 기욱(淇澳)〉에 "저 기수 모퉁이를 보니, 푸른 대나무가 무성하도다.〔瞻彼淇澳, 菉竹猗猗.〕"라는 말이 나온다.

8 화인(化人)의 궁전 : 선인(仙人)의 궁전이라는 말인데, 금은주옥으로 꾸며져 운우(雲雨) 위에 솟구쳤으므로 구름 덩어리처럼 보인다고 한다. 《列子 周穆王》

9 담주(談麈) : 청담(淸談)을 나눌 때 쓰던 고라니 꼬리 먼지떨이이다.

해송자를 선물해 준 육봉에게 사례하다

謝六峯贈海松子

박상(朴相)이다. 휘(諱)는 우(祐), 자(字)는 창방(昌邦)이다.

이하는 신선의 기질을 갖추고서　李賀稟仙骨
오립을 먹고도 노래를 잘했는데　五粒尙能歌
여기에 비교하여 연단봉의 경우는　況是煉丹峯
배불러서 본래 볼 것이 없다 할까[10]　果腹本無多
바다의 윤기가 멀리 와서 번지르르　海液遠來射
얼마나 많은지 수북하게 함에 가득　戢戢知幾何
씹으며 음미하니 대환[11]보다도 나아서　咀嚼勝大還

10 이하(李賀)는……할까 : 불우한 중당(中唐)의 시인 이하는 〈오립소송가(五粒小松歌)〉를 지어 자신의 고독한 처지를 비유하였는데, 연단봉(煉丹峯)의 신선들은 단약(丹藥)을 실컷 먹고 선계(仙界)로 올라갔을 뿐 그럴듯한 작품을 내놓지 못했다는 뜻의 해학적인 표현이다. 여기에서 '이하'는 대관재와 박우(朴祐)를, '신선들'은 하는 일 없이 호의호식하며 세월을 보내는 부귀한 자들을 비유한 것으로 보인다. 오립(五粒)은 오렵(五鬣)의 와음(訛音)으로, 잎자루마다 다섯 개의 바늘잎이 달려 있는 잣나무를 가리키는데, 대관재가 이 오립을 '잣 다섯 알'이라는 뜻으로 바꿔서 익살스럽게 표현한 것이다. 이하는 〈오립소송가〉에서 자신의 불우한 신세를 잣나무에 견주어 한탄하였다. 《昌谷集 卷4》 연단봉은 중국 황산(黃山)의 중부(中部)에 있는 봉우리인데, 황제(黃帝)가 자기의 신하인 용성자(容成子), 부구공(浮丘公)과 함께 이곳에서 연단을 하여 단약이 완성되자 일곱 알을 집어삼키고는 하늘에서 내려온 백룡(白龍)을 타고 하늘로 올라갔다는 전설이 있다. 《圖書編 卷60》

11 대환(大還) : 도교의 단약인 대환단(大還丹)을 말한다. 아홉 번 순환하여 굽기 때문에 구환금단(九還金丹)이라고도 한다.

노쇠한 기미가 대번에 녹아 없어지며 老氣還消磨
흰머리에서 검은 머리털 삐죽 돋아 나와 玄髮抽華顚
송악산 굽이에서 오연히 휘파람 부나니 嘯傲崧山阿
대관옹이라 써서 봉한 고마운 선물이여 題封大觀翁
신선의 뜰에서 우리 함께 소요해 보십시다 福庭同婆娑

동작강(銅雀江)의 유람을 추억하는 시를 지어 신지숙에게 주다

追記洞赤之遊贈申止叔

이름은 연(淵)이다.

고개 위에 묽은 안개 풀어지고	嶺上晴煙釋
여울가에 바람 조수 물러간 때	磯頭風潮退
서로 만나 주고받는 반가운 눈길	相逢雙青眼
뒮뒮이가 서로들 두마음이 없으니까	物狀無向背
기심일랑 당로나 가져라 부쳐 보내니	機心付當路
물새가 춤추며 와서 자연스럽게 마주하네[12]	舞漚來自對
강한의 유녀를 생각하고	江漢想遊女
예포의 연패를 걱정하면서[13]	澧浦愁捐佩

12 기심(機心)일랑……마주하네 : 기심을 발휘하는 일은 정쟁을 일삼는 권세가나 실컷 해 보라고 던져 주고, 자기 자신은 무욕의 심경이 되니 물새도 자연스럽게 날아와서 함께 노닌다는 말이다. 바닷가에서 아무런 기심도 없이 날마다 갈매기와 벗하며 친하게 지내던 사람이 부친의 부탁을 받고 갈매기를 잡으려는 마음을 가지자, 갈매기들이 벌써 알아채고는 그 사람 가까이 날아오지 않았다는 이야기가 《열자(列子)》〈황제(黃帝)〉에 전한다.

13 강한(江漢)의……걱정하면서 : 한강을 유람하는 도중에 옛날 성군(聖君)의 치세와 현재 암군(暗君)의 난세를 비교해 보면서 수심에 잠겼다는 말이다. 《시경》〈주남(周南) 한광(漢廣)〉에 "한수(漢水)에 노니는 여인이 있으나, 유혹해 볼 수가 없노다.[漢有遊女, 不可求思.]"라는 말이 있는데, 주 문왕(周文王)의 덕화(德化)가 널리 미쳐서 물가의 여인들도 모두가 단정하고 정숙하기 때문에 예전처럼 쉽게 접근할 수 없다는 해설

술잔을 서로 주고받는 가운데 酒杯酬酢裏
강물도 신진대사 함을 주목하였지 逝流看謝代
여울 거슬러 오를 땐 얼마나 기구하였으며 崎嶇溯灘去
바람 돛은 걸림 없이 얼마나 호탕하였던가 風颿浩無礙
뱃전 두드리며 능창[14]에 화답도 하고 扣舷答菱唱
웃으며 얘기하다 추위를 참지 못해 笑談寒不耐
새벽 달빛 속에 앞마을로 내려오니 曉月下前村
언덕 너머 개 짖는 소리 들려왔었지 隔岸聞犬吠

이 붙어 있다. 예포(澧浦)의 연패(捐佩)는 예포에서 패옥을 내던졌다는 뜻으로, 만나고 싶은 임을 만나지 못해 만사를 포기하고 싶은 심정을 비유한 말이다. 굴원(屈原)이 상강(湘江)의 귀신인 상군(湘君)을 영접하기 위해 온갖 정성을 쏟으며 향초의 배를 저어 가다가 결국은 뜻을 이루지 못하게 되자, "내 결옥(玦玉)을 강 속에 버리고, 내 패옥을 예포에 버리겠다.〔捐余玦兮江中, 遺余佩兮澧浦.〕"라고 심경을 토로하는 대목이 나오는데, 이 상군은 곧 굴원이 항상 그리워하며 바른길로 돌아오기를 고대하던 초 회왕(楚懷王)을 비유한 것이다. 《楚辭 九歌 湘君》

14 능창(菱唱) : 마름 뜯는 여인이 부르는 노래를 말한다. 악부(樂府) 청상곡(淸商曲)의 가사(歌辭) 중에도 〈채릉곡(采菱曲)〉이 있다.

번중[15]의 시고 뒤에 적어 넣다

題蕃仲詩稿後

소용돌이치는 여량의 물길 呂梁有圜流
어룡도 감히 머물지 못하는 곳[16] 魚龍不敢止
조물이 여기에다 보물을 숨겼나니 造物慳環珍
누가 그 정체를 밝혀낼 수 있으리오 孰能究終始
강물이 발원하여 하산에 미쳐서는 濫觴及夏山

하산은 바로 공의 본향(本鄉)이다.

엄청나게 불어나 거대한 폭포수로 浩汗劇懸水
공은 충신해서 목숨도 버릴 분인지라 忠信措性命
산발한 채 여기를 잘도 건너다녔다오 被髮能涉此
여사인 글에도 무자맥질을 적용하여 涵泳況餘事
우주의 처음과 끝을 궁구하였으니 宇宙窮源委
이두[17]도 다투어 정신을 잃을 판인데 李杜競濡首
한수의 무리[18]와 어떻게 비교하리오 那用寒瘦比

15 번중(蕃仲) : 성세창(成世昌)의 자이다.

16 소용돌이치는……곳 : 여량(呂梁)은 물살이 세기로 유명한 물 이름이다. 강소성(江蘇省) 서주시(徐州市) 동남쪽 50리 지점에 있다. 《장자(莊子)》 〈달생(達生)〉에 "그곳은 폭포가 30길 높이에 걸려 있고 40리를 물보라 치며 흘러가기 때문에 큰 거북이와 악어, 물고기와 자라들도 노닐 수가 없었다."라는 말이 나온다.

17 이두(李杜) : 시선(詩仙) 이백(李白)과 시성(詩聖) 두보(杜甫)의 합칭이다.

18 한수(寒瘦)의 무리 : 맹교(孟郊)와 가도(賈島) 같은 부류라는 말이다. 한수는 교

옛 시편 정리하여 한 시대에 유포하면	竝流撥舊編
내로라하는 작가들 모두 벙어리가 되리라	區區啞諸子

한도수(郊寒島瘦)의 준말인데, 소식(蘇軾)이 당나라 시인의 시격(詩格)에 대해서 "맹교의 시는 한산(寒酸)하여 살풍경하고, 가도의 시는 살점은 없이 뼈다귀만 앙상하다."라고 평한 글에서 유래한 것이다.《東坡全集 卷91 祭柳子玉文》

김국필의 죽음을 애도하며 매 도관[19]의 시체(詩體)를 본떠서 짓다

挽金國弼效梅都官體

하루가 지나고 또다시 하루	一日復一日
아침이 지나고 또다시 저녁	一朝復一昏
난초가 있으면 향기가 풍기고	芳蘭聞在處
빙벽[20]은 세상이 앙모하는 법	氷蘗世所尊
척령이 성봉으로 비유되었으니[21]	脊令喩星鳳
기운[22]을 거론할 게 뭐가 있으랴	機雲安足論

19 매 도관(梅都官) : 도관원외랑(都官員外郞)의 말직에 몸을 담고 불우한 일생을 보낸 북송(北宋)의 시인 매요신(梅堯臣, 1002～1060)을 말한다. 성유(聖兪)라는 자로 많이 알려졌으며, 완릉(宛陵)에 거주하여 완릉선생이라고도 칭해졌다. 구양수(歐陽脩)와 함께 당시 유행하던 서곤체(西崑體)의 화려한 형식적 시풍을 타파하고 고문부흥 운동을 일으켜 이른바 송시(宋詩)의 영역을 개척하였다.

20 빙벽(氷蘗) : 맑은 얼음물을 마시고 쓰디쓴 소태나무를 씹는다는 뜻으로, 굳게 절조를 지키면서 청백하게 사는 것을 비유할 때 흔히 쓰는 표현이다. 당나라 백거이(白居易)의 "3년 동안 자사로 있으면서, 맑은 얼음물을 마시고 쓰디쓴 소태를 씹었노라.〔三年爲刺史, 飮氷復食蘗.〕"라는 시구에서 유래한 것이다. 《白樂天詩集 卷1 三年爲刺史》

21 척령(脊令)이 성봉(星鳳)으로 비유되었으니 : 김국필 즉 김정국(金正國)이 형 김안국(金安國)과 함께 치세를 이룰 기재(奇才)로 세상의 기대를 받았다는 말이다. 척령은 《시경》〈소아(小雅) 상체(常棣)〉의 "저 할미새 들판에서 호들갑 떨듯, 급할 때는 형제들이 서로 돕는 법이리오.〔鶺鴒在原, 兄弟急難.〕"라는 말에서 나온 것으로, 형제를 뜻한다. 성봉은 태평 시대에 출현한다는 경성(景星)과 봉황을 말하는데, 보통 세상에 보기 드문 진기한 인물을 비유하는 말로 쓰인다.

감당나무 그늘로 남쪽 지방 가려 주어[23]　棠陰庇南陬
구중궁궐에 들려온 향기로운 그 이름　香名入九門
세상 경영할 국가의 인재로 기대를 받았는데　經世期國器
귀신이 어이해 까탈 부려 혼이 끊기게 하였는가　一祟胡斷魂
서쪽 묘역 향하는 나의 슬픈 노래여　哀歌向西阡
정결한 자손의 제사 길이 받으시리라　蘋蘩享子孫

하루가 지나고 또다시 하루　一日復一日
아침이 지나고 또다시 저녁　一晨復一夕
책을 보다가 자식들 뒤에 버려두고　牙籤棄諸子
영원한 안식처로 아득히 멀리 돌아가니　杳冥歸眞宅
아내의 통곡 소리는 황천에 사무치고　有妻哭徹泉
형님의 눈물은 자리에 넘쳐흐르는데　有兄淚盈席
손짓해 불러도 보지도 듣지도 못하매　招招尙希夷
손뼉을 치며 바야흐로 껄껄 웃을는지도　撫掌方大噱
남에선 기운을 내뿜어 걱정을 해소해 주고[24]　噓氣解慍南

22 기운(機雲) : 서진(西晉)의 저명한 문학가인 육기(陸機)와 육운(陸雲) 형제로, 당시에 이륙(二陸)으로 병칭되었다. 《三國志 吳書 陸遜傳》

23 감당나무……주어 : 전라도 관찰사와 경상도 관찰사로 부임하여 선정을 베풀었다는 말이다. 주 무왕(周武王) 때 소공(召公) 희석(姬奭)이 서백(西伯)으로 선정을 베풀었으므로 백성들이 그를 추모한 나머지 그가 잠시 그늘 아래 쉬었던 감당나무를 기념하여 잘 가꾸어 보존하면서 노래를 지어 불렀다는 고사에서 유래한 것이다. 《詩經 召南 甘棠 序》

24 남에선……주고 : 훈훈한 바람을 불어 주어 백성의 걱정을 없애 줄 것이라는 말이

북에선 광채를 발사해 북두를 감싸 주실 분[25] 射彩拱辰北
달인은 단지 넓고 멀리 보는지라 達人只大觀
눈물 거두고 그대 길이 추억하리라 收淚長相憶

다. 순(舜) 임금이 지은 〈남풍가(南風歌)〉의 "남쪽 바람 훈훈하게 불어와, 우리 백성의 걱정을 해소해 주기를.〔南風之薰兮, 可以解吾民之慍兮.〕"이라는 말을 인용한 것이다. 《孔子家語 辯樂解》

25 북에선……분 : 뭇별이 북두성을 옹위하듯 임금을 보호해 줄 것이라는 말이다. 《논어》 〈위정(爲政)〉의 "덕정(德政)을 펴게 되면, 북두성이 가만히 제자리를 지키고 있어도 뭇별이 옹위하는 것처럼 될 것이다."라는 말을 인용한 것이다.

의고시

擬古

가을 기운이 내실에 들어와서 秋氣入洞房
비단 장막이 서늘한 밤에 펄럭펄럭 羅帷涼夜轉
밝은 달빛은 앞 섬돌에 부서지고 亮月散前除
높은 나뭇가지 끝에선 이슬방울이 뚝뚝 危梢露方泫
풀벌레들 다투어 시끄럽게 울어 대는데 啾喞競嗚咽
마구 뒤섞여 도시 어떤 놈의 소리인지 擾擾聲莫辨
구름 헤치고 불쑥 출현한 옥대 속에서 脫然玉臺秀
환히 빛나는 어여쁜 항아의 모습이여[26] 仙娥炯婉孌
옷깃 풀어 헤치고 근심 없애려 애를 쓰니 開襟執蕩志
나에게 선물하네, 금장식 가위 칼을 贈我金錯翦
이런 것이 어찌 군자의 보배리오마는 豈伊君子寶
그럭저럭 곤궁한 시름 날려 보내라고 聊把窮愁遣

장안의 떵떵거리는 호강한 자제들이 長安豪俠兒
화려한 수레 타고 고대광실에 몰려들어 朱戶簇畫輪

26 구름……모습이여 : 불현듯 달이 불쑥 솟아오르면서 그 속에서 산다는 항아(姮娥)의 모습이 보이는 것 같다는 말이다. 옥대(玉臺)는 옥으로 장식한 누대라는 뜻으로, 보통 옥황상제나 선인의 거처를 비유하는 말로 쓰이는데 여기서는 월궁(月宮)을 가리키는 말로 사용하였다.

황금으로 엄청난 비용을 소비하면서	黃金費百鎰
비단 보료에 악단을 줄지어 앉혀 놓고	絃歌列錦茵
안릉군과 용양군[27]의 행세를 하며	安陵與龍陽
기세등등하게 빈객들을 압도하지만	氣勢傾諸賓
단청이 홀연히 쇠락하면서	丹靑忽彫零
경쇠처럼 도리가 꺾이는 때엔[28]	磬折桃李辰
환호를 끝까지 유지하지 못한 채	歡好未終極
부귀가 먼지와 티끌로 변해 버린다네	富貴成埃塵
그대는 아는가, 거친 옷 걸친 선비가	君看被褐士

27 안릉군(安陵君)과 용양군(龍陽君) : 전국 시대 초왕(楚王)과 위왕(魏王)의 총애를 독차지한 남색(男色)들인데, 보통 왕의 총신(寵臣)을 비유할 때 인용하는 인물들이다. 진(晉)나라 완적(阮籍)의 〈영회시(詠懷詩)〉 17수가 《문선(文選)》 권23에 실려 있는데, 그중 제4수가 "옛날 번화한 자들 중에, 안릉군과 용양군이 있었지. 아름다운 모습이 도리의 꽃과 같아서, 눈부시게 광채를 발했다네.〔昔日繁華子, 安陵與龍陽. 夭夭桃李花, 灼灼有輝光.〕"라는 구절로 시작된다.

28 단청(丹靑)이……때엔 : 완적의 〈영회시〉에 "즐겁고 유쾌할 땐 봄날 같다가, 경쇠처럼 꺾을 때엔 서릿발과 같았다오.〔悅懌若九春, 磬折似秋霜.〕"라는 말과 "단청으로 분명하게 맹서의 뜻 보이면서, 영원토록 서로 잊지 말자 하였다네.〔丹靑著明誓, 永世不相忘.〕"라는 말이 나온다. "열역약구춘(悅懌若九春), 경절사추상(磬折似秋霜)."에 대해서는 문맥상 뜻이 원활하지 않아 판단을 유보한 선학(先學)의 경우도 없지 않으니, 보통은 안릉과 용양 두 사람이 왕을 대하는 태도로 보아 "봄날처럼 화사하게 즐겁게 해 드리고, 경쇠처럼 허리 굽히며 예법을 지킬 때에는 주상과 같았다."로 해석하는 것이 일반적인데, 대관재는 두 사람을 대하는 왕의 태도로 바꿔서 해석한 것이 특이하다. 대관재는 여기 이외에도 기존의 주석이나 해석에 얽매이지 않는 자신만의 독특한 견해를 곳곳에서 보여 주고 있다. 단청은 단청으로 장식한 공신각(功臣閣)의 초상화를 의미한다. 도리(桃李)는 '요요도리화(夭夭桃李花)'의 도리, 즉 안릉과 용양 같은 총신을 가리킨다.

보배로 삼는 것은 빙옥이라는 것을　　　氷玉徒爲珍

가고 가네 먼 여행길 수레를 타고　　　行行駕言邁
머리에 별을 이고 긴 도로를 따라　　　侵星順長路
강과 땅 교차하며 발자취를 남기다가　　　川陸互交跡
마침내 한 해가 저무는 시절을 만났네　　　遂値歲將暮
회오리바람이 언덕의 난초를 꺾고　　　結風摧皐蘭
된서리가 들판의 나무를 뒤덮는 때　　　凝霜被野樹
붉은 꽃[29]은 다시 피어날 소식도 없이　　　朱華不復還
큰 강물만 날마다 동으로 흘러갈 뿐　　　大河日東注
길 떠난 사람은 감개하기 쉽다마는　　　乖人易感慨
영고성쇠야 미리 정해져 있는 것을　　　枯榮悟前數
가고 머묾에 일정한 분한이 있으리니　　　行止有定分
천지간에 특별히 향할 곳을 모르겠네　　　俯仰忘所趣

29 붉은 꽃 : 연꽃을 말한다. 삼국 시대 위나라 조식(曹植)의 시에 "가을 난초는 긴 비탈을 뒤덮고, 붉은 꽃잎은 초록 연못을 침범했네.〔秋蘭被長阪, 朱華冒綠池.〕"라는 표현이 있는데, 이선(李善)의 주(注)에 "주화(朱華)는 부용(芙蓉)이다."라고 하였다. 《文選 卷20 公宴詩》

영사 5수

詠史 五首

두헌 竇憲

장강 남쪽 거대한 늪지대의	江南有巨澤
교룡이 도성에서 춤을 추면서	蛟龍舞日下
장기간 족속들을 한데 결집하여	長年會群族
물속에 와글와글 큰 집 짓고 살았는데	水窟成大廈
지기의 견고한 쇠사슬이 동강이 나자	支祁斫牢鎖
남은 집 하나도 없이 휑뎅그렁해져	鴻洞無餘舍
해파리가 새우 잃은 신세처럼 되어	恍然蚝失蝦
끝내 사람에게 박살 나고 말았어라[30]	竟爲人所搭

30 장강……말았어라 : 후한 장제(章帝)의 황후요 화제(和帝)의 생모인 두 태후(竇太后)의 오빠 두헌(竇憲)이 친족을 끌어모아 외척 정치를 하며 권세를 좌지우지하자, 제위(帝位)가 위태롭게 될 것을 감지한 화제가 환관(宦官)인 정중(鄭衆)의 도움을 받아 두헌과 그의 일족을 주멸(誅滅)한 고사를 교룡과 지기(支祁)의 관계로 환치하여 묘사한 것이다. 지기는 물귀신인 무지기(无支祁)의 준말인데, 하우씨(夏禹氏)가 홍수를 다스릴 때 치수 작업에 방해가 되는 그를 잡아서 큰 쇠사슬로 그의 목을 묶고 금방울을 코에 꿰어 회양(淮陽)의 귀산(龜山) 밑에다 가두었더니 회수(淮水)가 잘 흘러갔다는 전설이 있다. 《太平御覽 卷882 神鬼部2》 지기의 쇠사슬이 동강이 났다는 것은, 중국 역사상 비일비재한 환관의 적폐를 청산하려고 많은 규제를 가해 온 그동안의 전례를 깨고 황제가 직접 환관에게 도움을 요청함으로써 일단 족쇄가 풀린 환관의 발호(跋扈)로 인하여 한말(漢末)의 당금지화(黨禁之禍)를 빚어내면서 제국의 멸망을 자초한 역사적 사실을 은근히 비평한 것이 아닌가 한다. 해파리가 새우를 잃었다는 것은 두헌이 그동안 믿었던 두 태후와 같은 외척의 비호를 더 이상 받을 수 없게 된 것을

슬프도다, 힘이 미치지 못함이여 哀哉力不逮
위태한 그 목숨 누가 살려 주리오 危命誰寬假

최호 崔浩

희화가 적우를 목욕시켜 羲和浴赤羽
광채가 중원에 드날렸는데[31] 彩芒騰神州
어인 일로 우저를 환히 비춰서 不奈燃牛渚
구정의 괴물들을 부끄럽게 하였는가[32] 九鼎群魅羞

의미한다. 해파리는 눈이 없어서 사람이 접근해도 피할 줄을 모르는데, 해파리에 기생하는 새우가 사람을 보면 놀라기 때문에 물속으로 들어가 피한다는 뜻의 "해파리는 새우를 자기 눈으로 삼는다.〔水母目蝦.〕"라는 말이 진(晉)나라 곽박(郭璞)의 〈강부(江賦)〉에 나온다.

31 희화(羲和)가……드날렸는데 : 북위(北魏)의 정치가인 최호가 장량(張良)을 자칭할 정도로 군사 전략에도 뛰어나서, 선비족(鮮卑族)인 북위의 정권이 도무제(道武帝), 명원제(明元帝), 태무제(太武帝)의 3대에 걸쳐 화북(華北)을 통일할 때 지대한 공헌을 했다는 말이다. 희화가 적우(赤羽)를 목욕시켰다는 것은 여와씨(女媧氏)가 오색 돌을 구워서 터진 하늘을 꿰매고 희화가 감연(甘淵)에서 태양을 목욕시켰다고 하는 중국의 전설을 인용하여 최호의 군공(軍功)을 묘사한 것인데, 태양 대신 적우라는 단어를 쓴 것이 주목된다. 적우는 붉은 깃털의 대장 깃발이라는 말인데, 자로(子路)가 공자에게 '달 같은 흰 깃털과 해 같은 붉은 깃털로 된 대장 깃발을 얻어서' 군대를 거느리고 공격하여 기필코 천 리의 땅을 정복하고 싶다고 한 말에서 나온 것이다. 《孔子家語 致思》《說苑 卷15》《韓詩外傳 卷9》

32 어인……하였는가 : 최호가 역사를 편찬할 때에 북위의 황실인 선비족 탁발씨(拓拔氏)의 비사(秘事)를 직필(直筆)하고 석비(石碑)에 새겨 공개함으로써 그들의 분노를 야기하여 태무제 태평진군(太平眞君) 11년(450)에 일어난 '국사지옥(國史之獄)'의 발단이 되었다는 말이다. 구정(九鼎)은 하우씨(夏禹氏)가 주조한 전국지보(傳國之寶)인데, 구정의 괴물은 탁발씨의 조상을 가리킨다. 우저(牛渚)는 우저기(牛渚磯)의 준말

풍륭이 큰 은택에 귀머거리가 되도록 　　豐隆聾大澤
요망한 구름이 욕수의 일을 방해하여 　　孽雲干蓐收
음양을 텅 빈 골에 채우고 말았으니 　　陰陽塡虛牝
누가 잠룡 책립에 협찬을 했었던가[33] 　　誰叶潛龍籌
유명 간에 속절없이 한을 머금었으니[34] 　　幽明空飮恨
믿을 바는 오직 밝은 사관의 붓이로세 　　所賴明春秋

로 중국 강소성(江蘇省) 남경성(南京城)에 있는 나루 이름인데, 무소뿔에 불을 붙여 비추면 깊은 물속의 괴물들을 다 볼 수 있다는 곳이다. 진(晉)나라 온교(溫嶠)가 그곳을 지나다가 무소뿔 불에 비추어 보니 온갖 기이한 형상을 한 수족(水族)들이 다 보였는데, 그날 밤에 온교의 꿈속에 괴물이 나타나서 "당신과는 이승과 저승의 도리가 다른데, 무슨 생각으로 우리를 비춰 보았는가."라며 매우 미워하더니, 얼마 뒤에 치통(齒痛)을 앓던 온교가 발치(拔齒)를 하고 나서 죽었다는 이야기가 전한다.《晉書 溫嶠列傳》

33 풍륭(豐隆)이……했었던가 : 북위 명원제(明元帝)의 장자인 탁발도(拓跋燾)가 세자로 책봉될 당시에 최호의 건의가 결정적인 역할을 하여 제위에까지 올라 태무제(太武帝)가 되었으니 큰 은혜를 베풀어야 마땅할 것인데, 측근들의 비방을 듣고 북방 사족의 명문인 최호의 청하 최씨(淸河崔氏) 일족을 주살한 이외에도 범양 노씨(范陽盧氏), 하동 유씨(河東柳氏), 태원 곽씨(太原郭氏) 등 관련 귀족들의 집안을 연좌시켜 모두 참혹한 화를 당하게 한 것을 말한다. 풍륭은 우레를 관장하는 귀신인데, 여기서는 단비를 내리듯 큰 은택을 베푸는 군왕을 비유한 말이다. 욕수(蓐收)는 가을을 관장하는 서방의 신으로, 보통 풍성한 수확 혹은 숙살지기(肅殺之氣)의 표징으로 쓰이는데 여기서는 역시 군왕을 비유하는 말로 쓰였다. 음양(陰陽)은 천지 사이의 만물을 뜻하는데, 여기서는 멸문지화를 당한 남녀노소를 가리키는 말로 쓰였다.

34 유명(幽明)……머금었으니 : 이른바 '국사지옥'이 참극(慘劇)을 연출한 뒤에 태무제가 "최 사도(崔司徒)를 생각하면 애석하기만 하다."라면서 최호를 주살한 것을 후회한 기록이 보인다.《北史 魏本紀》

저수량 褚遂良

황성의 상서로운 구름 깊은 곳에	閶闔靄雲深
황곡이 날아와서 둥지를 틀었다가[35]	黃鵠飛翼翼
탁니의 일 그만두라고 높이 거론하였는데	高擧撤啄泥
해 질 녘이라 그때는 서식하기에 늦었다네[36]	歲莫棲息遲
공동으로 향하는 깃발 매달았으니	崆峒東征旆
당초의 뜻과 달라 울적할 수밖에	夙志還鬱伊
우익이 꺾인 채 남령에 떨어졌으니	羽翼落南嶺
용봉의 자태에 비춰 보면 부끄럽기만[37]	坐慙龍鳳姿

35 황성(皇城)의……틀었다가 : 저수량이 당 태종(唐太宗)의 지우(知遇)를 받아 국가 정책 수립에 큰 기여를 한 것을 말한다. 상서로운 구름은 태종의 정관(貞觀)의 치세(治世)를 비유한 말이다. 황곡(黃鵠)은 하늘 높이 떠서 대번에 천 리를 날아간다고 하여 《장자(莊子)》 〈소요유(逍遙遊)〉에 나오는 대붕(大鵬)과 비견되는 새인데, 보통 비범한 인재를 비유하는 말로 쓰인다.

36 탁니(啄泥)의……늦었다네 : 저수량이 장손무기(長孫無忌)와 함께 태종의 유촉(遺囑)을 받은 고명대신(顧命大臣)으로서 고종(高宗)을 옹위하여 당나라 사직을 공고히 하려고 노력하였으나, 왕 황후(王皇后)를 폐하고 소의(昭儀) 무측천(武則天)을 황후로 앉히려는 고종과 갈등을 빚은 끝에 결국에는 인생의 황혼에 쉴 곳도 찾지 못한 채 불행한 최후를 맞게 되었다는 말이다. 탁니는 진흙을 쪼아 집을 만든다는 뜻으로, 여기서는 왕 황후를 비유하는 말로 쓰였다. 한유(韓愈)의 시에 "수컷 고니는 가지를 물어 오고, 암컷 고니는 진흙을 쪼아서 돌아오는데, 둥지를 만들었어도 자식이 나오지 않으면, 대의로 볼 때 갈라서는 것이 당연한 일이다.〔雄鵠銜枝來, 雌鵠啄泥歸. 巢成不生子, 大義當乖離.〕"라는 표현이 있는데, 대관재가 여기에서 수컷과 암컷을 각각 고종과 왕 황후로 환치하여 사용한 듯하다. 《昌黎文集 卷1 別鵠操》 실제로 고종은 왕 황후가 자식을 생산하지 못한 것을 황후 폐출의 근거로 제시하였다.

37 공동(崆峒)으로……부끄럽기만 : 저수량이 고종에게 폐후(廢后)의 부당성을 극구 개진하면서 머리를 땅에 짓찧어 피를 낭자하게 흘리며 홀(笏)을 면전에서 반환하기

빈계[38]에 눈물 흘린 애달픈 영혼이여 哀魂泣牝鷄
비바람 속에 괜히 처량해 가슴 아파라 風雨空凄其

임경희 林景熙

패옥을 구원의 땅속에 심어 놓으니 佩玉種九畹
음산한 기후가 바뀌어 남려의 날씨로[39] 陰氣變南呂

까지 하였으나 결국 실패한 뒤에 새로 책봉된 측천 황후에 의해 조정에서 쫓겨나 변방을 전전하는 신세가 된 것을 말한다. 공동은 중국 서남쪽의 묘족(苗族)과 장족(壯族) 등 소수 이민족이 거주하는 산골로, 저수량이 만년에 좌천당해 떠돌아다닌 담주(潭州), 계주(桂州), 애주(愛州) 등의 지역을 가리킨다. 남령(南嶺)도 상주(湘州), 장주(贛州), 월주(粤州), 계주 등 변경에 뻗쳐 있는 산지(山地)를 총칭하는 말이다.

38 빈계(牝鷄) : 암탉이라는 뜻으로, 무측천을 가리킨다. 저수량이 애주 자사(愛州刺史)의 임소에서 생을 마감한 뒤에도 얼마 지나지 않아 측천의 패거리가 모반 사건을 조작해 내고는 이 일에 저수량이 가담하였다는 혐의를 씌워 관작을 추삭(追削)하는 한편 자손을 애주에 유배 보내기까지 하였다.

39 패옥(佩玉)을……날씨로 : 송말 원초(宋末元初)에 활약한 한족(漢族)의 애국 시인 임경희가 아무렇게나 버려진 남송(南宋) 황실의 유골을 수습하여 정성껏 묻어 주니 목불인견의 참혹한 분위기가 남려(南呂) 즉 중추(仲秋) 계절 특유의 청명한 날씨로 변했다는 말이다. 원 세조(元世祖) 지원(至元) 22년(1285)에 강남(江南)의 석교(釋敎)를 통할하는 서장승(西藏僧) 양련진가(楊璉眞伽)가 송나라 황릉을 도굴하여 금은보화를 차지하고 유해를 내다 버리자, 임경희가 사고(謝翱), 당각(唐珏), 정박옹(鄭朴翁) 등과 함께 거지 혹은 채약인(採藥人)의 행색을 하고 몰래 유해를 수습하여 불경(佛經)을 넣은 함(函)으로 위장하고는 난정산(蘭亭山) 부근 천동사(天童寺)의 북쪽 언덕에 장사 지내었다. 그리고 송나라 상조전(常朝殿)에 있던 동청목(冬青木)을 그곳에 이식하여 표지(標識)를 한 뒤에 〈동청화(冬青花)〉라는 시를 지어 애도하는 한편 〈몽중시(夢中詩)〉 4수를 지어 유골 매장의 과정을 처절하게 묘사하였으며, 한식(寒食) 명절에는 몰래 찾아와서 제사를 지냈다고 한다. 본문의 패옥은 흰 유골을 비유한 것이다. 구원(九畹)은 굴원(屈原)의 〈이소(離騷)〉에 나오는 "내가 구 원의 면적에다 난초를

동청이야 변하지 않는다 하더라도 冬青縱不變
제맥은 당신에게 교만을 부리겠지[40] 薺麥要驕汝
초루의 혼을 불러내려 하다 보니 欲招楚纍魂
제자가 또 저 너머 북쪽 물가에[41] 帝子隔北渚
곤륜산에서도 신선의 비결을 찾을 수 없어 崑崙無仙訣
의관이 얼굴 붉힌 것이 얼마나 많았던가[42] 衣冠然幾許
초창은 한오에 화답을 하고 樵唱答寒烏
새벽달은 상저를 슬퍼하였다네[43] 曉月悲霜杵

심고, 백 묘의 면적에도 향초를 심었다.〔余旣滋蘭之九畹兮, 又樹蕙之百畝.〕"라는 이른바 구원란(九畹蘭)의 고사를 전용한 것으로, 난정산의 난(蘭)과 상응하는 표현으로 보인다. 1원의 면적은 12묘(畝)라고도 하고 30묘라고도 한다.

40 동청(冬青)이야……부리겠지 : 겨울에도 푸르른 동청나무야 새로운 장지(葬地)를 지켜보면서 예전과 변함없는 절조를 보여 주겠지만, 제맥(薺麥) 즉 그곳에서 자라는 냉이와 보리는 자기들의 자리가 귀하게 되었다면서 호들갑을 떨며 거드름을 부릴지도 모르겠다는 뜻의 해학적이면서도 애절한 표현이다.

41 초루(楚纍)의……물가에 : 황제 이외에도 후비(后妃)들의 유골을 또 수습해야 했다는 말이다. 초루는 죄 없이 억울하게 죽은 초인(楚人)이라는 뜻으로 굴원(屈原)의 별칭이고, 제자(帝子)는 요(堯) 임금의 두 딸로 순(舜) 임금의 후비가 된 아황(娥皇)과 여영(女英)을 말하는데, 여기서는 각각 황제와 후비를 가리키는 말로 쓰였다.

42 곤륜산(崑崙山)에서도……많았던가 : 서왕모(西王母) 등 선인이 거한다는 곤륜산을 찾아가도 정작 신선이 될 수 있는 비결은 찾을 수 없는 것처럼, 명당(明堂)으로 일컬어진 황릉(皇陵)도 나중에 흠결이 발견되어서 사대부들을 부끄럽게 한 경우가 한둘이 아닌데, 그에 비하면 임경희가 정성껏 새로 매장한 무덤이 오히려 진정한 안식처가 되지 않겠느냐는 말이다.

43 초창(樵唱)은……슬퍼하였다네 : 인적이 드문 새벽에 한천(寒天)의 까마귀 소리만 들리는 희미한 달빛 속에서 유골을 옮겨 매장하는 애달픈 광경을 시적으로 표현한 것이다. 초창은 나무꾼의 노래라는 뜻으로, 임경희의 시집 이름이기도 하다. 그는 만년

허형 許衡

남산에서 구름과 안개를 머금고서 南嶽銜雲霧
검은 표범이 오래도록 자취를 숨기고는 玄豹久遁跡
고심참담 발톱과 송곳니를 갈았나니 辛勤長爪牙
한번 포효함에 노루 사슴이 벌벌 떨었네[44] 嘯吟震群麛
기구하게 큰 하천을 건너와서 崎嶇涉大河
둔석에 들어가는 그 세월 동안[45] 星辰入窀穸

에 자기의 작품을 수집하여 시집《백석초창(白石樵唱)》6권과 문집《백석고(白石稿)》10권을 펴내었는데, 후인이 그의 글을 모두 묶어서《제산집(霽山集)》으로 간행하였다. 그의 글은 문학사가들로부터 굴원의 〈이소(離騷)〉와 두보(杜甫)의 시사(詩史)에 버금간다는 극찬을 받기도 하였다. 그는 원 무종(元武宗) 지대(至大) 3년(1310)에 한을 품고 69세로 눈을 감았는데, 본명보다는 덕양(德陽)이라는 자와 제산(霽山)이라는 호로 더 많이 알려졌다. 상저(霜杵)는 서리가 내린 땅을 파서 분묘를 만들며 절구로 흙을 다지는 것을 압축하여 표현한 시어이다.

44 남산(南山)에서……떨었네 : 원나라 초기의 대학자인 노재(魯齋) 허형(許衡)이 이민족인 몽고족의 지배 아래에서 은인자중(隱忍自重)하며 실력을 갈고닦으면서 뜻을 펼칠 때를 기다리다가, 일단 제왕의 지우(知遇)를 받아 세상에 나와서 자신의 학설을 선포하며 역설하자 뭇 제자백가들이 숨을 죽이고 승복했다는 말이다. 개나 돼지는 뭐든지 게걸스럽게 집어삼키면서 살을 찌우다가 갑자기 잡아먹히지만, 남산의 검은 표범은 일주일 동안이나 비가 내려 먹을 것이 없어도 산 아래로 내려가 먹을 것을 구하지 않으니, 이는 자신의 털 무늬를 아름답게 보존하기 위해서라는 남산현표(南山玄豹)의 고사가 전하는데, 대관재가 허형을 현표에 비유하면서 이 고사의 의미를 약간 비틀어서 인용하였다.《列女傳 卷2 陶答子妻》

45 기구하게……동안 : 허형이 원나라 조정에 들어와서 생을 마칠 때까지의 기간을 말한다. 기구하게 큰 하천을 건넜다는 것은 대관재가《주역》의 "큰 하천을 건너는 것이 이롭다."라는 뜻의 '이섭대천(利涉大川)'과 반대되는 개념으로 사용한 말로, 1260년에 즉위한 원 세조(元世祖)의 소명(召命)을 받고 허형이 조정에 진출한 뒤로 사직과 귀향

비린 바람이 옛집에 부는 가운데　　腥風吹舊棲
산하가 어느새 획기적으로 변했다네[46]　　山河忽變劃
과거 좋았던 시절만 생각하지 말 일이니　　莫念曩時樂
행장은 때에 맞춰 참되게 해야 할진저[47]　　行藏宜愼適

과 복귀를 반복하면서 소위 '오진오출(五進五出)'의 광경을 연출했던 일련의 과정을 말한다. 둔석(窀穸)은 후야(厚夜) 즉 장야(長夜)의 뜻으로, 보통 묘혈(墓穴)을 가리키는 말로 쓰인다.

46 비린……변했다네 : 몽고족의 미개한 풍속이 중국 대륙에 상존하는 가운데에서도 허형의 부단한 노력과 원 세조 쿠빌라이의 전폭적인 지지에 의해 원나라의 국가 이념과 통치 철학이 완전히 송학(宋學) 위주로 바뀌었다는 말이다. 세조는 허형 등의 유신(儒臣)을 등용하여 몽고의 옛 제도를 점진적으로 개혁하고 중국의 문물을 적극적으로 활용하여 1259년에서 1294년까지 재위하는 동안 이른바 중통(中統)과 지원(至元)의 치세를 이루었다. 송학 특히 주자학이 송대에 발원하여 이후 원・명・청에 이르는 동안 지속적으로 중국의 사상계를 석권하게 된 것은 이때 기초를 다져 놓은 허형의 공이 절대적이라고 할 수 있다.

47 과거……할진저 : 한족(漢族)인 허형이 오랑캐인 원나라에 벼슬했다고 비난하는 풍조를 비평한 말로 보인다. 실제로 실절(失節)했다느니 실신(失身)했다느니 하는 논의가 일어나기도 하였는데, 대관재는 이들 모두가 부질없는 논쟁으로, 허형이야말로 행장(行藏)의 도리에 걸맞게 행동한 대인(大人)의 면모를 갖췄다는 입장을 취하고 있다. 행장은 용행사장(用行舍藏)의 준말로, 자신의 도를 펼 수 있느냐 없느냐에 따라 거취를 결정하여 조정에 나아가기도 하고 은퇴하기도 하는 것을 말한다.

사장당 병서

舍藏堂 幷序

"충이 아니면 임금이 없고 효가 아니면 어버이가 없다."[48]라는 말을 선성(先聖)에게서 들은 것이 오래되었다. 조카 언달(彥達)이 김포(金浦)의 토구(菟裘)[49]에 집을 짓고는 당(堂)의 이름을 사장(舍藏)이라고 하고 정자의 이름을 망선(望先)이라고 하였는데, 이는 대개 용사(用舍)를 하는 신자(臣子)의 직분을 다하고 산소에 모신 어버이에 대해 끝없이 애통한 심정을 부치려 함이었으니, 군(君)은 충과 효 양쪽 모두에 대해 극진했다고 이를 만하다. 이에 내가 당(堂)에 오르고 정자에 앉아서 슬프면서도 기쁜 감정이 한꺼번에 몰려오기에 시를 지어 찬미함으로써 영원히 전할 뜻을 보이고자 하였다.

집을 엮어 특이한 경치 실어 오면서　　結構輸異勝

48 충이……없다 : 소식(蘇軾)의 〈표충관비(表忠觀碑)〉 맨 마지막에 "충이 아니면 임금님이 없고, 효가 아니면 어버이가 없으니, 지위를 가진 모든 이들은 새겨 놓은 이 비문을 잘 살펴볼 일이니라.〔非忠無君, 非孝無親, 凡百有位, 視此刻文.〕"라는 말이 나온다. 이 글은 송나라에 귀의한 오월국왕(吳越國王) 전류(錢鏐) 집안의 사당을 소재로 지은 것이다. 본문의 선성(先聖)은 공자와 같은 성인을 의미하지 않고, 총명예지(聰明叡智)의 비범한 인간을 가리키는데, 이 역시 일부러 독자를 헷갈리게 하는 대관재 특유의 글쓰기 수법의 하나라고 할 것이다.

49 토구(菟裘) : 원래는 춘추 시대 노(魯)나라의 지명인데, 노 은공(魯隱公)이 "토구에 집을 짓게 하여 그곳에서 나의 노년을 보낼까 한다."라고 말한 고사에서 유래하여 만년의 은거지를 뜻하는 말이 되었다. 《春秋左氏傳 隱公11年》

호수와 산을 눈과 귀로 설계하고는　湖山耳目謀
운확은 거자에게 부끄러운지라　隕穫恥蘧子
소매 떨치고 수구를 본받았다오[50]　拂袖效首丘
꿈을 꾸나 잠을 깨나 어촌의 피리 소리　夢醒漁村笛
달 밝은 밤에 배 젓는 외로운 신세지만　身孤月夜舟
한밤중에 대궐에서 바라다보면　中宵望紫宸
광채가 두우에까지 뻗쳐오를 터　彩芒騰斗牛
조만간 선마가 내려옴을 보리니　早晚見宣麻
대문 앞에 명추가 대기하리로다[51]　門前縶鳴騶

50 운확(隕穫)은……본받았다오 : 벼슬을 잃고 빈궁한 상황이 되었다고 해서 기가 꺾여 풀 죽은 모습으로 지낸다면, 거자(蘧子) 즉 거백옥(蘧伯玉)이 취한 행동과 비교해 볼 때 수치스러운 일이 될 것이기에 모든 것을 훌훌 떨쳐 버리고 고향으로 돌아와 은거했다는 말이다. 운확은 지기(志氣)를 상실한 모양을 말한다. 《예기》 〈유행(儒行)〉에 "유자(儒者)는 빈천하게 되었다고 해서 운확하지 않는다."라는 말이 나오는데, 운확에 대해 정현(鄭玄)은 "상황이 절박해서 평소의 뜻을 잃은 모습이다."라고 해설하였다. 원헌(原憲)이 수치에 대해서 묻자, 나라에 도가 있거나 없거나 국록만 축내는 것이 수치라는 공자의 말이 《논어》 〈헌문(憲問)〉 첫머리에 나오고, 또 거백옥에 대해서 "나라에 도가 있으면 나아가 벼슬을 하고, 나라에 도가 없으면 거두어 속에다 감추어 둔다."라면서 군자라고 칭찬한 공자의 말이 〈위령공(衛靈公)〉에 나온다. 수구(首丘)는 《예기》 〈단궁 상(檀弓上)〉의 "여우가 죽을 때에는 머리를 바루어 제가 살던 언덕 쪽으로 향하는데, 이것은 인의 발로이다.〔狐死正丘首, 仁也.〕"라는 말에서 유래한 것으로, 고향에 돌아가 살고 싶어 하는 인간의 본능적 욕구를 비유하는 말로 쓰인다.

51 한밤중에……대기하리로다 : 출중한 재능이 조정에 알려짐에 따라 임금의 교서를 받고 크게 쓰여서 영예로운 대우를 받게 될 것이라는 말이다. 두우(斗牛)는 북두(北斗)와 견우(牽牛)의 별자리를 가리킨다. 진(晉)나라 무제(武帝) 때에 장화(張華)가 두우 사이에 보랏빛 기운이 뻗치는 것을 보고, 뇌환(雷煥)을 예장(豫章)의 풍성현(豐城縣)으로 보내 옛 옥사(獄舍) 터를 발굴하게 하여 용천(龍泉)과 태아(太阿)라는 두 명검(名

망선정
望先亭

슬퍼하고 슬퍼하는 효자의 마음이여	哀哀孝子心
천성이라서 언제라도 끊어짐이 없어	天性無或斷
전망이 좋은 곳에 정자 하나 지었나니	孤亭延望處
몇 언덕 너머 산소가 저쪽에 보인다네	松楸隔幾岸
산책하시던 옛길 따라 혹 걸어가노라면	杖屨或隨步
누구야 하고 부르시는 소리 가끔 들리기도	咳唾頻聞喚
성심이 참으로 격동하는 곳에서는	誠心苟所激
금석도 아마 관통할 수 있을 텐데	金石庶可貫
이런 뜻을 증삼에게 물어보아도	此意問曾參
그만두고 그냥 길이 탄식하리라	已矣空長嘆

劍)을 발굴해 내었다는 고사가 전한다. 《晉書 張華列傳》 당나라 왕발(王勃)의 〈등왕각서(滕王閣序)〉에도 "용천검(龍泉劍)의 빛이 두우의 구역에 뻗쳐올라 갔다."라는 표현이 있다. 《古文眞寶 後集 卷2》 선마(宣麻)는 당송(唐宋) 시대에 장상(將相)을 임명할 때 백마지(白麻紙)에 써서 조정에 선포하던 고사에서 유래하여 대관(大官)을 임명하는 임금의 교서를 뜻하는 말이 되었다. 명추(鳴騶)는 현귀한 사람의 행차 때에 "물렀거라" 하고 소리치며 교통을 통제하는 기마병(騎馬兵)을 말한다.

김포의 별장에 제하다

題金陵別業

절로 흥취 있는 몇 이랑 밭 한 구역의 집	數頃田一區宅自有趣
여기에 돌아와 누워 시조님이 될까 보다	歸臥於此作鼻祖
호수와 산 열리고 닫히니 모두 나의 지게문	捭闔湖山皆我戶
도성 안의 땅 밟는 것은 마냥 수치스럽기만	羞踏東華土
동산 숲에 한 해가 장차 저물려 하는 이때	園林歲將晏
올려다보고 내려다봐도 예나 이제나 매한가지	俛仰一今古
닭국에 기장밥 우적거리며 배 움켜쥐고 웃노니	鷄黍捧腹笑大嚼
오정에 방장 음식은 진짜 꽥 하는 썩은 쥐로세[52]	列五鼎食方丈眞嚇腐

52 닭국에……쥐로세 : 지금 정성껏 대접받는 음식상에 비하면, 고관대작의 호사스러운 진수성찬은 올빼미가 좋아하는 썩은 쥐 고기 정도에 불과하다는 말이다. 하조장인(荷篠丈人)이 자로(子路)를 자기 집에 묵게 하고는 닭을 잡고 기장밥을 지어서 음식 대접을 한 고사가 《논어》 〈미자(微子)〉에 보인다. 오정(五鼎)은 소, 양, 돼지, 생선, 순록[麋]의 다섯 가지 고기를 요리하는 솥을 늘어놓고 먹을 정도로 매우 호사스러운 귀족의 식생활을 말한다. 방장(方丈)은 식전방장(食前方丈)의 준말로, 사방 열 자 가량의 밥상에 차린 진수성찬을 말한다. 올빼미가 썩은 쥐를 움켜쥐고 있다가 그 위를 날아가는 원추(鵷鶵)에게 쥐를 빼앗길까 봐 '꽥' 하고 으르댔다는 이야기가 《장자(莊子)》 〈추수(秋水)〉에 나오는데, 여기서 썩은 쥐는 사람들이 안달하는 부귀와 공명 등 세상의 쾌락을 상징하고, 올빼미는 이권(利權)에 눈이 먼 정상배(政商輩)를 비유한다.

차운하다 次韻

사순(思順)

새벽의 닭 소리 방죽의 물빛 등 전야에 흥취 하 많은데 鷄鳴曉水映陂野多趣
농가에선 곡일이라 신농씨에게 제사 드리네 田家穀日祭田祖
동산 숲에 비 지나고 봄빛이 문에 가득하니 園林雨過春滿戶
마을마다 모두가 안락한 땅이로세 村村皆樂土
눈 돌려 험악한 말세 흘겨보다가도 回眼睨末世
배불리 먹고 누우면 상고의 태평 시대 鼓腹臥上古
인생은 마음에 맞는 이 한때가 귀중한 것 人生得意貴一時
백 년의 계획 천세의 명성은 해골 같은 것 百年計千歲名同枯腐

크게 취하여 장난삼아 맹호연의 시[53]에 차운하다

大醉戲次孟浩然韻

소금이 한번 성휴하는 동안에도 昭琴一成虧

미려에선 바닷물이 밖으로 솔솔[54] 尾閭洩溟海

자존하는 것이야 따지지 말아야겠지만 自存當勿論

자주(自註)에 "《장자(莊子)》에 '이 세상을 벗어난 일에 대해서는 성인은 그냥 놔두고 논하지 아니한다.'라는 말이 있다."라고 하였다.

건곤이 무너지면 당연히 뜯어고쳐야지[55] 乾坤毁應改

53 맹호연(孟浩然)의 시 : 〈세모해상작(歲暮海上作)〉이라는 제목의 오언율시이다. 《孟浩然集 卷1》《全唐詩 卷159 孟浩然》

54 소금(昭琴)이……솔솔 : 사람이 거문고를 연주하고 그만두는 그 시간에도 바닷물은 어김없이 밖으로 빠져나가고 있다는 뜻으로, 인간 세상이 흥망성쇠를 거듭하며 격변하는 동안에도 자연의 운행은 이 세상과는 무관하게 어제도 오늘도 변함없이 착착 진행되고 있다는 말이다. 소금은 소문(昭文)의 거문고라는 말이다. 소문은 거문고의 명인이다. 성휴(成虧)는 이루어지고 무너진다는 뜻으로, 구체적으로는 소문이 거문고를 타지 않으면 원음(圓音) 즉 자연의 소리가 그대로 이루어지고, 거문고를 타면 원음이 무너진다는 뜻이다. 《장자》〈제물론(齊物論)〉에 도(道)의 성(成)과 휴(虧)를 논하면서 "성과 휴가 있는 것은 소씨(昭氏)가 거문고를 타는 때이고, 성과 휴가 없는 것은 소씨가 거문고를 타지 않는 때이다."라는 말이 나오는데, 이 소씨가 바로 소문이다. 미려(尾閭)는 고대에 물이 계속 빠져나간다고 믿었던 동해 밑바닥의 골짜기 이름이다. 《장자》〈추수(秋水)〉에 "미려에서 바닷물이 빠져나가는 현상이 언제 그칠지 아무도 모르는데 그 물은 전혀 줄어들지 않는다."라는 말이 나온다.

55 자존(自存)하는……뜯어고쳐야지 : 자체적으로 존재하는 우주의 자연 현상에 대해서는 시비를 논할 수 없겠지만 인간 세상의 건곤(乾坤)의 도리라고 할 수 있는 제후

자주에 "《주역》에 '건곤(乾坤)이 무너지면 역(易)의 도를 볼 수 없다.'라는 말이 있다."라고 하였다.

나의 생애도 끝이 있음을 아노니　　吾生會有極
반연인 것을 무얼 또 기대하리오[56]　　反衍何所待
세상을 흘겨보며 크게 술 취한 나에게　　睢盱作大醉
그 누가 말하는가, 세계는 엄연히 있다고　　誰云世界在

(帝后)의 법도가 무너진다면 당연히 바꿔야 한다는 뜻으로, 이 역시 대관재의 혁명 사상을 엿볼 수 있는 대목이 아닌가 한다. 자주(自註)에 인용된 말은 《장자》〈제물론〉과 《주역》〈계사전 상(繫辭傳上)〉에 보이는데, 대관재는 이 건곤이라는 말을 역학(易學)의 측면에서가 아니라 국가라고 하는 현실적 차원에서 작동하는 제대로 된 변화가 이루어지지 않는다는 뜻으로 해석한 것으로 보인다. 정이(程頤) 역시 이 앞에 나오는 "건곤이 혹 종식될 우려도 있다[乾坤或幾乎息矣]"라는 〈계사전〉의 말에 대해서 "변화가 행해지지 않는 것을 의미한다."라고 해석하였다.

56 나의……기대하리오 : 조만간 이 세상을 하직할 처지에 놓여 있는 입장에서 부귀와 빈천을 굳이 따지며 애면글면 애태울 필요가 있겠느냐는 말이다. 반연(反衍)은 끊임없이 반복되는 것을 말하는데, 여기에서는 그런 현상이 계속해서 이루어지는 부귀와 빈천을 뜻하는 말로 쓰였다. 《장자》〈추수〉에 "도의 차원에서 살펴보면 무엇이 귀하고 무엇이 천하다고 하겠는가. 이를 일러 반연이라고 하니, 그대의 뜻을 하나에 얽어매지 말지어다."라는 말이 나온다.

《문선》에 나오는 부휴혁의 〈잡시〉를 읽다가 "뜻을 지닌 사람은 날이 짧은 것을 아쉬워하고, 근심이 있는 사람은 밤이 긴 것을 느낀다."[57]라는 구절을 끄집어내 운을 나누어 10수의 시를 지었는데, 이는 시라고 하기보다는 그냥 성정을 토로하여 뜻을 권면하고자 함이었다

讀文選傅休奕雜詩拈出志士惜日短愁人知夜長之句分韻爲十首非以爲詩聊泄性情以勉其志

정덕(正德) 무진년(1508, 중종3)에 김정(金淨) 등과 함께 정업원(淨業院)에서 사가독서(賜暇讀書)를 할 때 이것을 지었다.

조화의 기관이 왕성하게 작동하여	磅礴斡化機
해와 달이 허공중에 붙어 있고	日月空中寄
모든 묘한 것들이 현빈에서 나와	衆妙自玄牝
지리를 사람들이 갖추고 있나니[58]	至理人所備
통관(通觀)하면 대도가 활짝 열리지만	大道寬達觀

57 뜻을……느낀다 : 《문선》 권29 〈잡시(雜詩)〉에 수록된 진(晉)나라 부현(傅玄)의 시 첫머리에 나오는 구절이다. 휴혁(休奕)은 부현의 자이다.

58 모든……있나니 : 만물이 도에서 나오기 때문에 만물의 하나인 사람에게도 도가 구비되어 있다는 말이다. 《노자(老子)》 1장에 "도는 현묘하고 또 현묘하여 모든 묘한 것들이 나오는 문이 된다.〔玄之又玄, 衆妙之門.〕"라고 하고, 6장에 "골짜기 신은 죽지 않으니, 이것을 현빈이라고 한다.〔谷神不死, 是謂玄牝.〕"라고 하였으며, 또 "현빈의 문 이것을 천지가 나오는 뿌리라고 한다.〔玄牝之門, 是謂天地之根.〕"라고 하였다. 현빈은 현묘한 암컷이라는 뜻으로, 만물을 생성하고 화육하는 도를 비유한다. 지리(至理)는 최고의 이치라는 뜻으로, 역시 도를 가리킨다.

작은 꾀는 명리(名利)에 부림 받을 뿐	利名役小智
원천에서 나뉘어 흐르는 아홉 개 유파의	濫觴分九流
그 의논을 우주는 귀먹어 듣지 못하는데[59]	宇宙聾群議
나를 알아줄지 나를 책망할지	知我與罪我
인경의 기록을 살펴보고 싶네[60]	欲見麟經志
국풍으로 〈서리〉가 강등되면서	國風降黍離
무너짐이 이로부터 시작되었나니[61]	陵遲從此始

59 원천에서……못하는데 : 다양한 의견과 주장을 폭넓게 받아들여 국정에 적절하게 반영하지 못한다는 말이다. 아홉 개 유파로 나뉘었다는 것은 하나의 도에서 제자백가의 다양한 학파가 파생되었다는 말인데, 보통은 선진 시대(先秦時代)에 형성된 유(儒), 도(道), 음양(陰陽), 법(法), 명(名), 묵(墨), 종횡(縱橫), 잡(雜), 농(農) 등의 학파를 구류(九流) 혹은 구가(九家)라고 칭한다. 우주는 여기에서 공간과 시간을 의미하는 개념이 아니라 천하와 국가를 뜻하는 말로 쓰였다.

60 나를……싶네 : 후세에 사람들이 자기를 어떻게 평가할지는 오직 정당하게 역사를 집필하는 사관의 붓에 달려 있다는 말인데, 대관재가 "나를 알아줄 것도 오직 《춘추(春秋)》요, 나를 책망할 것도 오직 《춘추》로다."라는 공자의 말을 원용하여 자신의 입장을 대변한 자부심 넘치는 표현이다. 《孟子 滕文公下》 인경(麟經)은 《춘추》의 별칭이다. 공자가 노(魯)나라 역사책인 《춘추》를 지으면서 "애공(哀公) 14년 봄, 서쪽 교외 사냥에서 기린을 잡았다."라는 구절로 끝낸 고사에서 유래한 것이다.

61 국풍(國風)으로……시작되었나니 : 주(周)나라의 시가(詩歌)인 〈서리(黍離)〉가 제후국에서 유행하는 민간 가요의 하나로 편입되면서부터 주나라 천왕(天王)의 존엄성이 무너지며 혼란과 패망의 현상이 더욱 가속화되었다는 말이다. 국풍은 주나라 초기로부터 춘추 시대 사이에 각 제후국의 민간에 퍼져 있던 시가를 말한다. 〈서리〉는 《시경》 국풍에 속한 〈왕풍(王風)〉 10편 가운데 첫 번째로 나오는 편명이다. 주 평왕(周平王) 때에 서도(西都)인 호경(鎬京)에서 동도(東都)인 낙읍(洛邑)으로 천도하면서 서주(西周) 시대가 끝나고 동주(東周) 시대가 시작되는데, 〈서리〉는 바로 주나라의 한 대부가

제후 칠국이 서로 깨물고 삼키며　七國互呑噬
환한 대낮에 화살을 날려 보내고　白日飛弩矢
팔을 걷어붙이고서 신기[62]를 엿보아　攘臂窺神器
전란의 핏물이 성시를 가득 채웠도다　戰血滿城市
한번 물어보세, 종횡[63]의 그 사이에　借問縱橫間
다시 희씨[64]를 높이는 일이 있었는지　復有尊姬氏
차라리 동해를 밟고 죽겠다고 한　寧爲蹈東海
중련이 그야말로 고사라고 할지로다[65]　仲連乃高士

슬프다, 우리 동가구께서　哀我東家丘
허둥지둥 자리도 덥히지 못하다가　棲棲不暖席
귀몽 아래로 돌아온 뒤에　歸來龜蒙下

행역(行役)하는 도중에 서주의 종묘와 궁실이 있던 옛터를 지나가다가 그곳이 기장밭으로 변한 것을 보고는 차마 떠나지 못하고 서성이면서 무상함을 느껴 읊은 것이다.

62 신기(神器) : 옥새(玉璽)와 같은 국가의 보물을 뜻하는 말로, 제위나 정권을 가리킨다.

63 종횡(縱橫) : 종횡가(縱橫家)인 소진(蘇秦)의 합종책(合縱策)이나 장의(張儀)의 연횡책(連橫策) 같은 것을 말한다.

64 희씨(姬氏) : 주나라 천왕(天王)을 말한다. 그 왕족의 성씨가 희씨였다.

65 차라리……할지로다 : 전국 시대 진(秦)나라가 조(趙)나라를 포위했을 때, 위(魏)나라의 객장군(客將軍) 신원연(新垣衍)이 사신으로 와서 "진 소왕(秦昭王)을 황제로 섬기면 포위가 풀릴 것이다."라고 하였는데, 이에 노중련(魯仲連)이 "저 진나라가 가령 제멋대로 황제가 되고 나서 죄과를 범한 채 천하에 정사를 행한다면, 나는 동해를 밟고 죽는 일이 있을 뿐이요, 차마 그 백성 노릇은 하지 못하겠다."라고 반박하여 신원연을 감복시키고 진나라 군사를 물리친 고사가 있다. 《史記 魯仲連列傳》

산정하여 심오한 도를 드러내어	刪定發祕賾
금비로 광명을 되찾게 해 준 덕에	金篦刮群膜
우리 도의 일맥이 전해졌나니[66]	吾道傳一脈
경전을 담론하며 연설[67]을 채용하면	談經用燕說
후학이 어느 곳으로 뒤쫓아 가겠는가	末學安所適
계몽하기 참으로 쉽지 않다마는	發蒙眞不易
오늘날의 사람들이 더욱 애석하도다	今人益可惜

66 슬프다……전해졌나니 : 공자가 자신의 도를 펴기 위해 동분서주하며 천하를 주유하다가 결국 실패하고 노(魯)나라로 돌아와서 교육과 저술에 힘을 쏟은 결과 유가의 물줄기가 후세에 흘러 전해지게 되었다는 말이다. 동가구(東家丘)는 동쪽 집의 구(丘)라는 뜻으로, 공자를 가리킨다. 공자가 성인인 줄 모르는 노나라 사람이 공자를 '우리 동쪽 집에 사는 구라는 사람〔我東家丘〕'이라고 아무렇게나 불렀다는 고사에서 유래한 말이다. 인재를 제대로 알아보지 못하고 무시하는 것을 비유할 때에도 이 말을 곧잘 쓴다. 《顔氏家訓 慕賢》《文選 卷23》 귀몽(龜蒙)은 노나라의 귀산(龜山)과 몽산(蒙山)의 합칭으로, 수수(洙水)와 사수(泗水)의 병칭인 수사(洙泗)처럼 공자가 제자를 모아 강학하던 곳을 가리킨다. 금비(金篦)는 안과 수술용 쇠칼이다. 옛날 인도(印度)의 양의(良醫)가 이 금비를 가지고 맹인의 눈알에 덮인 희끄무레한 백태(白苔)를 긁어내어 광명을 되찾게 해 주었다는 금비괄목(金鎞刮目)의 고사가 《열반경(涅槃經)》 권8에 나온다.

67 연설(燕說) : 영서연설(郢書燕說)의 준말로, 천착하며 견강부회해서 본래의 의미를 곡해하는 것을 말한다. 초(楚)나라 영(郢)에 사는 사람이 연(燕)나라 상국(相國)에게 밤에 편지를 쓸 때 방 안이 어두워지자 시자(侍者)에게 "촛불을 밝히라.〔擧燭〕"라고 말하면서 자기도 모르게 '거촉(擧燭)'이라는 두 글자를 편지 속에 잘못 기입하였는데, 연나라 상국이 그 편지를 받고서 '거촉은 밝음을 숭상하는 것이다. 따라서 밝음을 숭상하려면 현인을 발탁하여 등용해야 한다.'라고 생각하고는 왕에게 건의해서 나라를 잘 다스리게 했다는 이야기에서 나온 것이다. 《韓非子 外儲說左上》

서한은 회음을 저해하고[68]	西漢葅淮陰
북제는 곡률[69]을 주살하는 등	北齊殺斛律
천하의 절반을 공략하였는데도	功略半天下
거꾸로 사람들의 질시를 받았나니	反爲人所嫉
필경 자인하지 않을 경우에는	畢竟不自引
철권이 부질의 장본이 된다네[70]	鐵券媒鈇鑕

68 서한(西漢)은 회음(淮陰)을 저해(葅醢)하고 : 회음은 한(漢)나라 개국 공신으로서 삼걸(三傑)의 하나로 회자되는 회음후(淮陰侯) 한신(韓信)을 말한다. 그가 소하(蕭何)의 추천으로 대장(大將)에 봉해진 뒤에 각 제후국을 차례로 공략하여 한 고조(漢高祖) 유방(劉邦)의 통일 기반을 확립하고 왕후에 봉해졌으나, 끝내는 모반죄에 걸려 자신을 비롯해서 삼족(三族)이 주멸(誅滅)당하는 참화를 입었다. 저해는 사람의 육신을 난도질하여 육장(肉醬)을 담는 혹형을 가리킨다. 《사기(史記)》〈회음후열전(淮陰侯列傳)〉에 의하면, 그가 여후(呂后)의 꾀에 걸려들어 참수당했다고 되어 있을 뿐 '저해' 운운의 기사는 보이지 않는데, 아마도 대관재의 착오이거나 아니면 일부러 극적인 효과를 위해 무리하게 쓴 표현이 아닌가 한다.

69 곡률(斛律) : 북제(北齊)의 맹장(猛將)으로 좌승상(左丞相)에까지 올랐던 곡률광(斛律光)을 말한다. 북주(北周)의 장군 위효관(韋孝寬)이 그에게 자주 패하자 반간계(反間計)를 쓰려고 간첩을 업도(鄴都)에 보내 "백승이 날아 하늘에 오르니, 명월이 장안을 환히 비춘다.〔百升飛上天, 明月照長安.〕"라는 참언(讖言)과 "고산은 밀치지 않아도 저절로 붕괴하고, 곡수는 붙잡지 않아도 저절로 견고해진다.〔高山不推自崩, 槲樹不扶自竪.〕"라는 요언(謠言)을 퍼뜨리게 하였는데, 정권을 좌지우지하며 곡률광을 질시하던 재상 조정(祖珽)이 이 참요(讖謠)를 이용하여 그를 모반죄로 엮어서 멸족한 고사가 전한다. 위의 참요에서 백승(百升)과 곡수(槲樹)는 곡률씨(斛律氏)를 가리키고, 명월(明月)은 바로 곡률광의 자이다. 이로부터 5년 뒤에 북제는 북주에게 멸망당하였다. 《北齊史 斛律光列傳》

70 필경……된다네 : 공이 많을수록 스스로 인책(引責)하며 자리에서 물러나야 한 몸을 보존하게 마련이요, 끝까지 부귀영화를 누리려고 한다면 그동안의 공적이 오히려 화를 당하는 매개체가 되고 만다는 말이다. 철권(鐵券)은 철제(鐵製)의 계권(契券)에

이 시대의 사람들에게 한마디 하노니	寄語當代人
부귀를 어떻게 기필할 수가 있겠는가	富貴安可必
이를 생각하매 노래가 격렬해져	念此歌激烈
고충만 부질없이 해를 꿰는구나	孤忠空貫日

당시에 신(辛)·박(朴)[71] 등이 공을 믿고 교만하게 굴다가 주륙(誅戮)을 당하였다.

두랑[72]이 전란의 와중에 휩쓸린 채	杜郎陷兵塵
울울하게 맺힌 충심을 토로하며	鬱結吐忠款
붓을 잡으면 문득 눈물을 쏟아 내고	把筆輒垂淚
내놓는 시문마다 주옥으로 아롱져서	咳唾珠璣散
아송이 남긴 정음(正音)을 이어받았기에	雅頌繼遺音
갱알[73]이 모두 편집되어 세상에 전하는데	鏗戛皆成纂
쇠퇴하여 송원의 시대에 이르러서는	陵夷抵宋元

단사(丹砂)로 썼다는 뜻의 단사철권(丹砂鐵券)의 준말로, 공신이 면죄 등의 특권을 누리게 한 증명서를 말한다. 부질(鈇礩)은 요참(腰斬)에 쓰는 형구인데, 보통 부질(鈇鑕)이라고 한다.

71 신(辛)·박(朴) : 신복의(辛服義)와 박경(朴耕)을 말하는데, 《중종실록》 2년 1월과 3년 11월 기사에 이들의 옥사(獄事)에 관한 상세한 내용이 실려 있다.

72 두랑(杜郎) : 두보(杜甫)를 말한다. 그가 공부원외랑(工部員外郎)의 벼슬을 지냈기 때문에 대관재가 이렇게 말한 것인데, 보통 두 공부(杜工部)나 두 소릉(杜少陵)이라고 호칭하는 세상의 용례를 외면하고 굳이 낭(郎)이라는 글자를 써서 다른 사람과 혼동하게 하는 등 독자를 한순간 어리둥절하게 만드는 그의 특이한 글쓰기 수법이 주목된다.

73 갱알(鏗戛) : 금석이나 옥돌이 서로 부딪쳐 쟁그랑 소리를 낸다는 뜻의 갱금알옥(鏗金戛玉)의 준말로, 내용과 표현이 비범한 시문을 말한다.

뭇 작품들 따지고 말고 할 게 없나니 衆作寧復算
내가 지금 다시 진작시키고 싶다마는 我今振作者
시 짓는 실력이 짧으니 어떻게 하나 奈此詩藝短

광음은 참으로 과객이라서[74] 光陰眞過客
손 들어 만류하기 어렵나니 擧手難挽留
젊을 때가 다시는 오지 않는 것을 少壯不再來
애면글면 애타게 어디서 구하리오 役役何所求
중니는 무덤을 보라고 충고하였고[75] 仲尼告望壙
양자는 수영 강습을 탄식했었지[76] 楊子嘆學泅

74 광음(光陰)은 참으로 과객(過客)이라서 : 광음은 흘러가는 세월이고, 과객은 지나가는 나그네라는 뜻이다. 이백(李白)의 〈춘야연도리원서(春夜宴桃李園序)〉에 "하늘과 땅은 만물이 잠깐 묵는 여인숙이요, 흘러가는 세월은 백대에 지나가는 나그네이다. 부평초 같은 인생이 꿈과 같으니, 기쁨을 즐기는 것이 얼마나 되겠는가.〔夫天地者, 萬物之逆旅, 光陰者, 百代之過客, 而浮生若夢, 爲歡幾何?〕"라는 말이 나온다. 《古文眞寶 後集 卷2》

75 중니(仲尼)는……충고하였고 : 살아서 군자답게 수행해야만 죽어서 제대로 안식을 취할 수 있다는 말이다. 자공(子貢)이 학업에 싫증을 내면서 공자에게 쉬고 싶다고 호소하자, 공자가 "살아서는 쉴 곳이 없다."라고 하니, 자공이 "그렇다면 제가 쉴 곳은 아무 데도 없습니까?"라고 반문하였다. 이에 공자가 "있다. 저 무덤을 보아라."라고 하고는 무덤의 양상에 대해 설명하면서 "이쯤 되면 쉴 곳이 어디인지 알 것이다."라고 하니, 자공이 탄식하며 "크도다, 죽음이여. 군자는 누워서 안식을 취하고, 소인은 그저 엎어진 채 매장되는구나."라고 말한 고사가 전한다. 《列子 天瑞》

76 양자는……탄식했었지 : 가르치는 내용은 똑같아도 학생이 그 가르침을 받아들여 성취하는 것은 각기 다른 것을 말한다. 물가에 사는 자가 헤엄도 잘 치고 배도 잘 저어 돈을 잘 벌자 그 솜씨를 배우려고 양식을 싸 들고 찾아오는 자들이 많았는데, 그중에

도의 불꽃을 진회[77]에서 되살려 내어 道焰撥秦灰
이주[78]의 사업을 기약해야 할 터인데 事業期伊周
무엇 때문에 수현[79]을 하시는 분께서 云胡守玄子
애써 고생하며 우수를 벗하시는지 勤苦伴牢愁

한가한 날 그저 소요하노라니 暇日聊逍遙
선인 사는 세계가 속진 저 너머에 仙境隔凡塵
두건 젖힌 채 지팡이 짚고 거닐다가 岸幘散余策
냇가 바위 위에 향초 방석 깔았나니 溪石設芳茵
청량한 맛 우러나오는 술동이에다 壺觴旣香洌
궁중에서 보내 준 진귀한 안주까지 天廚分兼珍
그윽한 회포 아무리 털어도 끝나지 않아 幽懷輸不盡
거룩하고 신령한 분 풍요로 칭송하노니 風謠頌聖神

익사(溺死)하는 자들이 거의 절반을 차지하자, 양주(楊朱)가 "본래는 수영하는 법을 배우고 익사하는 법은 배우지 않았는데, 이롭게 되고 해롭게 되는 것이 이와 같다."라고 탄식한 고사에서 유래한 것이다.《列子 說符》

77 진회(秦灰) : 진 시황(秦始皇)이 정치 비평을 막기 위하여 천하의 서적을 불태워 잿더미로 만든 것을 말한다.

78 이주(伊周) : 상(商)나라 이윤(伊尹)과 주(周)나라 주공(周公)의 합칭으로, 섭정을 하며 정권을 장악하고 국가의 기초를 세운 현상(賢相)을 말한다.

79 수현(守玄) : 수태현(守太玄)의 준말로, 불우한 생활 속에서도 고전의 세계에 침잠하여 저술에 힘쓰는 것을 말한다. 한(漢)나라 양웅(揚雄)이《태현경(太玄經)》을 지을 적에 혹자가 그에게 도가 아직 짙지 못해서 곤궁한 것이 아니냐고 조롱을 하자, 양웅이〈해조(解嘲)〉라는 글을 지어 해명하면서 "나는 말없이 나의 태현을 홀로 지키며 살 것이다."라고 말한 고사에서 나온 것이다.《漢書 揚雄傳下》

청묘에 나를 추천하여 올려 준다면　　庶幾薦淸廟
한번 창하여 신인을 감동시키련만　　一唱格神人

말달리네, 어디든 뜻 가는 대로　　驅馳信所之
세상길이 바야흐로 평탄치 않아　　世道方未夷
요포에서 완옥과 염옥 가슴에 안고[80]　　瑤圃懷琬琰
깊은 골에서 난초와 영지 고르기도 하며　　幽谷擷蘭芝
고분고분 공연히 한 아름 보듬고서　　婉娩徒盈抱
언젠가 바치려네, 그리운 내 임에게　　早晩遺所思
군자는 자기 뜻을 잃어버리고　　君子失其志
소인은 자기 때를 만난 오늘날　　小人適其時
말없이 앉아 탄주하는 아양곡[81]이여　　默坐彈峨洋
알아줄 사람은 오직 나의 종자뿐　　秖許鍾子知

80 요포(瑤圃)에서……안고 : 요포는 미옥(美玉)이 나오는 동산이라는 뜻으로, 보통 속세를 벗어난 선계(仙界)를 가리킨다. 《초사(楚辭)》〈섭강(涉江)〉에 "청룡과 백룡의 수레 몰아 타고서, 나는야 중화와 함께 요포에서 노닐리라.〔駕青虯兮驂白螭, 吾與重華遊兮瑤之圃.〕"라는 말이 나오고, 《초사》〈원유(遠游)〉에 "비천 골의 미액을 들이마시고, 완옥과 염옥의 문채를 가슴에 안는다.〔吸飛泉之微液兮, 懷琬琰之華英.〕"라는 말이 나온다.

81 아양곡(峨洋曲) : 고산(高山)과 유수(流水)를 소재로 연주한 음악을 말한다. 거문고의 명인인 백아(伯牙)가 높은 산에 뜻을 두고 연주하면 그의 지음(知音)인 종자기(鍾子期)가 "좋구나. 아아(峨峨)하여 태산(泰山)과 같도다." 하였고, 흘러가는 물에 뜻을 두고 연주하면 "좋구나. 양양(洋洋)하여 강하(江河)와 같도다."라고 평했다는 고사에서 유래한 것이다. 《列子 湯問》

문서 더미 속에서 몸을 뽑아내어　抽身簿領叢
석 달 휴가 은혜롭게 허락받았네　恩許三朔暇
옷깃 연한 동료 모두 재사로서　連袂盡才士
조사가 도사의 틀을 벗어났다오[82]　藻思出陶謝
누웠다 일어났다 하며 문득 돌아다보면　偃仰忽回眺
넓고 깊숙한 큰 집의 웅장한 모습이여　渠渠敞大廈
대궐 문 에워싼 푸르른 산속에서　青山繞禁闥
바위틈 퐁퐁 솟는 생수 한 모금　活水漱嵒罅
심원[83]이라 제대로 잠을 이루지 못했나니　心猿睡不起
삽상한 바람 소리 긴 밤 내내 울어 대어　爽籟鳴永夜

내가 일찍이 열어구[84]를 비웃었나니　嘗笑列禦寇

82 조사(藻思)가……벗어났다오 : 옛날 유명한 시인들의 상투적인 표현이나 시상에 얽매이지 않고, 각자 재기(才氣)와 의취(意趣) 면에서 독창적인 경지를 보여 주고 있다는 말이다. 도사(陶謝)는 진(晉)나라 도잠(陶潛)과 남조 송(南朝宋)의 사영운(謝靈運)을 병칭한 말인데, 이들은 특히 전원시(田園詩)와 산수시(山水詩)에 능했다는 평가를 받는다.

83 심원(心猿) : 마음이 원숭이처럼 날뛴다는 뜻의 불교 용어로, 외물의 경계를 접하고서 안정되지 못한 채 마음이 이리저리 동요하는 것을 가리킨다. 《대일경(大日經)》 〈주심품(住心品)〉에서 설명하는 60종(種)의 심상(心相) 가운데 원후심(猿猴心)이 나온다. 그리고 심신이 산란하여 제어하기 어려울 때 심원의마(心猿意馬)라는 비유를 쓰기도 한다.

84 열어구(列禦寇) : 전국 시대 정(鄭)나라 사람으로 황로(黃老)의 도를 숭봉하여 《열자(列子)》라는 저술을 남겼으며 바람을 타고 다녔다는 전설이 있다. 당(唐)나라 때 장자(莊子)가 남화진인(南華眞人)으로 봉해지고 그 책이 《남화진경(南華眞經)》으로 불린 것처럼, 열자 역시 충허진인(沖虛眞人)으로 봉해지고 그 책이 《충허진경(沖虛

날렵하게 먼 곳까지 넘나들었지만　　泠然凌大荒

마른 나뭇잎처럼 바람에 나부끼며　　飄搖如幹[85]殼

생과 사를 아득히 하늘에 맡겨 두었고　　生死寄杳茫

세간에 남겨 놓은 그의 유작을 보더라도　　遺篇留世間

허탄해서 어떻게 알아볼 수가 있어야지　　謬悠安可詳

나는야 지행선[86]이 될까 하노니　　我作地行仙

명량의 풍운의 때[87]를 만나면　　風雲會明良

수운의 날개를 한번 펼치고　　一擧垂雲翼

구만리 대붕의 길 날아가고파[88]　　九萬鵬路長

眞經)》으로 불렸다. 《장자》 〈소요유(逍遙遊)〉에 "열자가 바람을 타고 다니며 날렵하게 잘 날아서 15일이 지난 뒤에야 땅으로 돌아오곤 하였다."라는 말이 있다.

85 幹 : 대본에는 '斡'로 되어 있는데, 문맥에 근거하여 '幹'으로 바로잡았다.

86 지행선(地行仙) : 땅 위를 걸어 다니는 신선이라는 뜻으로 불가의 《능엄경(楞嚴經)》에 나오는 신선 이름인데, 보통 장수하며 한적하게 숨어 사는 노인을 지칭하는 말로 쓰인다.

87 명량(明良)의 풍운(風雲)의 때 : 바람과 구름처럼 명군(明君)과 양신(良臣)이 만나는 절호의 기회를 말한다. 풍운은 《주역》 〈건괘(乾卦) 문언(文言)〉의 "구름은 용을 따르고 바람은 범을 좇는다.〔雲從龍, 風從虎.〕"라는 문구에서 발췌한 것이다.

88 수운(垂雲)의……날아가고파 : 임금의 지우(知遇)를 받으면 지금껏 숨겨 왔던 자신의 경륜을 한껏 발휘해 보고 싶다는 말이다. 깊은 바닷속에 숨어 있던 곤(鯤)이라는 물고기가 붕(鵬)이라는 큰 새로 변화하여 '하늘가에 드리운 구름과 같은' 큰 날개를 펼치고서 구만리 창공 위로 올라가 남쪽 바다로 향한다는 이야기가 《장자》 〈소요유〉 첫머리에 나온다.

봉은사의 승려 지전에게 주다

贈奉恩寺僧智田

눈에 꺼풀이 끼면 허공 꽃이 보이지만	眼翳有空華
허공 꽃 속에 어찌 참이 들어 있으리오	空華寧有眞
진이 아니면 필연적으로 환이리니	非眞乃是幻
환과 진은 본시 불가분의 관계로세	幻眞故相因
비유하건대 당 아래 저 매화는	譬彼堂下梅
사람과 상관없이 피고 지는데	開謝不關人
사람이 스스로 다른 생각 품을 뿐	人自懷異抱
매화에게는 이른 봄 늦봄이 없다오	梅無早晩春
기원[89]은 속진의 일을 꺼리는지라	祇園諱塵事
법주를 그냥 혼자 따라 마시고	法酒聊自巡
말 잊은 채 문밖으로 떠나가노니	忘言出門去
나의 말도 오래되면 진부해지리라	余言久乃陳

89 기원(祇園) : 기수급고독원(祇樹給孤獨園)의 준말로 사원(寺院)을 가리킨다. 옛날 인도의 기타태자(祇陀太子) 소유의 원림(園林)을 급고독(給孤獨) 장자가 구입하여 정사(精舍)를 세운 다음 석가모니에게 희사하였다. 그래서 궁중의 시주로 건립된 원찰(願刹)을 비유하기도 하는데, 봉은사는 조선 왕실의 원찰이었다.

의중[90]의 〈병곤〉 시에 차운하다
次宜仲病困韻

오래도록 새장에 갇혀 시달리다가　　久被樊籠役
이제야 한가히 잠잘 시간 얻었으니　　如今得閑睡
맘 놓고 하고픈 일 해도 될 것인데　　放懷縱自遂
목을 움츠리다니 어찌 된 연고인고　　縮頸緣底事
천마가 서리 밟는 발굽을 보호하고　　天馬惜霜蹄
선학이 다친 깃털 솔질해 두었다가　　仙鶴刷傷翅
가을날 구천에 가서 인사드리면　　秋來朝九天
박차고 치닫는 것이 역마보다도 빠르리라　　騰踏疾於置

의중의 시를 붙임 附宜仲詩
텅 빈 벽 쪽으로 몸을 돌리고　　轉身向虛壁
독서도 포기한 채 잠을 청하니　　抛書且覓睡
눈앞이 어질어질 별의별 허공 꽃 날리면서　　眼眩萬種花
마음속에 십 년간의 일이 역력히 떠오르네　　心歷十年事
오래도록 낚시에 걸린 물고기라 할까　　如魚久中鉤
지금 막 날개 꺾인 새의 신세라 할까　　似鳥新鎩翅
어떻게 하면 좋을까 그저 되뇔 따름　　奈何復奈何
내버려 두자니 막상 그것도 어렵구나　　棄置難棄置

90 의중(宜仲) : 대관재의 조카 심사순(沈思順)의 자이다.

밤에 앉아서 읊다
夜坐

혼자 앉아서 쌍단[91]을 달이노라니　　獨坐煮雙團
긴 밤 하염없이 시름이 이어지네　　永夜愁漫漫
사방에는 벽뿐 덩그러니 현경이요[92]　　四壁空懸磬
방바닥에 있는 것은 오래된 돗자리　　室有古秸莞
작자가 지금 이미 멀기만 하니　　作者今已遠
오도 역시 재가 되어 식을 수밖에　　吾道成灰寒
먼지 낀 책 읽고서 기지개 켜니　　塵編一欠伸
서릿바람 몰아치네, 마른 얼굴에　　霜風摧枯顔
거문고 줄에 거미가 그물 쳤으니　　朱絃罥蛛絲
알겠도다, 대음도 이미 쇠잔했음을　　大音知已殘
세상일이 바야흐로 시끌벅적하니　　世故方擾擾
베개 높이 한단의 꿈이나 꾸어야지　　高枕夢邯鄲

91 쌍단(雙團) : 두 개의 덩어리라는 뜻으로, 끓이기 이전의 차의 원료를 말한다. 송(宋)나라 진사도(陳師道)의 시에 "부끄럽게도 한 가닥씩 쌍단을 분해하지 않고, 습관적으로 봄에 안 좋은 생강과 소금 넣었다네.〔愧無一縷破雙團, 慣下薑鹽枉肺肝.〕"라는 말이 나오는데, "쌍단은 차의 크고 작은 덩어리이다."라는 임연(任淵)의 주가 붙어 있다. 《后山集 卷8 寄豫章公》《后山詩註 卷2》

92 사방에는……현경(懸磬)이요 : 방 안에는 아무것도 없이 사방에 벽만 우뚝 서 있다는 말이다. 현경은 경쇠만 매달려 있다는 뜻으로 매우 가난한 생활을 비유하는 말인데, 실여현경(室如懸磬)의 고사가 《춘추좌씨전(春秋左氏傳)》 희공(僖公) 26년 조에 보인다.

이백익의 안분당에 제하다

題李伯益安分堂

휘(諱)는 희보(希輔)이다.

기욕에 대해서 만족할 줄 모른다면	嗜欲自不厭
어떤 자인들 이상이 되지 않으리오[93]	何者非吏商
세상의 길목에 있는 포사는	世路有褒斜
화륜이라야 뛰어 치달릴 수 있고	畫輪能騰驤
중요한 나루에 있는 여량은	要津有呂梁
익조라야 여유 있게 날아오르는데[94]	飛鷁能翱翔

93 기욕(嗜欲)에……않으리오 : 욕망을 자제할 줄 모르는 벼슬아치는 정상배(政商輩)로 전락하는 것을 면치 못할 것이라는 말이다. 이상(吏商)은 관리로 있으면서 장사꾼처럼 사적인 이익을 챙기는 자를 말한다.

94 세상의……날아오르는데 : 모두가 부러워하는 세상의 부귀공명과 같은 것은 아무나 범접할 수 있는 것이 아니라 그만한 배경과 역량을 가진 자만이 가능하다는 뜻의 자조적인 표현이다. 포사(褒斜)는 중국 섬서성(陝西省) 종남산(終南山) 골짜기 이름인 포사곡(褒斜谷)의 준말이다. 험준한 산골에 길을 뚫어 교통의 요충지로 여겨 왔던 곳인데, 이곳에 사방의 물자가 몰려든다는 뜻에서 대관재가 이권(利權)이 집중된 중요한 장소를 뜻하는 말로 사용하였다. 《사기(史記)》 〈화식열전(貨殖列傳)〉에 "사방이 험준한 지형으로 막혀 있어도 천 리 길을 잔도(棧道)로 연결하여 관중(關中)과 통하지 않는 데가 없으나, 다만 포사의 경우는 그 입구에 마치 병목 현상처럼 사방의 물자가 모여들어 많은 것을 가지고 적은 것을 교환하는 물물교환이 이루어졌다."라는 말이 나온다. 화륜(畫輪)은 채색한 수레바퀴라는 뜻으로, 화려한 수레를 타고 다니는 고위급 인사를 가리킨다. 여량(呂梁)은 물살이 세기로 유명한 물 이름이다. 275쪽 주16 참조. 익조(鷁鳥)는 백로 모양의 물새 이름으로, 몸집이 크고 하늘 높이 잘 날아간다고 한다.

분수에 맞게 행동하는 사람이 없는지라　無人動安分
부판[95]을 하다가 끝내는 절로 넘어진다네　負販終自僵
채우가 혁추에게 떨치고　彩羽振嚇雛
희성이 절양을 일으키나니[96]　希聲起折楊
옥처럼 아름다운 이분이시여　伊人美如玉
초연히 독립하여 멋진 집 소유했구려　獨立有高堂

95 부판(負販) : 값나가는 물건을 무리하게 짊어진다는 뜻으로, 부귀공명을 과하게 욕심내는 사람을 비유하는 말이다.

96 채우(彩羽)가……일으키나니 : 이희보가 썩은 쥐 고기와 같은 알량한 명리(名利)에 끌려다니며 속물근성에 젖어 있는 소인들에게 군자로서의 본보기를 보여 주고 있다는 말이다. 채우는 봉황이나 원추(鵷鶵)와 같은 상서로운 새의 오색 깃털을 말하고, 혁추(嚇雛)는 머리 위로 날아가는 원추 새를 보고는 자기가 잡은 쥐 고기를 뺏길까 봐 놀라서 '꽥' 하고 으르대는 올빼미를 말한다. 294쪽 주52 참조. 희성(希聲)은 사람이 잘 들을 수 없는 위대한 소리를 뜻한다. 《노자(老子)》 41장에 "대기는 늦게 이루어지고, 대음은 소리를 들을 수 없고, 대상은 형체를 볼 수가 없다.〔大器晩成, 大音希聲, 大象無形.〕"라는 말이 있다. 절양(折楊)은 옛날 민간의 저속한 유행 가요를 말한다. 《장자(莊子)》〈천지(天地)〉에 "위대한 음악은 촌사람들의 귀에는 들어가지 않지만, 절양이나 황과(皇荂) 같은 유행가를 들으면 깔깔대고 웃으며 좋아한다."라는 말이 있다.

사물잠을 지어서 학생들에게 보여 주다

四勿箴示諸生

어버이 섬기며 어버이를 속이지 말라	事親勿欺親
어버이 속이면 행실이 금수와 같나니라	欺親行同禽
스승을 따르며 스승을 속이지 말라	從師勿欺師
스승을 속이면 재앙이 저절로 임하리라	欺師殃自臨
친우를 사귀며 친우를 속이지 말라	交友勿欺友
친우를 속이면 심각한 피해가 돌아오리라	欺友害反深
이 가운데에 하나의 금기가 들어 있나니	此中有一勿
평생토록 마음을 속이지 않는 것이니라	平生勿欺心

칠언단편 七言短篇

강원도 관찰사로 부임하는 이가중에게 작별 선물로 주다

贈別李嘉仲按節關東

휘(諱)는 순형(純亨)이다.

동쪽 바다 부상[97]나무 그늘 아래에서	東溟蔭榑桑
두둥실 떠오르는 황금빛 수레바퀴	擊出黃金輪
방백님 깃발을 군국이 앙망하리니	霓旌郡國望
순행하는 곳마다 경위가 나뉘니까	涇渭分所巡
봉래산 어슴푸레 운병[98] 깊숙한 곳에서	蓬萊隱約雲屛深
운화의 하검은 몽운과도 같을 것이요[99]	雲和霞臉夢雲勻

97 부상(榑桑) : 동해 속에 있다는 상상의 신목(神木) 이름으로, 해가 뜰 때에는 이 나무의 가지를 흔들고서 올라온다고 한다. '榑'는 '扶'와 통한다.

98 운병(雲屛) : 운모병(雲母屛) 즉 운모석(雲母石)으로 만든 병풍으로, 귀인의 방에 장식용으로 많이 설치하였다.

99 운화(雲和)의……것이요 : 금슬(琴瑟)을 타는 아리따운 기녀와 하룻밤을 같이 지내다 보면 옛날 몽운(夢雲)의 고사가 연상될 것이라는 말이다. 운화는 원래 금슬을 만드는 재목이 나오는 산 이름이었으나, 여기에서 유래하여 금슬 등의 악기 혹은 그런 악기를 다루는 교방(敎坊)이나 그 소속 인원을 뜻하는 말로 쓰이게 되었다. 하검(霞臉)

두 소매 가득 신선 바람이 한양에 불어올 때면　　兩袖仙飆吹漢陽
옥 장식 용마가 또다시 묘당의 보배를 태우리라　　玉虯還乘廟堂珍

은 노을처럼 발그레한 젊은 여성의 뺨을 말한다. 몽운은 꿈속의 조운(朝雲)이라는 말이다. 초(楚)나라 시인 송옥(宋玉)이 양왕(襄王)에게 양왕의 부친인 회왕(懷王)이 낮잠을 자다가 무산(巫山)의 신녀(神女)와 연애한 이야기를 들려주면서, 그들이 꿈속에서 하룻밤의 정을 나누고는 서로 작별할 적에 신녀가 "아침에는 구름이 되고 저녁에는 비를 내리면서 언제까지나 양대(陽臺) 아래에 있겠다."라고 약속했으므로 회왕이 꿈을 깨고 나서 조운이라는 이름의 사당을 짓게 되었다고 이야기한 내용이 《문선(文選)》 권19 〈고당부(高唐賦)〉의 서문에 나온다.

흐리고 맑은 날씨가 무상하여 갑자기 비가 오다가 그치기에 성둔재에게 보여 주다

陰晴無常倏雨而止示成遯齋

휘(諱)는 세창(世昌)이다.

산은 담담하고	山淡淡
하늘은 망망한데	天茫茫
밝고 어둡에 일정한 모습이 없으니	明昏無定態
누가 주장하여 일으키고 그치는 것인지	作止誰主張
하늘에 물어도 말이 없고 산도 답이 없으니	問天不言山無答
이제야 인심으로 무상함을 증험했네	始把人心驗無常

차운하다 次韻

둔재(遯齋)

산은 삐쭉삐쭉	山矗矗
구름은 뭉게뭉게	雲茫茫
구름이 다가오면 하늘이 어둡침침	雲來天暗淡
구름이 떠나가면 산의 모습이 활짝	雲去山開張
밝고 어둡이 그동안 일정치 않았다 해도	明暗從來雖不定
태허는 요확해서 원래 그런 게 정상이라오	太虛寥廓固其常

상림춘이 가야금 타는 것을 듣고 시를 지어 둔재에게 주다
聽上林春彈琴詩贈遯齋

진쟁[100]의 연주가 한 무대를 독점하고 있는데　秦箏擅一場
세상을 통틀어 애간장 녹이며 누가 들었으랴　擧俗誰斷聽
원경으로 청탁을 배속하는 이 솜씨여　圓經屬淸濁
그와 함께 자웅을 겨루긴 어려우리라[101]　難與辨雌雄
누가 생각했으랴, 늙은 기녀가 희성[102]을 발할 줄을　誰料老妓發希聲
바다와 산의 장엄한 변주곡을 앉아서 들었도다　坐見海嶽爭溟濛
성련(成連)[103]의 신묘한 금곡(琴曲)의 비밀을 죄다 드러내 보여 주었다.

100 진쟁(秦箏) : 진나라 때 유행했던 현악기로, 몽염(蒙恬)이 만들었다고 전해지는데, 가야금보다 줄이 하나 더 많다고 한다. 여기서는 가야금의 별칭으로 쓰였다.

101 원경(圓經)으로……어려우리라 : 가야금 열두 줄과 그 줄을 받치는 안족(雁足)을 잘 조절해서 청음(淸音)과 탁음(濁音)이 어우러지게 하는 것이 가야금의 연주 기법이니 누구나 쉽게 잘할 수 있을 것 같지만, 어떤 사람도 당대의 명기(名技)요 명연주자인 상림춘의 이 솜씨와 감히 경쟁하며 우열을 다툴 수는 없을 것이라는 말이다. 원경의 원은 가야금 울림통 위에 봉긋하게 솟은 안족을, 경은 명주실로 만든 가야금 줄을 가리킨다.

102 희성(希聲) : 비범한 음악 소리를 가리킨다. 313쪽 주96 참조.

103 성련(成連) : 춘추 시대의 저명한 금사(琴師)이다. 전설에 의하면 백아(伯牙)가 그에게 거문고를 배웠는데 3년이 지나도 음률에 정통하지 못하자, 성련이 백아와 함께 동해의 봉래산(蓬萊山) 속으로 들어가서 격렬한 파도 소리와 애절한 산새 소리 등 자연의 소리를 홀로 듣게 하였더니, 백아가 탄식하기를 "선생께서 나의 성정(性情)을 바꿔 주려 하신 것이로구나."라고 하고는 스스로 계발하며 터득한 결과 기예가 크게 발전하여 마침내 천하의 묘수가 되었다고 한다. 《樂府古題要解 水仙操》

나의 성정을 바꿔 주려고 다시 몇 곡조 移情爲我更數曲
이번에는 천주봉의 완월옹이 되었다오[104] 便作天柱翫月翁

차운하다 次韻

둔재(遯齋)

실명한 자는 제대로 보지 못하고 盲者不能視
귀먹은 자는 제대로 듣지 못하나니 聾者不能聽
이목이 어찌 남과 다르랴마는 耳目豈殊異
형해에 자웅이 없기 때문이라[105] 形骸無雌雄
사람도 이 손과 같지만 그대는 자웅이 달라서 人同此手爾則異
각성[106]을 한번 울려 비바람 자욱이 일으키니 角聲一鼓風雨濛
나의 사려가 어디서 뒤바뀌게 되는지 能使余思慮易處

104 이번에는……되었다오 : 상림춘이 그다음에 연주하는 몇 곡을 더 듣고 나서는 중추절에 높은 산 정상에 올라가 달구경을 하는 신선의 풍미를 느꼈다는 말이다. 조지미(趙知微)라는 도사(道士)가 장맛비가 계속 내리는 중추절에 천주봉(天柱峯)으로 달구경을 가자면서 제자들을 이끌고 문을 나서자마자 비가 그쳐 하늘이 쾌청해지며 둥근 달이 대낮처럼 환하였는데, 여기에서 한바탕 노닐며 곽경순(郭景純)의 〈유선시(游仙詩)〉를 읊고서 집으로 내려오니 풍우가 몰아치면서 예전처럼 캄캄해졌다는 천주봉완월(天柱峯翫月)의 이야기가 전한다. 《太平廣記 卷85 趙知微》

105 이목(耳目)이……때문이라 : 귀와 눈의 생김새는 다른 사람과 똑같다고 하더라도, 신체 구조상으로 암수가 교접하는 것처럼 외물이 안으로 들어오면 내부에서 외부의 대상을 받아들이는 인식 작용(認識作用)이 불가능하기 때문에 듣거나 보지 못한다는 말이다.

106 각성(角聲) : 궁상각치우(宮商角徵羽)의 각성으로, 여기서는 가야금의 오음(五音)을 대신하는 표현으로 쓰였다.

무하옹 찾아가서 한번 물어보고 싶네[107] 欲往問之無何翁

107 나의……싶네 : 백아가 봉래산에서 대자연의 소리를 듣고 자신의 성정을 변화시키게 된 것처럼 성세창(成世昌)도 상림춘의 연주를 듣고는 자신의 성정이 바뀌는 듯한 느낌을 받았는데, 이에 대해 대관재를 찾아가서 함께 얘기해 보고 싶다는 말이다. 무하옹(無何翁)은 무하유지향(無何有之鄕)에서 노니는 늙은이라는 말로, 세상만사를 큰 차원에서 보면서 아무런 집착 없이 무위자적(無爲自適)하는 대인(大人)을 가리키는데, 여기서는 대관재를 비유하는 말로 쓰였다.

소동파의 〈사시사〉[108] 시에 차운하다
次東坡四時詞韻

금까마귀 새벽 햇빛 일만 촌락에 쏟아지자　金鴉彩芒射萬落

계집종 잠을 깨어 수놓은 휘장 감아올리니　丫鬟罷睡捲繡幕

한 쌍의 하얀 나비는 꽃봉오리 좇아다니고　一雙粉蝶趁蓓蕾

그림 담장 성성이는 살구꽃 망울을 날름대네　畫墻猩脣染杏萼

향내 살결 야들야들 말로는 다 못 할 교태여　香肌纖艷嬌無語

옥대의 주리 누군가에게 속사정 전했을는지도[109]　珠履玉臺寄阿誰

108 사시사(四時詞) : 소식(蘇軾)의 문집인 《동파전집(東坡全集)》 권12에 수록되어 있다.

109 향내……전했을는지도 : 봄바람에 연애 감정이 일렁이는 아름다운 여인이 궁중을 출입하는 멋진 풍류객과 소식이 닿아서 기연(奇緣)을 맺었을지도 모르겠다는 말이다. 당 희종(唐僖宗) 때 어떤 궁녀가 독수공방하는 참담한 심정을 토로하며 나뭇잎에 "유수는 저리도 급히 흘러가는데, 깊은 궁중은 하루 종일 한가로워라. 마음 담아 붉은 나뭇잎 흘려보내나니, 잘 가거라 사람들 사는 저 세상으로.〔流水何太急? 深宮盡日閑. 殷勤謝紅葉, 好去到人間.〕"라고 시를 써서 궁궐 밖으로 흘려보냈는데, 우우(于祐)라는 사인(士人)이 이 시를 보고는 다시 "나뭇잎에 속사정 써서 흘려보낸단 말 일찍이 들었는데, 나뭇잎에 쓴 지금 이 시는 누구에게 부친 것인가.〔曾聞葉上題紅怨, 葉上題詩寄阿誰?〕"라고 나뭇잎에 시를 써서 궁궐 안으로 흘려보냈다. 그 뒤에 희종이 수많은 궁녀들을 풀어 주어 시집을 보낼 때에 우우가 한씨(韓氏)라는 궁녀와 눈이 맞아서 결혼을 하였는데, 나중에 상자 속에서 그 나뭇잎 편지를 서로들 확인하고는 감격해 울었다는 제엽(題葉)의 고사가 전한다. 《事文類聚 後集 卷13 紅葉題詩》 옥대(玉臺)는 천제(天帝)가 거하는 곳으로 궁궐을 의미하고, 주리(珠履)는 구슬로 장식한 신발이라는 뜻으로, 전국 시대 춘신군(春申君)의 상객(上客)들이 모두 이 신발을 신었다는 고사에서 유래하여 상층부의 호남아(好男兒)들을 뜻하는 말로 쓰이게 되었다.

춘심이 막을 수 없이 끝도 없이 이어져서　春心脈脈禁不得
도미[110] 비치는 비단옷 미인 윙크하며 손짓하네　笑指酴醿映羅衣

갈고리 새벽달 걷히고 길어진 낮 시간　曉捲銀鉤瑞日永
굽은 난간 반질반질 대자리 시원한 때　曲欄凝滑湘簟冷
유선침[111] 머리에 괴니 여린 향내 하늘하늘　嫩香裊裊遊仙枕
고요한 동방에선 소녀가 귀엽게 조잘조잘　燕語弄嬌洞房靜
환선의 해당이 조는 듯해서 깜짝 놀랐나니　紈扇忽驚海棠睡
화장하고 소세하고 웃는 모습과 같다 할까[112]　嫣然粉黛梳洗勻

110 도미(酴醿) : 도미화(酴醿花) 즉 찔레꽃을 말한다. 흐드러지게 핀 희읍스름하고 푸르스름한 찔레꽃이 도미 즉 막걸리 색깔과 같다고 해서 붙여진 이름이다.

111 유선침(遊仙枕) : 머리에 괴고 잠이 들면 꿈속에서 십주(十洲), 삼도(三島), 사해(四海), 오호(五湖) 등 선계(仙界)를 두루 유람할 수 있다는 전설상의 베개 이름이다. 귀자국(龜玆國)에서 당 현종(唐玄宗)에게 이 베개를 바치자 현종이 그런 꿈을 꾸고 나서 유선침이라는 이름을 붙였는데, 나중에 양 귀비(楊貴妃)의 오빠 양국충(楊國忠)에게 이 베개를 하사했다는 이야기가 전한다. 《開元天寶遺事 游仙枕》

112 환선(紈扇)의……할까 : 애교를 부리는 그 소녀를 보니 양 귀비의 모습이 함께 겹쳐서 떠오른다는 말이다. 환선의 해당(海棠)이란 전성기의 양 귀비를 가리킨다. 환선 즉 깁부채는 버림받기 이전의 반첩여(班婕妤)처럼 지금 한창 총애를 독차지하고 있는 아름다운 여인이라는 뜻을 암시한 표현이다. 반첩여는 한 성제(漢成帝)의 후궁 중에 재색(才色)이 가장 뛰어나서 성제의 총애를 한 몸에 받았는데, 그 뒤에 조비연(趙飛燕)에게 밀려나 동궁(東宮)으로 물러가 거하면서 환선이 한여름 더울 때에는 인기를 끌다가 가을바람이 불면 버림을 받는 것에 자기의 신세를 비유하여 〈원가행(怨歌行)〉이라는 노래를 지어 불렀던 고사가 전한다. 《漢書 外戚傳 班婕妤》 또 당 현종이 침향정(沈香亭)에 올라가서 양 귀비를 불렀으나 술에 취해 깨어나지 못하자 고 역사(高力士)에게 명하여 시아(侍兒)를 시켜서 부축해 오게 하였는데, 양 귀비가 화장도 지우지 못한 얼굴로 흐트러진 머리에 비녀를 비스듬히 꽂은 채 재배(再拜)도 하지 못하자 현종이

부인도 장대로 가자면 부끄럽게 여기나니　扶人羞向章臺去
버들개지 휘날려 몸에 묻을까 저어하는 듯[113]　似嫌楊花吹點人

상림원 조락하여 홍록의 빛깔 흩어지고　上苑彫零散紅綠
청옥(靑玉)의 색깔 대나무 숲에 가을바람 우수수　商聲淅淅琅玕竹
그림병풍 원앙금침 밤기운 속에 썰렁한데　畫屛夜氣鴦衾冷
개똥벌레 점점이 지붕 위 날아서 건너가네　宵燭點點飛度屋
주렴 너머엔 비파를 가슴에 안은 미인 하나　隔簾蛾眉抱琵琶
뜨락에는 탄주에 뒤섞여 슬피 우는 벌레 소리　彈雜寒螿泣中庭
한밤중에 베개 밀치고 술 따르게 하였나니　中宵推枕進羔酒
취해 쓰러져 은원의 소릴랑 듣지 않으려고　頹然莫聽恩怨聲

비단 장막 깊숙한 곳 다투어 몸싸움하면서도　羅幙耽耽競鬪角
여인의 심정은 비단 이불 얇은 것을 민망해해　芳心尙怕羅衾薄
융단 위에서 금술잔에 조금씩 따라 마시느라[114]　細氈淺斟金屈巵

웃으면서 "어찌 귀비가 취한 것이겠는가. 해당화의 잠이 부족해서 그럴 뿐이다."라고 했다는 이야기가 송(宋)나라 석혜홍(釋惠洪)의 《냉재야화(冷齋夜話)》에 전한다. 양귀비의 전고(典故)로 사용되는 해당춘수(海棠春睡)나 〈해당미인도(海棠美人圖)〉와 같은 그림은 여기에서 유래한 것이다.

113 부인(扶人)도……듯 : 손님이 장대(章臺)도 가자고 하면 그들을 데려다주는 부인 즉 가마꾼이나 인력거꾼 같은 사람들도 자기 몸이 오염될까 봐 수치스럽게 여긴다는 뜻으로, 그 소녀가 화류계(花柳界)의 여성들과는 완전히 차원이 다르다는 의미에서 대관개가 재삼 강조한 말이다. 장대는 장안(長安)의 궁전 이름으로, 그 주변에 양류(楊柳) 종류의 버드나무가 많이 늘어서 있고 창기촌(娼妓村)이 형성되어 있었다고 한다.

114 융단……마시느라 : 겨울날에 뜨뜻한 자리 위에서 기녀의 노래를 들으며 명주(名

긴긴 밤 등잔불 심지 다한 것도 알지 못하였네　　夜永不覺燈花落
새벽이 되자 비 갠 경치[115] 모두 환히 드러났나니　　曉來霽景渾呈露
옥처럼 흰 결백한 꽃 아침노을처럼 난만해라　　玉蕊瓊葩爛朝霞
유인은 솜옷을 껴입고서 돌아가려다 못 돌아가　　幽人挾纊歸未歸
소식에 의하면 대유령의 매화가 만개했다는데[116]　　爲報庾嶺盡放花

酒)를 음미하는 이른바 '천짐저창(淺斟低唱)'의 풍류를 인용한 것이다. 송나라 학사 도곡(陶穀)이 태위(太尉)인 당진(黨進)의 집에서 가기(歌妓)를 데려온 뒤에 정도(定陶)를 지나다가 쌓인 눈을 떠서 차를 끓이며 "당 태위의 집에서는 이런 풍류를 맛보지 못했을 것이다."라고 자랑하였는데, 그 가기가 "그분은 멋이 없는 분이니, 어떻게 이런 정경이 있었겠습니까. 단지 금박 휘장을 친 따뜻한 자리에서 조금씩 술을 치며 나지막하게 부르는 저의 노랫소리를 들으면서 양고(羊羔)라는 맛 좋은 술을 마실 따름이었습니다."라고 대답하니, 도곡이 그 말을 듣고 부끄러움을 느꼈다는 고사가 전한다.《綠窓新話 卷2 湘江近事》

115 비 갠 경치 : 지난밤 천둥 벼락이 치는 듯했던 운우(雲雨)의 정사가 끝난 뒤 청명한 아침에 드러난 미인의 모습을 말한다.

116 유인(幽人)은……만개(滿開)했다는데 : 대유령(大庾嶺)에 은거하는 사람이 기녀의 보살핌을 받으며 편안한 생활에 푹 빠진 나머지 그렇게 좋아하는 매화가 꽃을 피웠다는 소식이 들리는데도 가지 못하고 미적거리며 붙잡혀 있다는 뜻의 해학적인 표현이다. 대유령은 중국 강서성(江西省) 대유현(大庾縣)의 고개 이름인데 매화의 명소로 유명하다.

시암에서 달밤에 우연히 읊다
柿嵒月夜偶吟

암두가 당돌하게 바다 어귀 안으로 쑤욱	嵒頭搪突入海口
바닷물 부딪쳐 요동하며 무너지고 솟구치네	海水蕩擊相崩顚
얼음싸라기 쾌히 걷히면서 돋아나는 서늘한 기운	凍雨快收涼氣生
씻은 듯 푸른 하늘에 얼음 바퀴가 걸렸어라	碧穹如洗氷輪懸
높이 누워 번들번들 머리카락 수를 세며	高臥的皪數毛髮
야윈 뼈 으슬으슬 술 깨어 우화등선(羽化登仙)할 듯	瘦骨凌兢醒欲仙
한밤중에 들려오는 오르락내리락 몇 가닥 소리	夜半參差聞數聲
바다 하늘 적막한 속에 고깃배가 돌아가네	海天寥落漁舟旋
항아의 손 잡아당겨 내 버선 빨게 하나니	爲挽姮娥濯我襪
삼산에서 진짜로 홍애의 어깨를 치는도다[117]	三山眞拍洪崖肩

117 항아(姮娥)의……치는도다 : 월궁(月宮) 선녀인 항아와 같은 기녀의 시중을 받고 보니, 실제로 삼신산(三神山)의 선경에서 신선들과 어울려 함께 노니는 듯한 느낌을 받는다는 뜻의 호기로운 표현이다. 진(晉)나라 곽박(郭璞)의 시에 "왼손으로 부구의 옷소매를 부여잡고, 오른손으로 홍애의 어깨를 친다.〔左挹浮丘袖, 右拍洪崖肩.〕"라는 구절이 나온다.《文選 卷21 遊仙詩》 홍애는 고대 전설 속의 선인(仙人)의 이름이다.

윤 전첨 수륜 에 대한 만사

尹典籤 秀崙 挽

말의 발굽에 채어 즉사하였다.

수레에서 떨어져도 죽지 않는다는 말을 듣고	曾聞隊車全吾天
이 말의 의미를 칠원수에게 물어보고 싶었지[118]	此語欲質漆園叟
한 해가 잘될지 못될지는 초생에게서 징험되나니[119]	歲將豐苦驗草生
이 속에서 사는 일생을 누가 후하다 박하다 하랴	中有一生誰薄厚
무슨 이유로 목숨을 새털보다 가볍게 여겨	云胡性命輕鴻毛
홀연히 몸을 뒤집었는지 차마 말을 못 하겠네	恍然翻身那忍口
혼이 미려로 새어 나가니 바다는 응당 마르겠고	魂洩尾閭海應枯

118 수레에서……싶었지 : 《장자(莊子)》〈달생(達生)〉에 "술에 취한 자가 수레에서 떨어졌을 경우에는 수레의 속도가 비록 빨라도 죽지 않는다. 골절은 보통의 사람과 같더라도 피해를 당하는 정도가 보통 사람과 다른 이유는 술 먹은 덕분에 그 정신이 온전해졌기 때문이다."라는 말이 나온다. '隊'는 '墜'와 통한다. 칠원수(漆園叟)는 칠원의 노인이라는 뜻으로, 장자를 말한다. 그가 몽(蒙) 지역 칠원의 관리인이었기 때문이다.

119 한……징험되나니 : 인간의 운명은 스스로 결정할 수가 없고 대략적인 생의 범위가 미리 정해져 있는 경우가 많으니, 분수를 편안히 여겨 스스로 만족하면 그뿐이요 누가 잘나고 못나고 따질 필요가 없는 것인데, 이는 사람의 한 해의 운명을 가르는 정월 초이렛날의 인일(人日)을 시로 읊어서 천보(天寶)의 난리를 당해 떠돌아다니는 자신의 기구한 운명을 비유한 두보(杜甫)의 경우를 떠올리면 충분히 징험할 수 있다는 말이다. 초생(草生)은 초당(草堂) 선생, 즉 두보를 가리킨다. 두보의 시는 다음과 같다. "정월 초하루부터 인일에 이르기까지, 흐리지 않은 때가 있지 않았네.……봉두난발 성글어진 지 이미 오래, 굳이 하얀 실에 비교할 것도 없다네.〔元日到人日, 未有不陰時.……蓬鬢稀疎久, 無勞比素絲.〕"《杜詩詳註 卷21 人日》

원한이 창공에 사무치니 하늘도 애가 끊기리라	怨入青空天亦剖
초사[120]의 창가가 끝나고 이제는 덤불숲 속으로	唱罷楚些向蓬窠
상여 노래 속에 몇 말의 눈물 방울져 지네	薤露點滴淚幾斗
후손이 받을 복덕을 많이 지어 남겼으니	所存餘慶雲仍多
사후에 성대한 명성 불후할 줄 알겠노라	盛名身後知不朽

120 초사(楚些) : 《초사(楚辭)》 〈초혼(招魂)〉의 구절 말미마다 '사(些)'로 끝나는 것에서 유래하여 초혼가를 뜻하는 말이 되었다.

단검가를 지어 성지[121]에게 보내다

短劍歌投贈誠之

성(姓)은 안(安)이고, 휘(諱)는 처성(處誠)이다.

나에게 한 쌍의 푸른 교룡이 있나니	我有雙靑蛟
광채를 내쏘면 푸른 무지개 드리우고	光彩射作靑虹垂
어쩌다가 용의 울음 토해 낼 때면	有時作龍吼
매만지는 소매 속에서 바람 우레가 치달리네	摩挲袖裏風雷馳
몰래 던지는 까닭에 대부분 칼에 손을 대는 법	暗投故多按
그대에게 선물함은 생각하는 바가 있어서라[122]	贈君有所思
석 자의 입으로 몇 가닥의 수염을 꼬았나니[123]	三尺喙數莖鬚

121 성지(誠之) : 안처성(安處誠, 1477～1517)의 자로, 본관은 순흥(順興), 호는 죽계(竹溪)이다. 글씨에 뛰어났다.

122 몰래……있어서라 : 이 시를 보내는 뜻을 오해하지 말고 성의를 제대로 이해해 주기 바란다는 뜻으로, 그동안 진지하게 생각해 온 바를 시의 형식을 통해서 드러내 밝힌다는 의미를 담고 있다. 몰래 던지면 칼에 손댄다는 암투안검(暗投按劍)의 고사는 한(漢)나라 추양(鄒陽)이 모함을 받고 투옥된 뒤에 옥중에서 상소한 글 가운데 "깜깜한 길을 비춰 주려고 명월주(明月珠)와 야광벽(夜光璧)을 몰래 던져 주면, 고맙게 생각하기는커녕 오히려 의심한 나머지 칼자루에 손을 대면서 노려보지 않는 자가 없다."라는 대목에서 유래한 것이다. 《史記 魯仲連鄒陽列傳》

123 석……꼬았나니 : 고심하며 지은 이 짧은 시도 '말하지 않는 가운데 마음속으로 서로 전하는 진정한 말〔不言之言〕'에 비하면 길게 느껴진다는 말이다. 석 자의 입은 길게 하는 이야기를 말한다. 공자(孔子)가 불언지언에 대해 언급하고 나서, 그렇긴 하지만 사정이 어쩔 수 없으니 "석 자나 되는 긴 이야기를 해 보려 한다."라고 말한 내용이 《장자》 〈서무귀(徐无鬼)〉에 나온다. 또 당나라 노연양(盧延讓)의 시에 "읊으며

우리 함께 칼을 노래한 이 시를 음미하면서	共仗大嚼歌劍詩
마음을 논하며 송백의 향기 보존하려 함이요	論心擬保松柏香
생사에 잠시라도 떨어지지 않게 함이로다	死生勿使離須斯

하나의 글자 안배하느라고, 몇 가닥 수염 배배 꼬여 끊어졌다네.〔吟安一個字, 撚斷數莖鬚.〕"라고 하여 시 짓는 일의 어려움을 토로한 대목이 나온다.《全唐詩 卷715 苦吟》

의중[124]에게 화답하다

和宜仲

우리 조카는 사람 사는 이 세상에서	猶子於人世
성품과 행실이 활줄보다도 곧아서	性行直於弦
어사대의 담론은 된서리가 내리는데	烏府談舌弄風霜
골상이 해맑으니 어찌 신선 아니리오	骨相皎皎豈非仙
시를 이루면 각저의 경지에 근접해서	詩成逼刻楮
신묘함이 가을 터럭의 끝에 이르렀다네[125]	妙到秋毫顚
관을 벗어 버리자 기운이 무지개처럼 뻗쳐	脫冠氣如虹
말 타다 다리 부러져 두풍이 들끓듯 한다기에	脚自折兮頭風如煎
숙부가 밥 먹다 자기도 모르게 수저를 던지고는	老叔不覺方食棄匕箸
아픔이 뼈에 사무쳐 눈물이 두 줄로 흘렀나니	痛入骨兮淚雙懸
하늘이여 조물이여	天歟造物歟
어째서 우리 어진 조카를 해친단 말이오	何事害吾賢嗄

124 의중(宜仲) : 대관재의 조카 심사순(沈思順)의 자이다.

125 시를……이르렀다네 : 심사순의 시문이 매우 자세하고 정교하게 다듬어졌다는 말이다. 각저(刻楮)는 닥나무 잎을 새긴다는 뜻으로, 각고의 노력을 기울여 실물과 구분할 수 없을 정도로 똑같이 묘사해 내는 것을 말한다. 춘추 시대 송(宋)나라 사람이 임금을 위해 3년 동안 상아(象牙)를 깎아 닥나무 잎을 만들었는데, 이것을 실제로 닥나무 잎 사이에 놔두어도 도저히 구분할 수 없었다는 이야기에서 유래한 것이다. 《韓非子 喩老》 새나 짐승의 터럭은 가을에 더욱 가늘어진다고 하는데, 매우 정교한 그림이나 시문을 비유할 때 '묘도호단(妙到毫端)'이라는 말을 쓴다. '顚'은 '端'과 뜻이 통한다.

의중의 시를 붙임 附宜仲詩

우리 숙부님은 사람 사는 이 세상에서 老叔於人世

편안히 분수 지키며 그저 술만 드실 따름 安分秖銜杯

흠뻑 크게 취해도 사양할 줄 모르신 채 爛熳大醉不知辭

삼라만상 넘나들며 시재를 허비한다나요 侵凌萬象費詩才

재질이 고매하여 냉장[126]을 속 좁게 여겨 才高窄冷腸

백주에 바람과 우레처럼 달려가시다가 白日走風雷

큰길가에서 당나귀 등에서 떨어지시어 大路墮蹇驢

입술에 상처가 나고 치아도 부러지셨는지라 脣有痕兮牙齒又摧

조카가 자신도 모르게 간담이 불보다 뜨거워져 猶子不覺肝膽熱於火

비 오듯 눈물 쏟으며 마음이 죽어 재 되었나니 涕流雨兮心死灰

하늘이여 조물이여 天歟造物歟

어째서 우리 숙부를 그토록 시샘한단 말이오 何事太多猜唉

126 냉장(冷腸): 차가운 심장이라는 뜻으로, 남의 사정은 아랑곳없이 자기 위주로 행동하는 것을 말한다. 북제(北齊) 안지추(顔之推)의 《안씨가훈(顔氏家訓)》〈성사(省事)〉에 "무차별의 겸애(兼愛)를 주장하는 묵적(墨翟)의 무리에 대해서는 세상에서 뜨거운 심장의 소유자라고 하고, 자기만을 위하는 양주(楊朱)의 무리에 대해서는 세상에서 차가운 심장의 소유자라고 하는데, 심장은 차가워서도 안 되고 뜨거워서도 안 되니, 인(仁)과 의(義)에 입각하여 조절하는 것이 타당하다."라는 말이 있다.

유수 김상경에게 주다

贈留守金商卿

휘(諱)는 희열(希說)이다.

군자로다 이 사람이여 호련의 그릇[127]	君子若人瑚璉器
금게와 마니가 자리에 비쳐 오는 곳[128]	金偈摩尼坐相映
가슴에 품어 누구나 공벽으로 인정하는 분[129]	寘諸懷抱擬拱璧
옛 도읍 새롭게 빛낼 일 누구에게 청하겠소	舊京新樣光誰倩
절조를 굳게 지켜 산들산들 청풍이 일고	淸修苦節颯淸飆
먼지 티끌 날려 버려 거울처럼 환한지라	吹散纖靄炯如鏡
교활한 거간꾼은 진땀 흘리며 나가서 향내를 음미하고	

127 군자로다……그릇 : 김희열이 군자의 자질을 갖추고서 목민관의 역할을 훌륭하게 수행할 것이라는 말이다. 공자가 자천(子賤)에 대해서 "군자로다, 이 사람이여. 노(魯)나라에 군자가 없었다면 이 사람이 어디서 이러한 덕을 취했겠는가."라고 평한 말이 《논어》 〈공야장(公冶長)〉에 나온다. 호(瑚)와 연(璉)은 모두 종묘(宗廟)에서 쓰는 예기(禮器)로, 나라를 다스려 안정시키는 인재를 비유하는 말로 쓰이는데, 공자가 자공(子貢)을 호련이라고 평한 고사가 역시 〈공야장〉에 전한다.

128 금게(金偈)와……곳 : 개경 유수(開京留守)의 공관(公館)에 앉아 있으면 고려 최대의 사찰인 흥왕사(興王寺)의 웅장한 경관이 바라보인다는 말이다. 금게는 금구(金口) 즉 부처의 입으로 직접 설한 게송이라는 뜻으로 《대장경(大藏經)》을 가리키고, 마니(摩尼)는 보주(寶珠) 즉 사리를 안치한 불탑을 가리킨다.

129 가슴에……분 : 김희열에 대해서는 누구나 애지중지하며 가슴속에 간직할 보옥(寶玉)으로 공통적으로 생각하고 있다는 말이다. 공벽(拱璧)은 두 손으로 감싸 쥐어야 할 정도로 큰 옥구슬인 대벽(大璧)을 가리키는데, 진귀한 보배와 같은 인재를 비유하는 말로도 쓰인다.

狡儈汗出去飮香

푸른 옷깃 유생들은 너도나도 달려와 찬송가 부른다오

青襟顚倒來贊詠

지금의 세월은 양주와 매우 흡사해서[130] 如今歲月逼兩周

조정에서 문과 정[131]을 학수고대하는 때 朝廷佇待文與政

염천[132]의 한 국자 물로 이별 술잔 씻어서 廉泉一勺洗離觴

공을 위해 들이켜며 슬픈 눈물을 흩뿌리오 爲公傾盡酸淚迸

130 지금의……흡사해서 : 국세(國勢)가 허약해서 강대국의 눈치를 살펴야 하는 안타까운 시대라는 말이다. 양주(兩周)는 전국 시대에 주(周)나라 왕실이 분열해서 이루어진 서주(西周)와 동주(東周)의 합칭으로, 줄곧 제후국들에게 시달리다가 멸망을 당하였다.

131 문(文)과 정(政) : 공문(孔門)의 사과(四科) 중 문학(文學)과 정사(政事)에 능통한 인재를 말한다. 사과에는 문학과 정사 외에 덕행(德行)과 언어(言語)가 들어 있는데, 공자 당시에 문학에는 자유(子游)와 자하(子夏), 정사에는 염유(冉有)와 계로(季路)가 꼽혔다.《論語 先進》

132 염천(廉泉) : 청렴의 샘물이라는 뜻으로, 김희열의 청렴결백함을 비유한 말이다. 중국 광주(廣州) 땅에 탐천(貪泉)이라는 샘물이 있어 누구나 이 물을 떠 마시면 탐욕스럽게 변한다는 전설이 있었는데, 이곳의 자사(刺史)로 임명된 진(晉)나라의 청백리 오은지(吳隱之)가 자신의 마음을 재삼 굳게 다지면서 아무리 탐천이라고 하더라도 사람의 굳은 마음이야 어떻게 변하게 할 수 있겠느냐는 뜻으로 이 물을 일부러 떠 마시고는 〈탐천〉이라는 제목의 시를 지으면서 "옛사람이 말하기를 이곳의 이 샘물은, 한번 떠 마시면 천금만을 생각한다지만, 백이(伯夷)와 숙제(叔齊)에게 마시게 해 본다면, 끝내 그 마음을 바꾸지 않으리라.〔古人云此水，一歃懷千金，試使夷齊飮，終當不易心。〕"라고 하였다. 그래서 그 이후로는 그 샘물 이름이 염천으로 바뀌었다고 한다.《晉書 良吏列傳 吳隱之》

3월 그믐날에 임 상사 세번 와 함께 만월대에서 노닐다

三月旣晦同林上舍 世蕃 遊滿月臺

자는 창보(昌甫)이다.

옛 궁궐터가 산그늘 따라 나란히 禁掖竝山陰
층층 계단 높이는 몇 걸음 거리쯤 層階高幾步
팔관회에 범패 소리 울려 퍼지던 곳 八關騰梵唄
노호[133]가 바야흐로 정권을 잡고 있었지 老狐方當路
단병이 침략하여 금탕이 그만 잿더미로[134] 丹兵虔劉金湯灰
지금도 땅귀신은 호소할 곳이 없다네 至今地靈無處訴
대 위에 만월은 없고 구름만 자욱할 뿐 臺空滿月雲茫茫

133 노호(老狐) : 늙은 여우의 정령이라는 뜻의 노호정(老狐精)의 준말로, 신돈(辛旽)을 가리킨다. 《고려사절요(高麗史節要)》 공민왕(恭愍王) 20년에 "신돈은 천성적으로 사냥개를 겁내고 사냥을 혐오하였으며, 멋대로 음행을 자행하여 항상 오계(烏鷄)와 백마(白馬)를 잡아먹으면서 양기를 보충했으므로 당시 사람들이 신돈을 늙은 여우의 정령이라고 하였다."라는 기사가 있다. 또 성현(成俔)이 지은 《용재총화(慵齋叢話)》 권3에는 "신돈은 양도(陽道)가 쇠할까 염려하여 매양 백마 수컷의 생식기를 자르거나 지렁이를 회 쳐서 먹곤 하였으며, 황구(黃狗)나 송골매를 보면 깜짝 놀라며 겁내었으므로 당시 사람들이 늙은 여우의 정령이라고 하였다."라는 내용이 나온다.

134 단병(丹兵)이……잿더미로 : 고려 태조 왕건(王建)이 개경 송악산 남쪽 기슭에 도읍을 정하고 창건한 궁궐 만월대가 공민왕 10년(1361)에 침입한 홍건적의 방화로 전소된 것을 말한다. 단병은 보통 거란병(契丹兵)을 가리키나, 대관재가 홍건(紅巾)의 홍(紅)을 단(丹)이라는 글자로 대체하여 독자를 헷갈리게 하는 수법을 또 구사하였다. 금탕(金湯)은 무쇠로 만든 성곽과 끓는 물로 해자를 둘렀다는 뜻의 금성탕지(金城湯池)의 준말로, 난공불락의 요새지를 가리킨다.

봄바람 부는 저녁에 술 몇 잔 함께 들었네	數杯共擧春風暮

차운하다 次韻

창보(昌甫)

봄바람 불어오는 삼월 그믐날에	春風三月晦
옛 도읍터 잠시 한가히 거니노라니	古基聊散步
텅 빈 만월대에 바윗돌 아직도 우뚝한데	臺空石猶矗
제왕이 행차하던 길 가시덤불로 뒤덮였네	荊棘埋輦路
반천년 고려의 모습 어디서도 볼 수 없이	半千盛麗無處覓
까마귀만 곳곳에서 하소연하듯 까악까악	鴉啼處處遺怨訴
취중에 흥망을 더 이상 물을 새도 없이	醉中不復問興亡
창연히 멀리서부터 산빛이 저물었다오	蒼然自遠山色暮

뜻을 부쳐서 김원충에게 주다

寓意呈金元沖

휘(諱)는 정(淨)이다.

학문을 하며 취사를 정할 때는	爲學定取舍
먼저 어와 용을 구분해야 하고[135]	先須辨魚龍
산을 만들며 아홉 길을 쌓을 때는	爲山高九仞
한 삼태기의 공도 허물지 말 일이라[136]	一簣莫虧功
가슴에 품은 웅지를 궤장에 온축하면	懷抱琬琰蘊櫝藏
자연히 덕업이 세상의 존숭을 받는 법	自然德業世所崇
비유컨대 화씨벽(和氏璧)이 막 원석에서 나오면	譬如荊玉纔出石
광채가 밝은 달과 같아 창천에 비치는데	光如明月映昊穹
성인은 광채를 수렴하여 응체하지 않는 반면	聖人含光不凝滯

135 학문을……하고 : 독서인은 잉어의 신세로 살아갈지 용으로 뛰어오를지 양자택일을 해야 한다는 말이다. 즉 초야에서 위기지학(爲己之學)을 하며 산림처사(山林處士)로 머무를지, 아니면 과거를 통해 정계에 진출하여 현실적으로 자신의 경륜을 발휘할지를 먼저 결정해야 한다는 말이다. 황하(黃河) 상류의 급류인 용문(龍門)에 잉어가 뛰어올라 가면 용이 된다는 전설에서 유래하여 과거 급제나 입신출세하는 것을 등룡(登龍)이라고 하였다. 《世說新語 德行》

136 산을……일이라 : 끝까지 해태(懈怠)하지 말고 적소성대(積小成大)하여 유종의 미를 거둬야 한다는 말이다. 《서경》 〈여오(旅獒)〉에 "밤낮으로 부지런하지 못한 점이 혹시라도 있지 않게 해야 한다. 자그마한 행동이라도 신중히 하지 않으면 끝내는 큰 덕에 누를 끼칠 것이니, 이는 마치 아홉 길의 산을 만들 적에 한 삼태기의 흙이 부족하여 그 공이 허물어지는 것과 같다."라는 말이 나온다.

잡인은 빛을 과시하여 다투어 탈취한다 할까 末俗衒耀爭剽攻

한번 물어보세, 공문에 전하는 일관을 借問孔門傳一貫

증자가 어째서 오직 충서[137]라고 고했는지 曾子告之唯恕忠

때가 오면 큰비 내려 생령을 소생시키려고 時來霖雨蘇群枯

여의주 빛는 못 바닥 용을, 그대여 보시게나 君看養珠池底龍

137 충서(忠恕) : 유가(儒家)에서 내세우는 도덕규범 중 하나이다. 공자가 제자 증자에게 "증삼(曾參)아, 나의 도는 하나로 관통한다."라고 하니, 증자가 "예." 하고 대답하였는데, 공자가 나간 뒤에 다른 문인이 무슨 뜻이냐고 묻자, 증자가 "선생님의 도는 충서일 뿐이다."라고 고해 주었다. 《論語 里仁》 충서에 대해서 《주자집주(朱子集註)》에서는 "자기 마음을 다하여 다른 사람을 위해 주는 것을 충이라고 하고, 자기 입장을 미루어 다른 사람의 처지를 이해하는 것을 서라고 한다."라고 하였다.

〈청학동 사시영〉을 지어 종형 백원에게 증정하다

青鶴洞四時詠呈從兄百源

휘(諱)는 극효(克孝)이고, 호는 청학거사(青鶴居士)이다.

청학동 계곡이 어둡침침 우묵한데	靑鶴洞谿窅冥
동풍이 골에 들자 지란의 향내가 물씬	條風入谷芝蘭馨
이끼 낀 흔적이 오솔길에 질펀하고	苔痕漫了蹊
붉은 노을 흐드러진 맑게 갠 한낮[138]	紅霞爛熳午景晴
지팡이 짚고 소쇄한 회포를 붙이니	扶杖寄蕭散
샘물이 돌 틈에서 시원스럽게 퐁퐁	泉石淸冷冷
멋대로 몇 곡조 부르며 몇 번이나 취했다 깼다	狂歌數曲幾醉醒
거문고 울리면서 무우[139]를 노래하노라니	戛鳴琴兮詠舞雩
하늘 바람이 나를 위해 바위 문을 두드리네	天飆爲我打嵒扃
청학동 흰 구름 짙게 드리운 곳	靑鶴洞白雲深

138 붉은……한낮 : 무릉도원(武陵桃源)처럼 복사꽃이 만개한 봄날의 경치를 표현한 것이다. 도잠(陶潛)의 〈도화원기(桃花源記)〉를 소재로 한 그림을 보고 한유(韓愈)가 지은 시에 "복숭아 심어 여기저기 활짝 핀 꽃잎, 원근의 산천에 붉은 노을이 피어올랐네.〔種桃處處惟開花, 川原遠近蒸紅霞.〕"라는 표현이 나온다. 《韓昌黎集 卷3 桃源圖》

139 무우(舞雩) : 기우제 지내는 제단을 말하는데, 공자의 제자 증점(曾點)이 "늦은 봄에 봄옷이 만들어지면 관을 쓴 벗 대여섯 명과 아이들 예닐곱 명을 데리고 기수에 가서 목욕을 하고 기우제 드리는 곳에서 바람을 쏘인 뒤에 노래하며 돌아오겠다."라고 자신의 뜻을 밝힌 《논어》 〈선진(先進)〉의 구절에서 발췌한 것이다.

봄날은 흘러가고 녹음이 숲에 가득　春事荏苒綠滿林
바위 구멍에서 바람이 음악 소리를 내니　喦竇風生韻
인간 세상 무더위가 침노할 수 없고말고　人間炎熱不相侵
돌우물의 물이 유반[140]과 같은지라　石井如洧盤
머리 감아 속진의 마음 씻어 내면서　濯髮湔塵心
초루의 초췌한 읊조림을 문득 웃노매라[141]　却笑楚纍憔悴吟
거문고 울리면서 훈풍을 노래하노라니　戛鳴琴兮詠薰風
골에 누운 장송이 혼자서 웅얼거리네[142]　臥壑長松自成音

140 유반(洧盤) : 고대 신화 속의 물 이름이다. 《초사(楚辭)》 〈이소(離騷)〉에 "저녁에는 궁석에 돌아가 머물고, 아침에는 유반에서 머리 감는다.〔夕歸次於窮石兮, 朝濯髮於洧盤.〕"라는 말이 나온다.

141 초루(楚纍)의……웃노매라 : 전국 시대 초(楚)나라 굴원(屈原)이 조정에서 쫓겨난 뒤에도 세상에 대한 미련을 버리지 못하고서 초췌한 얼굴로 못가에서 시를 읊조리며 혼자 고민하였는데, 그보다는 차라리 〈어부사(漁父辭)〉에서 스스로 밝힌 것처럼 "창랑(滄浪)의 물이 맑으면 내 갓끈을 씻고, 세상처럼 물이 흐리면 발이나 씻는다."라는 식으로 처세하는 것이 좋지 않았겠느냐는 말이다. 초루는 한(漢)나라 양웅(揚雄)의 〈반이소(反離騷)〉에 "삼가 초나라의 상루(湘纍)에게 조의를 표한다."라는 말에서 유래한 것으로, 상강(湘江)에 빠져 죽은 굴원을 뜻한다.

142 거문고……웅얼거리네 : 지금은 요순(堯舜)과 같은 성군의 시대라고들 하는데, 이런 때에 노송처럼 국가의 동량(棟梁)이 될 재목이 하릴없이 구렁에 처박혀 누워서 신세를 한탄하고 있다는 뜻의 해학적이면서도 자조적인 표현이다. 훈풍(薰風)은 순 임금의 〈남풍가(南風歌)〉처럼 덕정(德政)을 베푸는 성군의 음악을 가리킨다. 순 임금이 오현금(五絃琴)을 만들어 그 노래를 지어 불렀는데, 그중에 "훈훈한 남쪽 바람이여, 우리 백성의 수심을 풀어 주기를. 제때에 부는 남풍이여, 우리 백성의 재산을 늘려 주기를.〔南風之薰兮, 可以解吾民之慍兮. 南風之時兮, 可以阜吾民之財兮.〕"이라는 내용이 나온다. 《禮記 樂記》

청학동에 가을 기운 서늘해지니	靑鶴洞金氣涼
앞산은 어슴푸레 이슬은 함초롬히	前山隱約露脩芒
으슥한 풀숲에서 가을벌레들 울어 대고	寒螿泣幽草
하늘은 맑디맑아 달빛이 침상 절반까지	瑤宇泬寥月半床
굽이굽이 얽힌 탄식 죄다 뽑아내자면	巉嵯抽餘噫
귀밑머리만 공연히 하얗게 더 세겠기에	鬢髮空蒼浪
싱거운 밥 거친 차로 마른 창자 채우고는[143]	淡飯粗茶充枯腸
거문고 울리면서 가을 음악을 노래하노라니	戛鳴琴兮詠淸商
계수나무는 향기 풍기고 울 밑의 국화는 누렇도다	山桂吹香籬菊黃

청학동에 북풍이 몰아쳐 울부짖으면	靑鶴洞號北風
세모의 눈과 서리가 텅 빈 일만 산에	歲莫雪霜萬山空
종유석(鐘乳石)은 얼어붙어 흘러내리지 않고	嵒乳凍不流
반쯤 열린 창엔 성긴 대 그림자 영롱해라	半囱疏竹影璁瓏
관솔불 지펴 차게 식은 술잔 데우며	榾柮烘冷醅
불콰해진 두 뺨 봄꽃처럼 붉어진 채	兩頰春浮紅
호중의 일월[144] 속에 꾸벅 조는 노인이여	壺中日月瞌睡翁

143 싱거운……채우고는 : 안분자족(安分自足)하는 생활을 비유한 것이다. 송(宋)나라 황정견(黃庭堅)이 사휴거사(四休居士)라고 자호한 손방(孫昉)에게 그 뜻을 묻자, "쓴 차와 싱거운 밥 들면서 배가 부르면 곧 쉬고, 옷을 기워 추위를 막으며 따뜻하면 곧 쉬고, 평온하게 지내며 그런대로 살 만하면 곧 쉬고, 욕심도 질투도 내지 않으며 늙으면 곧 쉬는 것이다."라고 대답하였는데, 이에 황정견이 "이것이 바로 안락법(安樂法)이다. 욕심이 적으면 침해를 당하지 않는 집안이 되고, 만족할 줄을 알면 극락의 국토가 된다."라며 탄복했다는 고사가 전한다. 《山谷集 卷8 四休居士詩 幷序》

거문고 울리면서 백설을 노래하노라니　　戛鳴琴兮詠白雪
문 닫은 원안의 흥취[145]가 무궁하도다　　閉門袁安興未窮

144 호중(壺中)의 일월(日月) : 호리병 속의 해와 달이라는 뜻으로, 선경(仙境)을 비유하는 말이다. 후한(後漢)의 술사(術士) 비장방(費長房)이 시장에서 약을 파는 선인(仙人) 호공(壺公)의 총애를 받아 그의 호리병 속으로 들어갔더니 그 안에 일월이 걸려 있고 신선 세계인 별천지(別天地)가 펼쳐져 있었는데, 그 고대광실 안에서 맛좋은 술과 음식을 실컷 먹고 나왔다는 이야기가 전한다.《後漢書 方術列傳下 費長房》《神仙傳 壺公》

145 문……흥취 : 낙양(洛陽)에 폭설이 내렸을 적에 사람들이 눈을 치우고 밖으로 나와서 걸식을 하였는데, 원안(袁安)의 집만은 눈이 그대로 쌓여 있었다. 이미 굶어 죽은 것이 아닌가 하고 낙양 영(洛陽令)이 의심한 나머지 사람들로 하여금 눈을 치우고 들어가서 살펴보게 하였더니, 원안이 죽은 듯이 누워 있다가 "큰 눈이 내려 사람들이 모두 굶고 있는 판에 사람들에게 식량을 구하는 것은 못할 것이다."라고 대답하였는데, 이에 낙양 영이 훌륭하게 여겨 그를 효렴(孝廉)으로 천거했다는 원안와설(袁安臥雪)의 고사를 인용한 것이다.《後漢書 袁安列傳》

뜻을 부치다[146]

寓志

그대는 보지 못하였는가	君不見
신야에서 구름밭 일구던 늙은이와	莘野耕雲叟
위천에서 물고기 낚던 어르신[147]을	渭川釣魚翁
두 사람 모두 산림의 일개 필부로서	俱是山林一匹夫
때가 오자 교룡처럼 날래게 떨쳐 일어났지	時來奮迅如蛟龍
남아의 곤궁과 영달은 장차 알 수 없는 법	男兒窮達未可知
내 지금 쇠한 백발로 떠돌이 생활을 한다마는	我今衰鬢生秋蓬
소매 속 십 년 연마한 검을 만지작거리나니	袖裏摩挲十年劍
이 세상에 어떤 놈이 영웅호걸이더냐	世間何者爲英雄

146 뜻을 부치다 : 정희량(鄭希良)의 《허암유집(虛庵遺集)》 권1에 〈취가(醉歌)〉라는 제목으로 똑같은 내용의 시가 실려 있다. 이 시의 진짜 작자가 누구인지 확언할 수는 없다. 그러나 《대관재난고》를 편집한 권응인(權應仁)이 《송계만록(松溪漫錄)》에서 "《대관재난고》 권1에 실린 〈화이우부(畫二牛賦)〉는 심정(沈貞)의 작품이고, 〈의월부(擬月賦)〉는 심사순(沈思順)의 작품이다."라고 하고, 또 "강윤정(姜允精)이 지은 〈군산문적(君山聞笛)〉의 시를 대관재가 몇 자를 줄이고 보태어 칠언으로 만든 뒤에 자기 문집에다 이 시문을 실었다."라고 하여 표절의 의혹을 제기한 것을 보면, 이 시 역시 그러한 의혹에서 자유로울 수 없을 듯하다.

147 신야(莘野)에서……어르신 : 이윤(伊尹)과 여상(呂尙)을 말한다. 이윤은 유신씨(有莘氏)의 들판에서 농사를 짓다가 탕왕(湯王)의 초빙을 받고 상(商)나라를 도와서 왕업을 성취시켰고, 강태공(姜太公) 여상은 위수(渭水) 물가의 반계(磻溪)에서 낚시질하다가 문왕(文王)을 만나 사부(師傅)로 추대된 뒤에 무왕(武王)을 도와서 은(殷)나라를 멸망시키고 천하를 평정하였다.

송도 사시영

松都四時詠

구재[148]가 남긴 옛터에는 봄풀이 푸릇	九齋遺基春草綠
동구의 계곡에는 맑은 시냇물이 졸졸	洞口溪磵流淸淺
근원 찾아 답사하며 이리 구불 저리 구불	尋源踏盡路盤紆
홍색 자색 꽃 흐드러져 청산에 어리비치네	朱紫爛熳映碧巘
적성에서 군산의 술 수작해 보려다가	赤城擬酌君山酒
취한 얼굴 자꾸 닦네, 하액이 방울져서[149]	醉面屢拭霞液泫

148 구재(九齋) : 고려 최충(崔沖)이 개경 송악산 아래에 설립한 사립 학당의 이름이다. 구경(九經)과 삼사(三史)의 과목을 위주로 하고 시부(詩賦)와 사장(詞章)도 함께 가르치면서 인격 도야에도 힘썼는데, 학생들의 수준에 따라 9개 반으로 나눠 교육하였다. 구재의 명칭은 낙성재(樂聖齋), 대중재(大中齋), 성명재(誠明齋), 경업재(敬業齋), 조도재(造道齋), 솔성재(率性齋), 진덕재(進德齋), 대화재(大和齋), 대빙재(待聘齋)이다.

149 적성(赤城)에서……방울져서 : 봄날 달빛 아래 경치 좋은 개경의 자하동(紫霞洞)에서 군산(君山)의 노신선과 술을 마시는 듯한 풍미를 새벽까지 만끽하였다는 말이다. 적성은 자하동을 가리킨다. 군산은 동정호(洞庭湖)에 있는 산 이름이다. 동정호의 상인인 여향균(呂鄕筠)이 어느 봄날 밤에 군산의 옆에다 배를 정박해 놓고는 달빛 아래에서 술을 마시며 피리를 불고 있을 적에 홀연히 한 노부(老父)가 배를 타고 다가와서 그와 술을 마시며 유쾌하게 이야기를 나누다가 소매 속에서 피리를 꺼내어 함께 불기 시작하였는데, 한 곡조가 미처 끝나기도 전에 군산의 조수(鳥獸)가 울부짖으며 달빛이 어두워지자 뱃사람이 크게 두려워하니, 이에 노부가 술을 몇 잔 더 마시고는 뱃전을 치며 떠나갔다는 군산노부(君山老父)의 일화가 《박이지(博異志)》에 전한다. 하액(霞液)은 액체로 변한 노을의 진액이라는 뜻으로 새벽의 맑은 이슬을 가리키는데, 도교에서는 이것을 선로(仙露)라고 하여 장생하는 귀한 음료로 여긴다.

겨드랑이에 날개 돋아 바람이 솔솔 이는 듯	恍然兩腋颯淸飊
신선 유람 이 흥취를 아깝게 혼자 풀다니 원	仙遊此興空自遣

이상은 하동탐춘(霞洞探春)이다.

깎아지른 붉은 절벽엔 초록 동전 이끼들	丹崖巉絶散綠錢
그 위엔 일천 그루 빽빽한 고목의 그늘	上有老樹蔭千章
샘구멍 토해 낸 옥구슬 물 찌끼 없이 맑으니	嵌竇噴玉瑩無滓
맑고 흐림을 어느 누가 창랑에다 견주리오[150]	淸濁阿誰比滄浪
한 움큼 청명한 물빛 거울삼아도 되겠기에	一掬淸明光可鑑
갓끈 풀고 속속들이 땟물을 씻어 내었나니	解纓洗盡纖穢障
속속들이 씻어 낸 것이 어찌 갓끈뿐이리오	濯盡奚啻濯一纓
십 년 진토 나의 내장도 죄다 씻어 내었다오	濯我十年塵土腸

이상은 화동탁영(花洞濯纓)이다.

가을 산에 나뭇잎 지며 구름 뿌리[151]가 드러나고	秋山木落露雲根
성성이 입술빛 물든 단풍에 골짜기가 환해졌네	楓染猩脣洞壑耀
높은 다락 풍성한 자리엔 밥풀 동동 뜬 술 향기요	層臺綺筵綠蟻香

150 맑고……견주리오 : 물이 흐린 때가 없이 항상 맑기만 하니 혹 갓끈을 씻을 수는 있을지언정, 창랑지수(滄浪之水)처럼 물이 흐린 때에 발을 씻을 수도 있다는 식의 생각은 아예 하지 말라는 뜻의 해학적인 표현이다. 339쪽 주141 참조.

151 구름 뿌리 : 깊은 산속의 바위를 말한다. 두보(杜甫)의 시에 "충주 고을은 삼협의 안에 있는지라, 마을 인가가 운근 아래 모여 있네.〔忠州三峽內, 井邑聚雲根.〕"라는 표현이 있는데, 그 주(註)에 "오악의 구름이 바위에 부딪쳐서 일어나기 때문에 구름의 뿌리라고 한 것이다."라고 하였다. 《杜少陵詩集 卷14 題忠州龍興寺所居院壁》

관현 음악 멀리 날리는 미녀의 묘한 손놀림이라　　絃筦迥發粉黛妙
꽃을 꽂은 두목이나 조롱받은 맹가나　　牧之挿花孟嘉舞
자리 가득 경옥들 취향이 자못 같으리니[152]　　滿座瓊玉頗同調
붉은 주머니 수유는 물어볼 필요 없이　　絳囊茱萸不須問
우산의 안자의 웃음 이을 수 있기만을[153]　　願續牛山晏子笑

152 꽃을……같으리니 : 자리를 가득 메운 귀빈들 모두가 9월 9일 중양절의 고사로 전해지는 두목(杜牧)과 맹가(孟嘉)와 같은 흥취를 잔뜩 기대하고 있으리라는 말이다. 당나라의 시인 두목이 중양절에 산에 올라가서 지은 시에 "풍진세상에 입 벌리고 웃을 일 만나기 어려우니, 국화나 머리에 가득 꽂고서 돌아갈 일이로세.〔塵世難逢開口笑, 菊花須揷滿頭歸.〕"라는 구절이 있다.《全唐詩 卷522 九日齊安登高》 또 진(晉)나라 맹가가 중양절에 정서장군(征西將軍) 환온(桓溫)이 베푼 용산(龍山)의 주연에 참군(參軍)의 신분으로 참석했다가 국화주에 취한 나머지 모자가 바람에 날아가는 것도 알아채지 못하고서 측간에 가자, 환온이 손성(孫盛)에게 희롱하는 글을 지어 맹가가 앉는 곳에 놔두게 하였는데, 맹가가 돌아와서 그 글을 보고는 멋지게 대응하는 글을 지어서 좌중을 경탄하게 했던 용산낙모(龍山落帽)의 고사가 있다.《世說新語 識鑑》 경옥(瓊玉)은 미옥(美玉)과 같은 인재라는 뜻으로, 명사(名士)를 비유한다.

153 붉은……있기만을 : 중구일에 자기 한 몸이나 가족의 안위는 따질 것 없이 앞으로도 계속해서 등고(登高)하여 국화주를 마시면서 그 기회에 한바탕 시국을 성토하며 회포를 풀 수만 있다면 좋겠다는 말이다. 선인(仙人) 비장방(費長房)이 제자 환경(桓景)에게 "9월 9일에 너의 집에 재앙이 닥칠 것이니, 빨리 가서 사람들에게 붉은 주머니에 수유를 담아 팔뚝에 달아매고 높은 산에 올라가서 국화주를 마시게 하라. 그러면 화를 면할 수 있을 것이다."라고 하였는데, 환경이 그 말대로 하고서 저녁에 내려와 보니 가축들이 사람 대신에 폭사(暴死)했더라는 이야기가 전한다.《續齊諧記 重陽登高》 또 춘추 시대 제 경공(齊景公)이 우산(牛山)에서 노닐다가 국도(國都)를 내려다보며 이 좋은 세상을 놔두고 앞으로 곧 죽을 생각을 하니 슬프기 그지없다면서 눈물을 흘리니, 종신(從臣)인 애공(艾孔)과 양구거(梁丘據)가 모두 따라서 울었는데 안영(晏嬰)만 웃고 있었으므로 경공이 그 이유를 묻자, 안영이 어질지 않은 임금과 아첨하는 신하를 보았기에 웃었다고 대답한 우산소(牛山笑)의 고사가 전한다.《晏子春秋 內篇 諫上》

이상은 월대등고(月臺登高)이다.

학궁 서쪽 높이 솟은 겹겹의 산봉우리	層巒突兀泮宮西
세모에 구름장 짙푸르게 똬리 틀더니	歲莫頑雲籠積翠
눈꽃이 하얗게 흩어져 거둘 수 없고	六花的皪散不收
뭇 산이 협찬하여 다투어 아양 떠네	群山輔佐競嫵媚
유령의 동향을 바람이 먼저 풍기니	庾嶺凍香風先放
대여의 옥수를 선인이 장난침이렷다[154]	岱輿玉樹仙應戲
용면[155]도 붓을 입에 물고 형용하지 못하리니	龍眠吮筆未形容
이 면목은 느닷없이 하늘이 내려 준 것이라서	怳然面目天所畀

이상은 송악청설(松嶽晴雪)이다.

154 유령(庾嶺)의……장난침이렷다 : 바람결에 매화 향기가 풍겨 오는 것을 보니, 어쩌면 삼신산의 신선이 그곳의 옥수(玉樹) 즉 백설처럼 뒤덮인 매화나무의 꽃잎을 장난삼아 흩뿌려 눈으로 날리게 했을지도 모르겠다는 뜻의 해학적인 표현이다. 유령은 오령(五嶺)의 하나인 대유령(大庾嶺)의 준말로, 매화나무가 많이 심겨서 매령(梅嶺)이라는 별칭을 얻은 곳이다. 동향(凍香)은 얼음이 어는 차디찬 날씨 속의 꽃향기라는 뜻으로 매화 향기를 말한다. 대여(岱輿)는 신화 속의 선산(仙山) 이름이다.

155 용면(龍眠) : 송대(宋代)의 저명한 화가 이공린(李公麟)의 별호이다.

크게 취하여 붓 가는 대로 쓰다

大醉縱筆

옛 거문고 담담하게 소리도 없이	古琴澹無音
태고의 마음을 속에 담고 있는데	中藏太古心
세상 사람들은 자기가 아니거니	世人非子期
누가 아양의 고심을 알기나 할까[156]	誰識峨洋高與深
고심을 이미 분변하지 못하는 데야	高深旣莫辨
소리 내고 안 내는 건 오직 내 마음	有聲無聲唯我志
아, 백아 없는 세상은 없건마는	吁嗟乎無世無伯牙
자기가 세상에 없을 따름이로다	而無子期耳

156 세상……할까 : 세상에는 지기(知己)가 없기 때문에 자신이 왜 그렇게 말하고 그렇게 행동했는지 그 본래의 뜻을 이해해 주기를 바라는 것은 아무래도 무리라는 말이다. 자기(子期)는 종자기(鍾子期)이다. '아양(峨洋)이 고심(高深)'은 산의 높이와 물의 깊이라는 뜻이다. 306쪽 주81 참조.

오언율시 五言律詩

정순부의 시에 차운하다

次鄭淳夫韻

휘(諱)는 희량(希良)이다. 연산군(燕山君)의 조정에서 한림(翰林)의 신분으로 있다가 유배되었다. 그 뒤 5월 5일에 굴원(屈原)이 강물에 투신한 것을 생각하고는 바닷가로 도주하였는데, 어디로 갔는지 알 수가 없다.

뇌락한 우리 정 선생에 대해서는	磊落鄭夫子
높은 명성을 하인도 알고 있나니	高名走卒知
팔을 베고서 공자의 거실을 엿보았고	曲肱窺孔室
등을 긁으며 도연명의 시를 읽었다오[157]	爬背讀陶詩
학설을 전파하여 금구로 선양하며	駕說宣金口
옥치의 꾸민 장구는 더럽게 봤나니[158]	絺章陋玉巵

157 팔을……읽었다오 : 팔을 베고 누워도 그 속에 낙이 있다고 공자가 제시한 안빈낙도(安貧樂道)의 삶을 영위하려고 노력하였고, 가려운 곳을 시원하게 긁어 주는 것처럼 도잠(陶潛)이 시 속에서 보여 준 인간의 진정한 행복의 길을 염원하였다는 말이다.

158 학설을……봤나니 : 공자의 가르침을 세상에 널리 알리려고 노력하였을 뿐 미사여구로 아름답게 꾸민 문장과 같은 것은 비루하게 여겼다는 말이다. 금구(金口)는 금구목설(金口木舌) 즉 사람들의 주의를 환기하기 위해 도로를 다니면서 크게 두드려 소리

이런 분을 모셔 올 수 없는 것은　　斯人不能致

끌어올 낚시의 줄이 힘이 약해서[159]　　力弱引鉤絲

를 냈던 목탁을 말한다. 옥치(玉卮)는 백옥으로 만든 술잔으로, 보기에는 좋아도 실제로는 쓸모가 없는 것을 비유하는 말이다.

159 이런……약해서 : 조정이 장의랑의 큰 그릇에 합당한 대우를 해 주지 못해서 결국은 그가 세상을 등져 백성들이 혜택을 누리지 못하게 되었다는 말이다. 옛날 임공자(任公子)가 큰 낚싯대를 만들어 50마리의 소를 미끼로 매달아 놓은 뒤에 회계산(會稽山)에 걸터앉아서 동해 바다로 낚싯줄을 던져 1년 만에 큰 물고기를 잡았는데, 이를 건육(乾肉)으로 만들어서 백성들을 실컷 먹여 주었다는 이야기가 《장자(莊子)》 〈외물(外物)〉에 나온다.

가형의 공암 별서에 제하다
題家兄孔嵒別墅

끊어진 산자락이 비스듬히 일어선 곳	斷麓逶迤起
툭 터진 데 골라서 정자를 세웠나니	亭因爽處排
빙호[160]의 물기가 촉촉이 좌석을 적셔 주고	氷湖涵坐席
이끼 낀 섬돌에는 온통 대숲의 바람 소리	風竹盡苔階
들판이 광활하니 두건은 응당 벗어야	野闊巾宜岸
산이 기이해서 흐린 눈 자꾸 비비기만	山奇眼屢揩
돌아와서 쉴 날이 응당 있을 테니	歸休應有日
백년 인생 여기서 함께 살아 보자고요	共放百年骸

160 빙호(氷湖) : 얼음 호수라는 뜻으로, 동빙고(東氷庫)와 서빙고(西氷庫) 앞의 한강 물을 가리킨다.

강서사에서 남추강의 시[161]에 차운하다

江西寺次南秋江韻

다급히 여행하느라 피곤한 데다	怱怱倦行役
기구하게 길까지 또 험난하기만	崎嶇路又難
산이 많아 맑은 대낮에 푸르름을 선사하고	山多晴送翠
숲이 빽빽해 해 질 녘에 한기가 돋아나네	林密暝生寒
나라에 몸 바칠 마음은 여전히 씩씩한데	許國心猶壯
어버이 생각에 머리칼은 더욱 성글어질 듯	思親鬢欲殘
난간에 기대어 흐린 눈 비비고 바라보니	憑欄揩病眼
저녁 해가 떨어지네, 구름 끝 저 너머로	斜日下雲端

161 남추강(南秋江)의 시 : 추강은 남효온(南孝溫)의 호이다. 그의 시는 《추강집》 권2에 〈여군도자척승주소벽란도지숙강서사차벽상운(與君度子惕乘舟泝碧瀾渡至宿江西寺次壁上韻)〉이라는 제목으로 실려 있다.

금릉[162]의 현판에 적힌 시에 차운하다

次金陵板上韻

촌마을 저 멀리 땅거미가 다가오니	薄暮村墟迥
소와 양이 이제 내려오기 시작하네	牛羊始下來
산은 돌아갈 길 따라 저 멀리로	山隨歸路遠
까마귀는 석양 띠고 보금자리로	鵶帶夕陽回
비가 내린 뒤끝이라 붉은 꽃잎 촉촉이 젖고	雨後紅粧濕
이때 연꽃이 만개하였다.	
서리 오기 직전이라 누런 벼 물결 넘실넘실	霜前罷亞開
나의 고향 땅 선영이 모셔진 이곳	桑鄉先壟在
너무도 마음 아파 술잔 가득 들이켰네	悽斷倒深杯

처마의 빈 공간으로 산새들 모여들고	簷虛幽鳥集
수풀 어둑한 곳에 저녁 구름 찾아오네	林暝暮雲來
바다가 가까워 하늘은 푸름을 더하고	海近天增翠
산이 가까우니 땅은 휘돌아 가려는 듯	山伲地欲回
입을 지금부터 닫고서 지내리니	機關從此閉
홍진 세상 헤쳐 나가기 어려우니까	塵土撥難開
동문자 생각하면 너무도 부끄러워	愧殺東門子
황혼에 술 한 잔 입에 털어 넣었네[163]	黃昏進一杯

162 금릉(金陵) : 한강 어귀에 있는 김포(金浦)의 별칭이다.

중국 사신이 지은 〈임진강〉 시에 차운하다
次天使臨津江韻

옛 정자가 자리 잡은 강변의 절벽　古亭臨斷岸
아래는 날랜 갈매기에 물결이 일렁　岸下漾輕鷗
산 그림자는 까마귀 주변부터 어둑해지고　山帶鴉邊暝
노을빛은 따오기 너머로 비쳐 흐르네　霞明鶩外流
바람이 약해서 놀랠 파도는 없고　風微無駭浪
고기 뛰노는 곳에 고깃배가 있네　魚擲有漁舟
수양버들이 바야흐로 눈발을 휘날리며　楊柳方飛雪
가지를 드리우매 나루 머리 그늘지네　垂枝蔭渡頭

100 동문자(東門子) 넣었네 : 저세상으로 자식을 떠나보낸 아비의 슬픔을 완곡하게 표현한 것이다. 동문자는 춘추 시대 때에 자식이 죽었어도 슬퍼하지 않았다는 동문오(東門吳)를 높여 부른 말이다. 《열자(列子)》〈역명(力命)〉에 "위(魏)나라 사람 동문오는 아들이 죽었는데도 슬퍼하지 않았다. 이에 집안의 집사가 묻기를 '공의 아들 사랑은 천하에 유례가 없었는데, 이제 자식이 죽었는데도 슬퍼하지 않는 것은 무엇 때문인가?' 하니, 대답하기를 '나는 옛날에 자식이 없었는데 그때 자식이 없다고 슬퍼하지 않았었다. 지금 자식이 죽은 것은 옛날에 자식이 없었던 것과 똑같은데 내가 무엇 때문에 슬퍼하겠는가.'라고 하였다."라는 말이 나온다.

중국 사신이 지은 〈망원정〉 시에 차운하다

次天使望遠亭韻

하늘이 아끼는 곳 떼어 받아 차지한 占割天慳處
누정에 올라 저녁 풍경 바라다보니 樓亭晩眺遙
강물은 나뉘어 제비 꼬리를 이루고 江分成燕尾
산은 끊어져서 벌의 허리를 본받았네 山斷學蜂腰
강 언덕 주변에 식재한 높은 버드나무요 匝岸栽高柳
무지개 드리워 드러누운 채색 다리로다 垂虹臥彩橋
중국 사신이 와서 한번 감상한 덕분에 皇華來一賞
기이한 일로 오늘 아침 광을 내는구나 奇事煥今朝

금강굴로 박중열을 찾아가다

金剛窟訪朴仲說

휘(諱)는 은(誾)이다. 이때에 홍문 박사(弘文博士)의 신분으로 중국에 갔다가 돌아와서 병으로 사직하고 이 절에 머물렀다.

술동이 싣고 멋진 선비 만나는 기쁨에다	載酒逢佳士
그윽한 경치 맛보는 한때의 한유함까지	幽尋又一閑
소와 양이 돌아오는 저녁의 들판이요	牛羊歸晩野
꽃과 달빛이 은은한 봄날의 산이로다	花月暗春山
지극한 낙은 마음속 각성으로부터	至樂從心得
헛된 명성은 사람들 평판으로부터	虛名自世間
거승은 원래 나서지를 않는 법인데	居僧元不出
아롱진 이끼 밟았다고 나를 나무라네	嗔我踏苔斑

입춘첩자

立春帖字

대궐에 써 붙인 것이다.

새벽 햇빛 분배하여 방방곡곡 집집마다	曙光分萬井
상서로운 기운이 하늘에 잇닿아 고루고루	瑞靄襯天齊
대궐 문에 들리는 패옥의 음향이요	佩響聞彤戶
궁궐 섬돌 감싸는 매화의 향기로세	梅香繞玉墀
요지[164]의 신선 세계 음악이 울려 퍼지고	瑤池仙樂奏
지작[165]의 상서로운 새가 둥지를 튼다네	鳷鵲瑞禽棲
소장이 바야흐로 태의 때를 보이나니[166]	消長見方泰
양의 화기 두루 퍼져 날로 상승하리라	陽和扇日躋

164 요지(瑤池) : 서왕모(西王母)가 산다는 곤륜산(崑崙山)의 못 이름인데, 뒤에는 궁원(宮苑)의 못으로 많이 전용하였다.

165 지작(鳷鵲) : 전설 속의 이조(異鳥)의 이름이다. 7자의 크기에 사람의 말을 알아들으며 나라가 태평하면 무리 지어 날아다닌다는 상서로운 새인데, 뒤에는 기쁜 소식을 전하는 까치의 뜻으로 많이 쓰게 되었다. 《拾遺記 後漢》

166 소장(消長)이……보이나니 : 음기와 양기가 감소하고 증장하는 추세를 보이다가 지금은 바야흐로 태괘(泰卦)의 시운을 맞게 되었다는 말이다. 태괘는 건하곤상(乾下坤上) 즉 하괘(下卦) 3효(爻)는 양, 상괘 3효는 음으로 되어 있어 위와 아래가 서로 크게 통하는 것을 상징하는 괘이다. 하괘에서 일양(一陽)이 시생(始生)하는 동짓달 지뢰복괘(地雷復卦)로부터 시작해서 이양(二陽)의 섣달 지택림괘(地澤臨卦)를 거쳐 삼양(三陽)의 정월 지천태괘(地天泰卦)에 이르는데, 입춘이 바로 음력 정월에 있기 때문에 이렇게 말한 것이다.

남양[167] 동헌의 시에 차운하다

次南陽東軒韻

서해 바다 이웃한 교외의 지역　　瀛海隣郊壤
산이 둘러싸서 눈앞이 막혔나니　　山圍望眼窮
처마 머리엔 오직 나무 그림자요　　簷頭唯樹影
담장 모퉁이에도 숲 덤불이 더부룩　　墻角亦林叢
시내 골짝엔 굶주린 까마귀 집적거리고　　澗壑飢鴉嗲
향촌엔 저녁연기가 둥글게 똬리 틀었네　　桑村暮靄封
난간을 치며 산야의 정취 음미하노라니　　拍欄收野趣
인끈 던져 버리고 농사지으며 살고파라　　投紼願明農

삼생에 천석 좋아하는 업보를 받아　　三生泉石祟
다 늙어 쇠하도록 시궁[168]에 걸렸다네　　潦倒坐詩窮
고향 땅엔 우리 둘 다정한 눈길이요　　鄕國雙青眼
행장은 나 하나 힘 못 쓰는 늙은이라　　行藏一禿翁
칼 짚고 마주 보는 한 동이 이별의 술[169]　　杯尊看仗劍

167 남양(南陽) : 현 경기도 화성(華城) 남양면(南陽面) 일대의 지역이다.

168 시궁(詩窮) : 시 짓느라 궁해졌다는 뜻으로 문인의 생활이 빈궁한 것을 말하는데, 구양수(歐陽脩)의 "시가 사람을 곤궁하게 만든다기보다는, 어쩌면 사람이 곤궁하게 된 뒤에야 멋진 시가 되는 것이다."라는 말에서 유래한 것이다. 《文忠集 卷33 梅聖兪墓誌銘》

169 칼……술 : 당나라 육귀몽(陸龜蒙)의 시에 "장부에게 눈물이 없는 건 아니지만,

여기에 또 호해의 스산한 가을바람까지　湖海又秋風
내일 새벽 다시금 헤어지려 하니　明曉還分手
멈춘 구름이 눈 안으로 들어오네[170]　停雲入望中

이별하는 즈음에는 흘리지 않는다네. 칼 짚고 이별의 술 마주하나니, 나그네의 슬픈 얼굴 보이기 민망해서.〔丈夫非無淚, 不灑離別間. 仗劍對樽酒, 恥爲游子顔.〕"라는 표현이 있다. 《甫里集 卷6 別離》

170 멈춘……들어오네 : 차마 벗과 헤어지지 못하는 애틋한 마음을 비유한 것이다. 도잠(陶潛)의 〈정운(停雲)〉이라는 시에 "뭉게뭉게 제자리에 멈춘 구름, 부슬부슬 제때에 내리는 비.〔靄靄停雲, 濛濛時雨.〕"라는 구절이 있는데, 그 자서(自序)에 "〈정운〉은 친우를 생각하며 지은 시이다."라고 하였다. 《陶靖節集 卷1》

피리 소리를 듣고

閒笛

어느 곳에선가 관산[171]의 피리 소리	何處關山笛
들을수록 맑아지며 슬프고 슬퍼	哀哀聽轉淸
처음엔 양류의 초록색[172]을 재촉하더니	始催楊柳色
나중엔 무계의 악성[173]으로 변하는구나	終變武溪聲
달님은 사창의 원망[174]을 희롱하고	月弄紗窓怨
바람은 옥새의 정[175]을 도발하는 때	風挑玉塞情

171 관산(關山) : 한(漢)나라 악부(樂府) 횡취곡(橫吹曲)인 〈관산월(關山月)〉을 말하는데, 변방 요새의 병사가 오래도록 수자리 살며 고향에 돌아가지 못하는 이별의 한을 음악으로 표현한 것이다.

172 양류(楊柳)의 초록색 : 어느새 초록색으로 바뀐 버드나무 색깔을 보고 멀리 떠난 낭군을 생각하는 여인의 마음을 은유한 것이다. 당나라 왕창령(王昌齡)의 시에 "규방의 어린 아내 애수를 모르다가, 봄날 화장하고 취루에 올라, 홀연히 길가의 버들 초록색깔 보고서는, 서방님 출세하러 떠나보낸 걸 후회하네.〔閨中少婦不知愁, 春日凝妝上翠樓. 忽見陌頭楊柳色, 悔教夫婿覓封侯.〕"라는 내용이 있다. 《唐音 卷7 閨怨》

173 무계(武溪)의 악성 : 변새(邊塞)의 군사 작전에 동원된 병사의 시름을 암유(暗喩)한 것이다. 한(漢)나라의 복파장군(伏波將軍) 마원(馬援)이 남정(南征)할 때에 〈무계심(武溪深)〉이란 노래를 지었는데, 그 내용 가운데 "끝없는 무계 골짜기 어찌 그리도 깊은지, 새도 건너지 못하고 짐승도 임하지 못하나니, 아, 장독(瘴毒) 가득한 이 무계 골짜기여.〔滔滔武溪一何深, 鳥飛不度, 獸不能臨, 嗟哉, 武溪多毒淫.〕"라는 표현이 있다. 《古今注 音樂》

174 사창(紗窓)의 원망 : 독수공방하는 여인의 원망하는 마음을 말한다. 사창은 벽사창(碧紗窓) 즉 얇은 청색 깁을 바른 창이라는 뜻으로, 여인의 침실을 말한다.

몇 번이나 급히 또 불어 젖히니	幾番吹更急
매화 꽃잎이 가람성에 떨어지네[176]	梅蕊落江城

175 옥새(玉塞)의 정 : 변방에서 복역 중인 남정네의 고향 생각을 말한다. 옥새는 한 무제(漢武帝) 때에 서역(西域)과 교통할 목적으로 감숙성(甘肅省) 돈황(敦煌)에 설치한 옥문관(玉門關)의 별칭이다.

176 매화……떨어지네 : 이백(李白)의 시에 "황학루 누대 위에서 옥피리를 부니, 가람성 오월에 매화 꽃잎이 떨어지네.〔黃鶴樓中吹玉笛, 江城五月落梅花.〕"라는 구절이 있다.《李太白文集 卷20 與史郎中欽聽黃鶴樓上吹笛》

사계절을 묘사한 그림 족자에 제하다
題四時畫簇

병석에 누워 보낸 오 년의 세월	臥病經五載
옛 동산에 봄기운 다시 새로워	故園春意加
실바람이 재워 주는 시름 속의 졸음이라면	微風入愁睡
가랑비가 적셔 주는 일 년 중의 호시절일세	細雨濕年華
이끼 낀 오솔길엔 매화 향기가 건너가고	苔徑梅香度
이별하는 자리엔 옥피리 소리가 구슬퍼라	離筵玉笛嗟
천 리 멀리 저 너머 멈춘 구름 바라보며	停雲隔千里
괴롭게 읊어 보노라니 서아가 되려 하네[177]	吟苦欲棲鴉

낮이 긴 날 서쪽 창가에서 꿈을 꾸다가	長日西軒夢
텅 빈 처마 제비 소리에 잠 깨어 일어나니	空簷燕子驚
오동나무 그늘은 그림 족자에 접근하고	桐陰伲畫障
풀빛은 무성하여 산성을 은폐하였어라	草色暗山城
흐르는 세월 속에 고향 땅의 저녁나절	歲月鄉關暮
풍진을 겪다 보니 마구 흐르는 눈물이여	風塵涕淚橫

177 천……하네 : 멀리 떨어진 벗을 생각하며 읊조려 본 시가 볼품없이 되었다는 말이다. 멈춘 구름은 벗에 대한 애틋한 생각을 뜻하는 시적 표현이다. 358쪽 주170 참조. 서아(棲鴉)는 멋대로 붓을 휘갈겨서 까마귀 떼처럼 질서도 없이 뒤죽박죽되었다는 말로, 유치하고 졸렬한 시를 지었다는 뜻의 겸사로 쓰인다.

백발의 두보 노인네도 부끄러워했더랬지　　白頭慙杜叟
우수와 적막 속에 여태 허명 지녔다고[178]　　愁寂尙虛名

내가 초췌해진 것은 세상일 따르느라　　憔悴隨時事
가을이 오니 오동나무 잎도 시들시들　　秋生梧葉凋
국화 띄운 술잔은 잘 익어 희푸르스름　　菊添杯翁翁
서리 뒤섞인 머리칼은 성글어 듬성듬성　　霜雜鬢蕭蕭
서늘한 가을 달은 내실 깊숙이까지　　涼月洞房迥
외로운 기러기는 은하수 저 멀리로　　斷鴻星漢遙
긴 대나무 아래로 평상 자리 옮기니　　移床脩竹下
개똥벌레 불빛이 정처 없이 떠다니네　　宵燭影飄颻

구름이 음산하게 깊은 골짜기에 가득　　雲陰滿絶壑
벽 사이로 다시 돌아온 혹한의 위세로세　　隔壁回寒威
쌓인 눈 속에 나무꾼의 발길도 끊어진 때　　積雪樵蘇絶
북방 변경은 사냥하는 기마가 에워쌌으리　　幽墟獵騎圍
술자리 파하니 촛불도 막 꺼지고　　酒闌纔燭翳
마을에 돌아가니 개들이 짖어 대네　　犬吠有村歸
한자의 시에 물론 화답해야겠지　　韓子詩應和

178 우수(憂愁)와……지녔다고 : 두보(杜甫)의 시에 "재주도 없이 늘그막까지 여태 허명 지니고서, 강호에 병들어 누우니 봄빛이 다시 돋네. 약봉지에만 관심 있어 시를 모두 폐했건만, 꽃가지가 눈에 비치자 시구를 다시 이루었네.〔才微歲晩尙虛名, 臥病江湖春復生. 藥裹關心詩總廢, 花枝照眼句還成.〕"라는 내용이 있다. 《杜少陵詩集 卷22 酬郭十五判官》

원안처럼 눕는 것도 잘못이니까[179] 袁安臥亦非

179 한자(韓子)의……잘못이니까 : 겨울철 눈 오는 날에 원안(袁安)처럼 아무 일도 하지 않고 고상하게 방 안에 드러누워 있기보다는, 한유(韓愈)처럼 눈을 소재로 시라도 지어서 시국을 비판하며 개혁을 모색하는 것이 훨씬 낫지 않겠느냐는 말이다. 한유의 시는 〈영설증장적(詠雪贈張籍)〉이라는 오언(五言)의 장시(長詩)를 말한다. 이 시는 전반부에 눈이 나부끼는 광경을, 후반부에 눈이 쌓인 모습을 형용하면서 은근히 당시 집권층을 풍자하는 내용으로 되어 있는데, 맨 마지막에 "귀찮게 여기지 말고 서로 이어 화답하여, 아동에게까지 전하여 보여 주기를.〔莫煩相屬和, 傳示及提孩.〕"이라는 말로 끝맺고 있다. 《韓昌黎集 卷9》 원안이 폭설 속에 누워 있었다는 고사에 대해서는 341쪽 주145 참조.

행 상인의 시축의 시에 차운하다

次行上人詩軸韻

절간에서 술잔을 기울이노라니　　蓮社金盞側
멀리 조망했던 옛일 기억이 나네　　記吾遠眺曾
모래 먼지바람 경멸하는 두 쌍의 흰 눈이요　　風沙雙白眼
산간 계곡 밝혀 주는 하나의 푸른 등불이라　　嵒壑一青燈
변변찮은 벼슬도 이제는 꿈속에서나　　薄宦今成夢
하얀 머리 번들번들 영락없이 승려로세　　華顚兀似僧
부러워라, 우리 스님 석장(錫杖)을 날리는 곳　　羨師飛錫處
덩굴 걸린 밝은 달빛 마른 몸 비춰 줄 터이니　　蘿月映稜層

연아[180]

演雅

까치 꼬리 모양으로 향 연기 가느다랗게 鵲尾香煙細
거북이 평상[181]에서 안온한 잠 느긋하게 龜床穩睡餘
둥근 모래밭에 남겨 놓은 새 발자국이요 圓沙留鳥篆
빽빽한 잎이 띠고 있는 벌레의 글씨로세 密葉帶蟲書
골짜기가 그윽해서 새매는 토끼를 노리고 谷邃鷹窺兎
시냇물이 깊숙해서 수달은 고기를 쫓는다네 溪深獺趁魚
스스로 부끄러워라, 미록의 성질[182]이 自慙麋鹿性
종일토록 와려에만 누워 있으니 長日臥蝸廬

180 연아(演雅) : 시체(詩體)의 하나로 송나라 황정견(黃庭堅)으로부터 시작되었는데, 각 구절마다 동물을 한 가지 이상씩 넣어서 짓게 되어 있다.

181 거북이 평상 : 장수하는 노인 혹은 은자(隱者)의 침구를 말한다. 남방의 노인이 평상의 발을 거북이로 대체해서 20여 년을 더 살다가 죽었는데, 그때까지도 거북이는 죽지 않고 살아 있더라는 이야기에서 유래한 것이다. 《史記 龜策列傳 褚少孫論》

182 미록(麋鹿)의 성질 : 사슴처럼 초야에서 뛰놀고 싶어 하는 자유분방한 기질을 말한다. 소식(蘇軾)의 시에 "나는 본시 미록의 성질이지, 수레 끌 자질은 실로 못 된다오.〔我本麋鹿性, 諒非伏轅姿.〕"라고 하였다. 《蘇東坡詩集 卷8 次韻孔文仲推官見贈》

경오년(1510, 중종5) 단오일에 선영에 참배하고 시를 지어 의중[183]에게 보여 주다
庚午端午拜先壟示宜仲

세수하고 머리 빗고 새벽에 선영으로 盥櫛松楸曉
엄숙히 공경히 제사상 차려 올리는 때 齊莊擧案時
창포 술 지금 제대로 맛이 들었고 蒲觴方有味
떡과 과일도 빠짐없이 갖추었어라 餠果竝無虧
흡사 엄친께서 옆에서 바라보시는 듯 彷彿嚴顏在
지팡이 뒤따르던 때와 분명히 똑같도다 分明杖屨隨
하직 인사 드리는데 두 소매가 축축하니 拜辭雙袖濕
아마도 눈물 흔적 내보여 주신 것이리라 應是淚痕垂

차운하다 次韻
사순(思順)

선조께서 집안의 경사 여신 이후로 先祖開門慶
온갖 어려움 골고루 한때 맛보았지 艱難備一時
삼공의 지위가 극에 달한 지금 三公今位極
이때 부친이 좌정승(左政丞)이었다.
공휴일궤의 경계[184]를 명심해야지 一簣戒功虧

183 의중(宜仲) : 대관재의 조카인 심사순(沈思順)의 자이다.

184 공휴일궤(功虧一簣)의 경계 : 한 삼태기의 흙이 부족하여 공이 허물어진다는 뜻

내 이름 못 낸 것은 그렇다 치더라도 既曰名無顯
병까지 걸린 건 또 뭐라고 해야 하나 云胡病亦隨
　이때 다리를 다쳤다.
지지리 못난 꼴 죽도록 부끄러워 支離眞飽愧
나도 몰래 고개가 계속 숙여지네 不覺首長垂

으로, 자만하거나 게으름 피우지 말고 끝까지 노력해서 바람직한 결과를 이루어야 한다는 말이다. 336쪽 주136 참조.

금릉의 별장에서
金陵別業

적막하게 방문하는 사람도 없이 寂莫無人問
초막에 누워 길게 읊조리면서 長吟臥草廬
한 동이 도연명의 술을 마시고 一尊陶令酒
일만 축 업후의 글[185]을 읽는다오 萬軸鄴侯書
연무 속에 찬 약재 뿌리를 캐고 寒藥和煙斸
비 맞으며 난초밭 김매는 생활 幽蘭帶雨鋤
도롱이 썼다가 도로 잠자리 들었다가 披蓑還就臥
하늘과 땅이 하나의 대나무 자리로세[186] 天地一籧篨

적막하게 방문하는 사람도 없이 寂莫無人問

185 일만……글 : 집에 소장한 수많은 장서를 말한다. 업후(鄴侯)는 당 덕종(唐德宗) 때 업현후(鄴縣侯)에 봉해진 이필(李泌)을 말한다. 이필의 부친 이승휴(李承休)가 2만여 권의 책을 수집한 뒤에 자손들에게 외부로 반출하지 말고 구독자(求讀者)가 있으면 별원(別院)에서 대접하며 읽게 한 덕분에 날이 갈수록 집안에 책이 불어났다는 고사가 송(宋)나라 왕응린(王應麟)의 《곤학기문(困學紀聞)》 〈고사(考史)〉에 전한다.

186 하늘과……자리로세 : 하늘과 땅 전체를 머물고 쉬는 자기의 거처로 삼는다는 뜻의 호쾌한 표현이다. 진(晉)나라 유령(劉伶)이 〈주덕송(酒德頌)〉에서 대인(大人) 선생을 설명하면서 "그분은 천지를 하루아침으로 삼고 만년의 세월을 잠깐 동안으로 삼으며, 일월을 창문으로 삼고 팔방을 정원으로 삼으며, 가는 데에도 일정한 자취가 없고 거하는 데에도 일정한 집이 없어서, 하늘을 천막으로 삼고 땅을 자리로 삼는다."라고 하였는데, 대관재가 이 글을 떠올리며 이렇게 말한 듯하다.

사립에서 팔 베고 누워 있는 몸 柴門臥曲肱
선영이 자리한 산기슭은 어둑어둑하고 松楸山麓暗
하목[187]이 뜬 바다 하늘은 맑기도 해라 霞鶩海天澄
배에선 바람결에 피리 소리 보내 주고 船送風前笛
촌마을은 빗발 너머 등불을 밝혀 주네 村明雨外燈
쇠하고 게으르니 참으로 천치의 극치 衰慵政癡絶
현실을 모르고 날뛰다니 부끄럽기만 潦倒愧無能

187 하목(霞鶩) : 저녁노을 속의 외로운 따오기라는 뜻의 낙하고목(落霞孤鶩)의 준말로, 당(唐)나라 왕발(王勃)이 지은 〈등왕각서(滕王閣序)〉의 "저녁노을은 외로운 따오기와 나란히 날고, 가을 물은 긴 하늘과 같은 색이다.〔落霞與孤鶩齊飛, 秋水共長天一色.〕"라는 구절에서 나온 것이다. 《王子安集 卷5》

금릉회고

金陵懷古

문신(文臣)에게 과시(課試)한 것이다.

흥망성쇠 도리어 꿈만 같아서	興廢翻如夢
오늘 아침 우연히 탄식을 발하였네	今朝偶起嗟
의관은 저 기장의 모습으로 남아 있고[188]	衣冠餘彼黍
왕비의 궁실에는 까마귀 울음소리뿐	椒掖但啼鴉
오나라 초나라 누구에게 물어보리오[189]	吳楚憑誰問
자기들 무력만 쓸데없이 과시했으니	干戈謾自誇
부모님 산소 성묘하러 찾아가는 길	松楸尋去路
석양에 고라니가 인기척에 달아나네[190]	落日竄麏麚

188 의관(衣冠)은……있고 : 예교(禮敎)가 펼쳐졌던 문명국가가 멸망하여 폐허로 변한 것을 비유한 것이다. '저 기장'은 《시경》 〈왕풍(王風) 서리(黍離)〉의 "저 기장은 이삭이 축 늘어지고, 저 피는 이삭이 다 패었네. 길 가다가 발걸음 멈춘 채, 취한 듯 가슴이 울렁거리네.〔彼黍離離, 彼稷之穗. 行邁靡靡, 中心如醉.〕"라는 말에서 발췌한 것이다. 〈서리〉는 주(周)나라의 대부가 서주(西周)의 옛 왕궁터를 지나가다가 온통 기장밭으로 변한 광경을 보고 무상함을 절감하여 슬픈 감회를 읊은 것이다.

189 오(吳)나라……물어보리오 : 금릉(金陵)이 쇠망한 근본 원인을 어느 나라에 돌려야 하겠느냐는 말이다. 금릉은 남경(南京)의 고호로, 중국 역사상 가장 번화했던 도시의 하나로 손꼽힌다. 전국 시대 초(楚)나라 위왕(威王)이 건립한 금릉성(金陵城)을 삼국 시대 오나라 손권(孫權)이 이곳에 도읍하고 증축하였다.

190 부모님……달아나네 : 중국의 금릉이 조선에서는 김포(金浦)의 별칭이기도 하기 때문에 대관재가 자기의 선영이 있는 이곳을 이렇게 표현한 것이다.

악양루에 오르다

登岳陽樓

문신(文臣)에게 과시(課試)한 것이다.

망창하게 내보여 준 무진장한 선물[191]	莽蒼輸無盡
높은 누각이 호수의 구름과 잇닿았네	危樓接水雲
은산[192]은 물결 따라 밀려와 부서지고	銀山隨浪甓
나계[193]는 봉우리 드러내 그늘 지우네	螺髻露峯痕
맹호연의 시는 잇기 어렵지만[194]	孟浩詩難繼
창려의 흥에는 흠뻑 취했다오[195]	昌黎興已醺

191 망창(莽蒼)하게……선물 : 광대무변하게 펼쳐진 동정호(洞庭湖) 일대의 풍광을 보면 조물이 내어 준 무진장한 보물이라는 느낌이 든다는 말이다. 망창은 가로막힌 것이 없이 사방이 툭 트인 광활한 모양을 말한다.

192 은산(銀山) : 거대한 동정호의 파도를 은빛 설산(雪山)에 빗댄 것이다.

193 나계(螺髻) : 돌돌 말려 올라간 소라고둥 형태의 상투를 말하는데, 보통 산을 비유하는 시어로 쓰인다.

194 맹호연(孟浩然)의……어렵지만 : 당나라 맹호연이 지은 〈임동정(臨洞庭)〉이라는 제목의 오언율시는 두보(杜甫)의 〈등악양루(登岳陽樓)〉와 함께 악양루 시의 쌍벽으로 칭해지는데, 이 시는 그가 27세에 승상 장구령(張九齡)에게 벼슬길에 나아갈 수 있도록 추천해 달라고 부탁하는 내용으로 되어 있는 만큼 내관재의 입장에서는 그 시를 계속해서 짓기가 민망하다는 말이다. 《孟浩然集 卷3》

195 창려(昌黎)의……취했다오 : 창려 한유(韓愈)가 양산 영(陽山令)에서 강릉 법조(江陵法曹)로 벼슬을 옮겨 갈 적에 악양루에서 당시에 악주(岳州)의 권한 대행인 대리사직(大理司直) 두상(竇庠)과 만나 회포를 풀고 헤어지면서 지어 준 〈악양루별두사직(岳陽樓別竇司直)〉이라는 오언고체(五言古體)의 장시(長詩)를 대관재가 읽고서 감흥

부끄러워라, 속진에 물든 눈을 가지고　　羞將塵土眼
올라가서 조망하며 열기를 씻어 내려니　　登眺洗炎氛

을 일으켰다는 말이다. 이 시는 전반부는 동정호의 경치를, 후반부는 당시의 일을 서술하면서 이 양자가 동떨어지지 않고 서로 연관되는 문장법을 구사했다는 평을 받는데, 두상과 유우석(劉禹錫)이 화답한 시도 부록으로 함께 실려 있다.《韓昌黎集 卷2》《全唐詩 卷337》

계회의 권축에 제하다

題契會軸

냇물이 돌에 부딪쳐 쟁그랑거리는 곳	泉石琤琮處
초록 나무 그늘 아래 잔치 자리 열었네	開筵綠樹陰
술잔을 기울이며 곤드레만드레 기약하고	傾尊期爛醉
손을 맞잡으며 답답한 심회를 씻어 냈네	握手洗煩襟
모이거나 헤어지거나 모쪼록 뼈에 새겨	聚散須銘骨
오르거나 가라앉거나 다 함께 협력해야지	昇沈共斷金
화가가 화폭에다 옮겨 담았나니	龍眠移粉墨
세한[196]의 마음을 결속시키려고	要結歲寒心

196 세한(歲寒) : 추운 겨울에도 변함없이 푸르른 소나무처럼 어떤 난관도 극복하고 지조를 굳게 지켜 꺾이지 않는 것을 뜻하는 말로, 《논어》 〈자한(子罕)〉의 "날씨가 추워진 다음에야 송백이 제일 늦게 시든다는 것을 알게 된다.〔歲寒然後知松柏之後彫也.〕"라는 말에서 나온 것이다.

공·오 두 중국 사신[197]을 접대한 그림에 제하다

題龔吳兩天使支供圖

중국 사신이 황제의 조서를 반포하자	星槎頒鳳詔
국민의 귀와 눈이 여기에 집중되었네	觀聽聳邦人
천상 신선의 좌석에는 짐승 무늬 비단이요	獸錦天仙座
빈객들 잔치에는 바다와 육지의 진미였네	賓筵水陸珍
베개와 이불 함께하며 담소를 하고	枕衾同笑語
눈보라 속 무진 고생 탄식하는 두 분	風雪嘆酸辛
너도나도 화가에게 간청한 이 그림 보니	共倩龍眠畫
예전의 의표와 용모가 지금도 새로워라	儀容舊尙新

197 공(龔)……사신 : 1537년(중종32)에 황사(皇嗣) 탄생의 조서를 반포하기 위해 정사(正使)와 부사(副使)로 조선에 사신으로 온 명나라 한림원 수찬(翰林院修撰) 공용경(龔用卿)과 호과 급사중(戶科給事中) 오희맹(吳希孟)을 말한다.

금릉의 별장에서

金陵別業

외딴섬 외로운 정자 저 너머로 斷島孤亭外
가을날 강촌의 맑은 기운이 돋아나네 秋生水國清
저녁구름 돌아가는 부위는 새까맣고 暝雲歸處黑
산비 쏟아지는 한쪽 편은 환하도다 山雨一邊明
둥지 찾는 새는 우거진 숲에 투숙하고 宿鳥投林茂
뭇 벌레는 밤이 되니 소리를 지르누나 群蟲起夜聲
도대체 왜 그런지 알지 못하겠네 茫然還不悟
어딜 가든 슬픔이 계속 밀려오니 何處便傷情

바람과 이슬이 발 사이로 뚫고 들어와 風露透簾隙
옷자락 헤친 마른 뼈다귀 시원도 해라 披襟瘦骨清
뭇 산들은 저녁 빛을 나누어 갖고 衆山分暮色
외로운 따오기는 노을에 밝게 비치네 孤鶩映霞明
나의 가고 멈춤은 조각배 흘러가는 대로 行止隨槎泛
돌아가고픈 마음은 노 젓는 소리 속으로 歸心入櫓聲
순로[198]의 맛을 지금 다시 음미하누라니 蓴鱸今更味

198 순로(蓴鱸) : 순챗국과 농어회라는 뜻의 순갱노회(蓴羹鱸膾)의 준말인데, 고향이 그리워 벼슬을 그만두고 떠나는 것을 비유하는 말로 쓰인다. 진(晉)나라 장한(張翰)이 낙양(洛陽)에서 동조연(東曹掾)으로 근무하다가 어느 날 가을바람이 불어오자 고향

천고의 정취가 여전히 흠뻑 묻어나네　　　　千古有餘情

인 강동(江東) 오중(吳中)의 순챗국과 농어회가 생각나서 "인생은 자기 뜻에 맞게 사는 것이 귀중하니, 어찌 수천 리 떨어진 타향에서 벼슬에 얽매여 명성과 작위를 구해서야 되겠는가."라고 하고는 곧바로 귀향한 고사에서 유래한 것이다. 《晉書 文苑列傳 張翰》

영지 문서와 헤어지며 주다

贈別英之文瑞

홍치(弘治) 기축년[199]에 처음으로 영남(嶺南)에 갔다가 서울로 돌아왔다.

시를 지으면 남의 오언시 궁해져서	詩成窮五字
명성이 드높이 사 선성[200]에 이르신 분	名到謝宣城
연등기 향해서 공부할 따름이요[201]	向學燃燈記
사귀의 형[202]에는 관심이 없었다오	無心使鬼兄

199 홍치(弘治) 기축년 : 홍치 연간에 기축년은 존재하지 않는다. 홍치가 잘못되었거나 기축년이 잘못되었거나 둘 다 잘못되었거나 대관재의 착오일 듯하다. 본 시의 내용을 참작하여 추측해 보건대 영지(英之)는 김영(金瑛, 1475~1528)의 자(字)일 개연성이 있는데, 그렇다면 가정 기축년은 중종24년(1529)이니 김영의 생몰 연대와 맞지 않는다. 그리고 김영이 영남에 간 것은 중종13년 무인년에 경상도 재상경차관(慶尙道災傷敬差官)으로 파견된 것이 유일하니, 그렇다면 정덕(正德) 무인년이 되어야 한다. 그러나 김영과 문서(文瑞)가 또 무슨 관계인지 상고할 수가 없으니 확언할 수 없다.

200 사 선성(謝宣城) : 선성 태수(宣城太守)를 지낸 남제(南齊)의 시인 사조(謝朓)를 가리킨다. 동족(同族)인 대사(大謝) 사영운(謝靈運)의 시를 모방하여 청아한 시풍의 소사(小謝)라는 칭호를 얻었으며, 특히 산수 등 자연 경물의 변화하는 풍경을 오언(五言)으로 구사하는 특장을 보여 "시 속에 그림이 들어 있다[詩中有畫]"라는 평가를 받았다. 《南齊書 謝朓列傳》

201 연등기(燃燈記)……따름이요 : 성인을 목표로 정진하며 공부할 따름이라는 말이다. 연등기는 연등불(燃燈佛)의 수기(授記)라는 말이다. 연등불은 발심 수행이 지극한 석가모니를 보고 앞으로 현재불(現在佛)이 되리라는 수기를 내려 준 과거불(過去佛)의 명호이다.

202 사귀(使鬼)의 형 : 귀신을 부리는 공방(孔方)의 형이라는 뜻으로, 돈에 대한 학칭(謔稱)이요 멸칭이다. 진(晉)나라 노포(魯褒)가 금전만능의 세태를 풍자하여 돈의 위

문장은 노두[203]를 추숭하였고	文章推老杜
시론은 원굉에 뜻을 두었지요[204]	時論在袁宏
만년에 꿈속에서도 고향이 그리워서	晩歲思鄕夢
몇 가닥 남은 머리칼에 흰 서리 더쳤다오	霜添鬢數莖

우리가 교분을 논한 건 참으로 우연	論交眞偶爾
말없이 앉아 매양 서로를 잊는 사이[205]	默坐輒相忘
예전처럼 오늘도 마주하였건만	依舊對今日
멀리 고향 생각에 시름이 이네	遠愁生故鄕
외로운 등불이 떠돌이 생활 비춰 주고	孤燈耿漂泊

력은 신물(神物)과 같다는 뜻으로 〈전신론(錢神論)〉을 지었는데, 그중에 "동전(銅錢)의 체(體)에는 건곤(乾坤)의 상(象)이 있다. 그래서 안은 땅처럼 네모진 구멍이 있고 밖은 하늘처럼 둥글게 되어 있다.……사람들은 그를 친하게 여겨 형처럼 대하며 공방이라고 부르는데, 그를 잃으면 빈약해지고 그를 얻으면 부귀해진다.……돈이 없어서 그렇지 있기만 하면 귀신도 부릴 수 있다."라는 말이 나온다. 《晉書 隱逸列傳 魯褒》

203 노두(老杜) : 성당(盛唐)의 시성(詩聖) 두보(杜甫)를 말한다. 만당(晩唐)의 시인 두목(杜牧)의 소두(小杜)라는 칭호에 대응하는 표현이다.

204 시론(時論)은……두었지요 : 시사(時事)를 평론할 때에는, 《후한서(後漢書)》에서 빠뜨린 부분이나 왜곡한 부분을 보완하고 수정할 목적으로 다른 자료들을 수집하여 이를 종합 정리해서 《후한기(後漢紀)》 30권의 편년체(編年體) 사서(史書)를 편찬한 진(晉)나라 원굉(袁宏)의 자세를 본받았다는 의미로, 편파적으로 한쪽 진영의 논리에 매몰되지 않고 다양하게 여론을 참작하여 객관적인 시각으로 공정한 판단을 내리려고 노력했다는 말이다. 《晉書 文苑列傳 袁宏》

205 말없이……사이 : 말이 필요 없이 마음속으로 통하며 너와 나의 구분이 없이 도의 세계에서 노닐었다는 말이다. 《장자(莊子)》 〈대종사(大宗師)〉에 "물고기는 강과 호수 속에서 서로를 잊고, 사람은 도의 세계에서 서로를 잊는다."라는 말이 나온다.

쌓인 눈이 처량한 기분 부추기는 때 積雪佐凄涼
영남 길에선 읊는 흥취 많았으리 嶺路多吟興
찬 매화 은은한 향기 풍겼을 테니 寒梅有暗香

학생들에게 보여 주다
示諸生

겨울 석 달의 시간이 반이나 지났는데도 학업을 소홀히 하여 진전이 없기에 여러분이 성취하기를 바라며 자나 깨나 노심초사하다가 어렵사리 율시 한 수를 지었으니, 이는 여러분이 감격하고 분발하여 떨쳐 일어났으면 하는 마음에서이다.

붕우가 서로 모여 이불을 함께 덮고	簪盍同裯枕
찬 처마 밑 눈서리 안고 면학하는 때	寒簷擁雪霜
섶나무 덮은 사슴으로 송사를 벌이고	覆蕉方訟鹿
갈래가 많은 길로 다시 양을 쫓아가네[206]	多路更追羊

자주(自註)에 "마음에 정해진 방향이 없으면 도를 얻을 방법이 없는 것을 비유한 것이다."라고 하였다.

206 섶나무……쫓아가네 : 이해득실을 따지면서 서로 차지하려고 다툴 뿐, 공부하는 원래의 목표는 상실한 채 갈피를 못 잡고 허둥지둥하니 안타깝기 그지없다는 말이다. 어떤 나무꾼이 우연히 사슴을 잡아 구덩이를 파고 섶나무로 덮어서 감춰 두었다가 그 장소를 찾지 못한 나머지 꿈이 아닌가 의심하였으나 그 이야기를 들은 다른 사람이 그 장소를 찾아내어 사슴을 차지하였는데, 나중에 나무꾼이 꿈속에서 자기의 사슴을 그 사람이 가져간 것을 알아채고 소송을 벌여 다투자 판관이 자기도 잘 모르겠다면서 반절씩 나눠 갖도록 판결했다는 부초송록(覆蕉訟鹿)의 설화가 《열자(列子)》 〈주목왕(周穆王)〉에 나온다. 또 도망친 양을 잡으려고 쫓아가다가 갈림길 속에 또 갈림길이 있어서 끝내는 양을 잃어버리고 찾지 못했다는 다기망양(多岐亡羊)의 고사가 《열자》 〈설부(說符)〉에 나온다.

산골 물 얼어붙은 것은 샘물 근원이 말라서요　　　　磵凍泉源涸

나무숲 성글어진 것은 태양의 행보가 바빠서라　　　　林疏日影忙

자주에 "문장의 근원은 응당 고갈될 것이고, 세월은 더욱 촉급해질 것임을 비유한 것이다."라고 하였다.

읍옥의 눈물 떨구는 일 그만둘지니　　　　休垂泣玉淚

갈옷 속에 감춘 보배가 귀중하니라[207]　　　　被褐貴珍藏

207 읍옥(泣玉)의……귀중하니라 : 인정받지 못한다고 한탄하지 말고 남이 알아주지 않더라도 내면에 보물과 같은 뛰어난 식견과 실력을 차곡차곡 쌓으라는 말이다. 읍옥의 눈물은 옥돌을 안고 흘리는 눈물이라는 뜻으로, 높은 재주를 지니고도 인정을 받지 못해 불우하게 지내는 신세를 탄식하는 비유로 쓰인다. 춘추 시대 초(楚)나라 사람 변화(卞和)가 진귀한 옥돌을 형산(荊山)에서 얻어 무왕(武王)에게 바쳤다가 임금을 속인다는 누명을 쓰고 억울하게 두 차례나 발이 잘리자 옥돌을 안고 사흘 낮밤을 울며 통곡하여 눈물이 말라 피가 흐를 정도였는데, 나중에 서우 문왕(文王)에게 진가를 인정받고서 천하제일의 보배인 화씨벽(和氏璧)을 만들었다는 고사가 전한다. 《韓非子 和氏》 갈옷 속에 감춘 보배는 피갈회옥(被褐懷玉)의 고사를 인용한 표현인데, 《노자(老子)》 70장의 "나의 이론을 머리로 아는 자도 드물지만, 나의 이론을 몸으로 실천하는 자는 더욱 희귀하다. 그래서 성인은 겉에 갈옷을 입고 속에 보옥을 품는 것이다."라는 말에서 유래한 것이다.

옛 절에서

古寺

청랑한 새벽에 오래된 사찰을 찾아	淸晨尋古寺
험한 돌길 오르며 푸른 이끼 밟았네	危磴踏莓苔
길은 바위 사이 들어가 회전을 하고	路入巖間轉
사람은 나무 끝에 가서 우회를 하네	人行木末回
산은 짙은 안개의 변화에 모습을 달리하고	山隨昏靄捲
하늘은 멀리 시야가 열리게 공조를 하네	天共遠眸開
뭐가 좋을지 계산할 필요가 있으리오	何用求方便
꾀부리는 마음 벌써 죽은 재가 되었는걸	機心已死灰

대나무를 옮겨 심다

移竹

천년토록 기욱의 색깔[208] 변함이 없이　千年淇澳色

무성하게 높은 처마 끝에서 한들한들　靄靄拂層簷

옛 마디는 장부의 쇠칼로 벗겨지고　舊節金刀洗

새 가지는 여인의 눈물이 붙어 있네　新枝粉淚黏

소곤거리는 대 소리는 가랑비가 지나가서　細聲疏雨過

썰렁해지는 그림자는 저녁 바람이 매서워서　寒影晩風尖

세모에 어쨌거나 항상 그대를 대하리니　歲莫期長對

맑은 그늘, 밤이면 밤마다 더해 주었으면　淸陰夜夜添

208 기욱(淇澳)의 색깔 : 대나무의 초록 빛깔을 말한다. 《시경》〈위풍(衛風) 기욱(淇奧)〉은 춘추 시대 위(衛)나라 사람이 무공(武公)의 높은 덕을 찬미한 노래인데, 맨 처음에 "저 기수 물가 모퉁이를 보니, 초록색 대나무가 무성하도다. 문채 빛나는 우리 임금님이여, 짐승의 골각(骨角)을 끊고 간 듯, 옥석(玉石)을 쪼고 간 듯하도다.〔瞻彼淇澳, 綠竹猗猗. 有斐君子, 如切如磋, 如琢如磨.〕"라는 말이 나온다.

반딧불

螢火

그림자도 소리도 애당초 조용한 놈이	影響初岑寂
바람 따라 맘먹고 유성처럼 흩어지네	隨風故散星
담장 머리에 숨었다 나타났다 하더니	墻頭纔隱映
주렴 위로 돌아와 나부끼며 떨어지네	簾額轉飄零
정원에 놔두면 무리 지어 장난을 치다가도	放苑徒成戲
자루에 넣으면 마음잡고 혼자서 깜박깜박	投囊秖自熒
앞마을 하늘이 동이 트려 하니	前村天欲曙
어디서 쇠잔한 모습 찾아볼거나	何處覓殘形

심 정언 망이[209]에 대한 만사

沈正言望而挽

어릴 적에 포부가 어떤지 알았나니 弱齡知抱負
글재주가 다른 애들을 압도했었지 才譽壓群兒
대과에 급제하여 성가를 드높이며 金榜騰聲價
청운의 꿈 이룰 날개 떨쳤더라오 青雲振羽儀
공명은 생계를 꾸릴 만큼만 功名纔活計
생사는 지리를 찬탄할 만도[210] 生死嘆支離
새벽달 아래 금릉 선영으로 향하는 길 曉月金陵道
만가 들으면 무덤의 나무도 슬퍼하리라 薤歌壟樹悲

209 망이(望而) : 대관재의 족질(族姪)인 심세림(沈世霖)의 자이다. 1538년(중종33) 별시 문과에 급제하였으며, 사간원 정언으로 재직 중이던 1545년(명종 즉위년)에 을사사화(乙巳士禍)로 목숨을 잃었다.

210 공명(功名)은…… 만도 : 부귀공명을 추구하다 보면 남의 시샘을 받아 재앙이 닥쳐올 수도 있으니 겨우 살아갈 수 있을 정도만 되면 족한 것이요, 남들은 꼽추를 보고 병신이라면서 조롱할지 몰라도 정작 그 자신은 실속을 차리며 다른 사람들보다 안정된 삶을 영위하고 있으니 한편으로는 부러운 생각이 들기도 한다는 말이다. 지리(支離)는 지리소(支離疏) 즉 꼽추를 말하는데, 그에 대하여 《장자(莊子)》 〈인간세(人間世)〉에서 "국가에서 무사를 동원할 때면 사람들 사이에서 활개 치며 다니고 큰 공사를 벌일 때면 병신이라고 하여 제외되는데, 반면에 병자에게 곡식을 나눠 줄 때면 으레 3종(鍾)의 곡식과 열 다발의 땔나무를 받곤 하였다."라고 설명하고 있다.

해주 광석[211]에 제하다

題海州廣石

두 협곡 밀어내고 자리한 신선 세계	洞天排兩峽
청결한 돌에 성대한 술자리 배당하였네	潔石當華筵
태양이 서산에 옮겨 가매 그림자 기울고	影倒移山日
냇물이 골짝에 떨어지매 물소리 크네	聲高落澗泉
이끼 벗기면서 시를 물들일 수도 있고	剝苔詩可染
술 취하면 풀 깔고 잠자기에도 그만일세	藉草醉宜眠
지팡이 짚고 돌아갈 길 잊고 있는데	杖策忘歸路
저녁 까마귀 들어가네, 저녁연기 속으로	昏鴉入暝煙

211 광석(廣石) : 해주의 승경(勝景)인 북문 밖 산기슭에 있는 광석천(廣石川)의 정자를 말한다.

반딧불

螢

적막한 깡촌의 저녁나절에	寂歷荒村暵
물가의 정자에서 날아들 오네	飛從水上亭
아스라이 먼 불빛 새어 드는가 싶더니	茫茫穿遠火
쇠잔해진 별빛으로 점점이 깜박깜박	點點耿殘星
비를 띠고 돌아와 나무에 기댔다가	帶雨還依樹
바람 따라 마음먹고 창틀 안쪽으로	隨風故透櫺
병부는 원래 공부에 게으르니	病夫元懶學
반딧불 빛 일삼을 필요 없단다[212]	不必事光熒

212 병부(病夫)는……없단다 : 진(晉)나라 때 차윤(車胤)이 집이 가난해서 등잔 기름을 살 돈이 없자 수십 마리의 반딧불을 잡아 주머니에 넣고 그 빛으로 독서하며 고학(苦學)을 했던 형설지공(螢雪之功)의 고사가 있는데, 대관재 자신은 여기에 아예 해당되지 않는다는 뜻의 해학적인 표현이다. 《晉書 車胤列傳》

단옷날에 이군 세공 의 호정에 오르다

端午登李君 世恭 湖亭

저자도(楮子島) 주변에 있다.

어젯밤은 누런 매실 재촉하는 비	昨夜黃梅雨
오늘 밤 명절의 달은 이제 막 자정	佳辰月午初
백은의 달빛은 고요한 호수에 녹아들고	銀鎔湖水淨
황금 초승달은 성긴 숲에서 새어 나오네	金漏樹林疏
배가 바삐 노 저어 칙칙한 강으로 돌아오자	急櫓回溟漠
갈매기가 깜짝 놀라 푸른 허공에 나래 치네	驚鷗向碧虛
술잔을 멈추고 머리 돌려 손으로 가리키나니	停杯還指點
구름이 뫼에서 나와 그윽한 집을 둘렀기에	雲岫擁幽居

배율 排律

문화 동헌에서 써서 현령 안직지에게 봉정하다
書文化東軒奉主倅安直之

이름은 처직(處直)이다.

세 칸짜리 비좁은 방에 함께 누워서　　共臥三間屋
곤드레 취해 잠드는 것도 썩 걸맞아　　頹然睡正宜
닭들이 새벽 알리는 일 일단 마치자　　晨鷄催曉罷
아침 해가 창가로 느릿느릿 올라오네　　朝日上窓遲
썰렁해진 들보에선 가을 파리가 내려오고　　樑冷癡蠅下
텅 빈 처마 끝에선 기이한 새가 기웃기웃　　簷虛怪鳥窺
갈 길은 멀어도 아직 강건한 몸　　路長身尚健
산이 좋아 눈길을 자꾸 옮긴다오　　山好眼頻移
술 먹은 힘으로 산석성은 몰아냈다마는　　酒力排愁緖
가을 소리가 휘 귀밑털 주변을 감도누나　　秋聲繞鬢絲
조용히 보는 것은 오로지 불교 서적　　幽看唯貝葉
지난 자취를 아사[213]에게 물어볼거나　　陳迹問阿斯

213 아사(阿斯) : 아사달산(阿斯達山)의 준말로 해주(海州)의 진산(鎭山)인 문화현

기후 나쁜 고장의 옛날 옛적 산이라면	瘴癘山千古
흥망성쇠 기록하는 한 자루의 붓이랄까	興亡筆一枝
창생이 생업을 즐길 줄을 알거니	蒼生知樂業
한사(寒士)가 감히 배고프다 울겠는가	白屋敢啼飢
청고한 그대는 선정 베푸는 원님이요	淸苦君循吏
떠도는 이 몸은 주워 먹는 신세로세	飄零我拾遺
만났다 다시 헤어짐을 아쉬워하며	相逢還惜別
손으로 가리키네, 기이한 저 봉우리들	指點亂峯奇

(文化縣) 서쪽의 구월산(九月山)을 말하는데, 여기서는 이곳에 수도를 옮기고 수천 년간 나라를 다스리다가 이 산에 은둔하여 산신(山神)이 되었다는 단군(檀君)을 말한다.《三國遺事 卷1 古朝鮮》 아사는 우리말로 구(九)이고, 달은 월(月)이라서 구월산이 되었다고 한다.

칠언율시 七言律詩

비바람이 매우 험악하기에 홀로 앉아 회포를 써서 육봉에게 봉정하다[214]

風雨甚惡獨坐有懷奉贈六峯

소리 높이 읊어 봐도 시종 흥이 심드렁	高吟首尾興闌珊
누가 빙상의 안목으로 폐간을 비춰 볼까[215]	誰把氷霜照肺肝
유감스럽게 음산한 구름이 교묘히 해를 가리고	却恨陰雲工蔽日
지겹게도 한꺼번에 쏟아지는 세찬 산골 물소리	倦聞喦壑湧崩湍
책상의 찌 붙인 책들 펼쳐 보기 난감한 속에	案籤黃卷難披閱
화로의 작설차 맑은 향기 구불구불 서릴 따름	爐鵲寒香秖[216]屈盤

214 비바람이……봉정하다 : 육봉(六峯)은 박우(朴祐, 1476~1547)의 호이다. 강직한 성품의 소유자로, 당시 권세가인 김안로(金安老)나 허확(許礭)·허항(許沆) 부자 등에게 미움을 받아 좌천되기도 하고 파직되기도 하였으나, 끝까지 자신의 신념을 고수하였다. 비가 쏟아지고 바람이 거세게 부는 날씨는 이들 권세가들의 횡포를 비유한 것으로 보인다.

215 소리……볼까 : 대관재 자신의 내면〔肺肝〕을 훤히 살펴보고 이해해 줄 수 있는, 얼음이나 서리〔氷霜〕와 같은 확고하고도 고결한 신념의 소유자가 없어서 시를 지어도 흥이 제대로 나지 않는다는 말이다.

끊어진 줄 수리해 새 삶을 꾸려 보고 싶다마는 欲理斷絃新活計
나의 속마음 어느 곳에서 누구와 합해 볼까[217] 幽懷何處共成團

겹옷 찾아 입으니 앉아서 지내기 거북한데 裌衣初御坐難棲
텅 빈 방 안 어둠침침 일기도 고르지 않네 虛室沈冥氣未齊
타향 길은 진흙탕 깊어 원근이 헷갈리고 客路泥深迷遠近
고향 산은 구름이 끼어 고저를 모르겠네 舊山雲暗失高低[218]
처마 머리 연기는 매캐하게 부뚜막으로 옮겨 오고 簷頭煙溢移炊鼎
담장 모서리 번갯불은 골짜기 치달리며 으르렁 墻角電奔吼澗谿
풍백과 우사 재판해 달라 호소할 곳이 없는데 風伯雨師無處訟
천지신명이 조만간 꼬투리 잡아서 벌해 주리 乾坤早晚露端倪

216 秖 : 대본에는 '秪'로 되어 있는데, 문맥에 근거하여 '秖'로 바로잡았다.

217 끊어진……볼까 : 대관재가 다시 끊어진 인간관계를 회복하여 박우와 마음을 알아주는 벗으로 지내고 싶다는 말이다. 끊어진 줄은 거문고의 명인인 백아(伯牙)가 지음(知音)인 종자기(鍾子期)를 잃은 뒤로는 자기 음악을 이해해 줄 사람이 없다고 하여 거문고 줄을 끊은 고사에서 나온 것이다. 《列子 湯問》

218 低 : 대본에는 '伲'로 되어 있는데, 문맥에 근거하여 '低'로 바로잡았다.

빗속에 붓 가는 대로 쓰다
雨中漫成

문 닫고 하는 일 없이 괜히 바빠져서 掩關無事却成忙
땅을 쓸고 또 한 줄기 향을 살랐다네 掃地還焚一瓣香
산은 푸른색 보내 사립에 대기시키고 山色送青留蓽戶
빗소리는 꿈결 따라 고향까지 이르렀네 雨聲隨夢到桑鄉
마음은 강한 적에게 항복받은 노장 같은데 心如老將降强陣
육신은 중상 걱정하는 다친 새라 할까 身與傷禽患重瘡
해 저문 성상 속에 거울 보며 자주 우나니 歲晏星霜頻泣鏡
귀밑털 날로 세는 것을 차마 볼 수 없어서[219] 忍看雙鬢日蒼浪

219 해……없어서 : 흐르는 세월 속에 어느덧 노년에 접어들어 날마다 하얗게 변하는 귀밑머리를 거울 속에서 접하노라면 자기도 모르게 지나온 인생이 허망하다는 생각이 들면서 불현듯 슬픔에 잠기곤 한다는 말이다.

시암의 경물을 읊다

柿嵒卽景

유정을 단독 점유하여 쌓아 놓은 일구[220]에	占斷幽貞築一丘
올라와 굽어보니 고루(高樓)보다도 상쾌해라	登臨爽塏勝危樓
도량[221] 찾는 야윈 그림자 배고파 우는 기러기요	稻粱影瘦嗷嗷雁
낙엽 지는 썰렁한 소리 우수수 서글픈 가을이라	木葉聲寒策策秋
도롱이 덮어쓴 사람은 나루에서 불러 대고	披得漁蓑人喚渡
석양 그림자 밟는 소는 논두렁으로 돌아가네	踏穿斜日犢歸疇
어쩌면 호해가 시의 소재 제공할 듯도 한데	却將湖海供吟興
한번 물어보세, 몇 고을 떨어진 파산에게[222]	且問坡山隔幾州

220 유정(幽貞)을……일구(一丘) : 은자가 기거하기에 알맞도록 조성한 구역이라는 말이다. 유정은 《주역》 〈이괘(履卦) 구이(九二)〉의 "그윽한 사람이라야 곧으며 길하다.〔幽人貞吉.〕"라는 말에서 나온 것으로, 곧은 절조를 지키며 사는 은자의 생활을 가리킨다. 일구는 산과 골짜기를 뜻하는 일구일학(一丘一壑)의 준말로, 은자가 노니는 산수를 뜻하는 시어이다.

221 도량(稻粱) : 보통은 곡물(穀物)의 대칭(代稱)으로 쓰이나, 여기서는 새들의 먹이를 뜻하는 말로 쓰였다.

222 어쩌면……파산(坡山)에게 : 파주(坡州) 별장에 머물고 있는 벗 성세창(成世昌)에게 이 강호의 풍광을 재료로 해서 시를 한번 지어 보라고 권하고 싶다는 말이다. 파산은 파주의 옛 이름이다.

입춘첩자

立春帖字

대궐에 써 붙인 것이다.

은구[223]가 오르자마자 온 누리에 봄꽃의 날씨	銀鉤纔上遍春華
얼마나 궁중에 일선씩 더해져 쌓여 왔을까[224]	幾積宮中一線加
대궐에서 열린 연회에 흥 돋우는 궁중 아악이요	貝闕開筵催鳳簴
옥쟁반 담긴 나물에 넘치는 신선의 술이로다	瓊盤傳菜灩仙霞
서설이 녹은 섬돌에는 어전의 향기가 흩날리고	階融瑞雪天香散
상운이 감싼 처마에는 태양의 광채가 덤이로세	簷擁祥雲日彩賒
관대한 교서 반포하여 지극한 교화 드높이니	寬大詔頒隆至化
사면령 내린 큰 은혜에 씨눈이 터서 자라리라	鴻恩渙汗長句芽

223 은구(銀鉤) : 은 갈고리라는 뜻으로 아름다운 필체의 글씨를 비유하는 말인데, 여기서는 신하들에 앞서서 맨 먼저 궁중의 벽에 시범적으로 걸어 놓은 입춘첩자를 말한다. 당나라 서예가 구양순(歐陽詢)의 〈용필론(用筆論)〉에 "강경(剛勁)하기는 무쇠 획과 같고, 유미(柔媚)하기는 은 갈고리와 같다."라고 필체를 형용한 말이 나온다. 《墨池編 卷1》

224 얼마나……왔을까 : 일양(一陽)이 처음 생긴 동짓달의 동지 이후로 양의 기운이 점진적으로 쌓여서 정월달의 입춘을 맞이하게 되었다는 말이다. 일선(一線)씩 더해졌다는 것은 한 올의 선만큼 그렇게 조금씩 양기가 늘어났다는 말인데, 《형초세시기(荊楚歲時記)》에 "진위(晉魏) 연간에 궁중에서 붉은 선을 가지고 해그림자를 측정하였는데, 동지 이후로는 해그림자가 날마다 한 올의 선만큼씩 길어졌다."라는 말이 나온다.

들불

野火

작은 불씨가 벌판에 번져 아득히 멀리까지　燎原一爝映蒼茫
연기와 화염이 바람을 타고 만 길 높이까지　煙焰乘風萬丈長
팔진에 형명이 촉롱을 둘러싸듯　八陣刑名圍蜀隴
노조에 거마가 형상을 에워싸듯[225]　怒潮車馬捲衡湘
곤강 위의 옥과 돌이 재가 됨은 물론이요[226]　岡頭玉石成灰燼
성 바깥 연못의 물고기도 재앙을 당할 터[227]　城外池魚亦禍殃
작수로는 안 되겠기에 박멸을 생각하며　勺水未能思撲滅
상분한 육혼의 시를 속절없이 잇게 됐네[228]　上焚空續陸渾章

225 팔진(八陣)에……에워싸듯 : 미상이다. 원문의 해석을 일단 이렇게 해 보았는데, 사계(斯界)의 지정(指正)을 바란다. 제갈량(諸葛亮)이 파촉(巴蜀) 땅 농서(隴西)에서 돌무더기 여덟 줄을 쌓아 놓고 팔진도(八陣圖)를 만들어 제시하자 형명지사(刑名之士) 즉 명(名)과 실(實)의 부합 여부를 따지는 사람들이 이 진법(陣法)의 효용 가치를 확인하려고 몰려왔던 것처럼, 그리고 형양(衡陽) 땅 상수(湘水)의 거대한 파도를 보려고 수레와 말을 탄 관광객들이 몰려갔던 것처럼, 그렇게 벌판을 태우는 들불의 장관을 보려고 구경꾼들이 몰려들었다는 말인 듯하다.

226 곤강(崑岡)……물론이요 : 선인과 악인을 가릴 것 없이 모두 재앙을 당하는 것을 비유하는 말이다. 곤강은 곤륜산(崑崙山)으로, 《서경》 〈윤정(胤征)〉에 "곤강에 불길이 번짐에 옥과 돌이 모두 탄다.〔火炎崑岡, 玉石俱焚.〕"라는 말이 있다.

227 성……터 : 사람뿐만이 아니라 다른 생물들까지 억울하게 화를 당한다는 말이다. 송(宋)나라 성문에 불이 났을 때 그 옆에 있는 해자의 물을 퍼서 불을 끄는 바람에 물고기들이 떼죽음을 당했다는 고사가 있다. 《太平廣記 卷466》

228 작수(勺水)로는……됐네 : 사람이 한 국자 정도의 물을 가지고 들불을 진화하기

한공(韓公)의 시 〈육혼산화(陸渾山火)〉에 이르기를 "자기의 글이 진심에서 나왔다고 뻐기며 마침내 하늘에 분향하고 올렸다.〔辭誇出眞遂上焚〕"라고 하였다.

는 도저히 불가능하니, 볼품없는 시라도 지어서 불이 완전히 꺼지게 도와 달라고 하늘에 호소할 수밖에 없다는 말이다. 육혼(陸渾)의 시는 〈육혼산화〉로, 한유(韓愈)의 문인(門人)인 황보식(皇甫湜)이 육혼 지역의 지방관으로 있으면서 산불을 목격하고 지은 시에 한유가 화답한 것이다.《韓昌黎集 卷4》

정업원의 새벽 눈[229]

淨業院曉雪

신선 세계에 선학의 수레 어렴풋이 보이는 듯	丹洞依俙見鶴驂
서늘바람 때로 들러 선인의 얘기를 들려주네[230]	泠風時過送仙談
산중은 아득하여 티끌과 먼지 저 멀리	山中縹緲埃塵隔
술병은 투명하여 눈과 달이 잠겨 있네	壺裏澄明雪月涵
석탑에는 적막하게 한 점의 등불이요	石塔寥寥燈點一
성루에선 은은하게 세 번의 북소리라	城樓隱隱鼓聲三
앉았다가 창이 먼저 밝아 오는 것이 괴이해서	坐來怪得窓先曉
일어나 바라보니 일천 봉에 백옥의 동곳	起望千峯白玉簪

229 정업원(淨業院)의 새벽 눈 : 김정(金淨)의 문집인《충암집(冲庵集)》 권2에 〈차서당운(次書堂韻)〉이라는 제목으로 이것과 똑같은 내용의 시가 실려 있다. 타인의 시문이《대관재난고》에 간혹 실려 있는 점에 비추어 보면 이 시는 김정의 작품일 가능성을 배제할 수 없다. 게다가 이 시에 앞서 대관재가 부휴혁(傅休奕)의 잡시(雜詩)를 소재로 지은 10수의 시에 "정덕(正德) 무진년(1508, 중종3)에 김정 등과 함께 정업원에서 사가독서(賜暇讀書)를 하였다."라는 자주(自註)가 붙어 있는 것으로 보면, 대관재가 김정의 이 시를 보고는 입으로 흥얼거리다가 나중에 편집 과정에서 별생각 없이 대관재답게 대관(大觀)의 차원에서 그냥 수록하게 된 것은 아닐까 생각한다.

230 서늘바람……들려주네 : 어쩌면《장자(莊子)》〈소요유(逍遙遊)〉의 "열자(列子)는 바람을 타고 돌아다니면서 서늘하게 잘 지내다가 보름 만에 돌아오곤 하였다."라는 말을 떠올리고 이렇게 조어(造語)한 듯하다.

장단의 석벽에 감흥을 부치다

長湍石壁寓興

조물이 인간 세상에 어쩌면 정을 느꼈는지	造物於人似有情
장난기 동해 자귀 들고 교묘히 파 놓았구먼	戲將剞劂巧鐫成
아롱다롱 바로 옆에는 백옥의 동굴이요	璁瓏咫尺瓊瑤窟
보일락 말락 천 길 높이 금수의 성이로세	隱映千尋錦繡城
살살 노 젓는 소리는 조수를 흔들며 떨어지고	柔櫓響搖潮水落
층층의 봉우리 그림자는 석양을 통과해 밝아라	層巒影透夕陽明
망연히 부앙할 뿐 어디가 남이고 북인지	茫然俯仰迷南北
물어보세, 삼신산 가려면 얼마나 걸리는지	爲問蓬瀛隔幾程

우산

雨傘

열 자의 대를 불로 지져 푸른 껍질 벗겨 내고	琅玕十尺削青蒼
종이 잘라 양 날개 만들어 활짝 펼쳤어라	翦紙翻成羽翼張
반들반들 사슴뿔처럼 싹 껍질 봉긋 솟아나고	兀兀茸形芽甲聳
동글동글 하늘의 형세로 진주 눈물이 바쁘도다	團團天勢淚珠忙
귓가에는 파초잎이 청랑한 음향을 남기는데	耳邊蕉葉留淸響
손 위에는 연 줄기가 은은한 향기를 잃었구나	掌上蓮莖失暗香
날이 개면 추구처럼 내버린다 말을 마오	莫道晴時芻狗棄
불꽃 태양 가려 주며 조금 서늘케 도울 테니	炎曦障處作微涼

'作'은 음(音)이 좌(佐)이다.

회암사에서 묵다

宿檜巖寺

일천 그루 고목이 에워싼 높다란 절터　　千章老樹擁喬基
문채 나는 공중 누각 눈부시게 현란해라　　架閣斐文煥陸離
중들 공양 마친 뒤에 독경 소리 잦아들고　　梵韻初殘僧飯後
새들이 돌아올 때 쇳송 소리가 놀래네　　鐘聲驚振鳥還時
연못엔 지는 해 잠겼나니 황금 주발이 기우뚱　　池涵落日金盆側
갠 구름 위에 솟은 산은 푸른 옥돌이 기이해라　　山聳晴雲碧玉奇
제단에 괴이한 물건 많은 것이 우습기도　　笑指靈壇多幻怪
우담발라 지전[231]들이 어지럽게 나뒹구네　　曇花錢紙亂毰毸

231 우담발라 지전(紙錢) : 우담발라 꽃무늬가 찍혀 있는 종이돈을 말하는데, 신령에게 제사 지낼 때 불사르면서 복을 비는 일종의 미신 용품이다.

제천정의 시에 차운하다

次濟川亭韻

명나라 사신 공용경(龔用卿)과 오희맹(吳希孟)이 본국에 왔을 때 내가 제술관(製述官)으로 함께 뽑혔으므로 이렇게 짓게 되었다.

꿩이 날개 펴듯 푸른 물가에 가설한 누각	樓觀翬飛架碧潯
휘황한 비단 보료 사신의 수레가 임하였네	輝煌獸錦使軺臨
구름 산은 일천 고둥 상투를 살짝 드러내고	煙岑乍露千螺髻
새벽 해는 일만 이랑 황금을 새로 녹였어라	曉日新鎔萬頃金
물을 박찬 백로는 붉은 여뀌풀 언덕에 퍼덕이고	掠水鷺翻紅蓼岸
물고기 잡는 배는 푸른 버들 그늘 속에 들어가네	榜魚船入綠楊陰
촌초의 작은 성의 그래도 받을 만하리니	微誠寸草猶堪取
빈연의 술잔 가득 따라도 저어하지 마오[232]	莫厭賓筵酒盞深

232 촌초(寸草)의……마오 : 자식이 어버이의 은혜를 생각하는 것처럼 조선에서 대국의 사신을 정성스럽게 맞이하고 있으니 비록 보잘것없지만 국빈을 위해 마련한 이 연회에서 마음껏 마시며 즐기라는 뜻인데, 이런 표현을 구사할 때 아마도 대관재의 얼굴이 뜨뜻해졌을 것이다. 그래서 자주(自註)에서 "제술관으로 뽑혀서 이렇게 짓게 되었다."라고 했는지도 모르겠다. 한 치 풀이라는 뜻의 '촌초'는 촌초춘휘(寸草春暉)의 성어에서 나온 것인데, 당나라 맹교(孟郊)의 "어머님 손 안의 실은, 길 떠난 자식 몸 위의 옷이로세. 떠날 임시에 촘촘히 꿰매 주신 것은, 더디게 돌아올지도 모르겠다는 염려에서. 한 치의 풀 같은 자식의 마음 가지고는, 석 달 봄 햇볕 같은 어머님 은혜에 보답하기 어려워라.〔慈母手中線, 遊子身上衣. 臨行密密縫, 意恐遲遲歸. 難將寸草心, 報得三春暉.〕"라는 시에서 유래하였다. 《全唐詩 卷25 遊子吟》

십 리에 걸쳐 앵화가 먼 시내 속살 감춘 곳	十里鸎花襯遠溪
한 쌍의 벽옥이 손잡고 함께 다락에 오르셨네	危樓雙璧共提携
술잔 앞의 경치는 그림의 소재를 제공하고	尊前物色供圖畫
천상의 신선은 품평의 주제로 입에 오르리라	天上神仙屬品題
주렴 너머 어부의 피리에 모래톱 백로 흩어지고	漁笛隔簾磯鷺散
해 저물 녘 바람 돛은 바다 어구에 희미해지네	風帆趁暝海門迷
인간 세상에도 영주의 승경이 있나니	人間便有瀛洲勝
학 타고 조리 먹는 걸 물을 게 있으리오[233]	騎鶴何須問棗梨

233 인간……있으리오 : 이곳 제천정도 바로 신선이 노니는 선경이라고 할 것이니, 굳이 선도(仙道)를 배워서 선학(仙鶴)을 타고 선과(仙果)를 먹는 선인(仙人)이 될 필요가 있겠느냐는 말이다. 조리(棗梨)는 신선이 먹는다는 화조(火棗)와 교리(交梨)라는 과일을 말한다. 영주(瀛洲)는 동해에 있다는 삼신산(三神山)의 하나이다.

중국 사신의 〈양화도조풍〉 시에 차운하다
次天使楊花渡阻風韻

멋진 술자리 약옥선[234]을 몽땅 털어 넣으니	倒盡華筵藥玉船
답답한 가슴 씻기는 것이 영연히 모는 듯[235]	煩襟洗似馭泠然
지는 놀은 어촌을 멀리 담연히 비치고	落霞遠映漁村淡
유람선은 놀란 물결 따라 연달아 오네	彩鷁來隨駭浪連
물새들 너머로 우레처럼 퍼지는 관현악이요	絃管聒雷鷗鷺外
술동이 주변에 눈처럼 날리는 버들개지로다	楊花飛雪酒尊邊
비단 주머니에 호수와 산을 수습해 가시면	錦囊收拾湖山去
배 돌린 흥겨운 고사가 완전무결해지리라[236]	回棹無虧樂事全

234 약옥선(藥玉船) : 약물을 달여 단련하여 윤택이 나는 옥돌로 만든 배 모양의 술잔을 말한다.

235 답답한……듯 : 열자(列子)가 바람을 몰고 시원스럽게 하늘을 날아다니는 것과 같은 상쾌한 기분이 든다는 말이다. 398쪽 주230 참조.

236 비단……완전무결해지리라 : 중국 사신들 사이에 명승으로 소문이 나서 한번 찾아보리라고 다짐했던 양화나루〔楊花渡〕의 경치를 직접 발로 밟으며 찾아다닐 것이 없이 그냥 배 타고 유람하면서 시를 지어 비단 주머니에 간직하면 옛날 산음회도(山陰回棹)의 고사가 완벽하게 재현될 수 있을 것이라는 말이다. 진(晉)나라 왕휘지(王徽之)가 눈 내린 밤에 친구 대규(戴逵)가 갑자기 보고 싶어져서 산음(山陰)에서 배를 저어 섬계(剡溪)의 그 집 문 앞까지 갔다가 배에서 내려 걸어 들어가지 않고 그냥 배를 되돌려 돌아왔는데, 누가 그 이유를 물으니 "내가 본래 흥이 일어서 찾아갔다가 흥이 다하여 돌아온 것이다."라고 대답했다고 한다. 《世說新語 任誕》

채효중[237]의 모친에 대한 만사

蔡孝仲大夫人挽

세가에 경사가 흘러 명경의 배필 되셨나니	世家流慶配名卿
거하신 곳은 산 아래 고래 등 같은 기와집	山下仙居聳翠甍
주방에 그득한 산해진미는 책봉[238] 뒤의 밥상이요	海陸堆廚封後味
땅에 비치는 황금 서대[239]는 눈앞의 영광이었어라	金犀照地眼前榮
북당에선 즐거운 일이 길거리에 파다했고	北堂樂事喧街巷
남쪽 영에는 영혼이 돌아갈 선영이 있다오	南嶺歸魂有舊塋
팔십에 하늘에 올라 멀리 구름 수레 타니	八十昇天雲軿遠
깊은 침실 계수 그림자 더욱 처량하여라	幽閨桂影轉凄清

237 채효중(蔡孝仲) : 채소권(蔡紹權, 1480~1548)으로, 본관은 인천(仁川), 자는 효중, 호는 졸옹(拙翁)이다. 부친은 채수(蔡壽)이고, 모친은 권이순(權以順)의 딸이다.

238 책봉 : 채수가 중종반정(中宗反正)에 가담하여 정국 공신(靖國功臣) 4등으로 인천군(仁川君)에 봉해진 것을 말한다.

239 황금 서대(黃金犀帶) : 조정의 고위 품관이 착용하는 황금과 서각(犀角)으로 만든 띠를 말한다.

만리재에서 친족들과 강신의 모임[240]을 갖다

萬里嶺與親族講信

한가한 날 소요하며 만사를 포기하고	暇日逍遙萬事抛
친척들 회합하여 다 함께 산 정상으로	盍簪親戚共山椒
노량의 먼 한강물은 형승을 둘로 나누었고	露梁遠水分形勝
삼각의 뾰족한 봉우리는 허공 속에 들어갔네	三角尖峯入泬寥
누런 국화꽃 술잔에 띄우니 향기가 감돌고	黃菊泛杯香掩苒
단풍이 자리를 비추니 그림자가 나부끼네	丹楓耀席影飄搖
한맹[241]을 맺은 대로 풍상 속에 단결할지니	風霜要結寒盟在
볼지어다, 푸른 솔이 후조의 모습 보존함을	看取蒼松保後彫

240 강신(講信)의 모임 : 《예기》 〈예운(禮運)〉에 나오는 "신의를 강구하고 화목을 도모한다."라는 뜻의 강신수목(講信脩睦)의 준말로, 친목회와 비슷한 말이다.

241 한맹(寒盟) : 세한맹(歲寒盟)의 준말로, 풍상이 몰아치는 험난한 세상 속에서 기 죽지 않고 계속 자신의 절조를 지켜 나가는 것을 말하는데, 《논어》 〈자한(子罕)〉의 "날씨가 추워진 뒤에야 송백이 늦게 시듦을 알 수 있다.〔歲寒然後知松柏之後彫也.〕"라는 공자의 말에서 비롯된 것이다.

가을날 강가 정자에서 새벽에 경치를 바라보다
秋日江亭曉望

강변 정자 쇄락하여 속진을 멀리하였나니　江亭灑落隔塵區
이 늙은이 화폭 속에 드러누운 느낌일세　疑是衰翁臥畫圖
바다 빛은 하늘과 공유해 청색이 일렁거리고　海色共天靑蕩漾
모래사장은 들판을 연하여 백색이 뒤범벅이라　沙痕連野白糢糊

자주(自註)에 "이때 강물이 크게 불어나서 들판이 죄다 흰 모래로 뒤덮였다."라고 하였다.

성근 버들은 이슬에 젖어 하늘하늘 서 있고　露濡疏柳依依立
먼 마을에 오르는 연기는 모락모락 외로워라　煙起遙村淡淡孤
아스라이 돌아가는 저기 돛배를 보게나　指點風舟歸浩渺
어쩌면 선경이 삼신산과 이어졌는지도　茫然仙境接蓬壺

장경왕후에 대한 만사

章敬王后挽

예법대로 위의 갖춰 천장(遷葬)하였나니	禮備威儀葬已遷
반열 가득 조정 관원 모두 눈물 주르륵	滿班鵷鷺摠潸然
붕용[242] 때문에 새 묘역 열었다 말하지 마오	莫言崩湧開新域
단지 산근[243] 때문에 위치를 바꾼 것뿐이라오	秖爲山根換舊阡

고양(高陽)으로 이장하였다.

국모의 은혜 널리 입혀 황극의 짝이 당연한 분	遍被坤恩宜配極
세자의 기틀 이루자마자 곧장 하늘로 오르셨네	纔成鶴駕旋昇天

원자(元子)를 낳고 나서 곧바로 승하하였다.

능침의 문 닫혀 적막하게 영원한 밤 속으로	玄宮寂莫封長夜
지척의 소나무 산초나무에 달빛이 어여뻐라	咫尺松椒月色姸

242 붕용(崩湧) : 산붕천용(山崩泉湧)의 준말로, 묘역이 무너지고 샘물이 솟아나는 것을 말한다. 중종의 계비인 장경왕후가 1515년(중종10) 3월에 인종(仁宗)을 낳고 25세의 나이에 곧바로 산후병으로 죽자 광주(廣州)의 헌릉(獻陵) 오른쪽 언덕에 안장하고 희릉(禧陵)이라고 명명하였다. 그런데 광중(壙中)에 암반이 있었다는 사실이 문제가 되어 1537년 9월에 고양 원당리(元堂里)로 이장하였는데, 이때 김안로(金安老)가 이 일을 계기로 '지기(地氣)가 끊어지는 수석(水石)의 흉조'를 무시했다면서 당시 산릉총호사(山陵總護使)였던 정광필(鄭光弼)을 탄핵하여 김해(金海)로 귀양 보내는 사건이 발생하였다.

243 산근(山根) : 보통은 산기슭의 뜻으로 쓰이지만, 여기서는 산의 단단한 뿌리가 되는 암석이라는 뜻의 시어로 사용하였다.

명가에 복이 전해져 빼어난 기운 품수하고	名家流慶稟靈亨
제왕의 배필이 되어 교화를 또한 행하셨네	配位乾剛化亦行
봉궐은 천일의 표상이 이루어져 축하를 하고	鳳闕賀成天日表
어헌은 월아의 정령이 사라져서 눈물을 짓네[244]	魚軒泣鏟月娥精
단지 자갈돌 때문에 새 묘역으로 옮겼을 뿐	秖緣沙石遷新域
땅이 무너져 옛 묘역을 훼손한 때문이 아니라오	不是沈崩損舊塋
말갈기 봉분[245]의 왕릉 향해 흘리는 눈물이여	泣向橋山封馬鬣
솔과 가래도 두고두고 모두 울음을 삼키리라	松楸萬古盡呑聲

244 봉궐(鳳闕)은……짓네 : 봉궐은 조정을, 천일(天日)의 표상은 세자를 의미한다. 어헌(魚軒)은 어피(魚皮)로 장식한 수레라는 뜻으로 고대 귀족의 부녀가 타던 수레인데, 여기서는 장경왕후가 탑승하는 수레를 뜻하는 말로 사용하였다. 월아(月娥)는 월궁(月宮)의 선아(仙娥) 즉 항아(姮娥)를 가리키는데, 여기서는 역시 장경왕후를 비유하는 말로 쓰였다.

245 말갈기 봉분 : 공자가 선호했다는 도끼〔斧〕 형태의 봉분으로 위는 좁고 아래는 넓은 장방형인데, 이 모양이 말의 갈기와 비슷하다고 해서 마렵봉(馬鬣封)이라고 부르게 된 일화를 인용한 것이다.《禮記 檀弓上》

홍우암에게 선물로 주다

投贈洪寓菴

이름은 언충(彦忠)이다. 문장 실력이 탁월하였는데 일찍 세상을 떠났다.

병이 많아 벼슬 관둔 건 무릉[246]과 같다 할까	多病免官如茂陵
문원처럼 소갈증 앓으며 선승처럼 몰입했지	文園患渴學禪凝
십 년 사귄 사람 중에 마음에 드는 이가 적어	十年傾蓋少青眼
만 권의 책 팔베개하고 오직 등잔불 대했다오	萬卷曲肱唯碧燈
사람을 단절한 채 벽에는 먼지 낀 거문고만	壁掛塵絃人斷絶
눈이 층층이 쌓인 사립문은 산이 엿볼 따름	山窺柴戶雪稜層
발 저는 당나귀 이끼 길 밟고 찾아가리니	蹇驢踏破莓苔路
조만간 서로 손잡고 바가지로 마셔 봅시다	早晩相携酌瓢藤

246 무릉(茂陵) : 한나라의 문인 사마상여(司馬相如)를 말한다. 그가 효문원 영(孝文園令)으로 있다가 항상 목이 마르는 소갈증(消渴症) 즉 당뇨병 때문에 벼슬을 그만두고 은퇴하여 무릉에서 살았던 데에서 유래한 것이다. 《史記 司馬相如列傳》

정 정승에 대한 만사

鄭政丞挽

휘(諱)는 광필(光弼)이다.

조정이 다 함께 애도하며 가슴 아파함은	廟堂相弔共傷情
조단[247]의 원로 잃은 것을 애석해함이로다	爲惜朝端失老成
공북[248]하는 별의 광망은 몇 조정을 빛내었고	拱北星芒輝累葉
도남[249]하는 붕의 날개는 뭇 영재를 압도했네	圖南鵬翼壓群英
경세제민의 정책 펼쳐 길이 멀리 형통했고	策會經濟亨衢遠
학술은 연원이 있는지라 지수[250]처럼 맑았다오	學自淵源止水淸

247 조단(朝端) : 보통 조정의 뜻으로 쓰이는 말인데, 여기서는 수석(首席)의 지위를 차지한 조신(朝臣), 즉 삼정승 중에서도 으뜸인 영의정이라는 뜻으로 사용하였다. 정광필(鄭光弼, 1462~1538)은 1492년(성종23) 식년 문과에 급제한 뒤로 연산군과 중종의 시대를 거치면서 11년 동안 영의정의 직책을 수행하였는데, 당시 권신인 김안로(金安老)의 무고에 의해 유배형에 처해졌다가 유배 생활에서 풀려난 이듬해에 77세를 일기로 세상을 떠났다. 408쪽 주242 참조.

248 공북(拱北) : 뭇별이 북두성을 옹위하는 것처럼 신하가 임금을 모시는 것을 말하는데 《논어》 〈위정(爲政)〉의 "덕정(德政)을 펴게 되면 북두성이 가만히 제자리를 지키고 있어도 뭇별이 옹위하는 것처럼 될 것이다.〔爲政以德, 譬如北辰居其所, 而衆星共之.〕"라는 말에서 나온 것이다.

249 도남(圖南) : 남쪽을 도모한다는 뜻으로 포부가 원대한 것을 비유하는 말인데, 대붕(大鵬)이 북해에서 남해로 멀리 날아가는 것을 묘사한 《장자(莊子)》 〈소요유(逍遙遊)〉 첫머리의 우화(寓話)에서 비롯된 것이다.

250 지수(止水) : 고요히 멈춰 있는 물이라는 뜻으로 타인의 귀감이 되기에 충분한 덕망의 소유자를 비유하는 말로 쓰이는데, 《장자》 〈덕충부(德充符)〉의 "사람들은 흐르

거룩한 왕께서 하나의 거울을 지금 잃으셨기에　聖主如今亡一鑑
미천한 신하 홀을 꽂고 눈물로 갓끈을 적십니다　微臣搢笏自沾纓

는 물에 자신을 비춰 보지 않고, 멈춰 있는 물에 비춰 본다.〔人莫鑑於流水, 而鑑於止水〕"라는 말에서 연유한 것이다.

연성군[251]의 시에 차운하다

次燕城君韻

성명(姓名)은 김준손(金俊孫)이다.

분분한 세상의 일 언제 염두에 두었던가	紛紛塵念着何曾
단지 시서를 쥐고 함께 팔베개 베었을 뿐	秖把詩書共曲肱
봄눈이 솔가지에 걸리듯 검은 머리 하얘지고	春雪掛松衰鬢換
병 속 얼음에 달빛 비치듯 도심이 엉겼어라	壺氷映月道心凝
호쾌한 얘기로 깔아뭉개 시에 맞상대가 없고	豪談傲物詩無敵
훈업은 자신의 공이라 힘을 쓸 수도 있다오	勳業由吾力有能
이 시대 향해 그렇게 서운해하지 말고	莫向當時多感慨
술잔이나 기울이며 곤드레 취해 보십시다	且傾尊酒醉瞢騰

251 연성군(燕城君) : 김준손(金俊孫, 1446~1523)이다. 1486년(성종17) 식년 문과에 급제하였으며, 중종반정(中宗反正)에 공을 세워 분의정국 사등공신(奮義靖國四等功臣)으로 연성군에 봉해지고, 연기 김씨(燕岐金氏)의 시조가 되었다. 연성은 연기의 옛 이름이다.

독서당에서 밤에 눈이 오기에 이양충의 금체[252]에 화답하다

書堂夜雪和李養沖禁體

휘(諱)는 언호(彦浩)이다. 이때 상이 정업원(淨業院)에서 사가독서(賜暇讀書)하는 은혜를 내렸다.

밤새 앞마을에 석 자도 넘게 쌓인 눈	夜積前村三尺强
저물녘에 어둑어둑 천지가 희부옇네	晩來天地暗蒼茫
주인은 산천의 색깔을 잘도 변화시키고[253]	周人能變山川色
송국은 옥저의 빛[254]을 슬쩍 회복했으리	宋國潛回玉楮光
귀공자는 안장에 뛰어올라 사냥터 쏘다니는데	公子據鞍馳獵陣
시인 묵객은 문을 닫고 매화 향기 맡는다나요	騷人開戶觸梅香

252 금체(禁體) : 영물시(詠物詩)에서 통상적으로 사용하는 단어를 제외하고 짓는 시의 형태를 말한다. 송나라 구양수(歐陽脩)가 취성당(聚星堂)에서 주연을 베풀고 눈〔雪〕에 대한 시를 짓게 하면서, 설부(雪賦)에 흔히 등장하는 옥(玉), 월(月), 이(梨), 매(梅), 연(練), 서(絮), 백(白), 무(舞), 아(鵝), 학(鶴) 등의 글자를 쓰지 말고 어려운 가운데에서도 고심하여 창의적인 문자를 내놓게 했던 데에서 유래한 것이다.

253 주인(周人)은……변화시키고 : 《시경》의 노래를 부를 줄 알았던 주(周)나라 사람 정도의 실력을 가진 사람이라면, 산과 강의 색깔이 모두 눈 때문에 하얗게 변한 광경을 멋있게 묘사할 수 있을 것이라는 말이다.

254 옥저(玉楮)의 빛 : 옥처럼 하얗게 눈이 쌓인 나뭇잎의 색을 말한다. 옥저는 옥으로 만든 닥나무 잎사귀라는 말이다. 송나라 사람이 왕을 위해 옥저를 만들어 3년 만에 완성한 뒤에, 이것을 나뭇잎 사이에 섞어 놓으니 진짜와 구별을 할 수가 없었는데, 이 말을 열자(列子)가 듣고는 "천지의 생물이 3년에 한 번 잎사귀를 내게 한다면 잎사귀 있는 식물은 드물 것이다."라고 평했다는 이야기가 전한다. 《列子 說符》

시흥이 점점 호방해져서 창화하기가 난감하니 興成硉兀難堪和
누군가 한공에게 부탁해 일장을 짓게 해 줬으면[255] 誰遣韓公起一章

밤이 되니 이부자리가 서리보다도 차가운데 夜來衾枕冷於霜
주렴 밖에는 날렵한 눈발이 추녀를 비춰 주네 簾外輕盈映璧璫
위세에 눌려 솔과 대 모두 아무 소리 못하는 때 勢壓松篁俱失響
한기가 더쳐서 등과 달도 참담하게 빛이 없도다 寒添燈月慘無光
오릉의 화각[256]에선 이글거리는 화로를 둘러싸고 五陵畫閣圍紅炭
사방 요새 봉화대에선 옷이 얇아 눈물 흘리리 四徼煙臺泣短裳
연곡의 따스한 추율[257]이 어찌 굳이 필요할까 燕谷何煩鄒律暖
군왕의 옥촉[258]이 먼 지방을 두루 비치는 걸 君王玉燭照遐方

255 시흥이……줬으면 : 한공(韓公)의 일장(一章)은 “가로세로로 떨어지는 것만 보일 뿐, 멀고 가까운 어디에서 오는지 어찌 알랴.〔只見縱橫落, 寧知遠近來?〕”라는 시구로 시작되는, 한유(韓愈)의 눈을 소재로 한 장시 〈영설증장적(詠雪贈張籍)〉을 말한다. 《韓昌黎集 卷9》 그리고 그 시의 마지막 부분에 “제멋대로인 내 기질은 시를 하늘 높은 줄 모르게 하고, 호방한 내 시흥은 술 마실수록 강개한 기분에 빠져든다.〔狂教詩硉矹, 興與酒陪鰓.〕”라는 말이 나온다.

256 오릉(五陵)의 화각(畫閣) : 서울의 화려한 누각이라는 말이다. 오릉은 장안(長安) 부근에 있던 황제의 다섯 능이란 말인데, 이곳에 사방의 부호와 외척들을 이주시켜 살게 했던 고사에서 유래하여 번화한 도성 거리를 뜻하는 말로 쓰이게 되었다.

257 연곡(燕谷)의 따스한 추율(鄒律) : 전국 시대 제(齊)나라의 추연(鄒衍)이 연(燕)나라의 곡구(谷口)에 있을 때, 땅은 비옥하지만 기후가 썰렁하여 농사가 안 되는 것을 보고 양률(陽律)을 불어넣어 날씨를 따스하게 해서 곡식이 잘 자라게 했다는 추자취율(鄒子吹律)의 고사가 있다. 《列子 湯問》

258 군왕의 옥촉(玉燭) : 임금이 비추는 옥 촛불이라는 뜻으로, 성군의 태평한 정치를 비유하는 말이다. 《이아(爾雅)》 〈석천(釋天)〉에 “사계절의 기운이 조화를 이루는 것을

바람 따라 나부끼며 누대 옆에 머물더니 隨風搖颺傍樓臺
곧장 표소를 지향하며 원해로 흩어지네[259] 便向飄騷散遠垓
너울너울 춤을 추며 요새에 이어져 어둑 舞作婆娑連塞暗
경각간에 꽃을 피우며 정원을 채워 그득[260] 花開頃刻滿庭堆
원안은 사립 닫고서 깊은 잠에 빠져들고[261] 袁安熟睡柴扉掩
맹호는 나귀 등에서 시의 눈이 열렸으리[262] 孟浩騎驢詩眼開
맑은 술 있는 덕분에 솜옷 입은 듯 훈훈 賴有淸尊如挾纊
비단 주머니 오늘 또 새로운 시 쌓이겠네 錦囊今更貯新裁

옥촉이라고 한다."라고 하였다.

259 곧장……흩어지네 : 표소(飄騷) 즉 유랑하는 소인묵객(騷人墨客)이나 되려는지 먼 산으로 곧장 흩어져 사라진다는 말이다. 원해(遠垓)의 해는 초목이 없는 산을 말한다. 송(宋)나라 한졸(韓拙)의 《산수순전집(山水純全集)》〈논산(論山)〉에 "초목이 많은 산을 호(岵)라고 하고, 초목이 없는 산을 해(垓)라고 한다."라고 하였다.

260 경각간(頃刻間)에……그득 : 신기하게도 눈꽃 송이가 홀연히 피어나서 황량한 정원을 온통 흰 꽃의 화원(花園)으로 만들었다는 말이다. 한유(韓愈)의 질손(姪孫)인 한상(韓湘)이 〈언지(言志)〉라는 시를 지어 "순식간에 신선의 술을 만들 줄도 알고, 경각간에 꽃을 피울 수도 있다.〔解造逡巡酒, 能開頃刻花.〕"라는 시구를 보여 주었는데, 한유가 믿지 않자 한상이 흙을 긁어모아 동이로 덮어 두었다가 얼마 뒤에 동이를 들어 보니 모란꽃 두 송이가 피어 있더라는 경각화(頃刻花)의 이야기가 송나라 유부(劉斧)의 《청쇄고의(靑瑣高議)》〈한상자(韓湘子)〉에 나온다.

261 원안(袁安)은……빠져들고 : 원안와설(袁安臥雪)의 고사성어를 인용한 것이다. 341쪽 주145 참조.

262 맹호(孟浩)는……열렸으리 : 당나라 시인 맹호연(孟浩然)은 좋은 시를 지으려고 고심하다가 나귀 등에 타고서 눈발이 휘날리는 파교(灞橋) 위를 지나갈 때 그럴듯한 시상이 떠올랐다고 하는데, 소식(蘇軾)의 시에 "그대는 또 못 보았는가. 눈 속에 나귀 탄 맹호연이 눈썹을 찌푸리고 시를 읊느라 어깨가 산처럼 솟은 것을.〔又不見雪中騎驢孟浩然, 皺眉吟詩肩聳山.〕"이라는 표현이 나온다. 《蘇東坡詩集 卷12 贈寫眞何充秀才》

연말에 서재에서 지독한 추위 노래하다가 窮臘書齋賦苦寒
육영[263] 날리는 곳 난간을 치며 바라보네 六霙飛處拍欄看
인적이 드문 가로에는 소금 가루가 희부옇게 疏疏街路鹽生暈
빽빽이 들어찬 원림엔 버들개지가 덩어리로 密密園林絮作團
시대가 이미 태평한데 황명의 재해도 없앴으니 災息蝗螟時已泰
한 해 저무는 때에 풍년 들 상서를 미리 알겠네[264] 瑞占豐熟歲將闌
홀연히 권농관 불러 삼백을 관찰해 보라는데 忽呼田畯觀三白
청명한 물 떠서 내 속 씻어 줄 이는 누구일까[265] 誰掬淸明洗我肝

263 육영(六霙) : 여섯 모가 난 꽃이라는 뜻으로, 눈꽃〔雪花〕을 말한다.

264 시대가……알겠네 : 납제(臘祭)를 지내기 전에 세 번 눈이 오는 것은 풍년 들 상서로운 조짐이라는 납전삼백(臘前三白)의 고사성어가 있는 것처럼 올해도 해가 지나기 전에 눈이 많이 왔으니, 장차 메뚜기나 이화명충과 같은 해충이 박멸되어 내년의 농사가 풍년 든 것은 예견할 수 있다는 말이다. 소식(蘇軾)이 시에 "황명이 알이 땅속에 응당 일천 척은 들어가리니, 무성한 겨울 보리가 구름에 잇닿은 몇 집 농가 있으리라〔遺蝗入地應千尺, 宿麥連雲有幾家.〕"라는 표현이 있는데, 왕십붕(王十朋)의 주(注)에 "황충은 알을 땅속에 남기는데, 눈의 깊이가 1척이면 그 알은 한 길 땅속으로 들어간다."라고 하였다. 《蘇東坡詩集 卷12 雪後書北臺壁》

265 홀연히……누구일까 : 곡식을 해치는 곤충은 눈이 없애 주어서 권농관(勸農官)도 풍년을 점치며 기뻐하겠지만, 정작 나의 내면의 갈등을 유발하는 탐욕스러운 해충들을 깨끗이 씻어서 없애 줄 자는 어디 없겠느냐는 말이다.

화암으로 서가구를 찾아가다[266]

花嵒訪徐可久

새벽에 찾은 솔 길 운무에 젖어 써늘한데 曉尋松逕濕凄迷
사립에 들리는 것은 산골의 새소리뿐 柴戶唯聞谷鳥啼
이슬 듣는 이끼 낀 바위엔 거북이 등에 햇볕 쬐고 露滴苔嵒龜曝背

자주(自註)에 "바위가 모두 거북처럼 생겼다."라고 하였다.

잎사귀 짙은 구름 속 나무는 말이 굽 모아 치달리네 葉濃雲樹馬攢蹄

자주에 "나무가 모두 말처럼 생겼다."라고 하였다.

쌍을 바꾼 장자의 향기가 깁 창문에 묻어나고[267] 雙翻張子香生錦
백이 된 동파의 그림자가 시냇물에 번져 나가네[268] 百作東坡影散溪

266 화암(花嵒)으로 서가구(徐可久)를 찾아가다 : 화암은 해주(海州)에 있는 아홉 개의 승경인 구곡담(九曲潭)의 하나이다. 화담(花潭)이라는 서경덕(徐敬德, 1489~1546)의 호도 여기에서 유래하였다. 가구는 서경덕의 자이다.

267 쌍(雙)을……묻어나고 : 서경덕이 장재(張載)의 철학을 이어받아 기일원론(氣一元論)을 제창함으로써 조선 유학사의 발전에 지대한 공헌을 한 업적을 찬미한 것이다. 쌍은 두 개의 창문이라는 뜻의 쌍유(雙牖)의 준말로, 동쪽과 서쪽의 두 창가에 걸어 놓은 명문(銘文)의 두 개의 제목을 말한다. 장재가 학당의 왼쪽과 오른쪽 창문에 각각 폄우(砭愚)와 정완(訂頑)이라는 제목의 글을 써 붙였는데, 폄우는 어리석은 자에게 일침을 가한다는 뜻이고, 정완은 완고한 자를 바로잡는다는 뜻이다. 그런데 정이(程頤)가 이를 보고는 "이 제목은 시빗거리가 될 수 있으니, 폄우는 동명(東銘)으로, 정완은 서명(西銘)으로 바꾸는 것이 좋겠다."라고 하자, 그렇게 바꾼 고사가 전한다. 《近思錄 卷2 爲學》

268 백(百)이……나가네 : 서경덕이 제기한 기철학(氣哲學)의 본의를 왜곡하여 폄하하는 자들과 그의 이론을 표절하여 각종 형태로 도용하는 사이비 아류들의 행태를 풍자

목격[269]의 은미한 말 그대 기억할 것이니　　目擊微言君可記
사양치 말고 종일 취해 함께 어울려 봅시다　　莫辭終日醉相携

차운하다 次韻

가구(可久)

동산에 해 뜨도록 잠에 빠져 있다가　　日出東岑睡正迷
산 까치가 창에서 울어 깜짝 놀랐네　　忽驚山鵲向窓啼
사립문 미는 귀한 손님 환영하였나니　　喜迎嘉客推蓬戶
발굽에 붙은 시든 꽃도 보기 좋아라　　好看殘花襯馬蹄
술잔 쥐고 저녁 해를 걱정할 것 없이　　把酒未須愁夕景
갓끈 씻으며 청계에서 노닐어 보십시다[270]　　濯纓贏得弄淸溪

한 것이다. 동파거사(東坡居士) 소식(蘇軾)의 시에 "배 위에서 명경지수(明鏡止水)와 같은 물을 굽어보면서, 너는 누구냐고 웃으며 물어보는 차에, 홀연히 고기 떼와 같은 잔물결이 일어나면서, 나의 수염과 눈썹을 교란시키는 바람에, 흩어져 백 개의 동파가 되었다가, 얼마 지나지 않아 다시 제자리로 돌아왔다.〔畫船俯明鏡, 笑問汝爲誰. 忽然生鱗甲, 亂我須與眉. 散爲百東坡, 頃刻復在玆.〕"라는 표현이 있다.《蘇東坡詩集 卷34 泛潁》 이 시에 대해서는 소식이 마치 선승(禪僧)처럼 자기의 본래면목을 찾아가는 여정으로 해석하는 주석이 주를 이루고 있으나, 대관재는 서경덕의 독창적인 이론이 수많은 견제와 비판에도 불구하고 끄떡없이 건재함을 과시하고 있다는 뜻으로 단장취의하였다

269 목격(目擊) : 목격도존(目擊道存)의 준말로, 말없이 서로 쳐다보는 순간에 상대방의 마음을 이해하는 지기(知己)의 관계가 형성됨을 말한다.《장자(莊子)》〈전자방(田子方)〉에 "그런 사람은 눈빛만 스쳐도 도가 있음을 알아차리는 법이니, 굳이 말을 할 필요도 없는 것이다."라는 말에서 유래한 것이다.

270 갓끈……보십시다 : 굴원(屈原)의 〈어부사(漁父辭)〉에 나오는 "창랑의 물이 맑으면 내 갓끈을 씻고, 세상처럼 물이 흐리면 발이나 씻는다.〔滄浪之水淸兮, 可以濯我纓. 滄浪之水濁兮, 可以濯我足.〕"라는 말을 전용한 것이다.《古文眞寶 後集 卷1》

하늘이 쾌락을 우리에게 선물하게 하였으니	天敎樂事輸吾輩
남은 봄날 또 만나자 약속을 해도 좋겠지요	擬趁餘春約更携

가구와 함께 경덕궁에서 노닐다

同可久遊景德宮

태조 즉위 초창기에 신산(神算)으로 창건한	龍飛草昧創神謀
도성의 궁궐에 길상의 운기(雲氣)가 떠 있네	絳闕淸都瑞靄浮
정전(正殿)은 하늘을 찌르며 하늘 북쪽 끝자락에	法座淩空天北極
상림(上林)은 푸른 병풍 둘러 전각 서쪽 머리에	禁林繞翠殿西頭
한양은 조정이 옮겨져 새로운 낙읍으로	漢陽朝市移新洛
송악은 의관이 예전의 서주에 그대로	松嶽衣冠在舊周
고궁에서 성대히 모여 취한 눈길 들어 보니	高會故宮擡醉眼
앵화가 난만하여 황제의 도성에 가득해라[271]	鶯花爛熳滿皇州

차운하다 次韻

가구(可久)

심원한 계책에서 나온 당일의 건축 공사	肯構當日出宏謀
고궁에 제왕의 기운 아직 남아 떠 있네	故闕猶餘王氣浮

271 한양(漢陽)은……가득해라 : 호경(鎬京)에 도읍한 서주(西周)의 뒤를 이어 동주(東周)가 낙읍(洛邑)으로 천도한 역사적 사실을 거론하여 고려의 개경에서 조선의 한양으로 도읍이 옮겨진 것을 서술함으로써 왕건(王建)의 고려를 이성계(李成桂)의 조선이 계승했다는 역사적 정통성을 부여하는 한편으로, 강성했던 서주와 쇠약했던 동주를 독자의 뇌리에 떠올리게 하면서 낙구(落句)에서 황제의 도성이라는 뜻의 황주(皇州)라는 문자를 부려 사용하여 황제국(皇帝國)이라고 일컬었던 고려에 대한 애틋한 동경심을 유발하고 있다.

남긴 발자취 추억하며 공손히 두 발을 모으고	遐想遺蹤恭謖足
장대한 건물 관람하며 자꾸만 고개를 치켜드네	縱觀隆宇屢擡頭
떨어진 배꽃 일만 조각은 마당에 나뒹굴고	落梨萬片飄庭際
늙은 버들 일천 그루는 길가에 그늘 드리우네	老柳千章蔭道周
어좌에서 문자음 모임[272]에 외람되이 끼었으니	法座濫參文字飮
황제의 도성을 꿈꾸면서 밤새 번뇌하겠구나	夜來應惱夢神州

272 문자음(文字飮) 모임 : 글 짓고 술 마시며 고상하게 풍류를 즐기는 모임을 말한다. 한유(韓愈)의 시에 "장안의 부잣집 아이들은, 식탁에 고급 안주 잔뜩 차려 놓고, 글 지으며 술 마실 줄은 아예 모른 채, 오직 기녀의 붉은 치맛자락에만 취하나니, 비록 한동안 즐거움은 얻을지 몰라도, 떼 지어 나는 모기떼나 같다 하리라.〔長安衆富兒, 盤饌羅羶葷. 不解文字飮, 惟能醉紅裙. 雖得一餉樂, 有如聚飛蚊.〕"라고 하였다. 《韓昌黎集 卷2 醉贈張秘書》

만월대에서 노닐다

遊滿月臺

푸른 병풍에 모습 드러낸 바위산 번질번질　孱顔濯濯露蒼屛
나라 망한 도성의 봄날 묻노라 몇 해이던가　國破城春問幾蓂
솔이 에워싼 전각의 터는 야학[273]처럼 옮겨지고　松擁殿基移夜壑
타고 남은 섬돌은 땅의 신령을 눈물짓게 하네　燒餘階級泣坤靈
자리 옆엔 거나해 흐트러진 학당의 야유회요　席邊顚倒菁莪會
밥상 위엔 고기와 생선 비린내가 물씬해라　盤上淋漓海陸腥
술 취해 붙들고 가마 타니 산이 어둑어둑　扶醉肩輿山欲暝
다시 보네 맑은 달빛 푸른 하늘에 두둥실　更看淸月湧靑冥

차운하다 次韻

가구(可久)

시름 모르는 청산이 병풍처럼 줄지어 섰나니　愁外靑山列障屛
술잔을 앞에 두고 오백년 흥망 묻지 마오　對尊休問半千蓂
나라가 일 따라 망하는 건 하늘의 운수에 관계되고　國隨事廢關天數
사물이 때 따라 흥하는 건 대지의 영험에 속하는 일　物逐時興職地靈

273 야학(夜壑) : 한밤중의 골짜기라는 뜻으로, 인간의 힘으로는 어떻게 항거할 수 없이 운명적으로 맞이할 수밖에 없는 엄청난 변화를 비유하는 말인데, 《장자(莊子)》 〈대종사(大宗師)〉의 "배를 골짜기에 숨겨 놓고서 안심할지 모르지만 힘 있는 자가 한밤중에 몽땅 등에 지고서 달아날 수도 있는데, 어리석은 자는 그런 일이 있는지도 알지 못한다."라는 말에서 발췌한 것이다.

만월대 경치 붙잡자니 시가 짧아서 부끄럽고	攬景月臺詩愧短
자하동(紫霞洞) 신선 찾으려니 뼈가 비려서 혐의쩍네	尋仙霞洞骨嫌腥
강회의 기쁨에 종일 처량한 사람이 없으니	講歡終日人無悄
능락이 언제 예명에 걸린 적이 있으리오[274]	能樂何嘗坐豫冥

274 능락(能樂)이……있으리오 : 즐거운 마음으로 공부하는 사람은 주색잡기(酒色雜技) 등 사소한 쾌락에 빠져서 혼미한 지경에 떨어지지 않는다는 말이다. 능락은 마음속으로 참맛을 알아서 자발적으로 즐겁게 공부하는 것을 말한다. 《예기》 〈학기(學記)〉에 "학예에 흥미를 느끼지 못하면 제대로 즐겁게 공부하지 못한다.〔不興其藝, 不能樂學.〕"라는 말이 나온다. 예명(豫冥)은 방종한 쾌락에 빠져서 혼명(昏冥)해진다는 뜻인데, 《주역》 〈예괘(豫卦) 상육(上六)〉에 나오는 명예(冥豫)라는 말을 도치해서 사용한 것이다.

뜻을 담은 율시 두 수를 지어서 제생에게 주다
寓意二律投贈諸生

삼 년을 절차탁마해도 그릇 이루기 어렵지만[275]	三冬劘琢器難成
그래도 고전의 가르침 믿고 단경[276]을 마주하네	賴有塵編對短檠
학력이 우수해지려면 경침이 응당 필수요	警枕應須優學力
제교[277]를 해야 이로부터 은영을 입는 법이라	題橋從此被恩榮

275 삼……어렵지만 : 월등하게 뛰어난 실력을 소유했다고 자부할 만한 정도는 아니라는 말이다. 동방삭(東方朔)이 한 무제(漢武帝)에게 올린 글에 "나이 13세에 글을 배워서 3년 만에 문사(文史)가 쓸 만하게 되었다."라면서 자기의 재능을 자부한 말이 나온다. 《漢書 東方朔傳》

276 단경(短檠) : 짧은 등잔대라는 뜻으로, 학생 시절에 밤낮을 가리지 않고 열심히 공부하는 하나의 상징물로 쓰이는 시어이다. 한유(韓愈)의 〈단등경가(短燈檠歌)〉에 "여덟 자 긴 등잔대는 공연히 길기만 할 뿐이요, 두 자의 짧은 등잔대가 밝고도 편리하다.〔長檠八尺空自長, 短檠二尺便且光.〕"라는 말과 "하루아침에 부귀를 얻으면 도리어 방자해져서, 긴 등잔대 높이 걸어 미인의 머리를 비추게 하네. 아 세상일이 그렇지 않은 것이 없나니, 담장 모퉁이에 버려진 짧은 등잔대를 그대는 보는가.〔一朝富貴還自恣, 長檠高張照珠翠. 吁嗟世事無不然, 牆角君看短檠棄?〕"라는 말이 나오는 데에서 유래한 것이다. 《韓昌黎集 卷5》

277 제교(題橋) : 다리에 글을 써 붙인다는 뜻으로, 출세하겠다는 강한 의지를 지니는 것을 비유할 때 쓰는 말이다. 촉군(蜀郡) 성도(成都) 사람 사마상여(司馬相如)가 일찍이 고향을 떠나 장안(長安)으로 가는 길에 성도의 성 북쪽에 있는 승선교(昇仙橋)에 이르러 그 다리 기둥에 "네 마리 말이 끄는 화려한 수레를 타지 않고서는, 다시 이 다리를 건너지 않겠다.〔不乘駟馬高車, 不復過此橋.〕"라고 써서 기필코 공명(功名)을 이루겠다는 자신의 포부를 드러내었는데, 뒤에 뛰어난 문장 실력을 한 무제에게 인정받아 출세한 고사가 《화양국지(華陽國志)》 〈촉지(蜀志)〉에 전한다.

영문[278]엔 해가 졌는데도 까마귀 다투어 깍깍대고　郢門日暮鴉爭噪

고려가 비록 망했다 해도 악성(惡聲)은 길이 남아 있음을 말한 것이다.

옛 사당은 연기가 차도 눈빛이 아직도 밝아라　舊廟煙寒雪尙明

문묘(文廟)가 비록 오래되었어도 인륜(人倫)은 여전히 밝음을 말한 것이다.

염락의 어느 분이 우리를 일으켜 줄 수 있을까　濂洛何人能起我

설병이라 미려의 경사(傾瀉)를 재기 어려운 걸[279]　挈甁難測尾閭傾

반년을 고비[280]에서 어린 새싹들 모아 놓고　半年皐比聚群蒙

명령을 열심히 가르쳐 보리라 시종 맹서했지[281]　勤誨螟蛉誓始終

278 영문(郢門) : 초(楚)나라 도성 문이라는 뜻인데, 여기서는 멸망한 고려의 수도 개경의 성문을 말한다. 이 영(郢) 땅은 초나라 문왕(文王) 때에 도읍으로 정해졌는데, 경양왕(頃襄王) 때에 진(秦)나라 장수 백기(白起)에게 함락된 뒤에 진나라에 편입되어 기영(紀郢)으로 칭해졌으며, 또 초나라의 남쪽 경계에 있다고 하여 남영(南郢)으로 불리기도 하였다.

279 염락(濂洛)의……걸 : 제생(諸生)의 실력을 비유하자면 아직은 손에 들고 다니는 작은 물병〔挈甁〕과 같아서, 물이 새어 나간다는 바다 밑바닥의 미려(尾閭)까지 그 깊이를 헤아리기에는 역부족이니, 비록 '주돈이(周敦頤)나 정호(程顥)·정이(程頤) 형제〔濂洛〕' 등 제현(諸賢)의 성리학 서적을 본들 제대로 이해할 수 있겠느냐는 뜻으로, 제생에게 공부에 더욱 열심히 매진하라면서 분발을 촉구한 말이다.

280 고비(皐比) : 호피(虎皮) 즉 호랑이 가죽인데, 옛날에 스승이 이를 방석으로 사용했으므로 사석(師席) 혹은 강석(講席)의 대명사로 쓰이게 되었다.

281 명령(螟蛉)을……맹서했지 : 학생들을 자기 자식처럼 잘 교육하겠다고 다짐했다는 말이다. 《시경》 〈소아(小雅) 소완(小宛)〉에 "언덕 가운데의 콩을 서민들이 거두어 가는 것처럼, 명령의 새끼를 과라가 업어 가서, 자기 자식처럼 잘 가르쳐 좋은 방도를 써서 비슷하게 만든다.〔中原有菽, 庶民采之. 螟蛉有子, 蜾蠃負之. 敎誨爾子, 式穀似之.〕"라는 말이 나온다. 명령은 뽕나무 벌레이고, 과라(蜾蠃)는 나나니벌이다. 옛사람들은 과라가 명령을 데려다가 자기 양자로 길러서 과라로 만든다고 믿었으므로 이런

얼룩 모조리 지워진 능화[282]를 쥐는 게 기쁘고　喜把菱花陰翳盡
거친 파도 밀려오는 솔 갈기 소리는 듣기 싫어라　厭聞松鬣駭濤雄

본심(本心)은 비록 밝아도 이욕(利欲)이 기승을 부림을 말한 것이다.

심연에 잠겨 서각을 비추면 천기가 드러나서　淵潛犀照天機露
황두와 흑두가 갈라지며 세상 걱정 텅 비리라[283]　黃黑豆分世慮空
저녁 햇빛 어슴푸레해지자 뭇 동물들 휴식하고　暮色茫然群動息
하나의 뜰에 밝은 달이 오동나무 기어오르네　一庭明月上梧桐

차운하다 次韻

가구(可久)

즐거이 영재들 기르면서 성공하도록 채근하니　樂育群英責有成
앞다퉈 달려와 공부하며 찬 등불 마주했다네　奔波就學對寒檠
용광로에서 무쇠 달궈 황금이 되는 그때까지　鍛鑪點鐵期終煉

시가 있게 된 것인데, 이 시에서 유래하여 명령이 양자 혹은 학생의 대칭으로 쓰이게 되었다.

282 능화(菱花) : 능화경(菱花鏡)의 준말로, 뒷면에 육각형의 마름꽃〔菱花〕 무늬가 새겨져 있는 고대의 청동 거울을 말한다.

283 심연(深淵)에……비리라 : 학문의 세계에 깊이 침잠하여 은미한 부분까지 분명하게 살펴보면 문자 이면의 의미까지 모두 알아낼 수 있을 것이니, 황두(黃豆)와 흑두(黑豆)처럼 급제하는 자와 낙방하는 자가 갈라지는 과거 시험장에서 합격의 영광을 안고 출세 가도를 달려 더 이상 이 세상에 대한 걱정을 하지 않아도 될 것이라는 말이다. 서각(犀角)은 무소뿔이라는 뜻으로, 진(晉)나라 온교(溫嶠)가 우저기(牛渚磯)를 지날 때에 서각에 불을 붙여서 그 물속에 있는 괴물들을 자세히 비춰 보고 지나갔다는 서조우저(犀照牛渚)의 고사를 인용한 것이다. 284쪽 주32 참조. 황두 즉 누런 콩은 두부나 두유 등 고급 식품의 재료로 쓰이고, 흑두 즉 검은콩은 짐승의 사료로 쓰인다고 한다.

비 내려 싹을 적셔 스스로 꽃 피는 그날까지	時雨濡苗佇自榮
마침내 나약한 자도 뜻을 세우게 하고[284]	遂使懶夫皆欲立
우둔한 자도 밝은 가르침 따르게 했네	從教愚者得趨明
선생이 질문에 응답하되 깊고 얕은 그릇대로	先生應扣隨深淺
큰 술병이 꽉 찼는데 작은 술병이 텅 빌 리야[285]	罍滿何曾甁獨傾

오활하고 어수룩한 나 같은 무용지물도	如我散人狂且蒙
태평한 신세를 죽을 때까지 보장받았네	大平身世任長終
속진의 부귀는 힘쓴다고 될 일이 아니지만	塵中富貴難容力
세상 밖 구름숲은 마음껏 독차지할 수 있지	物外雲林得擅雄
노경의 청담은 족함을 취할 줄 알아서이니	老境淸談知取足
소년의 오산은 우습게도 수포로 돌아갔어라	少年謬算笑成空
시 읊다가 등잔불 대하고 홀로 앉았노라니	吟餘獨對靑燈坐
거센 눈발이 소소히 우물가 오동 씻어 주네	急雪蕭蕭灑井桐

284 나약한……하고 : 《맹자》 〈만장 하(萬章下)〉에 "백이(伯夷)의 풍도를 듣고 나면 완악한 자들도 방정해지고 나약한 자들도 뜻을 세우게 된다."라는 말이 있다.

285 큰……리야 : 큰 술병 즉 스승인 대관재가 훌륭한 분이니, 작은 술병 즉 제자들이 잘못될 리가 있겠느냐는 말이다. 《시경》 〈소아(小雅) 육아(蓼莪)〉에 "작은 술병이 텅 빔은, 큰 술병의 수치로다.〔甁之罄矣, 維罍之恥.〕"라는 말이 있는데, 이 구절은 보살펴야 할 대상이 잘못되면 그것은 어디까지나 보살필 책임이 있는 자의 잘못이라는 뜻으로 인용되곤 한다.

가구와 함께 자하동에서 노닐다
同可久遊紫霞洞

늦은 봄날 요위[286]가 화사함을 다투는 시절	暮春姚魏鬪奢華
깊숙한 골 층층 산이 벽옥을 숨겨 둔 선경	洞邃層巒碧玉遮
술잔에는 남미주[287]가 찰랑찰랑 넘쳐 나고	尊上輕盈藍尾酒
소반에는 두견화가 여기저기 널려 있네	盤中狼藉杜鵑花
속된 생각은 모조리 시냇물 가에서 말끔히	塵襟摠向溪流洗
춤 소매는 둘이서 나무 그림자 뒤치며 기우뚱	舞袖雙翻樹影斜
곡수에 술잔 띄워 곤드레 취하고 보니	曲水傳杯成爛醉
적성하의 선유도 부러울 것이 없어라[288]	仙遊何羨赤城霞

286 요위(姚魏) : 요황위자(姚黃魏紫)의 준말로 모란(牡丹)의 별칭이다. 옛날 낙양(洛陽)의 요씨와 위씨 집에서 각각 황색과 자주색의 진귀한 모란이 피어났다는 이야기에서 나온 것이다. 《洛陽牡丹記 花釋名》

287 남미주(藍尾酒) : 빙 둘러앉아서 말석에 있는 사람에게까지 차례로 잔이 돌아가게 하는 술을 말한다.

288 곡수(曲水)에……없어라 : 유상곡수(流觴曲水)의 옛일을 재현하면서 서경덕과 함께 어울려 자하동에서 실컷 취해 즐기노라니, 노을이 이는 적성(赤城)에서 노닐었다는 옛날 천태산(天台山) 선경의 유희도 부럽지 않다라는 말이다. 유상곡수의 옛일은 진(晉)나라 왕희지(王羲之)가 목제(穆帝) 영화(永和) 9년(353) 3월 3일에 사안(謝安), 손작(孫綽) 등 당대의 명사(名士) 40여 인과 함께 회계(會稽) 산음(山陰)의 난정(蘭亭)에 모여서 재앙을 쫓는 계사(禊事)를 행하고 둥근 원 모양으로 굽이쳐 흐르는 물에 술잔을 띄워 돌려 마신 일을 가리키는데, 왕희지가 지은 〈난정기(蘭亭記)〉에 그 내용이 상세히 나와 있다. 적성 노을[赤城霞]의 고사는 진(晉)나라 손작의 〈유천태산부(遊天台山賦)〉에서 비롯된 것이다. 343쪽 주149 참조.

중양절에 김 유수를 모시고 만월대에 오르다

重陽陪金留守登滿月臺

만월대의 형승은 경성에서 으뜸이요	故臺形勝擅京城
모신 어른의 자태는 좌중을 압도하네	叨侍儀容一座傾
산에 송백이 점 찍혀서 술잔도 덩달아 푸르르고	山點松杉尊共綠
구름이 골짝에서 걷히니 두 눈이 함께 해맑도다	雲開洞壑眼俱淸
나비가 귀한 연석에 나풀거리니 금비녀의 그림자요	蝶翻瓊席金釵影
우레가 마른하늘에 으르렁대니 오랑캐의 북소리로다	雷殷晴霄羯鼓聲
우스워 죽겠네, 술병 들고 괜히 국화만 꽂다니	笑殺携壺空揷菊
두랑이 어떻게 환유의 정을 알기나 할까 보냐[289]	杜郎那解宦游情

289 우스워……보냐 : 환유(宦游)의 정, 즉 벼슬살이하는 사람들끼리 중양절에 잔치를 열고서 회포를 푸는 이런 속 깊은 정에 대해서는 만당(晩唐)의 시인 두목(杜牧)이 결코 알지 못할 것이라는 말인데, 그가 중양절에 "강에 가을 그림자 적셔져 기러기 처음 날아갈 때, 객과 함께 술두루미 들고 산허리에 올랐네. 풍진세상에 입 벌리고 웃을 일 만나기 어려우니, 국화나 머리에 잔뜩 꽂고 돌아갈 일이로세. 곤드레 취해서 명절을 보내면 그저 그뿐, 높은 산 올라가 지는 해를 한탄할 것도 없다네. 예로부터 지금까지 이와 같을 따름인데, 우산에선 어찌 꼭 유독 눈물로 옷깃을 적셨을까.〔江涵秋影雁初飛, 與客携壺上翠微. 塵世難逢開口笑, 菊花須揷滿頭歸. 但將酩酊酬佳節, 不用登臨恨落暉. 古往今來只如此, 牛山何必獨霑衣?〕"라는 시를 지었기 때문에 이렇게 말한 것이다. 《全唐詩 卷522 九日齊安登高》

장자정[290]과 함께 화원에 오르다

同張子貞登花園

낙모[291]의 넘치는 환희 지금도 재현할 수 있겠기에	落帽餘懽尙可攀
함께 산기슭에 올라 아롱진 이끼 위에 앉았다오	共登山麓坐苔斑
국화꽃 둥실둥실 잔을 대하면 향기가 나고	黃花掩苒薰杯面
단풍잎 나풀나풀 취한 얼굴을 환히 비추네	殷葉飄蕭耀醉顔
뛰어난 필력 영롱해라 신기루가 어른거리고	彩筆玲瓏浮海蜃
호방한 담론 우뚝해라 구름산 위로 솟구치네	豪談突兀聳雲山
흥이 다해 황혼의 달 아래 취한 몸 부축받으며	興闌扶醉黃昏月
가을빛 주워 모아 소매 안에 가득 담아 돌아왔네	携取秋光滿袖還

290 장자정(張子貞) : 《대관재난고》 권3에 〈복령사에서 장자정에게 주다〔福齡寺贈張子貞〕〉라는 제목의 칠언절구가 실려 있는데, 거기에 "이름은 백(柏)이다."라고 하였다.

291 낙모(落帽) : 중양절에 술에 취해서 바람에 모자가 날아간 것도 몰랐던 맹가(孟嘉)의 용산낙모(龍山落帽)의 고사를 말한다. 345쪽 주152 참조.

벽송정에서의 연음
碧松亭宴飮

학궁 서쪽 산기슭은 속진의 소음과 격리된 곳	頖宮西麓隔喧塵
반형[292]의 추억 깃든 오솔길에 비단 자리 펼쳐졌네	幽徑班荊設錦茵
솔은 용트림을 하며 솟구쳐 날려고 경쟁하고	松作靈虯爭崛起
산은 벽옥 비녀 뽑아내어 야윈 모습 드러냈네	山抽碧玉露嶙峋
썰렁한 가을 기운 파고들어 머리엔 금세 흰 눈이요	秋涼苦砭催頭雪
따뜻한 술기운 훈훈해서 얼굴엔 봄빛이 가득해라	酒氣方醺滿面春
해 질 녘 돌아오는 길에 노래가 격렬해졌나니	日暮歸程歌激烈
쓸쓸히 운수 생각하매 배나 속이 더 상해서[293]	悵望雲樹倍傷神

292 반형(班荊) : 옛 친구를 만나 마음속 이야기를 나누었던 곳이라는 말이다. 춘추시대 초(楚)나라 오거(伍擧)가 채(蔡)나라 성자(聲子)와 세교(世交)를 맺고 있었는데, 두 사람이 우연히 정(鄭)나라 교외에서 만나 형초(荊草)를 자리에 깔고 앉아서 이야기를 주고받았던 고사에서 유래한 것이다. 《春秋左氏傳 襄公26年》

293 쓸쓸히……상해서 : 헤어진 벗을 생각하니 더욱 마음이 쓰렸다는 말이다. 운수(雲樹)는 멀리 떨어져 있는 다정한 사람을 그리워할 때 흔히 쓰는 시적 표현인데, 두보(杜甫)의 "내가 있는 위수 북쪽엔 봄날의 나무, 그대 있는 장강 동쪽엔 저녁의 구름. 어느 때나 한 동이 술로 서로 만나서, 다시 한 번 글을 함께 자세히 논해 볼꼬.〔渭北春天樹, 江東日暮雲. 何時一樽酒, 重與細論文?〕"라는 시구에서 유래한 것이다. 《杜少陵詩集 卷1 春日憶李白》

9월 16일에 송경의 본궁에서 노닐다
九月旣望遊松京本宮

옛 동산 황량해진 그 세월 몇 해런가	故苑荒涼歲幾蓂
제생이 나를 맞으려고 정원을 청소했네	諸生邀我掃風庭
담소하며 바야흐로 쌍란의 향기를 맡노라니	笑談纔挹雙蘭臭
간담 속에서 퍼런 칼날 처음 꺼내 보여 주네[294]	肝膽初披一劍靑
산의 나무는 끝 간 데 없이 절기 따라 뒤바뀌고	山木無邊隨節換
술과 안주는 맛깔스러워 사람들 코에 향기롭네	杯盤有味觸人馨
드높은 노래 들보 감돌며 행락을 재촉하는데	高歌繞屋催行樂
못내 한스러운 것은 만추에 귀밑이 성성한 것	却恨淸秋鬢已星

294 담소하며 … 주네 : 학생들 중에서 실력이 뛰어난 형제 두 사람이 내관재와 이야기하다가 스승에게 속마음을 토로하며 평생을 함께하겠다는 결의를 보여 주었다는 말이 아닌가 싶다.

제생에게 작별 선물로 주다
留別諸生

높고도 높은 성인의 전당은 티끌세상 저 멀리	巍巍聖殿隔塵喧
하해와 같은 성인의 의표는 오랜 세월 그대로	河海威容久尙存
삼 년 동안 시서 통해 표변하기를 기약하였는데	三載詩書期變豹
하루아침 한 잔의 술로 아쉽게 헤어지는구나	一朝尊酒歎分轅
낙성에선 우러러 무지개 기운을 토하였고	洛城仰吐虹霓氣
송악에선 뒤바뀌 석간의 혼을 노닐었네[295]	松嶽還游石磵魂
모호 먼저 뽑을 날을 기다릴 테니	爲待蝥弧先拔日
동생의 삼책을 대궐에 진헌하기를[296]	董生三策獻君門

295 낙성(洛城)에선……노닐었네 : 대관재가 왕년에 조정에서 윤대(輪對)할 적에 마치 무지개를 토하듯 강개(慷慨)한 심정으로 군약신강(君弱臣强)의 내용을 왕에게 직언했다가 권신의 미움을 받아, 마치 당나라 유종원(柳宗元)이 유주(柳州)로 좌천되어 석간(石磵)에서 노닐었던 것처럼 여주부 교수(驪州府教授)로 좌천되어 내려와 학생들과 송악에서 노니는 인연을 갖게 되었다는 말이다. 석간은 기괴한 바위가 즐비한 시내라는 뜻으로, 유종원의 〈영주팔기(永州八記)〉 중 일곱 번째로 나오는 〈석간기〉에 그곳의 아름다운 경치와 함께 그 속에서 노니는 작자의 흥치가 담담하게 서술되어 있다. 《柳河東集 卷29》

296 모호(蝥弧)……진헌하기를 : 국가 대계(國家大計)에 대한 책문(策文)을 제출하여 대과(大科)에 급제할 날을 기다리겠다는 말이다. 모호는 창·방패와 호시성(弧矢星)을 그린 깃발로 춘추 시대 정백(鄭伯)의 기(旗)의 이름인데, 영고숙(潁考叔)이 이 깃발을 뽑아 들고 선봉에 서서 적군인 허(許)나라의 성벽에 맨 먼저 올라간 고사가 있다. 《春秋左氏傳 隱公11年》 동생(董生)의 삼책(三策)은 동중서(董仲舒)가 올린 천인감응(天人感應)을 요지로 한 세 조목의 대책문(對策文)을 말한다. 《漢書 董仲舒傳》

유수 박창방[297]에게 이별 선물로 주다

留別朴留守昌邦

팔 베고 누운 삼 년 세월 몽혼이 맑아지며	曲肱三載夢魂清
앞 봉우리[298] 삽상한 바람 소리 실컷 들었네	飽聽前峯爽籟鳴
독필의 해산은 하늘이 멀고 또 가까웠고	禿筆海山天遠近
건려의 대사는 길이 가로에다 세로였네[299]	蹇驢臺榭路縱橫
학생의 수업은 특별한 공적이 없어서 부끄럽고	却慙絃誦無殊績
목민의 선정은 성대한 명성이 있어서 부러워라	還羨經綸有盛名
이택의 흐름 나눈 나를 기억하리니	麗澤分流應記我
암담해서 야윈 뼈 더욱 앙상해지리[300]	黯然瘦骨轉崢嶸

297 박창방(朴昌邦) : 창방은 개성 유수(開城留守) 박우(朴祐, 1476~1547)의 자이다. 391쪽 주214 참조.

298 앞 봉우리 : 박우의 호가 육봉(六峯)이기 때문에 이렇게 말한 것이다.

299 독필(禿筆)의……세로였네 : 몽당붓 한 자루로 원근을 가리지 않고 바다와 산의 경치를 서술하였고, 발을 저는 당나귀를 타고서 종횡무진 누대와 정자를 찾아다니며 시상을 불러일으켰다는 말이다. 몽당붓은 문장이 형편없다는 뜻의 겸사이고, 발을 저는 당나귀는 맹호연(孟浩然)이 시상과 관련된 표현이다. 418쪽 주262 참조.

300 이택(麗澤)의……앙상해지리 : 박우가 대관재와 함께 공부한 인연이 있는 만큼 대관재가 떠난 뒤에도 그동안의 추억을 잊지 않고 기억해 줄 것인데, 박우의 기대에 못 미쳤을 자신의 행적을 돌아보면 그저 암담해지면서 부끄러움이 앞선다는 말이다. 이택은 두 개의 못이 서로 연결되어 있는 것을 뜻하는데, 《주역》 〈태괘(兌卦) 상(象)〉의 "두 개의 못이 서로 이어져 있는 것이 태괘의 상이니, 군자는 이를 보고서 붕우와 함께 강습한다.〔麗澤兌, 君子以朋友講習.〕"라는 말에서 유래하여 붕우가 서로 도와주며 절차탁마하는 말로 쓰이게 되었다.

수연의 시에 차운하다

次粹然韻

피곤해 쉬거나 한가히 걷거나 이 몸 마음대로	倦止閑行任此躬
무능함이 되레 유능함보다 나음을 이제 알았네	方知迂拙反逾工
슬픔과 기쁨 속 평생의 술잔이요	平生杯酒悲歡裏
비난과 칭찬 속 십 년의 공명이로다	十載功名毁譽中
두견은 객의 애 끊으며 빽빽한 숲에서 울어 대고	鵑斷客魂啼密樹
달은 시상을 끌어내며 엉성한 창틀로 올라오네	月挑詩思上疏櫳
재주 없으니 밝은 시대 버려진 걸 감수해야지	不才甘分明時棄
구학[301]이야 누가 다투랴, 여기서 여생을 마치리라	丘壑誰爭也老終

301 구학(丘壑) : 언덕과 계곡이라는 뜻으로, 은일(隱逸)의 처소를 말한다. 참고로 반곡(盤谷)에 은거하러 들어가는 친구 이원(李愿)을 전송한 한유(韓愈)의 글 중에 "반곡이 이렇듯 막혔으니, 누가 그대와 장소를 다투리오.……내 수레에 기름을 치고 내 말에 꼴을 먹여, 그대 따라 이 반곡에 와서, 나의 생 마칠 때까지 소요하고 싶어라."라는 내용이 들어 있다. 《韓昌黎集 補遺 送李愿歸盤谷序》

동짓날에 감회를 서술하다

冬至日述懷

잠복한 양이 불러일으키는 우레 한 소리　　潛陽吹起一聲雷
황궁의 재가 들썩했음을 불현듯 깨닫겠네[302]　　斗覺黃宮已動灰
샘물은 우물 밑바닥에서 담박한 맛을 더하고　　泉入井心添淡泊
뿌리는 지층 깊은 곳에서 새 생명을 잉태하네[303]　　根深土脈尙胚胎
멀어도 다시 돌아오니 심이 돌아와 머물고[304]　　遠猶復返心歸宿

302 잠복한……깨닫겠네 : 암울한 시대 속에서 그래도 희망의 씨앗이 싹트는 동짓날을 맞게 되었다는 말이다. 잠복한 양이란 6효(爻)가 모두 음(陰)인 중지곤괘(重地坤卦)의 밑바닥에 일양(一陽)이 처음으로 회복되어 숨어 있다는 뜻이다. 우레 한 소리는 동짓달의 괘가 지뢰복괘(地雷復卦)인 만큼 땅속에서 미약하나마 우레가 울린다는 뜻이다. 황궁(黃宮)은 황종(黃鐘)의 율관(律管)이라는 말로, 12율려(律呂) 중에서 11월을 대표하는 양률(陽律)이다. 옛날에 갈대 대롱 속의 얇은 막을 태워서 그 재를 율관 속에 넣은 다음에 밀실에 놔두고 기후를 점쳤는데, 한 시절이 도래하면 그 시절에 해당하는 율관 속의 재가 들썩거리면서 일어나 그 계절이 돌아온 것을 알려 주었다고 한다.《後漢書 律曆志上》 그래서 동짓날이 되면 황종 율관의 재가 날렸다고 하는데, 송나라의 철인(哲人) 소옹(邵雍)은 그 시각을 동짓날 자시 반(子時半) 즉 한밤중인 자정(子正)으로 추정하였다. 제7구에 나오는 자야(子夜)는 이 자시 반을 가리킨다.

303 샘물은……잉태하네 : 소옹이 동지를 읊은 시에 "현주는 맛이 바야흐로 담박하고, 태음은 소리가 정녕 희미하다.〔玄酒味方淡, 太音聲正希.〕"라는 표현이 있다. 현주는 새벽의 우물물을, 태음은 땅속의 천둥소리를 가리킨다. 또《예기》〈월령(月令)〉에 "동짓날에 우물물이 일렁이기 시작한다."라는 말이 있고,《일주서(逸周書)》〈주월(周月)〉에 "동짓달에 미세한 양의 기운이 황천(黃泉)에서 움직인다."라는 말이 있다.

304 멀어도……머물고 : 궁즉통(窮則通)의 이치대로 소인의 시대가 극에 달하면 다시 군자의 시대가 돌아오는 법이니, 절망에만 빠지지 않고 그래도 기대를 하며 마음을

인이 비로소 진에 거하니 태가 선회하리라[305]	仁始震居泰旋回
자야의 신묘한 공은 끝내 멈추지 않나니	子夜神功終不息
곧장 키워 나가야지 벗들이 찾아올 때까지[306]	直須馴致至朋來

둘 곳을 얻게 되었다는 말이다. 《주역》〈복괘(復卦) 괘사(卦辭)〉에 "그 도를 반복하여 7일 만에 와서 회복한다.〔反復其道, 七日來復.〕"라고 하였는데, 여기서 일(日)은 월(月)과 같은 뜻으로, 멀리 7개월 전인 5월의 천풍구괘(天風姤卦)에서부터 양이 하나씩 점차로 없어졌다가 7개월이 지나 지뢰복괘에 와서 양이 하나씩 다시 생기기 시작한 것을 말한다.

305 인(仁)이……선회하리라 : 《주역》〈설괘전(說卦傳)〉에 "제(帝)는 진(震)에서 나온다."라고 하고, 또 "만물은 진에서 나오니, 진은 동방이다."라고 하였다. 인(仁) 역시 방위로 보면 동방에 속하는데, 인덕(仁德)을 소유한 제왕이 진(震)에 거하여 인수(仁壽)의 정치를 행하면 앞으로 지천태괘(地天泰卦)의 태평한 시대가 돌아올 것이라는 말이다.

306 곧장……때까지 : 군자들이 모여 세력을 규합할 때까지 은인자중하며 계속 힘을 키워 나가야 한다는 말로, 대관재의 혁명 사상이 엿보이는 대목이다. 《주역》〈복괘 괘사〉에 "복은 형통한 괘이다. 나가고 들어옴에 병이 없으며, 앞으로 벗이 와서 허물이 없으리라.〔復, 亨. 出入无疾, 朋來无咎.〕"라고 하였다. 지금은 순음(純陰)의 맨 아래에 양(陽) 하나가 고독하게 돌아왔을 뿐이지만, 앞으로 계속해서 벗이라 할 양효(陽爻)들이 모일 수 있으니 장차 막힘없이 형통할 것이라는 말이다.

정랑 최자룡의 시에 차운하다

次崔正郎子龍韻

이름은 운(雲)이다.

빈양[307]의 원님으로 일찌감치 이름이 천거된 분 百里濱陽早薦名
신선의 자태가 아름다워 화가도 난색을 표했다오 仙姿綽約畫難成
여린 향기 난초꽃이 풀떨기 속에서 뽑혔나니[308] 嫩香蘭蕊抽叢薄
하얀 광채 달의 정기가 아스라이 어리비치네 皓彩蟾精映渺冥
현상을 절구로 짓찧어서 우선 환골해 보려고 欲擣玄霜先換骨
운우가 짙지 않은데도 몰래 눈길 주었다나요[309] 未濃雲雨暗投情
삼생의 숙업은 소사에게 귀결되나니 三生宿業歸蕭史
영비의 거취가 가벼웠다 말하지 마오[310] 莫道靈妃去就輕

307 빈양(濱陽) : 양근(陽根)의 옛 이름이다.

308 여린……뽑혔나니 : 많은 기녀들의 명단 중에서 특별히 나이 어린 청초한 소녀가 최운(崔雲)의 눈에 들어 뽑혔다는 말이다.

309 현상(玄霜)을……주었다나요 : 환골탈태하는 효험을 얻고 무병장수하는 신선술을 체득할 목적으로, 분위기가 아직 무르익지도 않은 상태에서 은근히 추파를 던져 유혹했다는 뜻의 해학적인 표현이다. 현상은 선악(仙樂)의 일종이다.

310 삼생(三生)의……마오 : 최운이 최근 들어 기녀와 애정 행각을 벌인 것은 어디까지나 최운 자신의 두터운 업장(業障)에서 비롯된 것으로서 결국 자신이 책임질 일이니, 처신을 가볍게 한 기녀의 탓이라고 핑계 대지 말고 옛날 소사(蕭史)와 농옥(弄玉)의 경우처럼 기녀를 잘 가르쳐서 아예 부부의 인연을 맺고 신선처럼 사는 것이 어떻겠느냐는 뜻의 해학적인 표현이다. 삼생의 숙업(宿業)이란, 전생(前生)·금생(今生)·내생(來生)을 관통하여 끈질기게 이어지는 선악(善惡)의 업인(業因)으로 인해 필연적으로

유원명[311]의 운에 창수한 시를 직이[312]에게 주다
酬柳原明韻贈直而

상봉하여 옛날 언젠가 노닐던 일을 추억하니	相逢追憶舊遊曾
호평은 당치 않다면서 제대로 못 했다 사과하네	收取名聲謝不能
당 위에선 단조를 울려 제비의 잠을 방해했고[313]	堂上檀槽驚燕寢
누대 주변은 풍우 속에 고깃배 등불 깜박였지	臺邊風雨點漁燈

홍주(洪州)의 매죽당(梅竹堂)과 부여(扶餘)의 조룡대(釣龍臺)가 모두 군의 별장이었다.

받게 되는 고락(苦樂)의 과보(果報)를 말한다. 소사는 진 목공(秦穆公) 때 퉁소를 잘 불어 공작과 백학을 불러들였다는 전설 속의 인명이다. 그런데 생황을 잘 불었던 목공의 딸 농옥이 자기와 합주할 만한 상대를 남편감으로 찾다가 소사를 만나 한눈에 반하자 목공이 그에게 시집보냈는데, 이에 소사가 농옥에게 퉁소를 가르쳐서 봉황을 유인할 만큼 퉁소의 명인이 되게 한 다음에 목공이 지어 준 봉대(鳳臺)에서 몇 년 동안 머물다가 어느 날 홀연히 함께 봉황을 타고 신선이 되어 날아갔다고 한다. 《列仙傳 簫史》 영비(靈妃)는 농옥을 가리킨다.

311 유원명(柳原明) : 유인숙(柳仁淑, 1485~1545)으로, 원명은 그의 자이다. 을사사화(乙巳士禍) 때에 모함을 받고 사사(賜死)되었다.

312 직이(直而) : 복세현(卜世顯)의 자이다.

313 당……방해했고 : 밤중에 매죽당에서 떠들썩하게 풍악을 울리며 신나게 노닐었다는 말이다. 단조(檀槽)는 비파나 가야금 같은 현악기를 가리킨다. 원래 조(槽)는 현을 올려놓는 요(凹) 형태의 격자(格子)를 말하는데, 단목(檀木)으로 만들면 단조라고 하고 옥석(玉石)으로 만들면 석조(石槽)라고 한다. 연침(燕寢)의 연은 보통 안식이나 한가하다는 뜻을 취하는데, 여기서는 어등(漁燈)과 대구인 점을 감안하여 제비라는 뜻을 취해 번역하였다.

세상의 정이야 날마다 오히려 줄어들 수밖에	世情日日還須減
즐거운 일이 해마다 절로 늘어남을 느끼는 걸	樂事年年覺自增
부러워라, 그대 만년에 늙음을 잘도 물리치고	羨子桑榆能却老
지금도 호방한 기운이 여전히 울뚝불뚝하니	至今豪氣尙崚嶒

금천 동헌의 시에 차운하다

次衿川東軒韻

빽빽이 우거진 압각[314]에 선들바람 솔솔 부니	陰森鴨脚嫩涼通
고와[315]하기 좋은데 술의 힘 굳이 빌리리오	高臥何煩酒有功
공문 처리 바쁜 때에 객 찾아왔다 혐의 마오	休把簿書嫌客到
그대와 함께 하려고 운수를 기쁘게 데려왔소	喜將雲水與君同
산 앞의 짙은 안개에 희미한 나무꾼 길이요	山前宿霧迷樵逕
난간 밖 울리는 시내에 한 베개의 바람일세	欄外鳴溪一枕風
사업은 〈순리전〉에 아무렴 더해야 하고말고	事業須添循吏傳
민생 걱정한 육 년에 반이나 노인이 됐으니까	憂民六載半成翁

314 압각(鴨脚) : 오리발이라는 뜻으로 은행나무를 말한다. 잎사귀가 오리발처럼 생겨서 붙여진 이름이다.

315 고와(高臥) : 느긋하게 쉬는 것을 말한다. 도잠(陶潛)이 여름철에 북쪽 창가 아래에 높이 누워 있다가 맑은 바람이 삽상하게 불어오면 희황(羲皇) 시대의 사람이라고 스스로 생각했다는 북창고와(北窓高臥)의 고사가 유명하다. 《晉書 隱逸列傳 陶潛》

산당에서 새벽에 일어나서 읊다

山堂曉起

머리맡 서릿바람에 병든 약골 시린데	枕上霜風病骨酸
관산의 이 밤 마주한 등불도 가물가물	關山此夜對燈殘
술잔의 술 다하니 새벽을 재촉하는 찬 종소리	寒鐘催曉酒杯盡
가는 길 험난한데 구름 보고 짖는 개 한 마리	一犬吠雲行路難
백대의 광음[316] 속에 깊숙이 문을 닫았다가	百代光陰深閉戶
타향에서 눈물 흘리며 애써 탄관[317]을 한다네	他方涕淚强彈冠
지모가 가슴 아픈 미인은 어디에 계시는지	美人何處傷遲暮
부질없이 애현을 퉁기며 채란을 노래하네[318]	空把哀絃唱采蘭

316 백대(百代)의 광음(光陰) : 과객처럼 그냥 스쳐 지나가는 무궁한 세월이라는 말이다. 304쪽 주74 참조.

317 탄관(彈冠) : 관의 먼지를 턴다는 뜻으로, 출사(出仕)를 가리킨다.

318 지모(遲暮)가……노래하네 : 자신의 열정을 다하여 충성을 바칠 성군은 어디에 있는지 찾을 길이 없는 허전한 상황에서, 그동안 국가의 일에 열중하느라 상대적으로 어버이에 대한 효성이 미흡했다는 후회가 뒤늦게 몰려오며 회한에 잠긴다는 말이다. 지모는 세월이 많이 흘러 나이가 만년에 접어든 것을 말한다. 애현(哀絃)은 슬픈 거문고 줄이라는 뜻으로, 어버이에 대한 불효자의 애달픈 심정을 표현한 말이다. 채란(采蘭)은 난초를 캔다는 언채기란(言采其蘭)의 준말로, 어버이에 대한 봉양을 비유하는 말로 쓰인다. 가사가 없어져 버린 《시경》 〈소아(小雅) 남해(南陔)〉의 시를 진(晉)나라 속석(束晳)이 보완하여 만들었는데, 그 보망시(補亡詩)에 "저 남쪽 밭두둑 따라 난초를 캐네. 어버이 생각할 적마다 마음이 편안치 못하도다.〔循彼南陔, 言采其蘭. 眷戀庭闈, 心不遑安.〕"라고 하였다.

늦봄에 둔재[319]에게 증정하다

暮春呈遯齋

명리에 묶여 초선관[320]은 꿈꿀 생각 없고 名韁無計夢貂蟬
단지 믿는 건 풍류는 만년에 있다는 것 只信風流在暮年
붉은 빗발이 처마를 때려 꽃잎이 마구 떨어지고 紅雨撲簷花亂落
푸른 담요 땅에 편 듯 잔디 풀 끝없이 이어졌네 碧氈鋪地草芊眠
양자를 조롱하는 객[321]은 꽤나 많이 만나는데 頗逢有客嘲揚子
누가 술잔 급히 돌려 적선을 취하게 할까 誰把飛觴醉謫仙
광음 속 역려와 같다는 말[322]을 저버렸으니 辜負光陰同逆旅
명년 봄 어디서든 함께 술자리 가집시다 明春何處共開筵

319 둔재(遯齋) : 성세창(成世昌)의 호이다.

320 초선관(貂蟬冠) : 담비 꼬리와 매미 날개로 장식한 고위 관원의 관을 말한다.

321 양자(揚子)를 조롱하는 객 : 출세하려면 혼자 깨끗한 척하지 말고 세상의 흐름에 합류해서 같이 더러워져야 한다고 비웃는 사람들을 말한다. 한(漢)나라 양웅(揚雄)이 《태현경(太玄經)》을 집필하면서 담백한 생활을 고수하고 있었는데, 권세에 아부하여 출세한 자들이 "아직도 완전히 검어지지 않고 흰 부분이 남아 있어서 출세하지 못한다."라고 조롱하자 〈해조(解嘲)〉라는 글을 지어 스스로 해명한 고사가 전한다. 《漢書 揚雄傳下》 《文選 卷45》

322 광음(光陰)……말 : 우리 인생은 무궁한 세월 속에서 천지 사이에 잠깐 머물다 가는 하숙생과 같으니, 좋은 시절을 허비하지 말고 한껏 즐겨야 한다는 이백(李白)의 말을 말한다. 304쪽 주74 참조.

초가을에 김포의 별장에 가서

早秋向金陵別業

기러기 떼 줄 지어 날 갠 저녁 퍼덕퍼덕	雁陣成行拂晚晴
푸른 하늘 구름 걷혀 흐린 물 맑아진 듯	碧天雲捲水如淸
바닷가 마을은 이슬에 젖어 물색이 쓸쓸하고	漁村露濕蕭條色
동산 숲은 서늘한 기운 일어 우수수 스산해라	園樹涼生淅瀝聲
제일로 반가운 건 올벼로 지은 흰 쌀밥	最喜盤飧炊早稻
눈길이 또 가는 것은 무 뽑아 담근 생채	更看菹饌採新菁
지금 세상일은 강산 밖에다 던져두고	如今世事江山外
귀거래사 읊으면서 여기 살고 싶어라	欲賦歸田養此生

응교 안성지[323]에 대한 만사

安應教誠之挽

평생에 걸친 나의 벗 죽계 노인장	平生吾友竹溪翁
문장에 열정을 바친 한 시대의 거장	好事工文一代雄
초년엔 대과 급제하여 문단을 접수했고	早策功名收翰墨
만년엔 꿈속에도 명홍[324]에 뜻을 기탁했네	晩將魂夢寄冥鴻
어전에서 직언하여 조정의 기강을 정돈했고	金墀抗疏朝綱整
경연에서 경술을 논해 총애가 융숭하였다오	香案論經寵渥隆
봉궤는 학발이 빠진 것을 정녕 인지할 테지만	封匱定知遺鶴髮
소공은 홀연히 승천하며 무슨 유감 있으리오[325]	蘇公何恨遽昇空

323 안성지(安誠之) : 성지는 안처성(安處誠)의 자로, 본관은 순흥(順興), 호는 죽계(竹溪)이다. 글씨에 뛰어났다.

324 명홍(冥鴻) : 아득히 하늘 위로 치솟아 사라지는 기러기라는 뜻으로, 세상을 초월하여 멀리 떠나 은둔하는 생활을 비유하는 말이다.

325 봉궤(封匱)는……있으리오 : 대각(臺閣)에서는 안처성이 죽고 나서야 그의 빈자리가 크다는 것을 새삼 절감했겠지만, 정작 당사자의 입장에서는 대각의 평판이야 안중에도 없이 편안히 눈을 감았을 것이라는 말이다. 안처성은 1511년(중종6)에 사헌부 장령으로 있을 때 이극돈(李克墩)의 일과 관련하여 공론(公論)을 저지했다는 이유로 탄핵을 받았으며 그로부터 2년 뒤에 다시 홍문관 응교의 직책을 제수받았는데, 그에 관해서는 "정직하지 못하고, 동료를 비방하며 공론(公論)을 제지하고, 물론(物論)을 두려워하지 않고 방약무인하며 교만하게 굴었다."라는 등의 논평이 있다.《中宗實錄 7年 6月 27日》 봉궤는 법사(法司)에서 논한 내용을 봉함한 궤짝이라는 뜻으로, 대각을 의미한다. 소공(蘇公)은 사구(司寇) 즉 형옥(刑獄)과 규찰(糾察)하는 일을 주관하는 법관을 말하는데, 여기서는 안처성을 가리키는 말로 쓰였다.

복직이의 〈매죽당〉 시에 차운하다

次卜直而梅竹堂韻

이름은 세현(世顯)이다.

고향 땅에 집을 엮어 산굽이에 뉘었나니	桑鄉結構枕巖隈
강산 경치 수습해서 꿈에 홀로 들른다오	收拾湖山夢獨回
이름난 꽃 환해진 때 풍류 넘치는 술 거문고	醞藉琴尊名艷耀
소중한 손님 오셨다고 마을이 온통 시끌벅적	喧呼閭巷重賓來
바람이 녹영을 두드리니 교룡이 다투어 일어서고	風敲綠影蛟爭立
달빛 속에 맑은 향 풍기며 눈꽃이 활짝 피었어라[326]	月送淸香雪滿開
이제부터 계서의 약속[327] 둘이 함께 맺고서	從此共成鷄黍約
돌아와 쉬며 십 년 먼지 죄다 씻어 내기로	歸休洗盡十年埃

326 바람이……피었어라 : 녹영(綠影)은 매죽당의 대나무 그림자, 눈꽃은 매화꽃의 시적 표현이다.

327 계서(鷄黍)의 약속 : 절친한 벗끼리 기일을 정해 서로 방문하며 우호를 다지는 것을 말한다. 후한(後漢)의 범식(范式)이 태학에서 공부를 마치고 장소(張劭)와 헤어질 때 2년 뒤 9월 15일에 시골집에 찾아가서 모친을 뵙겠다고 약속을 하였으므로 그날 장소가 닭을 잡고 기장밥을 지어 놓고는 기다리자, 모친이 웃으면서 천 리 먼 곳에서 어떻게 기필할 수 있겠느냐며 반신반의하였으나 그 말이 끝나기가 무섭게 범식이 과연 도착했다고 한다.《後漢書 獨行列傳 范式》 또 장소가 임종할 무렵에 "죽음까지도 함께할 수 있는 벗을 보지 못하는 것이 한스럽다."라고 탄식하면서 숨을 거두었는데, 영구(靈柩)가 꼼짝하지 않다가 범식이 찾아와서 위로하자 비로소 움직였다는 고사도 함께 전한다.

애통한 감회
傷懷

선영이 적막해지도록 못 뵌 지 오 년여 세월	先壟蕭條五載强
고향 산골에 놀랍게도 벌써 서리가 내렸다네	嵌嵓桑梓已驚霜
매양 탄식하는 것은 하루해 서산에 기우는 것	每嗟白日傾西嶺
신봉하는 건 북당의 자친께서 오래 사시는 것	只奉慈親壽北堂
장구[328]는 누차 꿈결 속에 시봉을 한다마는	杖屨屢憑魂夢侍
반의[329]는 눈물에 젖어 옷소매 축 늘어지네	斑衣時濕涕流長
평생 증삼이 봉양한 것[330]을 저버리지 않으리니	平生莫負曾參養
효성을 옮겨 이제라도 거룩한 임금님 섬겨야지	移孝從今事聖王

328 장구(杖屨) : 지팡이와 신발이라는 뜻으로, 어른에 대한 간접적 경칭(敬稱)인데, 여기서는 선친을 가리키는 말로 쓰였다. 《예기》 〈곡례 상(曲禮上)〉의 "군자를 모시고 앉았을 적에 군자가 하품을 하거나 기지개를 켜고 지팡이와 신을 챙기며 해가 얼마나 저물었는지 살피면, 모시고 앉은 자가 나가시기를 청한다."라는 말에서 유래한 것이다.

329 반의(斑衣) : 효자가 어버이를 기쁘게 해 드리려고 입는 색동옷이다. 춘추 시대 초(楚)나라의 은사(隱士)인 노래자(老萊子)가 나이 칠십에도 어버이 앞에서 어린아이처럼 반의를 입고서 재롱을 떨었던 고사가 전한다. 《初學記 卷17 人部》

330 증삼(曾參)이 봉양한 것 : 어버이의 뜻을 존중하여 정신적으로 흡족하게 해 드리는 것을 말한다. 맹자가 사친(事親)의 도리와 관련하여 옛날 증삼이 부친인 증석(曾晳)을 봉양할 적에 물질적으로 육신만을 봉양하는 저급한 효도 대신 마음을 편안하게 해 드리는 진정한 효도를 행했던 고사를 거론하면서, 어버이를 섬기려면 증삼 즉 증자(曾子)처럼 해야 한다고 말한 내용이 《맹자》 〈이루 상(離婁上)〉에 나온다.

수성[331]의 운금루에서 김 사군 호원에게 주다

隋城雲錦樓贈金使君浩源

이름은 언(漹)이다.

연잎이 처음 둥둥 떠서 수면이 서늘한데	荷葉初浮水面涼
발에는 바람도 없이 버들이 축 늘어졌네	簾風不動柳絲長
난간에 비낀 공활한 들판엔 산이 멀리서 다가오고	欄橫曠野山來遠
숲속의 스러져 가는 꽃엔 나비가 바삐도 드나드네	林着殘花蝶度忙
화평함을 풍악 울려 구할 것 있나	和易不求琴瑟內
술 취하면 저절로 한유해지는 것을	安閑自得醉醒場
그대는 강호의 객이 아닌 줄 알겠거니	知君不是江湖客
우락을 또 필시 묘당에 두실 분이니까[332]	憂樂還須在廟堂

331 수성(隋城) : 수원(水原)의 고호(古號)이다.

332 그대는……분이니까 : 항상 조정에 대한 생각이 머릿속에 들어 있기 때문에 외방에 나와서도 한가하게 강호의 풍류를 즐기지 못한다는 뜻으로 점잖게 두둔한 것처럼 보이지만, 사실 이 말 속에는 언제나 백성 위주로 걱정하고 즐거워해야 하는 관원의 본분에는 맞지 않다는 은근한 풍자의 뜻이 들어 있지 않나 여겨진다. 이 시는 아마도 1537년(중종32) 무렵 혹은 그로부터 1, 2년 이전의 어느 시점에 지어진 것으로 보인다. 1537년 1월에 간사한 아전들의 등쌀에 못 이겨 임의로 임소를 버린 수원 군수(水原郡守) 김언을 추국(推鞫)하도록 삼공(三公)이 건의한 내용이 실록에 실려 있고, 또 1539년 5월에는 김언이 수원 군수 재직 시에 권력자에게 아부만 하고 업무를 태만히 하면서 주민에게 중죄를 덮어씌우려고 용사(用事)했다는 사간원의 논계가 실려 있다. 《中宗實錄 32年 1月 2日, 34年 5月 11日》

봉선사에 제하다

題奉先寺

휘황해라, 대웅전은 티끌 하나 없는데　輝輝寶殿絶氛埃
단 아래 담화는 언제나 씨를 맺을는지[333]　壇下曇花結子遲
찬 경쇠 소리는 승반[334]을 올린 뒤에 점차 잠잠해지고　寒磬欲殘僧飯後
푸른 등불은 객이 잠든 때에 어두워지기 시작하네　碧燈初暗客眠時
못이 열리니 백월의 진신이 출현하고[335]　池開白月眞身見
구름이 틈을 보이니 청산의 색상이 기이해라　雲漏青山色相奇
떠돌아다니는 나의 인생 일정한 처소 없어　萍梗此生無定止
선지[336]에 둥지 틀고 자는 새들 누워서 바라보네　臥看棲鳥宿禪枝

333 단(壇)……맺을는지 : 중생세간(衆生世間)을 제도(濟度)한다는 미륵불의 용화세계(容華世界)는 언제나 출현할 것이냐는 말이다. 담화(曇花)는 불교의 상서로운 꽃인 우담발라의 준말이다.

334 승반(僧飯) : 재승반불(齋僧飯佛)의 준말로, 불법승(佛法僧) 삼보(三寶) 중에 부처와 승려에게 공양하는 것, 혹은 그때 올리는 잿밥을 말한다.

335 못이……출현하고 : 못이 맑게 개니 밝은 달의 본래 모습이 못에 드러난다는 말이다. 불가에서는 심지(心池)라는 말을 애용하는데, 이 심지에 물결이 일지 않고 명경지수(明鏡止水)와 같은 부동의 상태가 지속되면 각 존재의 본래면목이 그대로 드러나면서 이른바 견성(見性)을 하게 된다고 주장한다. 그리고 수월관음(水月觀音)이라는 보살의 개념을 제기하기도 하는데, 보살은 중생의 상황에 따라 온갖 모습으로 몸을 바꾸어 나타나지만 이런 화신(化身)과는 달리 그 본체는 여여(如如)하다는 법신(法身)의 사상을 주장하기도 하는바, 이런 견지에서 본다면 연못의 물에 관음의 진신 즉 법신이 출현했다는 뜻으로 의미를 확장해서 음미해 볼 수도 있을 것이다.

336 선지(禪枝) : 사찰의 선당(禪堂) 주위에 있는 나무를 말한다.

정현왕후[337]에 대한 만사

貞顯王后挽

구중궁궐 대비전에 거하신 지 몇 년이런가	幾年長樂禁扃深
오래 함이[338]를 누린 복덕은 흠모의 대상이었지요	久享含飴德所欽
그동안 모범을 보여 후비의 교화를 펼치시고	疇昔儀刑存壼化
하루에 세 번 문안하는 제왕의 효도를 받으셨다오	三朝大孝見宸心
초방의 여사가 당연히 사책에 기록하겠지만	椒房女史宜書冊
조장의 완반은 너도나도 옷소매를 적시누나[339]	祖帳鵷班盡濕襟
교산[340]에 곧바로 향하여 능침의 문 닫히면	直向橋山幽坎閉
송추의 서늘한 달그림자 더욱 쓸쓸해지리라	松楸涼月影蕭森

337 정현왕후(貞顯王后) : 1462～1530. 성종의 두 번째 계비이자 중종의 생모이다. 본관은 파평(坡平)이고, 우의정 영원부원군(鈴原府院君) 윤호(尹壕)의 딸이다.

338 함이(含飴) : 엿을 입에 머금고서 손자를 어르며 노닌다는 뜻의 함이농손(含飴弄孫)의 준말로, 노년의 행복한 생활을 비유하는 말이다. 후한(後漢)의 마 황후(馬皇后)가 "나는 다만 엿을 입에 물고 손자들과 노닐기만 할 것이니, 다시는 정사에 대해서 아는 체도 할 수 없을 것이다."라고 말한 고사가 전한다. 《後漢書 明德馬皇后紀》

339 초방(椒房)의……적시누나 : 왕후의 행적에 대해서는 초방 즉 후비전(后妃殿)에 속한 여관(女官)인 여사(女史)가 기록해 후대에 전하겠지만, 영결하기 위해 빈전(殯殿)의 장막에 줄지어 선 관원들은 슬픔에 겨워 모두 눈물을 흘린다는 말이다.

340 교산(橋山) : 황제(黃帝)의 장지(葬地)인 데에서 유래하여 보통 인금의 능묘를 가리키는데, 여기서는 성종의 선릉(宣陵)을 말한다.

곤명지에서의 전쟁 연습[341]

昆明池習戰

과시(課試)이다.

일찍이 듣건대 전국이 황량한 변방에 있었다는데　曾聞滇國在荒夷
뭐 하러 무력을 남용하여 위세를 떨치려 하였는지　何事窮兵遠耀威
암석 찍어 내 이뤄진 것이 굴곡진 고래 등 언덕이요　山骨斸成鯨屈曲
겁회[342]를 날리며 지은 것이 잔물결 이는 호수로세　劫灰飛作水漣漪
어룡 형세의 군진은 깃발에 뒤섞여 출동하고　魚龍陣雜群旌動

341 곤명지(昆明池)에서의 전쟁 연습 : 곤명지는 곤명에 대비하기 위한 못이라는 뜻으로, 장안(長安) 서남쪽 교외에 인공적으로 굴착하여 조성한, 주위 40리, 면적 332경(頃)에 달하는 큰 호소(湖沼)이다. 한(漢)나라 사신이 신독국(身毒國) 즉 천축(天竺)으로 갈 적에 서남이(西南夷)에 속하는 곤명이라는 나라가 사방 300리나 되는 전지(滇池)를 이용하여 길을 봉쇄하자, 무제(武帝)가 원수(元狩) 3년에 강제 노역의 처벌을 받은 관리들을 동원하여 이곳에 인공 호수를 만든 뒤에 곤명국과의 수전(水戰)에 대비하여 군사 훈련을 시켰다. 곤명지는 이후 제경(帝京) 부근의 거대한 못을 지칭하는 말이 되었는데, 송대(宋代) 이후에는 인몰되었다. 이 시의 첫 구에 나오는 전국(滇國)은 곧 곤명국을 가리킨다. 《史記 西南夷列傳》《漢書 武帝紀》

342 겁회(劫灰) : 겁화(劫火)가 남긴 재라는 뜻이다. 불교의 설에 의하면, 성주괴공(成住壞空)의 법칙에 따라 우주가 괴멸(壞滅)하는 괴겁(壞劫)의 말기가 되면 겁화가 일어나서 온 세상을 모조리 불태운다고 하는데, 한 무제 때 굴착한 곤명지 밑바닥에서 나온 검은 재의 정체에 대하여 아무도 모르다가, "서역(西域)의 호인(胡人)에게 물어보면 알 것이다."라고 동방삭(東方朔)이 예언한 대로 후한 명제(後漢明帝) 때에 이르러 인도에서 온 승려 축법란(竺法蘭)이 "세계가 종말을 맞으면 겁화가 철저히 불태워 버리는데, 이 재는 바로 그때 나온 것이다."라고 했다는 고사가 전한다. 《高僧傳 卷1 竺法蘭》《三輔黃圖 池沼》

고각 울리는 전선은 격랑을 따라 이동했으리	鼓角船隨疊浪移
우스워라, 공연히 무위를 자랑한 한 무제여	堪笑漢皇空黷武
구구하게 습전하여 필경은 어찌 되었는지	區區習戰竟何爲

향산관에서 자규의 울음소리를 듣다

香山觀聽子規

과시(課試)이다.

뼈만 앙상한 늙은 나무들 울연히 들쭉날쭉	槎牙老樹蔚參差
오래된 관에 사람 없이 밤경치 더욱 기이해라	故觀無人夜轉奇
홀연히 구름 산에 생동하는 화폭이 펼쳐졌나니	忽有雲峯開活畫
누가 달 수레 재촉하여 먼 뫼에 걸어 놓았는가	誰催月馭掛脩眉
촉 땅의 새는 애절히 울어 목구멍으로 피 흘리고	蜀禽啼苦喉流血
초나라 객은 하도 읊어서 머리가 거미줄 되었다오	楚客吟多鬢斷絲
무슨 일로 두랑은 공연히 재배를 하였을까	何事杜郎空再拜
그냥 충분의 심정을 시에 담으려 하다 보니[343]	謾將忠憤寄新詩

343 무슨……보니 : 두보(杜甫)가 임금에 대한 충성심을 보다 절실하게 표현하려다 보니 망제(望帝)의 영혼이라고 전해지는 자규(子規)에게 두 번 절한다는 구절을 집어넣게 되었다는 말이다. 고대 촉(蜀)나라에 두우(杜宇)라는 자가 하늘에서 내려와서 망제라고 일컬으며 나라를 다스리다가 죽어 그 혼이 두견(杜鵑)이라는 새로 변했다는 전설이 《성도기(成都記)》에 실려 있다. 자규는 두견의 별칭이다. 두보가 서촉(西蜀) 성도(成都) 금관성(錦官城)의 금수(錦水) 가에 초막을 엮고 거할 적에 〈두견〉이라는 제목의 시를 지으면서, "두견새가 늦은 봄에 날아와서는, 내 집 대숲 사이에서 애절하게 울기에, 내가 볼 때마다 항상 재배했나니, 망제의 넋이라는 전설을 중히 여겨서였네.〔杜鵑暮春至, 哀哀叫其間. 我見常再拜, 重是古帝魂.〕"라고 추억하고는, 말미에 "이제 또 홀연히 늦은 봄날 두견새를 만났는데, 마침 내가 병으로 해를 넘긴 탓으로, 신병 때문에 절을 하지도 못한 채, 눈물만 샘솟듯 흘릴 뿐이네.〔今忽暮春間, 值我病經年. 身病不能拜, 淚下如迸泉.〕"라고 끝을 맺었다. 《杜少陵詩集 卷14》

수령궁의 달구경

繡嶺宮翫月

과시(課試)이다.

선경 속의 궁궐이 청도[344]와 매우 가까운데　　　丹丘絳闕逼清都
황금물결 환히 비치면 별천지를 이루었네　　　照耀金波別一區
바닷조개가 운무를 토해 내어 패옥(貝玉)의 굴을 이루고
海蜃噓雲成貝窟
촉룡[345]이 불을 입에 머금어 얼음 병 다락을 만들었네　燭龍銜曜作氷壺
줄지은 궁중 악기 틀에서 풍뢰의 음향이 진동하면　千行鳳簴風雷動
일만 대열 〈예상우의〉[346] 금수의 무용이 뒤따랐지　萬隊霓裳錦繡趨

344 청도(清都) : 옥황상제가 산다는 궁궐로 항상 오색구름이 덮여 있다고 하는데, 여기서는 중국의 도성(都城) 그중에서도 하남성(河南省)에 위치한 낙양(洛陽)을 가리킨다. 수령궁(繡嶺宮)은 당 고종(唐高宗) 현경(顯慶) 3년(658)에 세워진 행궁의 하나로 선계의 궁궐이라고 일컬어질 정도로 경치가 빼어났는데, 그 유지(遺址)는 하남성 섬현(陝縣) 채원향(菜園鄉) 석문촌(石門村) 남쪽의 수령 언덕 위에 있다. 참고로 《명황잡록(明皇雜錄)》에 "상이 동도(東都)로 행행하여 수령궁에 이르렀다."라는 기록이 있는데, 이 동도는 곧 낙양을 가리킨다 《新唐書 地理志2》《玉海 卷157 宮室》

345 촉룡(燭龍) : 불을 입에 물고 비춰 주는 용이라는 뜻으로, 중국의 신화에 나오는 신의 이름이다. 남조 송(南朝宋)의 시인 사혜련(謝惠連)의 〈설부(雪賦)〉에 "가령 흰 눈이 쌓여 녹지 않는 상황에서 햇빛이 아침에 비춰 주기라도 하면, 찬란하게 빛나는 것이 마치 촉룡이 불을 입에 물고서 곤륜산을 비춰 주는 것만 같다.[若乃積素未虧, 白日朝鮮, 爛兮若燭龍銜燿照崑山.]"라는 말이 나온다. 《文選 卷13》

346 예상우의(霓裳羽衣) : 구름과 깃털로 된 얇은 이상이라는 뜻으로 신선 혹은 선녀의 의복을 뜻하는데, 여기서는 당 현종(唐玄宗)이 즐겨 감상했다는 악곡(樂曲)과 악무

필경엔 일곡의 영관에 괜히 창망한 마음[347]	畢竟鈴關空悵望
고궁에 보이는 건 오직 외로운 달 수레뿐	故宮唯見月輪孤

(樂舞)를 가리킨다. 전설에 의하면, 현종이 8월 보름에 도사(道士)인 신천사(申天師), 홍도객(洪都客) 등의 도술을 빌려서 월궁(月宮)인 광한전(廣寒殿)에 올라가 함께 노닐었는데, 음률에 밝은 현종이 그 당시 선녀들이 춤추고 노래하는 것을 듣고 돌아와서 〈예상우의곡〉을 짓고는 행행할 때마다 이 곡조를 연주하고 이 춤을 추게 했다고 한다. 《古今事文類聚 前集 卷11 月宮奏樂》

347 필경엔……마음 : 당나라 최도(崔塗)가 지은 〈과수령궁(過繡嶺宮)〉이라는 제목의 칠언율시 3, 4구에 "삼성의 장속은 승평의 꿈이요, 일곡의 영관은 창망한 마음이라.〔三城帳屬升平夢, 一曲鈴關悵望心.〕"라는 표현이 있는데, 대관재가 이를 원용한 것으로 보인다. 3구는 토번(吐蕃)과 돌궐(突厥)과 거란(契丹)이 당나라에 내속(內屬)하여 천하가 무사하게 되었다는 말이고, 4구는 안사(安史)의 난이 일어나서 당 현종이 서촉(西蜀)으로 몽진할 당시에 열흘간이나 이어지는 빗속에서 말방울 소리를 듣고는 이미 세상에 없는 양 귀비(楊貴妃) 생각을 하며 이원(梨園)에 명하여 〈우림영곡(雨淋鈴曲)〉을 짓게 한 것을 말한다. 《全唐詩 卷679》《唐詩鼓吹 卷4》

사제(蜡祭)[348]를 관람하다

觀蜡

과시(課試)이다.

연말에 추위가 얼른 제사 지내라 재촉해서　　殘臘寒催歲事深
설월의 찬 기운 음산한 속에 제단 차렸네　　禋壇雪月冷蕭森
금년에도 봄 여름 가을 시절 제향을 올렸지만　　今年禮祀三農節
오늘 밤의 신공은 한 치의 마음에 달렸다오　　此夜神功一寸心
토고를 치며 전수를 바침을 흐뭇하게 바라보고　　擊鼓喜看田獸薦
빈송을 불며 동료의 단지를 개봉하고 마신다오[349]　　歙豳還把凍醪斟
맑은 새벽 사제를 파하매 하늘과 땅이 고요하니　　淸晨蜡罷乾坤靜
옥촉[350]이 휘황한 가운데 밝은 태양이 임어하네　　玉燭輝輝白日臨

348 사제(蜡祭) : 모든 생명체와 관련된 신(神)을 있는 대로 모두 찾아서 합제(合祭)를 올리는 연말의 대제(大祭)이다.

349 토고(土鼓)를……마신다오 : 《주례(周禮)》 〈춘관종백(春官宗伯) 약장(籥章)〉에 "나라에서 사제(蜡祭)를 지내면, 빈송(豳頌)을 관악기로 불어서 연주하고, 토고를 쳐서 농부와 만물을 편히 쉬게 한다."라고 하였다. 빈송은 농민의 생활을 소재로 하여 노래한 《시경》 〈빈풍(豳風) 칠월(七月)〉의 시를 가리킨다. 전수(田獸)는 전수지포(田獸之脯)의 준말로 사냥한 짐승의 고기를 얇게 저며 말린 포를 말하는데, 《주례》 〈천관총재(天官冢宰) 석인(腊人)〉에 이에 대한 내용이 나온다. 동료(凍醪)는 봄에 먹기 위하여 겨울에 빚어 둔 술을 말한다. 사제를 지내는 날에는 백성들 모두가 잔치를 벌여 실컷 음주가무를 하면서 1년 농사의 수고를 위로하고 스스로 즐기도록 하였다.

350 옥촉(玉燭) : 태평성대를 뜻하는 말이다. 415쪽 주258 참조.

동산 정자에 우두커니 앉아서 둔재에게 증정하다

塊坐園亭贈遯齋

다리 아래 실개천 물 끝없이 흐르고 흘러	橋下細川流不窮
모낸 두둑 찰랑찰랑 벼 싹 떨기 이루었네	移秧阡陌漲成叢
비 온 뒤끝에 처마 모서리엔 성긴 버들 늘어나고	雨餘簷角增疏翠
구름이 엷아서 산머리엔 해가 반쯤 새어 나왔네	雲薄山頭漏半紅
행장이 일혈을 함께함[351]을 혼자 웃으면서	自笑行藏同一吷
치국의 경륜이 귀신과 같음을 흠모한다오	却欽經濟合神功
붓을 쥐시면 금성이 이는 걸 문득 느끼나니	搖毫便覺金生響
한 치 풀줄기로는 거대한 종을 칠 수가 없어라[352]	筳寸無緣撞巨鐘

351 행장(行藏)이 일혈(一吷)을 함께함 : 세상에서 최고로 여기는 부귀와 공명 같은 것들을 그다지 중하게 여기지 않고 그냥 픽 웃고 지나쳐 버리는 점에서는 두 사람의 행적이 동일하다는 말이다. 《장자(莊子)》 〈측양(則陽)〉에 "피리를 불면 그래도 그럴듯한 소리가 나지만, 칼자루 고리의 구멍을 불면 픽 하고 바람 빠지는 소리가 날 뿐이다. 요순(堯舜)은 사람들이 찬미하는 바이지만, 대진인(戴晉人) 앞에서 요순을 말한다면 그것은 고리 구멍에서 픽 하고 바람 빠지는 소리가 나는 정도일 뿐인 것이다."라는 말이 나온다.

352 붓을……없어라 : 대관재 자신의 작은 식견으로는 둔재(遯齋) 즉 성세창(成世昌)의 국량을 도저히 헤아릴 수가 없다는 말이다. 금성(金聲)은 종소리와 같은 금석(金石)의 음향을 말하는데, 보통 타인의 시문에 대한 경칭(敬稱)으로 쓰인다. 풀줄기 운운은 한(漢)나라 동방삭(東方朔)의 〈답객난(答客難)〉에 나오는 "대롱 구멍으로 하늘을 엿보고, 고둥 껍데기로 바다를 측량하며, 풀줄기로 종을 친다.〔以筦窺天, 以蠡測海, 以筳撞鍾.〕"라는 말을 인용한 것이다. 《文選 卷45》

붓 가는 대로 써서 자한에게 증정하다
漫成贈子罕

관복 입다가 퇴근하는 길 얼마나 편안한지	簪笏朝回道晏如
이해 따질 사람의 일이 이제부턴 없으니까	更無人事作乘除
시는 한원에서부터 모래 속의 황금이요	詩從翰苑披沙裏
타작해도 남는 남전의 빼어난 옥이어라[353]	玉秀藍田打鵲餘
사후에는 천자뢰[354]가 당연히 존재하고	身後應存千字誄

353 시는……옥이어라 : 자가 자한(子罕)인 유희령(柳希齡, 1480~1552)이 한원(翰苑) 즉 예문관(藝文館)에 들어가면서부터 뛰어난 문장 실력을 발휘하여 수많은 걸작을 계속해서 선보였다는 말이다. '모래 속의 황금'은 많은 작품 중의 정화(精華)를 비유하는 말로, 남조 양(南朝梁) 종영(鍾嶸)의 《시품(詩品)》 권1에 나오는 "반악(潘岳)의 시는 비단을 펼쳐 놓은 것처럼 찬란해서 좋지 않은 대목이 없고, 육기(陸機)의 글은 모래밭을 파헤쳐 금을 골라내는 것과 같아서 왕왕 보배가 발견된다."라는 말에서 유래한 것이다. 남전(藍田)은 미옥(美玉)의 생산지로 유명한 중국 섬서성(陝西省)의 고을 이름이다. 타작(打鵲)은 옥돌이 하도 많아서 돌멩이처럼 마구 던져 까치를 잡는다는 뜻인데, 한(漢)나라 환관(桓寬)의 《염철론(鹽鐵論)》에 "중국에서는 희귀하게 여기는 것을 외국에서는 천하게 여기기도 한다. 그래서 남월(南越)에서는 공작의 깃털로 문고리를 만들고, 곤륜산 주변에서는 박옥(璞玉)을 까치에게 던지기도 한다."라는 말이 나온다. 유희령은 1516년(중종11) 별시 문과에 급제한 뒤에 곧바로 예문관의 검열, 대교, 봉교의 직책을 역임하였다.

354 천자뢰(千字誄) : 천 글자가 새겨진 뇌문(誄文)이라는 뜻으로, 생전의 덕행을 찬미하는 신도비(神道碑)나 선정을 칭송하는 주민들의 송덕비(頌德碑)를 가리킨다. 유희령은 1524년 영천 군수(榮川郡守)로 5년간 재임한 것을 필두로, 이후 이천 부사(伊川府使)와 대구 부사(大邱府使)를 역임하면서 인정(仁政)을 행했다는 긍정적인 평가를 받았다.

생전에는 오거서를 길이 포식하실 분	生前長飽五車書
파초와 매화는 둘 다 매우 빼어난데	芭蕉梅蕊雙奇絶
몽수는 왜 굳이 아어를 쟁론하였을까[355]	蒙叟何煩辨我魚

355 파초와……쟁론하였을까 : 유희령과 대관재가 세상을 보는 관점이나 태도 면에서 각자 차이를 보이기도 하는데, 이것은 예컨대 파초와 매화처럼 원래 타고난 기질과 속성이 독특한 점에서 유래하는 것인 만큼 거시적인 시각에서 보면 상대방을 인정하고 이해할 수도 있는데, 몽수(蒙叟) 즉 장자(莊子)는 어찌하여 자신의 절친한 벗이면서 호적수였던 혜시(惠施)에 대해서 날카롭게 대립각을 세우며 매몰차게 몰아세웠는지 알지 못하겠다는 뜻의 해학적인 표현이다. 아어(我魚)는 나와 물고기라는 뜻으로, 《장자》〈추수(秋水)〉 맨 마지막에 나오는 호량(濠梁)의 논쟁을 두 단어로 압축하여 정리한 용어인데, 그 내용을 소개하면 다음과 같다. 장자가 혜시와 함께 호수(濠水)의 징검다리 위를 거닐다가 피라미가 한가롭게 노니는 것을 보고 "이것이 물고기의 즐거움이다."라고 하자, 혜시가 "자네는 물고기가 아닌데, 물고기가 즐거운지 어떻게 안단 말인가."라고 시비를 걸었다. 이에 장자가 "자네는 내가 아닌데 내가 물고기의 즐거움을 알지 못한다는 것을 어떻게 아는가."라고 반박을 하자, 혜시가 "나는 자네가 아니니 물론 자네를 모르지. 마찬가지로 자네도 본래 물고기가 아니니, 자네가 물고기의 즐거움을 알지 못하는 것이 분명하지 않은가."라고 재반박을 하였다. 그러자 장자가 "이야기의 처음으로 돌아가서 말해 보세. 아까 자네가 나에게 물고기의 즐거움을 어떻게 아느냐고 물었는데, 이것은 내가 물고기의 즐거움을 안다는 것을 자네가 이미 알고서 나에게 물은 것이네. 나는 호수 위에서 그 즐거움을 알았다네."라고 치명타를 날리며 논쟁을 마무리 지었다.

심회를 노래하여 둔재에게 증정하다

詠懷贈遯齋

빈 정자에 멍하니 앉아 흐르는 물 굽어보며	虛亭槃坐俯流波
담연히 산승이나 된 듯 수사[356]를 완상하네	淡似山僧玩水梭
고둥 상투 튼 산은 비 개어 청색이 애교스럽고	螺髻雨晴靑嫵媚
대나무 숲은 바람이 가늘어 녹색이 출렁거리네	琅玕風細綠婆娑
기린과 비취의 고귀한 신분은 더부살이일 뿐	麒麟翡翠身如寄
도리와 부용의 평범한 흥취 또한 괜찮다 하리	桃李芙蓉興亦多
타인이 나를 알지 못하는 이것이 나의 귀함이니[357]	人不我知斯我貴
고궁[358]을 하며 힘이 남아 너끈히 시를 읊는다오	固窮餘力足吟哦

356 수사(水梭) : 수사화(水梭花)의 준말로, 소식(素食)을 하는 불가에서 물고기를 일컫는 은어이다. 물고기가 물속을 왕래하는 것이 마치 베틀의 북〔梭〕이 재빠르게 반복해서 왕래하는 것과 비슷하기 때문에 그렇게 칭했다고 한다. 《東坡志林 僧文葷食名》

357 타인이……귀함이니 : 《노자(老子)》 70장에 "나를 아는 자가 드물수록 나는 귀한 존재가 된다.〔知我者希, 則我貴.〕"라는 말이 있다.

358 고궁(固窮) : 곤궁한 상황에서도 동요하지 않고 도의(道義)를 고수하는 것을 말한다. 공자가 진(陳)나라에서 양식이 떨어져 제자들이 병들어 눕자 자로(子路)가 성난 얼굴로 "군자도 궁할 때가 있느냐."라고 물었는데, 이에 공자가 "군자는 곤궁할 때에도 도의를 고수하지만, 소인은 곤궁하게 되면 제멋대로 행동한다.〔君子固窮, 小人窮斯濫矣.〕"라고 대답한 고사가 전한다. 《論語 衛靈公》

선전관의 계회도에 제하다

題宣傳官禊會圖

일찍이 말 타고 활 쏘며 천양[359]을 공부하여	早將弓馬學穿楊
무과 급제 주워 담은 향기로운 이름들	俯拾巍科姓字芳
기개는 무지개 토하며 우주를 새장에 집어넣고	氣吐虹蜺籠宇宙
흉금은 병갑을 간직해 봉강을 소제해 버리네	胸藏兵甲掃封疆
궁궐을 지키려는 속진 속의 꿈은 청수보다도 맑고	禁宮塵夢淸於水
나라에 허여한 충성의 결의는 추상처럼 늠연해라	許國忠肝凜似霜
한가한 날 벗들이 모여 수계한 이 일이여	暇日盍簪修禊事
금란의 향이 설환에 남아 사방에 퍼지리라[360]	金蘭留播雪紈香

359 천양(穿楊) : 버들을 꿰뚫는다는 뜻으로, 명사수의 기예를 말한다. 전국 시대 초(楚)나라의 양유기(養由基)가 100보 떨어진 곳에서 버들잎을 화살로 쏘아 백발백중했다는 고사에서 연유한 것이다. 《戰國策 西周策》

360 금란(金蘭)의……퍼지리라 : 마음을 같이하는 선전관들의 우정이 '눈처럼 흰 깁〔雪紈〕'에 그린 '계 모임의 그림〔契會圖〕' 속에 남아 길이 전해지리라는 말이다. 금란은 《주역》 〈계사전 상(繫辭傳上)〉의 "두 사람이 마음을 같이하면 그 예리함이 쇠를 끊고, 마음을 같이하면 그 말의 향취가 난초와 같다.〔二人同心, 其利斷金; 同心之言, 其臭如蘭.〕"라는 말에서 나온 것이다.

마음 가는 대로 짓다

漫成

당시에 좌상 이극균(李克均)이 안변책(安邊策)을 올렸는데 비방하는 의논이 있었다.

흉중에 범로[361]의 갑병 간직했다 자신하고서	自信胸藏范老兵
변방 안정 대책을 내놓자 온 조정이 경악했네	安邊一策滿朝驚
높은 재주는 말세에 참소와 비방을 야기해서	高才末世媒讒謗
비둔[362]을 하며 왕년에 성대한 명성을 숨겼다오	肥遯他年晦盛名
구극[363]의 세월 쉽게 지나가 시름 속에 벌써 노년	駒隙易催愁已老
사배[364]임을 홀연히 깨닫자 병도 뒤따라 나았다네	蛇杯忽悟病隨平

361 범로(范老) : 소범노자(小范老子)의 준말로, 북송(北宋)의 범중엄(范仲淹)을 가리킨다. 그가 연주(延州)를 맡겠다고 자청하여 나가서 변방을 지킬 적에 밤낮으로 정예 군사를 훈련하고 엄중히 경계하자, 오랑캐들이 "연주는 생각도 하지 말라. 지금 소범노자의 흉중에는 그 자체로 수만의 갑병이 들어 있으니, 우리가 속일 수 있는 대범노자(大范老子)에 비할 바가 아니다."라고 하며 두려워했다고 한다. 《宋史 范仲淹列傳》 대범노자는 범옹(范雍)을 가리킨다.

362 비둔(肥遯) : 살진 은둔이라는 뜻으로, 자발적으로 세상을 피해 물러나 여유롭게 사는 생활을 말하는데, 《주역》 〈둔괘(遯卦) 상구(上九)〉에서 이런 은둔은 이롭지 않음이 없다고 높이 평가하고 있다.

363 구극(駒隙) : 백구지과극(白駒之過隙)을 줄인 말로, 세월이 덧없이 빠르게 지나가는 것을 비유하는 말이다. 《장자》 〈지북유(知北遊)〉에 "사람이 천지 사이에 생존하는 것은 마치 백구(白駒)가 벽의 틈새를 지나가는 것처럼 순식간일 뿐이다."라고 하였는데, 성현영(成玄英)의 주(註)에 "백구는 준마이다. 또한 햇빛을 말하기도 한다."라고 하였다.

문 닫고 이제부턴 파란이 종식되려니와 閉關從此波瀾息
찾아와서 생사를 묻는 사람도 없으리라 剝啄無人問死生

364 사배(蛇杯) : 술잔 속의 뱀 그림자라는 뜻으로, 아무것도 아닌 일을 가지고 쓸데없이 걱정하며 괴로워할 때 쓰는 말이다. 진(晉)나라 악광(樂廣)이 친구와 술을 마실 적에 그 친구가 술잔 속에 비친 활 그림자를 뱀으로 오인하고는 마음속으로 의심한 나머지 병이 들었다가, 나중에 그 사실을 알고는 병이 절로 나았다는 배궁사영(杯弓蛇影)의 고사가 전한다. 《晉書 樂廣列傳》

생일에 술에 취해서 율시 한 수를 지어 사촌 동생 경지와 형님의 손자인 수경에게 보여 주다

初度日醉占一律示堂弟敬之兄孫守慶

오늘 아침 눈물 머금고 문득 말을 잊었나니　今晨含淚却忘言
구로해 주신 망극한 은혜[365]를 헛되이 저버려서　辜負劬勞罔極恩
친척과 벗들이 찾아와 육해의 진미를 선물하고　親故駢臻供陸海
슬픔과 기쁨 토로하며 풍악과 술잔이 이어졌네　悲歡敍盡更琴尊
썰렁하게 얼마 안 남은 희끗해진 머리털　星霜鬢髮凜無幾
선영의 소나무에 나의 마음을 보낼 따름　丘壟松楸只送魂
손뼉 치며 늙은 이 몸도 춤추면서 덩실덩실　拍手婆娑翁亦舞
밤 깊어 풍악 속에 술 취해 정신이 몽롱해라　夜深絃管醉成昏

차운하다 次韻

수경(守慶)

이날 얼굴도 뵙고 말씀도 직접 들으면서　此日承顏更接言
예법을 늦춰 주고받는 깊은 은혜 입었어라　禮寬酬酢荷深恩
강건하여 남산의 장수[366] 누리시기를 축원하고　康强共獻南山壽

365 구로(劬勞)해……은혜 : 낳아 주고 길러 준 부모의 끝없는 은혜를 말한다. 《시경》 〈소아(小雅) 육아(蓼莪)〉에 "슬프고 슬프도다 부모님 생각, 낳고 길러 주느라 얼마나 고생하셨던가.〔哀哀父母, 生我劬勞.〕"라고 하였다.

366 남산의 장수 : '남산처럼 장수하라.〔如南山之壽〕'라는 뜻으로, 《시경》 〈소아 천보(天保)〉에 만수무강을 기원하는 이른바 구여지축(九如之祝) 가운데 하나이다.

난만하게 북해의 술통[367]을 바야흐로 열었다오	爛熳方開北海尊
춤추는 소매가 취했다고 기롱을 하든 말든	舞袖從教欺醉面
노랫소리가 시상을 어지럽혀도 싫지 않다네	歌聲不厭攪吟魂
붕우와 골육의 환락의 흥취가 넘쳐 나는데	盍簪骨肉饒歡興
단지 걱정은 앞산의 해가 빨리 지는 것	只恐前山日易昏

367 북해(北海)의 술통 : 후진(後進)과의 격의 없는 술자리를 비유하는 말이다. 북해는 북해 상(北海相)을 역임한 후한(後漢) 말의 문학가 공융(孔融)을 가리킨다. 그는 성품이 관대하여 사인(士人)을 두루 포용하였으며 특히 후진을 잘 이끌어 주기로 이름이 났으므로 빈객이 날마다 그 집 문을 가득 채우곤 하였는데, 당시에 조조(曹操)의 금주령이 내려진 상황에서 공개적으로 주덕(酒德)을 찬양하며 "자리에 빈객이 항상 가득하고 술통 속에 술이 비지만 않는다면, 나에게는 아무런 근심이 없다."라고 호언했던 고사가 전한다. 《後漢書 孔融列傳》

강원도 관찰사로 나가는 윤구중을 전송하다

送尹衢仲按節江原

궁중의 향기가 수의 어사 소매를 스치자마자	御香才拂繡衣裾
이번엔 남비[368]를 하고 훨훨 예맥의 유허지로	攬轡翩翩濊貊墟
우수와 탄식 속에서도 운수향(雲水鄕)을 거뒀나니	雲水尙收愁歎裏
격양[369]을 한 뒤끝이라 민생이 모두 앙망한다오	民生咸仰激揚餘
하늘 낮은 곳에 떠 있는 삼신산의 푸른 기운	翠浮方丈天低處
일출이 시작될 때 내쏘는 부상의 붉은 빛살	紅射榑桑日出初
영해가 지금 윤색할 분에게 돌아갔으니	瀛海如今歸潤色
거장의 붓 들어 현허의 뒤를 이으시기를[370]	應將巨筆續玄虛

368 남비(攬轡) : 말고삐를 쥐고 천하를 정화한다는 뜻의 남비징청(攬轡澄淸)의 준말로, 지방 장관으로 부임하는 것을 말한다. 후한(後漢)의 범방(范滂)이 혼란스러운 기주(冀州)의 안찰사(按察使)로 부임할 즈음에 수레에 올라 말고삐를 잡으면서 천하를 맑게 변화시키겠다는 개연한 뜻을 보이자, 탐관오리들이 지레 겁을 먹고는 인끈을 자진해서 풀어 놓고 달아났다는 고사에서 유래한 것이다. 《後漢書 黨錮列傳 范滂》

369 격양(激揚) : 청류(淸流)를 끌어올리고 탁류(濁流)를 밀어 내보낸다는 뜻의 격탁양청(激濁揚淸)의 준말로 권선징악과 비슷한 말인데, 자가 구중(衢仲)인 윤풍형(尹豐亨)이 강원 감사로 나가기 직전에 왕의 특명을 받고 수의 어사(繡衣御史)로 외방에 나가서 관풍(官風)을 정화했다는 말이다.

370 영해(瀛海)가……이으시기를 : 동해 바다에 대한 수많은 시들을 총정리하여 마무리할 만한 실력을 발휘해서 멋진 해부(海賦)를 한번 지어 보라는 말이다. 영해는 대해(大海)와 같다. 현허(玄虛)는 〈해부(海賦)〉로 유명한 서진(西晉)의 시인 목화(木華)의 자인데, 《문선(文選)》 권12에 그 글이 실려 있다.

명나라 사신의 〈알성〉 시에 차운하다

次天使謁聖韻

하목[371]의 엄중한 자태 경모하며 우러르다가	河目威容敬仰餘
홀연히 조칙이 반포되어 잠시 머뭇거렸네	忽頒仙詔暫躇躕
행단[372]은 세월이 오래되어 꽃이 일찍 떨어지고	杏壇歲遠花曾謝
정원의 회나무는 봄날이 깊어 잎을 활짝 펼쳤네	庭檜春深葉滿舒
태학의 냇물이 넘실거려 언제나 윤택한지라	璧水汪洋常潤澤
금빛 물고기들이 함영하며 절로 안거한다오	文魚涵泳自安居
조선의 예악도 똑같이 화육 안에 들어 있어서	華夷禮樂同歸化
우로의 은혜가 아스라이 하늘에까지 잇닿았네	雨露微茫接太虛

371 하목(河目) : 눈이 하수(河水)와 같다는 뜻으로, 성인의 특이한 관상에 속할 정도로 사신의 용모가 뛰어나다며 치켜세운 말이다. 공자는 하목해구(河目海口), 즉 눈이 하수처럼 길쭉하며 반듯하고 입이 바다처럼 크고 깊었다고 한다. 《시경》 〈대아(大雅) 생민(生民)〉의 "후직이 응애응애 울었다.〔后稷呱矣〕"라는 구절에 대한 당나라 공영달(孔穎達)의 소(疏)에 "공자의 하목해구와 같았다."라는 말이 나오고, 《진서(陳書)》 〈고조기 상(高祖紀上)〉에도 "해구와 하목의 관상이라서 성현의 징표가 이미 드러났다."라는 말이 나온다.

372 행단(杏壇) : 공자가 강학(講學)했던 곳인데, 여기서는 유생들의 교육 기관인 성균관을 말한다. 《장자》 〈어부(漁父)〉의 "공자가 치유의 숲속에서 노닐며 행단 위에 앉아서 휴식을 취했나니, 제자들은 글을 읽고 공자는 거문고를 타며 노래를 불렀다."라는 말에서 연유한 것인데, 우리나라에서는 행(杏)을 은행나무로 간주하여 학교에 이 나무를 많이 심었던 데에 반해서 중국에서는 측백나무를 많이 심었다고 한다.

문궤[373]를 통해 천하가 한집안임을 알았나니	文軌從知四海家
위의와 예악이 모두 중화에서 건너왔도다	威儀禮樂自中華
연원에서 흘러내려 온 태학의 한줄기 학맥이요	泮宮一脈淵源匯
초록 잎사귀 뒤덮인 뜨락의 천 그루 회나무라	庭檜千章綠葉遮
대도가 다시금 밝혀져서 태양처럼 걸려 있고	大道重明懸似日
유생들 빙 둘러 들으려고 삼대처럼 모였다오	靑衿環聽會如麻
미천한 정성이 촌초[374]이지만 그래도 감응해 주시어	微誠寸草猶能感
성상의 교화를 멀리 동방에 흥건히 적셔 주셨네	聖化渾霑鰈域遐

373 문궤(文軌) : 글은 문자를 같이하고 수레는 궤적을 같이한다는 뜻의 '서동문 거동궤(書同文車同軌)'의 준말로, 온 세상이 중국이라는 하나의 문화권에 편입된 것을 의미한다. 《中庸章句 第28章》

374 촌초(寸草) : 한 치의 풀이라는 뜻으로, 어버이의 망극한 은혜에 비하면 어림도 없는 자식의 미미한 효성을 뜻하는 말이다. 명나라 사신과 관련한 자세한 설명은 402쪽 주232 참조.

명나라 사신의 〈승월등태평관〉 시에 차운하다

次乘月登太平館韻

누대에 기대니 바람을 몰듯 기분이 시원한데[375]	倚樓還似馭泠然
얼음처럼 맑은 객황은 썰렁해 잠 못 들었으리[376]	客況氷淸冷不眠
말발굽과 수레바퀴 소리 모조리 끊어진 채	馬足車輪聲竝絶
수풀과 바위의 푸른 안개 뒤섞여 이어지네	林霏嵒靄碧交連
구름 자귀로 다듬은 시구는 천인의 눈을 놀래고	雲斤琢句驚千眼
번개 손으로 떨친 명성은 구천을 온통 뒤흔드네[377]	電手掀名動九天
일찰[378]의 조칙 반포하여 붙들어 둘 수 없지만	一札詔頒留不住
맑은 시편들 후인에게 남겨 주어 길이 전하리라	淸詩留與後人傳

375 누대에……시원한데 : 열자(列子)가 바람을 타고 시원하게 날아다녔다는 《장자》 〈소요유(逍遙遊)〉의 이야기를 인용한 것이다. 307쪽 주84 참조.

376 얼음처럼……들었으리 : 타국에 나온 사신의 처신이 너무도 깨끗해서 애인도 없이 고독하게 혼자서 자려니까 옆구리가 시려서 잠도 잘 오지 않았을 것이라는 뜻의 해학적인 표현이다.

377 구름……뒤흔드네 : 명나라 사신의 시문이 뛰어나다고 극찬한 것이다. 구름 자귀〔雲斤〕는 구름을 다듬을 때 쓰는 공구라는 말이다. 당나라 태화(太和, 827~835) 연간에 숭산(嵩山)에서 코를 골며 자는 어떤 사람의 보자기에 운근과 함께 월궁(月宮)을 수선할 때 쓰는 달 도끼〔月斧〕가 들어 있었는데, 본인도 칠보(七寶)로 합성된 달나라를 수리하는 8만 4000호 수리공 중의 하나라면서 무병장수한다는 옥가루로 만든 밥 두 덩어리를 내주고는 홀연히 사라졌다는 이야기가 전한다. 《酉陽雜俎 卷1 天咫》

378 일찰(一札) : 일찰십항(一札十行)의 준말로, 황제의 조칙(詔勅)을 가리킨다. 후한 광무제(後漢光武帝)가 한 장의 종이에 친필로 열 줄씩 써서 조칙을 보냈던 고사에서 연유한 것이다. 《後漢書 循吏傳 序》

우박을 보고 느낀 감상
雨雹有感

표풍이 분 하룻밤에 구름 연기 자욱해져	飄風一夜鎖雲煙
태양빛이 사방팔방 새어 나올 틈도 없네	日彩無緣漏八埏
표류하며 횡단하는 배는 갈팡질팡 못 건너고	漂泊橫舟迷失渡
경망스런 버들개지는 하늘에 달라붙으려 하네	輕狂柳絮勢粘天
갑자기 큰 우박 소리 과녁에 화살이 박히는 듯	忽驚大雹聲如的
새들이 활보다 겁내며 피하는 것을 앉아서 보네	坐見投禽怯愈絃
휘로를 한 다른 뜻을 누가 다 이해하였을까	諱魯餘言誰會了
하늘의 의도를 꼭 써넣을 것이 없어서였으리[379]	天公用意未須編

379 휘로(諱魯)를……없어서였으리 : 노나라가 공자에게는 부모의 나라이기 때문에 모국에 불리한 내용은《춘추》에 기록하지 않고 숨겼다는 해석이 일반적이지만, 대관재는 여기에서 한 걸음 더 나아가 자신의 독특한 견해를 피력하고 있다. 즉 하늘이 노나라에 재앙을 내려 처벌하려는 뜻을 굳이 글로 드러내지 않아도 이미 그런 과정이 어김없이 진행되고 있기 때문에《춘추》를 편수(編修)할 당시에 월식이나 우박 등의 천재(天災)에 대해서 굳이 기록을 하지 않았다는 것으로, 당시 조선 역시 우박이 내리는 등 하늘의 처벌을 받아 나락으로 떨어지고 있다는 대관재의 질박직인 시각이 여실히 드러나고 있다. 휘로는 노나라에 좋지 않은 일은 숨기고 기록하지 않은 것을 말한다. 이른바 춘추필법(春秋筆法)과 관련하여《춘추공양전(春秋公羊傳)》은공(隱公) 10년 조에 "《춘추》의 서법을 보면, 노나라 국내의 일에 대해서는 날짜까지 기록한 반면에 국외의 일에 대해서는 간략하게 기재하였으며, 외국의 일에 대해서는 대악(大惡)을 기록하고 소악(小惡)은 기록하지 않은 반면에 국내의 일에 대해서는 대악은 숨겨 주고 소악만 기록하였다."라고 하였다.

사은사로 연경에 가는 우상 성공과 작별하며 증정하다
贈別謝恩使成右相公赴燕京

태사와 삼극의 직책에 구유인 나라의 보물이요[380]	台司三棘舊儒珍
산처럼 우뚝 기상이 헌걸찬 원로의 신분이라	山立昂藏老大身
하늘이 빌려주는 문장을 일방적으로 품수하고	天假文章偏稟受
사람이 추앙하는 기개로 남들을 압도하였어라	人推氣槪壓群倫
태고의 음률이 요묘하여 거문고 타면서 탄식하고[381]	古音要妙琴成歎
보검의 광채가 현란하여 칼에 신기가 감돈다오	寶彩縱橫劍有神
영도자의 모범 보이며 제왕을 근실히 보필하니	領袖典刑勤黼黻

380 태사(台司)와……보물이요 : 조정의 최고 관직으로 칭해지는 삼공(三公)과 구경(九卿) 가운데에서 성세창(成世昌)이 그동안 경(卿)에 해당하는 직위를 세 차례 역임하고 나서 지금은 삼공의 하나인 우의정을 맡고 있는데, 여기에 또 구유(舊儒) 즉 숙유(宿儒)의 신망을 받으면서 국가의 보배로 일컬어지고 있다는 말이다. 태사는 삼공의 별칭이다. 삼극(三棘)의 극은 경의 반열에 심어 놓은 가시나무를 말한다. 주(周)나라 때 조정의 뜰에 홰나무〔槐〕 세 그루와 가시나무 아홉 그루를 심어 놓고 그 밑에 각각 삼공과 구경을 서 있게 하였으므로 삼괴구극(三槐九棘)이라는 말이 공경(公卿)을 뜻하는 말이 되었다.

381 태고의……탄식하고 : 성세창의 악률이 워낙 백아(伯牙)와 같은 고인(古人)의 기풍과 흡사해서 지금 종자기(鍾子期)처럼 그를 이해해 주는 지음(知音)이 없는 것을 탄식한다는 말이다. 요묘(要妙)는 중요한 묘리(妙理)가 그 안에 들어 있다는 뜻인데, 《노자(老子)》 27장의 "선인(善人)은 불선인(不善人)의 스승이 되고, 불선인은 선인의 자원이 된다. 스승을 귀하게 여기지 않고 자원을 아끼지 않는다면, 비록 지혜로운 사람이라고 할지라도 크게 미혹되었다고 할 것이다. 이런 것을 요묘라고 한다."라는 말에서 연유한 것이다.

야박한 풍속도 이제부터는 순박함을 회복하리라　　偸風從此欲還淳

운세가 갈수록 융성해지는 명나라의 혁혁한 가업　　周家赫業運增隆
대업을 계승해 지금 바로 황상의 시대에 이르렀네　　嗣服如今屬聖躬
조선에 내린 은총에 사례하는 뜻 받들어　　寵錫藩封承禮謝
요습[382]의 땅 거쳐 희부연 길 뚫고 간다오　　路經遼霫豁溟濛
수레와 문자가 통일된 구천의 문물이요　　九天文物車書混
시야가 확 트이는 사해 백성의 풍속이라[383]　　四海民風眼界空
달빛 아래 꿈속에 자주 창망히 돌아오리니　　卿月夢回頻悵望
거리 서쪽 하늘을 닮아 둥그런 만리산으로　　街西萬里尙穹窿

상공의 저택 주변 아가(阿街)[384]에 만리산(萬里山)이 있다.

대궐에 표문 올려 상에게 하직 인사하니　　抗表彤墀拜冕旒
모화하는 관원들 모두 이별의 시름 속에　　慕華冠佩摠離愁
구름과 이내 아스라이 이어진 천자의 궁궐이요　　雲霞隱約連天闕
용과 범이 굳게 지키는 웅장한 황제의 도성이라　　龍虎雄盤壯帝州

382 요습(遼霫) : 요양(遼陽)의 별칭이다. 습(霫)은 요양 지역에 거주하던 고대 종족의 이름인데, 당말(唐末)에 거란(契丹)에 귀부하여 점차로 동화되었으므로, 요(遼)나라 조정은 요습이라고 칭하기도 한다.

383 수레와……풍속이라 : 천하가 똑같은 중국 문화권에 편입되어 백성들 모두가 문명의 혜택을 고루 입으면서 생활하는 광경을 이번 여행을 통해서 한눈에 확연히 알아볼 수 있으리라는 말이다. 469쪽 주373 참조.

384 아가(阿街) : 숭례문(崇禮門)과 한강변 망원정(望遠亭) 사이의 만리현(萬里峴)에 있던 아이고가(阿伊高街)를 말한다.

산해가 멀리서 따라와 노래 내용 풍부하고	關海遠隨吟詠富
소균[385]이 두루 감돌며 은총도 우악하리라	韶鈞遍遶寵恩優
간장을 녹이며 돌아올 일정 헤아려 보니	銷魂却算回程日
소슬한 구월 가을까지는 기다려야겠네	爲待蕭蕭九月秋

385 소균(韶鈞) : 소(韶)와 균천광악(鈞天廣樂)의 합칭으로, 여기서는 장중한 명나라의 궁정 음악을 가리킨다. 소는 순(舜) 임금의 음악이고, 균천광악은 춘추 시대 진목공(秦穆公)이 혼수상태에서 옥황상제의 처소에 올라가서 들었다는 천상의 음악이다.

배율 排律

군자는 도를 걱정할 뿐 가난은 걱정하지 않는다

君子憂道不憂貧

월과(月課)이다.

선비가 세상에 태어나 선현을 앙망하며	士生天地望前修
빠른 세월에 분초를 아껴 써야 마땅한데	當惜分陰歲月遒
연원을 거슬러 올라 도맥을 궁구한다면서	欲遡淵源窮道脈
괜히 옛날 책을 뒤져 정략을 찾는가 하면	謾將墳素賾皇猷
조존하며 우산의 나무를 길러야 할 시기에[386]	操存須養牛山木

386 조존(操存)하며……시기에 : 마음공부를 하여 양심을 굳게 지켜 나가는 것을 말한다. 조존은 조즉존(操則存)의 준말로 마음을 다스려서 올바른 방향으로 이끄는 것을 말하는데, 《맹자》 〈고자 상(告子上)〉의 "붙잡으면 있다가도 놓아 버리면 없어지고, 일정한 때가 없이 들락날락하면서 어디로 가는지 종잡을 수가 없는 것, 이것이 바로 마음이라는 것이다.〔操則存, 舍則亡, 出入無時, 莫知其鄕, 惟心之謂與.〕"라는 말에서 나온 것이다. 유가에서는 밤사이에 생겨나는 천지의 맑은 기운 즉 야기(夜氣)를 흔히 사람의 양심(良心)에 비겨서 중하게 여기는데, 외물을 접하기 이전의 청명한 새벽에는 이런 마음이 남아 있다가 낮에 불선(不善)한 행위를 함으로 말미암아 점점 사라지게 된다고 한다. 이것을 제(齊)나라 우산(牛山)의 나무를 기르는 것에 비유해서 자세히 설명한 내용이 역시 〈고자 상〉에 보인다.

분방한 것이 되레 염여의 배와 같다고 할까[387]	奔放還如灩澦舟
바꾸지 않은 안씨의 낙[388]을 항상 유념하고	不改長留顏氏樂
실전될까 애태운 자사의 걱정[389]에 동조하며	失傳空抱子思憂
노상 가진 것 없이 가난해도 마음은 태연하게	居常懸磬貧猶泰
뜻은 매미 잡는 것[390]처럼 도를 더불어 꾀한다면	志在承蜩道與謀
번화한 고대광실에는 재앙이 들이닥쳐도	金穴繁華災已促
끼니 걱정하는 오두막은 흥이 넉넉하다오	繩樞計活興何優

387 분방(奔放)한……할까 : 마치 급한 여울물에서 배가 뒤집힐 정도로 마음이 건잡을 수 없이 동요하며 제멋대로 치달린다는 말이다. 염여(灩澦)는 염여퇴(灩澦堆)의 준말로, 배를 타고 무사히 건너가기가 거의 불가능할 정도로 험하다는 장강(長江) 구당협(瞿塘峽)의 여울물 이름이다. 송나라 정이(程頤)가 부주(涪州)에 배를 타고 귀양 갈 적에 염여퇴를 지나게 되었는데, 그때 마침 풍랑이 극심하여 배가 전복될 위기에 처하자 배 안의 사람들 모두가 경악하여 어찌할 바를 몰랐으나 정이만은 동요함이 없이 태연자약했다는 고사로 인하여 염여가 더욱 유명하게 되었다. 《心經附註 正心章 註》

388 바꾸지……낙 : 안빈낙도(安貧樂道)의 생활을 말한다. 《논어》 〈옹야(雍也)〉에 "어질다, 안회(顏回)여. 한 그릇 밥과 한 표주박 물을 마시며 누항(陋巷)에 사는 것을 사람들은 근심하며 견뎌 내지 못하는데 안회는 그 낙을 바꾸지 않으니, 어질도다, 안회여."라고 칭찬한 공자의 말이 실려 있다.

389 실전(失傳)될까……걱정 : 주희(朱熹)의 〈중용장구서(中庸章句序)〉에 "《중용》은 무엇 때문에 만들었는가? 자사(子思)께서 도학이 실전될까 걱정하여 만드신 것이다."라는 말이 나온다.

390 매미 잡는 것 : 정신을 집중하는 훈련을 통해서 소기(所期)의 목표를 달성하는 것을 말한다. 꼽추가 매미를 잡는데 마치 주워 담듯 하는 것을 공자가 보고는 그 비결을 묻자, 꼽추가 "비록 천지가 크고 만물이 많더라도 나는 오직 매미 날개만을 알 뿐이다."라고 대답을 하니, 공자가 "정신을 쓰는 것을 분산하지 않아서 귀신처럼 된다는 것은 바로 이 꼽추 노인을 두고 하는 말일 것이다."라고 제자들에게 말했다는 이야기가 《장자》 〈달생(達生)〉에 나온다.

면면히 전통이 이어지다 분리된 그 뒤로는　綿綿一統分離後
자기 주체성이 없이 남에게 끌려다니기만　貿貿無人得自由
형명을 효시로 하여 공연히 시끌시끌하고　嚆矢刑名徒擾擾
궤변이 개구리 울듯 갈수록 와글와글하니　沸蛙堅白更啾啾
섶나무 덮어 사슴 잃고서 헛되이 쟁송만 하고　覆蕉鹿失虛爭訟
갈림길 많아 양을 잃고 멋대로 찾아다닌다네[391]　多路羊亡妄自求
풍우 몰아치는 벼슬길 진창에 빠져 무릎까지　風雨宦途泥沒膝
부귀영화에 도취한 채 흰 눈발이 머리에 가득　沈酣玉帛雪盈頭
정자 주자의 사업은 끝내 어떻게 될 것인지　程朱事業終何在
공자 맹자의 은미한 말씀 전혀 수습 못 한 채　孔孟微言浩莫收
분분히 견강부회하여 옥과 돌이 헷갈리고　穿鑿紛紜迷玉石
지류가 질펀히 흐르니 이 얼마나 모순인가　支流汗漫幾盾矛
끌어 주는 곳이 없이 한 길 담장만 마주하니　提撕無處瞻墻仞
빈궁과 부귀가 나에겐 모두 허황할 뿐이로다　貧富於吾摠謬悠

391 섶나무……찾아다닌다네 : 목표를 잃고 우왕좌왕하며 헤매는 것을 비유하는 말이다. 380쪽 주206 참조.

문무를 병용하는 장구한 대책에 대하여

文武竝用長久術

문신(文臣)의 정시(廷試)이다.

평생 한원에서 단지 자황만 하면서도 平生翰苑秖雌黃
추수는 허리춤에서 소상을 내쏘았는데 秋水腰間射素霜
주책의 국기가 못 되어 오래 부끄러웠나니 籌策久慙非國器
요당을 보좌할 경륜을 어떻게 계교했으리오[392] 經綸何計補堯唐
주나라 기업을 계승하여 백성을 몰아 천하를 크게 안정시키고 驅民大定承周緖
한나라 광무제 능가하여 중흥을 이루고 군마를 쉬게 하였나니 息馬中興笑漢光
하늘 위의 별들을 바라다보면 벽수에 모여들고[393] 天上星辰瞻壁聚

392 평생……계교했으리오 : 평생 문신의 신분으로 책과 씨름하며 비평을 일삼으면서도 허리에 찬 칼에서는 흰 서릿빛 같은 검광(劍光)이 번득이며 상무(尙武)의 정신이 상존하였는데, 국가의 정책을 결정하는 자리에 몸담지 못해 성세(盛世)를 보좌할 기회를 얻지 못하다가 이제 시를 통해서나마 자신의 뜻을 밝히게 되었다는 말이다. 한원(翰苑)은 문원(文苑) 즉 문단(文壇)이라는 말과 같다. 자황(雌黃)은 시시비비를 가려 평론한다는 말이다. 추수(秋水)는 가을의 물빛처럼 싸늘하게 빛나는 검광을 비유한다. 원(元)나라 왕실보(王實甫)의 《서상기(西廂記)》 제1본(本) 제1절(折)에 "만금 나가는 보검은 추수의 칼 빛을 감추었고, 말 가득 봄 시름은 수놓은 안장을 짓누르네.〔萬金寶劍藏秋水, 滿馬春愁壓繡鞍.〕"라고 하였다. 주책(籌策)은 여러모로 헤아려서 계책을 세운다는 말이다. 국기(國器)는 치국(治國)의 인재를 말하고, 요당(堯唐)은 당요(唐堯) 즉 요 임금을 말한다.

조정 안의 웅표[394]는 모두 날랜 송골매 같아서　朝中熊豹摠鷹揚
절월 들고 떨쳐 나가면 무지개 기운을 토해 내고　蜚騰節鉞虹霓氣
대궐에서 의견을 개진하면 뱃속 가득 금수라네　捭闔金鑾錦繡腸
어찌 시서만 손에 쥐고 태평 시대를 열겠으며　爭把詩書熙運泰
어찌 군마만 수고롭혀 난세를 구제하겠는가　何勞汗馬濟時康
언제라도 한쪽을 무시하면 나라에 환란을 끼쳤나니　一時偏廢邦貽患
삼대는 서로 보완을 하여 기업이 절로 발전했느니라　三代相須業自長
경연(經筵)의 근본은 모두 공맹으로 하고　經幄淵源皆孔孟
변경의 작전 계획은 죄다 소장[395]으로 하여　邊封謨畫盡蕭張
문명의 치세를 절충[396]의 기반에 위촉하고　文明治屬折衝地
전진의 위엄에 예법의 공간을 첨가한다면　戰陣威添禮法場
이로부터 천년토록 천명을 이을 수 있으리니　從此千年期曆算
밝은 시대 명량가[397] 짓는 일을 사양치 말지어다　莫辭昭世作明良

393 하늘……모여들고 : 문운(文運)이 돌아와서 실력 있는 문신들이 대거 배출되었다는 말이다. 벽수(壁宿)는 28수의 하나로, 규수(奎宿)와 함께 문운을 주관하는 별자리이다.

394 웅표(熊豹) : 곰과 표범 같은 용맹한 무신들이라는 말이다.

395 소장(蕭張) : 한 고조(漢高祖) 유방(劉邦)을 도와 난세를 평정하고 천하를 통일한 개국 공신 소하(蕭何)와 장량(張良)의 병칭이다.

396 절충(折衝) : 절충어모(折衝禦侮)의 준말로, 적의 침입을 무력으로 제압하여 격퇴하는 것을 말한다.

397 명량가(明良歌) : 현명한 군주와 충량(忠良)한 신하가 서로 주고받는 노래라는 뜻으로, 순(舜) 임금이 좋은 정치를 위해 신하들과 서로 권면하고 경계하며 부른 노래에서 연유한 것이다. 갱재가(賡載歌)라고도 한다. 《書經 益稷》

주금당[398]

晝錦堂

과시(課試)이다.

취옹[399]은 관직 생활을 물보다도 맑게 하고	醉翁官況淸於水
머리가 백발이 다 되도록 임천에 탐닉한 분	性癖林泉鬢欲蒼
한 상공이 국가의 그릇임을 오래전부터 알았나니	久識相公眞國器
홀을 바로 하고 조정에 좌정함이 당연하고말고	端宜正笏坐巖廊
양조의 촉망을 받아 재상의 지위에 거하며	兩朝屬望居台鼎
오색실로 순 임금 의복을 수선해 드렸다오	五色能穿補舜裳
혁혁한 공명은 성대하여 다투어 우러르고	赫赫功名爭藉甚
당당한 지기는 세월이 갈수록 헌걸찼나니	堂堂志氣益昂藏

398 주금당(晝錦堂) : 송나라의 명신 한기(韓琦)가 일찍이 재상으로 무강군 절도사(武康軍節度使)가 되어 고향인 상주(相州)를 다스리면서 그곳에 세운 건물 이름이다. 주금(晝錦)은 "비단옷을 입고 낮에 돌아다닌다.〔衣錦晝行〕"라는 뜻으로, 금의환향(錦衣還鄕)과 같은 말로 쓰이는데, 항우(項羽)가 "부귀해지고 나서 고향에 돌아가지 않는 것은 비단옷을 입고 밤에 돌아다니는 것과 같다."라고 말한 이른바 의금야행(衣錦夜行)의 반대어이다. 한기가 상주 치소(治所)의 뒤쪽 채마밭에 주금당을 짓고는 자신의 회포를 시로 지어 비석에 새겨 놓았는데, 그 내용은 옛사람이 금의환향하여 자긍하며 과시하던 것을 영광으로 여기지 않고 오히려 경계로 삼는 것이었다.

399 취옹(醉翁) : 구양수의 별호(別號)이다. 그의 〈취옹정기(醉翁亭記)〉에 "태수가 객과 더불어 여기에 와서 술을 마시는데, 조금만 마셔도 곧장 취하고 나이가 또 가장 많았기 때문에 스스로 호를 지어 취옹이라고 하였다."라는 말이 나온다. 《古文眞寶後集 卷6》

깃발이 하늘 뒤덮어 온 고을이 휘황한 가운데	旗旌掩靄輝閭里
동호[400] 차고 급히 치달려 무강군 지휘하러 왔네	銅虎驅馳鎭武康
삽상한 터에 타인의 눈에 띄지 않게 엮은 집	結構幽貞占爽塏
창문에 높이 비치는 경치는 강역에서 으뜸일세	簾櫳高映冠封疆
뒷날 꽃다운 명성을 흠모하도록 할 것이니	應教異日欽芳譽
어찌 지금 옆 사람들만 향기를 맡을 뿐이리오	奚啻傍人揔飲香
필봉은 금수의 솜씨로 재단해 비석에 새겼고	石刻詞鋒裁錦繡
서리들은 식은땀 흘리며 금장[401]을 경외하였다오	汗流胥吏詫金章
춘추로 마을 잔치 열어 음식 후히 대접했나니	春秋鷄黍開村社
훈업을 기리는 풍악이 금방[402]을 압도하였다네	勳業絃歌壓錦坊
낙양의 고관대작 지망생들을 굽어다 보면	俯視洛陽青紫士
속세의 명리 마당에서 온갖 꾀를 부리기만	經營塵土利名場
기린훤[403] 속에서 오르락내리락 괴로워하며	麒麟楦裏升沈苦

400 동호(銅虎) : 동호부(銅虎符), 즉 한대(漢代)에 구리로 범 모양처럼 만든 군대 동원용 부절(符節)인데, 보통 지방 장관의 관인(官印)을 뜻한다.

401 금장(金章) : 황금 인장(印章)과 자줏빛 인끈이라는 뜻의 금장자수(金章紫綬)의 준말로 보통 고관대작을 가리키는데, 여기서는 조정에서 재상으로 있다가 상주의 장관으로 내려온 한기를 비유한다

402 금방(錦坊) : 쇄금방(碎錦坊)의 준말로, 진(晉)나라 재상 배도(裴度)의 별장인 오교장(午橋莊)이 있었던 곳의 마을 이름이다. 배도가 환관들이 발호하는 것에 환멸을 느껴 낙양(洛陽) 교외에 오교장을 세우고는 날마다 친지와 벗들을 불러 모아 천석(泉石)과 시주(詩酒)로 소일하였는데, 은행나무 백 그루가 서 있는 그곳에 쇄금방이라는 표지를 세웠다는 기록이 《조림이경(曹林異景)》에 전한다.

403 기린훤(麒麟楦) : 기린의 탈이라는 뜻으로, 겉은 그럴듯하지만 속은 완전히 딴판인 정계의 벼슬살이를 비유하는 말이다. 당나라 때 연극 무대에서 분장을 하면서 상서로

쟁적[404]의 덤불에서 취생몽사하기에 바쁘다오　　箏笛叢中醉夢忙
필경 공경도 취부[405]로 돌아가고 말 따름　　畢竟公卿歸臭腐
부귀해서 고향에 돌아갈 줄을 그 누가 알까　　誰知富貴返桑鄉
동문의 일은 두고두고 웃음거리만 될 뿐이니　　東門千古空傳笑
언월의 당년의 일은 단지 자해한 것이로다[406]　　偃月當年秖自傷

운 기린의 탈을 나귀 등에 덮어씌운 것을 기린훤이라고 불렀는데, 당나라 양형(楊炯)이 조관(朝官)들을 볼 때마다 기린훤이라고 부르고는 그 이유에 대해 "막상 거죽을 벗겨 놓고 보면 도로 나귀가 될 뿐이니, 아무 실력도 없으면서 고관대작의 옷을 입고 있는 자들이 이것과 무엇이 다르겠는가."라고 답했다는 고사가 있다. 《朝野僉載》

404 쟁적(箏笛) : 기녀(妓女)가 연주하는 아쟁과 피리라는 뜻으로, 민간에 유행하는 저급하고 부박한 음악을 가리킨다.

405 취부(臭腐) : 썩어서 악취가 진동하는 것을 말하는데, 《장자(莊子)》 〈지북유(知北遊)〉에 나오는 취부신기(臭腐神奇)의 이야기를 단장취의(斷章取義)하였다.

406 동문(東門)의……것이로다 : 권신(權臣)으로서 막강한 권력을 쥐고 무자비하게 모함하며 정적을 제거하다가 도리어 자신이 모함에 걸려 비참한 최후를 맞이하는 비극적인 사례로 진(秦)나라 승상인 이사(李斯)의 예를 든 것이 아닌가 한다. 동문의 일은 상채(上蔡) 동문의 추억을 거론한 것을 말한다. 진 시황(秦始皇)이 한비(韓非)를 중용하려고 하자 순자(荀子) 밑에서 같이 배웠던 이사가 그를 참소하여 자살하게 하였는데, 나중에 이사 자신이 조고(趙高)의 무함을 받고 함양(咸陽)에서 요참(腰斬)의 형을 당하기 직전에 그의 아들을 돌아보며 "내가 너와 함께 다시 사냥개를 이끌고 상채의 동문으로 나가서 약빠른 토끼를 쫓으려고 한들 어떻게 할 수 있겠느냐."라고 탄식했던 고사가 전한다. 《史記 李斯列傳》 언월(偃月)은 당 현종(唐玄宗) 때의 권간(權奸)인 이임보(李林甫)의 당호(堂號)로, 충신을 중상모략하는 장소의 대명사로 쓰이는 말이다. 그가 황제의 총애를 등에 업고 19년 동안이나 제멋대로 권세를 휘두르며 충량한 인사들을 모함하여 제거하였는데, "그의 집 마루가 반달〔偃月〕 모양과 같았으므로 월당(月堂)이라고 불렀다. 그가 대신을 모함하려고 할 때에는 항상 이곳에 거하면서 중상할 꾀를 생각해 내곤 하였는데, 만약 그가 기뻐하는 낯빛으로 그 당을 나오면 상대편의 집안은 박살이 나곤 하였다."라는 기록이 전한다. 《新唐書 姦臣列傳上 李林甫》

남에게 받는 화복도 자신의 탓임을 알거니와　　禍福由人知自作
현인의 길은 달라서 지금껏 향기를 발하도다　　賢愚異路竟流芳
여릉의 늙은 원님[407]이 괜히 기문을 지었기에　　廬陵老倅空成記
내가 기문은 그만두고 주금당 시를 지었다오　　記罷題詩晝錦堂

407 여릉(廬陵)이 늙은 원님 : 구양수를 말한다. 그는 길주(吉州) 여릉 출신이다. 〈취옹정기〉 맨 마지막에 "태수(太守)는 누구인가 하면, 여릉 사람 구양수이다."라고 자신의 고향을 언급하였다. 《古文眞寶 後集 卷6》

경회루
慶會樓

근정전 서쪽 머리 우뚝 솟은 경회루　有樓嵬起殿西頭
보좌는 영롱해라 오색구름이 떠 있네　寶座玲瓏彩靄浮
복도를 한 바퀴 돌아 금원(禁苑)으로 이어지고　複道周回連禁籞
화려한 문채 찬란해서 사람의 눈이 어질어질　棐文烔晃眩人眸
범이 웅크린 겹겹의 산은 푸른 병풍이 줄 지었고　虎蹲疊嶂蒼屛列
용이 나는 층층의 계단은 하얀 옥돌이 삐죽삐죽　龍起層階白玉抽
구원의 폐백이라 문교가 밝아지는 날이요[408]　丘園幣帛文明日
어수와 풍운이 만나는 절호의 기회로다[409]　魚水風雲際會秋
수준[410]이 넘실거리니 용안에 기쁜 빛 가득하고　獸尊灩灩天顏喜

408 구원(丘園)의……날이요 : 초야의 인재를 초빙하여 문덕(文德)의 교화를 펼치는 날이라는 말이다. 구원은 시골 동산이라는 뜻으로 은자(隱者)의 거처를 의미하고, 폐백은 초빙할 때의 예물을 의미한다. 이 시구는 《주역》 〈비괘(賁卦)〉의 단사(彖辭)와 육오(六五)의 효사(爻辭)에 나오는 단어를 조합하여 만든 것인데, 본역에서는 정이(程頤)와 주희(朱熹)의 해설 대신 고주(古註)를 선호하는 대관재의 성향과 앞뒤의 문맥을 감안하여 번역하였다.

409 어수(魚水)와……기회로다 : 훌륭한 임금과 신하가 의기투합하여 서로 만나는 천재일우의 기회라는 말이다. 어수는 유비(劉備)가 제갈량(諸葛亮)을 얻고 나서 "물고기가 물을 만난 것과 같다.〔猶魚之有水也〕"라고 말한 고사에서 나왔다. 《三國志 蜀書 諸葛亮傳》 풍운(風雲)은 "구름은 용을 따르고 바람은 범을 좇는다.〔雲從龍, 風從虎.〕"라는 문구에서 나온 것이다. 《周易 乾卦 文言》

410 수준(獸尊) : 백수준(白獸樽)의 준말로, 백호(白虎) 무늬 덮개의 술 단지 즉 백

악기들 박자 맞춰 장중한 음악이 울려 퍼지네　鳳簴蹌蹌大樂優
물고기는 소리 듣고 다투어 뛰어오르고　魚聽樂聲爭撥刺
새들도 환희하며 날갯짓 잠시 멈추누나　鳥含歡意亦夷猶
연꽃 향기는 물씬 풍겨 난간에 흩어지고　荷花香惹闌干散
푸른 나무 그림자가 연석을 넘어와 머무르네　樹影青侵宴席留
현묘한 덕화가 묵묵히 동참해 하늘과 크기가 같아지고　玄化默參天共大
봄날의 은혜가 멀리 퍼져 바다와 흐름을 함께하는 때　春恩遠與海同流
미물은 곳곳마다 함육의 울안에 귀의하고　肖翹處處歸涵育
인민은 집집마다 환희의 세계를 공유하네　民物家家共嫗媮
이로부터 기필코 결함 없는 금구[411]가 되리니　從此金甌期罔缺
누가 장차 조준[412]을 하여 끝내 화를 부르리오　誰將雕峻競招尤
편액을 쳐다보노라니 새삼 감회가 남달라서　仰瞻扁額偏多感

호준(白虎樽)을 말하는데, 당 태종(唐太宗) 이세민(李世民)의 증조로 당 개국 후에 태조(太祖)로 추존된 이호(李虎)의 이름을 피하여 호(虎)를 수(獸)로 바꿔 불렀다고 한다. 설날에 조하(朝賀)할 때에 이 술 단지를 늘어놓고는 직언을 올릴 수 있는 자가 있으면 뚜껑을 열고 술을 마시게 하였는데, 이는 호랑이처럼 용맹하게 기탄없이 바른 소리를 하도록 유도하기 위한 배려였다고 한다. 《宋書 禮志1》

411 금구(金甌) : 황금 단지라는 뜻으로, 완전무결함을 비유하는 말이다. 남조(南朝) 양 무제(梁武帝)가 "우리나라는 마치 황금 단지와 같아서 하나도 상하거나 부서진 곳이 없다."라고 말한 고사에서 유래한 것이다. 《梁書 侯景列傳》

412 조준(雕峻) : 담장을 조각하여 꾸미고 집을 높이 짓는다는 뜻의 조장준우(雕墻峻宇)를 줄인 말로, 분수에 맞지 않게 사치스러운 생활을 하여 국가를 파탄에 이르게 하는 것을 말한다. 《서경》 〈오자지가(五子之歌)〉에 "안으로 여색에 빠지거나, 밖으로 사냥만 좋아하거나, 술을 달게 여겨 많이 마시거나, 음악을 너무 즐기거나, 집을 높이 짓고 담장을 조각해 꾸미는 등 이런 일 중에 하나만 있어도 망하지 않는 경우가 없다."라는 우왕(禹王)의 훈계가 인용되어 있다.

사모관대 찬양하며 덕유의 노래[413]를 부르노라　簪紱贊揚頌德輶

413 덕유(德輶)의 노래 : 덕유여모(德輶如毛)의 구절이 나오는 《시경》 〈대아(大雅) 증민(烝民)〉을 말한다. 이 시는 윤길보(尹吉甫)가 축성(築城)하러 동방으로 떠나가는 중산보(仲山甫)를 위로하는 내용인데, 그 가운데에 "사람들은 또 말한다. 덕을 행하는 것은 마치 가벼운 털을 드는 것처럼 쉬운 일인데도, 그것을 제대로 들어서 행하는 사람은 드물기만 하다고. 내가 헤아리고 도모해 보건대 오직 우리 중산보만은 그 덕을 제대로 행하고 있으니, 내가 그를 사랑하면서도 나의 덕으로는 어떻게 도와줄 수가 없다. 임금님의 의복에 터진 곳이 있으면, 오직 우리 중산보만이 꿰매어 드릴 수가 있다.〔人亦有言, 德輶如毛, 民鮮克擧之. 我儀圖之, 維仲山甫擧之, 愛莫助之. 袞職有闕, 維仲山甫補之.〕"라는 대목이 들어 있다. 아마도 대관재 역시 윤길보처럼 자신이 찬양하는 어떤 관원이 조정을 떠나게 된 것을 슬퍼하는 심정을 이런 식으로 표현한 것이 아닌가 생각되는데, 그 관원은 성세창(成世昌)일 가능성이 높다.

박육봉[414]의 시에 차운하다

次朴六峯韻

듣자니 고명한 분은 본시 내면을 관찰한다 하니	聞說高人本內觀
마음 끌고서 가는 곳마다 감히 안일을 구하리오	將心到處敢求安
한밤중의 일기로 텅 비워 외물을 대하며[415]	中宵一氣虛能待
깊은 마음 샘물줄기 끝없이 흘려보내는 분	方寸玄溝浩莫闌
문장의 별을 손안에 넣어 사람들 입에 회자되고	手挹魁星爭膾炙
학술의 바다를 가슴에 담아 물결이 질탕하다오	胸藏學海富波瀾
승정원에서 보좌하며 곁들여 시종의 임무까지	銀臺啓沃添香案
경연의 강론은 그 근원이 정통 유학으로부터	經幄淵源自杏壇
먼 꿈속에 놀라 깨는 멸망한 고려의 풍운이요	故國風雲驚遠夢

414 박육봉(朴六峯) : 박우(朴祐, 1476~1547)로, 자는 창방(昌邦), 호는 육봉이다. 대관재와 공부를 함께한 인연이 있으며, 성품이 강직하여 권신에게 굽히지 않아 벼슬길에서 불이익을 많이 당하였다. 대관재가 개경 교수(開京敎授)로 있을 적에 개경 유수(開京留守)로 재직하면서 서로 깊이 호흡을 나누었다. 《대관재난고》 권2 〈해송자를 선물해 준 육봉에게 사례하다〔謝六峯贈海松子〕〉, 〈비바람이 매우 험악하기에 홀로 앉아 회포를 써서 육봉에게 봉정하다〔風雨甚惡獨坐有懷奉贈六峯〕〉, 〈유수 박창방에게 이별 선물로 주다〔留別朴留守昌邦〕〉 등 참조.

415 한밤중의……대하며 : 《장자》 〈인간세(人間世)〉의 심재장(心齋章)의 내용을 인용한 것이다. 귀나 마음으로 듣지 말고 기(氣)로 들어야 하는데, 그 기라는 것은 텅 비운 상태에서 외물을 대하는 것이니, 마음을 텅 비게 하는 것이 바로 마음의 재계(齋戒)라는 내용으로 되어 있다. 일기(一氣)는 천지 만물을 구성하는 본연의 담연(湛然)한 기운, 도가의 소위 혼돈지기(混沌之氣)를 말하는데, '한밤중'이라는 말을 덧붙임으로써 《맹자》 우산장(牛山章)의 왜곡되지 않은 순수한 야기(夜氣)의 개념을 여기에 추가하였다.

앉은 자리에서 박차고 나는 숭산의 형승이라[416]	崧山形勝坐成摶
여염에는 화수[417]의 간사한 부패가 사라지고	閭閻貨隧奸偸戢
감옥에서는 형구 씌우고 처벌함이 관대했네	犴獄桁楊讞罰寬
유생들은 혹시라도 뒤질세라 한목소리로 칭송하고	顚倒靑衿騰口頌
거간꾼은 헐떡이며 달려와 고개 처박고 바라봤다오	喘奔狡儈縮頭看
나도 오래도록 자질구레한 주석에 시달리다가	如吾久困蟲魚註
반년 간 부끄럽게도 금수간[418]을 털어놓았지	半載慙輸錦繡肝
지란의 마음 보여 주어 향기가 갈수록 묻어나고	披盡芝蘭芳益觸
빙설의 시를 읊다 보면 치아에 한기가 돋아난다오	吟餘氷雪齒生寒
광문은 가난해서 가진 것 없다고 의아해 마오	廣文休訝貧無物
지금 좋은 벼슬보다 좋은 시구가 나오니까[419]	得句于今勝得官

416 앉은……형승이라 : 개성 유수로 재직할 당시의 송악산(松嶽山)의 모습이 박우의 눈에 선히 떠올라 대붕(大鵬)처럼 금세 그곳으로 날아오르고 싶을 것이라는 말이다. 박차고 난다는 것은 《장자》 〈소요유(逍遙遊)〉의 "대붕이 남쪽 바다로 날아갈 적에 회오리바람을 박차고 구만리 창공으로 날아올라 간다."라는 말에서 나온 것이다.

417 화수(貨隧) : 공화(公貨) 즉 공금을 빼돌려 민간을 상대로 이자 놀이를 하는 것을 말한다.

418 금수간(錦繡肝) : 배 속에 시문(詩文)이 가득 들어 있다는 금수간장(錦繡肝腸)의 준말로 박우의 문재(文才)를 칭찬한 말인데, 이백(李白)의 종제(從弟)가 이백의 심간(心肝)과 오장(五臟)이 온통 금수(錦繡)로 되어 있는 것 같다고 말한 고사에서 나왔다. 《李太白文集 卷26 冬日于龍門送從弟京兆參軍令問之淮南勤省序》

419 광문(廣文)은……나오니까 : 박우가 광문처럼 가난해서 오히려 좋은 시를 많이 지을 수 있게 된 만큼 좋은 벼슬로 승진하는 것보다 훨씬 좋지 않으냐는 뜻의 해학적인 표현이다. 광문은 광문선생(廣文先生)으로, 즉 두보(杜甫)가 자기의 벗 정건(鄭虔)을 높여 부른 칭호이다. 당 현종(唐玄宗)이 그의 재주를 아껴서 광문관(廣文館)을 설치하고 박사(博士)의 신분으로 고시 준비생들을 지도하게 하였는데, 재명(才名)이 뛰어난

육봉의 시를 붙임 附六峯詩

혜안의 문장으로 만고를 대관(大觀)하시다가 活眼文章萬古觀
모년에 가지 하나에 편안히 서식하시는 분[420] 暮年棲息一枝安
남 가르치고 홀로 즐기며 몸은 피곤함을 잊었고 誨人獨樂身忘倦
경물을 보고 호쾌히 읊으며 뜻은 멈추지 않았어라 覽物豪吟意未闌
녹동의 규정이 피폐해지면 다시 고쳐야 하는 법 鹿洞舊規須起廢
호주의 교범이 파란 속에서 올바르게 돌아왔네[421] 湖州敎範正廻瀾
고전에 정을 붙이고서 문장의 숲에 노닐고 着情黃卷游文藪
유생에게 도를 강론하러 행단[422]에 모았어라 講道靑衿集杏壇
천명을 믿고 기꺼이 확굴[423]의 길을 따르나니 信命怡然從蠖屈

그가 항상 빈궁에 시달리자, 두보가 〈취시가(醉時歌)〉를 지어 "제공은 줄지어 대성에 오르건만, 광문선생은 벼슬이 홀로 썰렁하도다. 부잣집은 분분하게 진수성찬도 싫증 내건만 광문선생은 밥 먹기도 부족하다네.〔諸公袞袞登臺省, 廣文先生官獨冷. 甲第紛紛厭粱肉, 廣文先生飯不足.〕"라고 읊기도 하였다. 《杜少陵詩集 卷3》

420 모년(暮年)에……분 : 대관재가 욕망을 자제하며 안분자족하는 노년의 삶을 영위하고 있다는 말인데, 《장자》 〈소요유〉의 "산비둘기가 깊은 숲속에 둥지를 틀어도 나뭇가지 하나면 족하다."라는 말에서 나온 것이다.

421 녹동(鹿洞)의……돌아왔네 : 대관재가 개경 교수로 있으면서 학규를 개정하여 유생들의 교육에 매진했다는 말이다. 녹동은 주희(朱熹)가 강학하던 백록동(白鹿洞)을 말하는데, 여기서는 서원이나 향교의 학당을 가리키는 말로 쓰였다. 북송(北宋)의 호원(胡瑗)이 호주 교수(湖州敎授)로 있을 적에 경술(經術)과 치도(治道)의 두 서재를 두어 학생들의 자질에 맞게 분속(分屬)하고 실용의 학풍을 일으킨 고사가 있다. 《宋史 儒林列傳3 胡瑗》《宋元學案 安定學案》

422 행단(杏壇) : 학당을 말하는데, 그 유래에 대해서는 468쪽 주372 참조.

423 확굴(蠖屈) : 자벌레가 몸을 굽힌다는 뜻으로, 불우한 때를 만나 일단 자취를 감춰 몸을 보존하며 좋은 시기를 기다리는 것을 말한다. 《주역》 〈계사전 하(繫辭傳下)〉

바람 타고 올라가는 붕새 못 된다 한하리오	培風莫恨曠鵬摶
흥이 나면 달님을 지키며 밤새도록 앉아 있고	興來守月通霄坐
객이 오면 진리를 논하며 너그럽게 대해 줬지	客至論眞待禮寬
태좌의 제공과 서로 주고받은 말씀들	台座諸公相貺語
종이 가득 수주[424]를 다 함께 돌려 본다오	隋珠滿紙共傳看
백발에 병이 많아 친지와 벗도 드문데	白頭多病稀親故
만년에 그대 만나 내 속마음 내보였소	晩節逢君示肺肝
문자를 논하며 동이 술로 우정을 맺고	尊酒締歡文字飲
송죽처럼 엄동설한에 의기투합하였지요	松筠托契雪霜寒
세간의 중요한 자리는 한가한 날이 없으니	世間要地無閑日
마음 편한 건 냉관인 것을 새삼 깨달았소	更覺便心是冷官

의 "자벌레가 몸을 굽히는 것은 장차 몸을 펴기 위함이다."라는 말에서 나온 것이다.

424 수주(隋珠) : 수후(隋侯)의 구슬이란 뜻으로, 큰 뱀이 자기를 치료해 준 수나라 제후에게 보답하려고 바쳤다는 명월주(明月珠)를 말한다. 화씨벽(和氏璧)과 함께 최고의 상품에 속하는 진귀한 보배로 꼽힌다. 영사주(靈蛇珠)라고도 한다.

지은이 **심의(沈義)**

1475(성종6)~?. 조선 중기의 문신으로 자는 의지(義之), 호는 대관재(大觀齋), 본관은 풍산(豊山)이다. 아버지는 풍산군(豊山君) 심응(沈膺)이고 어머니는 서문한(徐文翰)의 딸이다. 1507년(중종2)에 증광 문과(增廣文科)에 병과(丙科)로 급제한 뒤 예문관 검열(藝文館檢閱)이 되었고 김정(金淨) 등과 함께 사가독서(賜暇讀書)를 하였다. 1509년 윤대(輪對)에서 이조 좌랑(吏曹佐郎)으로 '군약신강(君弱臣强)'을 진언했다가 여주부 교수(廬州府敎授)로 좌천되었다. 그러나 이때 〈십의잠(十宜箴)〉을 올려 중종의 신임을 회복하고 사헌부 감찰(司憲府監察)로 발탁되었고, 이후 공조 좌랑(工曹佐郎)이 되었으나 관물을 절취하였다는 탄핵을 받고 파직되었다. 개성부 교수(開城府敎授), 성균관 전적(成均館典籍), 소격서 영(昭格署令) 등을 역임하였다. 문장에 뛰어나 명문(名文)인 〈대관부(大觀賦)〉, 〈소관부(小觀賦)〉 등을 저술하였다. 저서로는 《대관재난고》, 《대관재몽유록》 등이 있다.

옮긴이 **이상현(李相鉉)**

한문고전번역가로, 1949년 전주에서 출생하였다. 모친은 거출(巨出)이라고 불렀다. 종말론에 빠져들어 종교학과에 들어갔다가 자아모순동일률의 그물을 찢고 빠져나왔으며, 불교대학원에서 한국 불교의 대중화를 꾀하며 삼계교(三階教)를 연구하여 발표하였다. 기자 생활 중에 새종교 현장을 취재·발굴하고, 역사 유적 탐방 기행문을 발간하였다. 해직된 뒤에 한문 고전의 세계에 뛰어들어 강의와 번역에 종사하였다. 조선왕조실록 번역에 참여하였으며, 한국문집총간 중 《가정집》, 《간이집》, 《계곡집》, 《고산유고》, 《고운집》, 《녹문집》, 《도은집》, 《목은집》, 《상촌집》, 《죽석관유집》, 《택당집》, 《포저집》 등을, 한국불교전서 중 《기암집》, 《몽암대사문집》, 《무용당유고》, 《부휴당대사집》, 《사명당대사집》, 《월파집》, 《청허당집》, 《침굉집》 등을 번역하였다.

대관재난고 1

심의 지음 | 이상현 옮김

2023년 12월 31일 초판 1쇄 발행

발행인 김언종 | 발행처 한국고전번역원
등록 2008. 3. 12. 제25100-2018-000049호
주소 (03310) 서울시 은평구 진관1로 85
전화 02-350-4800 | 팩스 02-350-4994 | 홈페이지 www.itkc.or.kr

연구총괄 정영미 | 연구책임 장희성 | 연구기획 강지원 | 자문 정선용

책임편집 이선주 | 편집진행 신진호 서윤이
교정 김상순 송숙희 | 조판 김지현 | 제작 조은지
디자인 씨디자인 | 인쇄 명일인쇄

값 20,000원
ISBN 978-89-284-1099-6 94810
978-89-284-1092-7 (세트)